丛书编委会

荣新江　徐　健　董经胜　党宝海　昝　涛

北京大学海上丝路与区域历史研究丛书

皇帝的客人

使行往来中的情感与利益

王元周 / 著

社会科学文献出版社
SOCIAL SCIENCES ACADEMIC PRESS (CHINA)

北京大学海上丝路与区域历史研究丛书总序

中国是一个幅员辽阔的大国，也是一个拥有漫长海岸线的国家。溯至远古时期，我国先民就已开始了对海洋的探索。秦汉以降，经由海路与外部世界的交往，更成为一种国家行为，秦始皇派徐福东渡，汉武帝遣使西到黄支，孙吴时有朱应、康泰前往南洋，唐朝时则有杨良瑶远赴大食，直到明初郑和七下西洋，官方主导的外交与外贸持续不断。而民间的交往虽然被史家忽略，但仍然有唐之张保皋，明之郑芝龙家族等，民间的向海而生，时时跃然纸上。特别是唐宋以降，海上"丝绸之路"的迅猛发展，使得中国官民通过海路与沿线国家进行着频繁的政治、文化交往，海上贸易也呈现出一片繁荣的景象。

这条海上"丝绸之路"，联通东北亚、日本、南洋、波斯、阿拉伯世界，远到欧洲、东非，并以此为跳板，连接到世界更广阔的地域与国家，它不仅仅是东西方商业贸易的桥梁，也是沿线各国政治经济往来、文化交流的重要纽带。海上"丝绸之路"沿线的国家，也同样是面向海洋的国度，它们各自的发展与壮大，也见证了海上"丝绸之路"的发展；这些国家的民众，也曾积极参与海上贸易，特别是在大航海时代到来之后，逐步营建出"全球化"的新时代。

古为今用，我国"一带一路"合作倡议的提出，旨在借用古代"丝绸之路"的历史符号，积极发展与沿线国家的经济合作伙伴关系，彰显我国在国际社会中的担当精神。

2019年初，北大历史学系受学校委托，承担大型专项课题"海上丝绸之路及其沿线国家和地区历史文化研究"，我们深感这一研究的时代意义以及史学工作者承载的历史使命。重任在肩，我们积极组织系内有生力量，打通中外，共同攻关；与此同时，我们也寻求合作伙伴，拓展渠道，与校内外同行共襄盛举。以此项目启动为契机，我们筹划了"北京大学海上丝路与区域历史研究丛书"，希望在课题研究深入的同时，有助于推动历史学系的学科建设，利用这个丛书，发表本系及其他参与人员的研究成果，共同推进海上丝绸之路与沿线区域的历史研究。

让我们共同翻开史学研究的新篇章！

丛书编委会（荣新江 执笔）

2020年6月6日

· 目 录 ·

第一章　壮游与饮冰：朝鲜士人的使行体验 / 1

第二章　下隶：使行中的下层民众 / 30

第三章　琴歌：歌咏与离家去国的情感表达 / 61

第四章　妓戏：乐舞表演与航海"朝天"的戏剧化 / 89

第五章　狎鸥亭："天使"伴接与皇华记忆 / 115

第六章　夷齐庙：使途游览与精神追求 / 138

第七章　野坂亭与朝鲜馆：使行与历史记忆 / 174

第八章　西山园林：觇国与想象 / 202

第九章　文徵明：书画流通与艺术鉴赏 / 233

第十章　清钱：朝贡贸易与货币流通 / 256

第十一章　赂银与密赠：使行与辛壬士祸 / 286

第十二章 "事大"与交邻：论赵䌹的"以倭制清论" / 321

第十三章 使行与新知：近代朝贡制度转变的契机 / 350

后　记 / 381

第一章　壮游与饮冰：朝鲜士人的使行体验

在近代以前，使行往来不仅是宗藩体系下中国与周边国家交往的主要表现形式，也是人员合法往来的主要途径。担任使臣，或以子弟军官、伴倘等身份跟随使臣到中国一游，对于读中国之书的朝鲜文人来说充满诱惑力，但是受客观条件和自身身体状况等因素的制约，也有人将使行视为畏途。事实上，使行寒来暑往，行程漫长，风餐露宿，饮食难周，加上水土不服、疫病流行等原因，使行人员不仅非常辛苦，还容易患病，甚至会因此失去生命。然而，使臣和随行文人沿途也多有观光之举，并沿途诗词唱和，使使行成为一种文学之旅。所以，使行对于参加使行的朝鲜士大夫本身的意义，也是一个值得探讨的主题。

一　饮冰之役[1]

在近代以前，朝鲜士大夫并不能随意进入中国，但是，"以其所读之书，皆中国也"，所以"自缙绅簪组，外以及闾竖田更，其言中国山川、人民、谣俗、物华、方贡，五帝之所连，三王之所有，秦汉唐诸家仁人任士所驱骤之迹，历历在唇牙间"，[2] 自然希望能到中国实地观光考察一番。如李柱泰（东望）在读中国之书后，即慕向中国，而对朝鲜现实不满，悒悒不乐，"以为东方无知我者"，于是"随聘使燕都，思一大观于中国"。[3] 洪大容（1731—1783）也是因为"于中国之书，无所不读"，[4] "只以所读者中国之书，所仰而终身者中国之圣人也，是以愿一致身中国，友中国之人而论中国之事"。[5] 英祖四十一年（1765），洪大容得以跟随担任冬至使书状官的季父洪檍来到中国，于是结识了严诚、潘庭筠、陆飞等人。

李有骏[6] 是纯祖元年（1801）出生于京畿道杨州的一名儒生，向往中国。纯祖三十一年春，他做了一个梦，梦见自己到了北京，醒来后北京"山川历历犹记"，因此自号"梦游子"。[7] 十七年之后，宪宗十四年（1848）冬，李有骏终于有机会作为冬至使书状官尹哲求的伴倘来到北京，"归后思之，沿路繁华，异乡风物，浑如一场过梦，乃知今日之游，

1　本章第一节和第二节在 2019 年曾以《燕行中的疾病与死亡》为题在第三届燕行使进紫禁城学术研讨会上发表，收入本书时做了修改。
2　申维翰：《青泉集》卷四《送李东望柱泰之燕序》，《影印标点韩国文集丛刊》（以下简称"丛刊"）（200），民族文化推进会，1997，第 297a 页。
3　申维翰：《青泉集》卷四《送李东望柱泰之燕序》，丛刊（200），第 297c 页。
4　李德懋：《青庄馆全书》卷六十三《天涯知己书》，丛刊（259），民族文化推进会，2000，第 128b 页。
5　洪大容：《湛轩书》外集卷二《杭传尺牍·干净同笔谈》，丛刊（248），民族文化推进会，2000，第 133c 页。
6　李有骏（1801—1867），后改名李遇骏，字敬文，号梦游子，本贯全州，京畿道杨州人，著有《梦游燕行录》《梦游野谈》。
7　李遇骏（李有骏）：《梦游燕行录》，林基中编《燕行录全集》（76），韩国东国大学校出版部，2001，第 354 页。

第一章 壮游与饮冰：朝鲜士人的使行体验

是真梦也，昔日之梦，乃梦中之梦也"，[1] 因此李有骏将他的燕行录命名为《梦游燕行录》。

李有骏在显宗九年（1843）生员试合格之后，科举失利，未能入朝做官。对于入仕者来说，如有机会奉使中国，也是一种奇遇。柳成龙（1542—1607）说："士君子生于下国，得奉聘觐之命，修使事于天子之庭，从容专对，退而与贤士大夫揖让周旋，于以考制度礼乐之盛，睹文物衣冠之懿，以快吾心胸，甚乐事也。"[2] 李建昌（1852—1898）也自幼读中国之书，"粗知古人事，尤慕古君子有以辞令文章，称使臣之职，而达异国之情者"，因此"愿持一节，聘万里之外"。[3] 到高宗十一年（1874）十月，李建昌终以冬至使书状官出使中国。回到栅门，仍有留恋之情，诗曰："万里征车耐远游，孤山十日更淹留。莫道边荒无可恋，马訾江北是中州。"[4]

然而，在朝鲜后期，受排清意识的影响，朝鲜也有文人视出使清朝为耻辱。所以，朴泰茂（1677—1756）在《送李尚书奉使之燕序》中说："域中非复皇明日月，今日尚书之行，能无志士之泪耶？"[5] 尹行恁（1762—1801）在《送闵判枢钟显之燕序》中也说，过去建州卫人向朝鲜朝贡，然如今"我使赴清庭，受燕飨拜跪，反如我朝之待建州人也，故行者往往慷慨流涕"，因此感慨："嗟乎，昔何壮而今何困也。男子宁蹈海以死，岂忍踵清人之庭乎？"[6]

但是，尹行恁一方面不满于人们对于出使清朝恬不知耻；另一方

---

1 李遇骏（李有骏）:《梦游燕行录》，林基中编《燕行录全集》（76），第354页。
2 柳成龙:《西厓先生文集》卷十七《许荷谷篈朝天记序》，丛刊（52），民族文化推进会，1990，第328a—328b页。
3 李建昌:《明美堂集》卷九《送朴梧西行台之燕序》，丛刊（349），民族文化推进会，2005，第131d页。
4 李建昌:《明美堂集》卷九《送朴梧西行台之燕序》，丛刊（349），第20b页。
5 朴泰茂:《西溪先生集》卷五《送李尚书奉使之燕序》，《影印标点韩国文集丛刊续》（以下简称"续刊"）（59），韩国古典翻译院，2008，第435c页。
6 尹行恁:《硕斋稿》卷十一《送闵判枢钟显之燕序》，丛刊（287），民族文化推进会，2002，第200d—201b页。

面也承认小不可以敌大，寡不可以敌众，在朝为官，奉命出使也不能免，只能抱"忍痛含冤、迫不得已"的心情，以觇国为主要目的，去观察清朝何时能灭亡。[1] 所谓"入碣石幽燕之墟，先问黄河消息，或有不平之士，请闻职方外事，为言方丈山下有褐衣老人，窗前种大明红，案上读鲁连传云"。[2] 然而，觇国亦非易事。睦万中（1727—1810）说："逾国西界，至于北平，道里不甚远也。岁遣使贺正、庆吊、谢请，又辄不逾时，往来不为不数也。馆于彼，动跨时月，留淹不为不久也。许我出馆游览，禁条不甚密也。奉使还，人人自言能得彼中事，而其实十不得其一二焉。"[3] 高宗十年（1873）郑健朝（1823—1882）以冬至正使赴燕，回国后对其子说："夫士生乎今之世，所诵习者，止诗三百，而求使四方，便能达其情形，酬对如流，无所沾滞，则有是人乎？"[4] 当时朝鲜之所以没有郑健朝所期待的人才，主要是因为言语不通。所以，姜玮认为，"为今之计，莫如使朝士及朝士之子弟，俱习华语，一如宁陵朝为者。将命之际，毋徒委于舌人，而行人且有专职，预选有文学之士以备用。而苟有当其任者，勿惮贤劳而久于职，则庶有济乎"。[5]

由于语言不通，使事主要依靠译官来完成，而对于担任使臣和跟随使臣到中国的多数朝鲜士大夫来说，使行也是一次游览旅程。申锡愚（1805—1865）说："士生于东洋一隅之偏，纵目函夏之大，诚至快也。"[6] 所以，"东人之赴燕也，自以见中华之懿，尽天下之观为壮游。人

---

[1] 尹行恁：《硕斋稿》卷十一《送闵判枢钟显之燕序》，丛刊（287），第201a—201b页。
[2] 朴泰茂：《西溪先生集》卷五《送李尚书奉使之燕序》，续刊（59），第435c页。
[3] 睦万中：《余窝先生文集》卷十一《送洪侍郎良浩之燕序》，续刊（90），韩国古典翻译院，2009，第208a页。
[4] 姜玮：《古欢堂收草》文稿卷一《送朴梧西学士周阳衔命之燕序（代作）》，丛刊（318），民族文化推进会，2003，第483a页。
[5] 姜玮：《古欢堂收草》文稿卷一《送朴梧西学士周阳衔命之燕序（代作）》，丛刊（318），第483c—483d页。
[6] 申锡愚：《海藏集》卷十一《送尹瓛斋赴燕序（庚戌）》，续刊（127），韩国古典翻译院，2011，第420b页。

第一章 壮游与饮冰：朝鲜士人的使行体验

之送之者，亦以见中华之懿，尽天下之观为言"。[1]

虽然有壮游的诱惑，但是限于当时交通和通信条件等，从汉城出发，一路跋涉来到北京，也是一次非常辛苦的旅行。明朝时的水路朝天充满凶险，自不待言，即使是从陆路经辽东入山海关到北京，也充满艰辛。所以，整个朝鲜时代皆有朝鲜士大夫将出使视为畏途。因此，柳成龙曾批评说："余见世之人多龌龊少奇节，安于固陋而惮于跋涉。闻有使命，则缩然而忧。出国门，悯悯有可怜之色。并日而驰，促期而返，汲汲焉惟遄归之为急，则他固不足论也。"[2] 至于像许篈（1551—1588）这样"欲足履中国之界，以尽天下之奇观，闻朝廷选使价，对众有愿行语，铨官举以遣之"[3] 的情况反而是少数。

在交通不发达的年代，长途跋涉本身就是一件苦事。在朝鲜仁祖朝（1623—1649）和孝宗朝（1650—1659），麟坪大君李㴭（1622—1658）曾多次奉命出使。作为王子和王弟，麟坪大君出使时的装备比较齐全。仁祖二十三年三月，他以谢恩兼贺正使到北京时，"载蒙古帐幕于二橐驼，帐之大将数间，覆以毛毡，虽大风雨大雪寒，处之如温室。暑热则卷其毛毡，以布帐围之，而引风焉"。[4] 随行的书状官成以性是第一次赴燕，麟坪大君见其行具凉薄，义州府为其提供的帐幕也不能避风雨，就将自己所带的青布夹幕送给他。即便如此，亦不能稍减旅途之艰辛。孝宗七年八月，麟坪大君以谢恩使赴京，次年刚回国不久，仲夏又"以焇黄〔硝磺〕谢罪事，偕谢恩使右相元斗杓、副使右尹严鼎耉、行台执义权大运鳞次赴燕，孟冬还朝"。麟坪大君描述此行之辛苦说："是役也，三伏在途，八旬留馆，不服水土，仅得生还。"[5] 麟坪大君自幼"生长深宫，未尝习鞍马之劳，且未经痘疫"，而孝宗"每任以饮

---

[1] 洪敬谟：《冠岩全书》册十二《送从弟锡谟赴燕序》，续刊（113），韩国古典翻译院，2011，第332b—332c页。
[2] 柳成龙：《西厓先生文集》卷十七《许荷谷篈朝天记序》，丛刊（52），第328c页。
[3] 柳成龙：《西厓先生文集》卷十七《许荷谷篈朝天记序》，丛刊（52），第328c页。
[4] 成以性：《燕行日记》，林基中编《燕行录全集》（18），第140页。
[5] 麟坪大君李㴭：《松溪集》卷五《燕途纪行·总叙》，续刊（35），民族文化推进会，2007，第251b页。

冰之役,既还而复去,未尝有暖席之时",所以宋时烈(1607—1689)为其安全和健康担忧。¹结果,孝宗九年五月麟坪大君即病逝。

夏天出使,不仅天气炎热,雨水多,道路泥泞,蚊虫亦多,一路确实非常辛苦。权近说汤站附近蚊蝇非常多,有诗曰:"路上蚊虻满目飞,低回随马集人衣。莫将利口侵肤血,手下俄生扑灭机。"²仁祖二十七年(1649)的进贺兼谢恩使于三月二十日辞朝,六月二十九日回朝复命,也是在夏季往返。所以,正使郑太和对沿途蚊虫侵扰也印象深刻,说"自出关之后,青虻飞着人马,利嘴如针,殆不堪焉。闾阳以东则为患益甚,漫空蔽野,抟付人马,凝如蜂阵,牛马亦有因此而毙者"。六月十一日上午他们从闾阳到高平,"其间虻虫之患,令人几死"。因听说虻虫夜间为患颇轻,当地人多昼眠夜行,所以他们就在高平歇息,一直等到黄昏时分才启程,披星戴月赶到沙岭。但是第二天他们又是中午出发的,大概情况已有好转。³

冬季出使,天气寒冷,雨雪载途,人马益难耐。即使在回程中,有时仍会受到严寒的袭击。纯祖三十三年(1833)的冬至兼谢恩使于次年二月十六日回程途中从红花店出发时,"风威渐冷,无异冬日"。⁴等到出了山海关,又遇到大风天气,二月二十一日"午间大风,极寒",甚至比去时更冷,所以书状官金景善在《燕辕直指》中记载:"是日风寒,殆此行初见。"⁵次日中午赶到北镇庙时,又"风雪大作,不可前进"。本来金景善于数日前已与正副使约好要从这里去位于北镇庙西五里许的桃花洞游览,这时不得不放弃原计划,直取广宁路,去了北镇庙东南五里许的广宁城。听说广宁城东门外数里有东岳庙,也因雪下得太大而未能前往。他们从西门出来,走了十里左右,雪才不下了。⁶

---

1 《孝宗实录》卷十九,孝宗八年八月十六日丙戌。
2 权近:《阳村先生文集》卷六《奉使录·汤站路上赋蚊虻》,丛刊(7),民族文化推进会,1990,第60a页。
3 郑太和:《阳坡遗稿》卷十三《饮冰录》,丛刊(102),民族文化推进会,1993,第464c页。
4 金景善:《燕辕直指》卷五《回程录》,林基中编《燕行录全集》(72),第143页。
5 金景善:《燕辕直指》卷五《回程录》,林基中编《燕行录全集》(72),第149—150页。
6 金景善:《燕辕直指》卷五《回程录》,林基中编《燕行录全集》(72),第151—152页。

此后两天也是大风、阴霾天气,二月二十三日中午走到中安堡,"大风阴霾,殆不辨咫尺"。这种天气一直延续到二月二十四日。这天"朝起,见尘沙透窗而入,厚集炕上。风霾如昨日,诸议皆以留住一日,以待开霁为定。稍晚,天色少开,遂发行。行未几里,风霾又如前,进退两难,况又三四十里之间无可留接之店,艰抵二道井宿。夜深后风霾始收"。[1] 掌务官金景鲁"素患积聚",这时又为风霾所伤,所以二月二十五日行至一板门添病落后。[2]

二月二十六日,金景善等从新民屯出发后刚行七八里,"风势斗〔陡〕猛,雪随而壮,风卷后乱雪堆积车中,寒气殆砭骨。人马辟易,不分东西。相顾失色,罔知所为,皆聚首成一团,不能作行。赵弘禄骑马在车旁,所着大帽为风卷去,直上空中,眼见而不得捉住,看看渐高,遂不可见。风定点检,失笠者多。车马相聚处,堆雪殆数尺,可谓经一劫运。行至巨流河堡,日力尚可作行,而胆怯不能前进,投宿路旁一小店,诸房所率不可尽容,任其随力前进。盖再昨阴霾,今日风雪,非但今行初见,在前亦罕云","申后风雪始止"。[3]

像金景善等人这样遇到阴霾、暴雪等极端天气固然吃尽苦头,可是,如果冬春天气不太冷,冰雪融化,道路也泥泞难行。高宗十年(1873)跟随冬至兼谢恩正使郑健朝到北京的姜玮就说:"今行自发京城至此,一日不在冰天泥地,行人中皆谓此行初有之事。"[4]

不过,相对于冬去春返的冬至使等,需要在天气炎热季节往返的使行更是朝鲜臣僚们竭力规避的对象。燕山君六年(1500)点选圣节使时,李季男(1448—1512)、安琛(1445—1515)和金谌(1445—1502)等人在受点后皆以有病或亲老等理由请辞,以致这年四月初三日燕山君在司宪府持平姜德裕的启请之下,同意将他们交义禁府鞫

---

1 金景善:《燕辕直指》卷五《回程录》,林基中编《燕行录全集》(72),第170页。
2 金景善:《燕辕直指》卷五《回程录》,林基中编《燕行录全集》(72),第170—171页。
3 金景善:《燕辕直指》卷五《回程录》,林基中编《燕行录全集》(72),第171—172页。
4 姜玮:《北游日记》,林基中编《燕行录续集》(144),尚书院,2008,第74页。

问。¹可见，如无正当理由，谋避也不容易。其实，在此之前，李季男、安琛和金谌三人都已有出使的经历，李季男于成宗二十三年（1492）六月以谢恩副使赴京，²安琛于成宗二十四年七月以千秋使赴京，³金谌则于燕山君二年（1496）十月以正朝副使赴京。⁴在此之后，燕山君十一年五月，安琛又曾以奏请使赴京。⁵他们对于使行之艰辛，大概深有体会。

景宗即位年（1720）七月初五日宋相琦被选为冬至正使，⁶而"病孱不可远行"，右议政李健命建议改差，⁷于是改以李宜显（1669—1745）为冬至正使。⁸英祖六年（1730），李宜显再次以谢恩正使被点，他便请辞，并于八月初一日顺利被替换下来。⁹随后，时任判中枢府事的李宜显因撰进敬纯王大妃鱼氏幽志不合英祖之意，¹⁰并受到台谏和政敌的弹劾，遂上疏请罪，退居杨州陶山村舍。然而，英祖八年四月初三日，李宜显又被吏曹以越次入拟受点为谢恩正使。¹¹对于这次吏曹选他为谢恩正使的原因，李宜显说："盖是行正当炎潦，时辈皆惮行，宗班亦不肯行，上意与时议遂欲属之废退人。"¹²他虽然知道这次不容易推脱，也不愿贸然答应，还是上疏称病请辞，果然没有得到允准，而书状官李龟休则因升为承旨而由韩德厚替代。在英祖的敦勉之下，五月初七日李宜显自乡入城。¹³辞陛启程的日期最初定在七月初八日，"是时旱甚，旱余必

---

1 《燕山君日记》卷三十七，燕山君六年四月初三日丙戌。
2 《成宗实录》卷二百六十六，成宗二十三年六月初三日壬寅。
3 《成宗实录》卷二百八十，成宗二十四年七月十一日癸卯。
4 《燕山君日记》卷十八，燕山君二年十月十二日乙酉。
5 《燕山君日记》卷五十八，燕山君十一年六月初二日乙卯。
6 《景宗实录》卷一，景宗即位年七月初五日庚午。
7 《景宗实录》卷一，景宗即位年七月初六日辛未。
8 《景宗实录》卷一，景宗即位年七月初八日癸酉。
9 《英祖实录》卷二十七，英祖六年八月初一日丁酉。
10 《英祖实录》卷二十七，英祖六年八月二十七日癸亥。
11 《英祖实录》卷三十一，英祖八年四月初三日庚寅。
12 李宜显：《陶谷集》卷三十《壬子燕行杂识》，丛刊（181），民族文化推进会，1997，第503b页。
13 《英祖实录》卷三十一，英祖八年五月初七日癸亥。

第一章 壮游与饮冰：朝鲜士人的使行体验

多雨。七月望间，正当潦溽，道途淹滞，方物沾湿之患，俱属可虑，日期急迫，行具亦患窘碍，朝议颇以退定行期为当"。[1] 李宜显本必欲亟往迅返，殊无延期之意，而同行之人皆认为应该延期，副使赵最寿和书状官韩德厚也这样认为，所以不得已于七月初五日与赵最寿、韩德厚请对，在左议政赵文命、右议政徐命均的帮助下，英祖同意将启程日期推迟到七月望后。[2] 最后于七月二十八日，李宜显等辞陛启程，[3] 同年（1732）十二月十七日回朝复命。[4]

夏季出使的艰辛，正祖十四年（1790）进贺使行的情况虽属特例，于此亦可见一斑。这年八月十三日为乾隆皇帝的八十岁万寿节，朝鲜派遣昌城君黄仁点为进贺正使，礼曹判书徐浩修为副使，弘文馆校理李百亨为书状官，前来进贺。他们于五月二十七日辞陛启程，六月十一日抵达义州。这期间朝鲜境内虽然多雨，所幸"积雨快晴，千余里行役，能免阻水涉危"之苦。[5] 但是，自六月十二日起，连降大雨，鸭绿江水暴涨，无法渡江。而且，因别赍咨官张濂带回了清朝礼部回咨，朝鲜朝廷认为应该再准备一份回答咨文，由进贺使带到北京，所以让进贺使暂时留在义州，等待答咨送来，他们就在义州多等了几天，预定八月初赶到热河。

而这次来进贺的还有安南、南掌、缅甸等国进贺使，他们俱定于七月初十日前赶到热河，所以礼部将举行宴会的日期提前到了七月初十日，因此通知盛京将军，要求朝鲜进贺使于七月初十日以前直接赶到热河行宫，不必先到北京后再转到热河，以便与各国进贺使一起参加宴会。六月十八日盛京将军收到礼部咨文后，随即送到朝鲜。留在义州的朝鲜进贺使收到礼部饬行咨文和盛京将军饬行公文已是六月二十一日夜

1　李宜显：《陶谷集》卷三十《壬子燕行杂识》，丛刊（181），第503c页。
2　李宜显：《陶谷集》卷三十《壬子燕行杂识》，丛刊（181），第503c页。
3　《英祖实录》卷三十二，英祖八年七月二十八日壬子。
4　《英祖实录》卷三十二，英祖八年十二月十七日庚午。
5　徐浩修：《燕行纪》卷一，林基中编《燕行录全集》（50），第408页。

二更天，于是当即报告朝廷，决定于六月二十二日渡江，而让译官李光烈留在义州等待答咨，待接到答咨后再追上来。[1]

六月二十二日午后和二十三日午后，朝鲜进贺使又接连收到盛京将军饬行公文，再次转来的六月二十日和六月二十一日礼部咨文，催促朝鲜进贺使一行务必于七月初十日以前赶到热河。朝鲜进贺使早已决定星夜驰进，期于六月二十七、二十八日间抵达盛京，自盛京取道九关台捷径，预计七月初旬间抵达热河。[2] 六月二十三日进入栅门以后，朝鲜进贺使即送信给凤凰城将及盛京礼部，说明他们要赶路，请转饬各处不要阻拦，盛京将军于是令各处官员给予方便，并督促朝鲜进贺使一行妥速赶路。为便于赶路，黄仁点、徐浩修和李百亨经过商议，决定将使团人马分为两路，三使臣"赍奉表咨，简束行装，率幕裨四员、译官三员、写字官一员，从人三十名，越站先进，取路九关台向热河。他余幕裨、译官等，领方物所载车及从人、刷马驱人，按站前进，取路山海关向燕京"。[3]

当时正值夏季，雨多，道路泥泞，而他们又要赶路，所以备尝艰辛。在经过盛京附近时，"才经潦雨，沈阳前后平野皆泥淖垫溺，或水汇丈余，咫尺相望之地，辄迂回数里而至。但用太平车，势难趱程"，于是七月初二日三使臣又商定，正副使各雇一辆大车，每辆车用五匹马拉，带着表咨柜和公服函，日夜兼程，书状官及幕裨译官仍乘太平车随后。[4] 七月初三日经过一板门到二道井时，正处于二十里路程中辽野最低洼处，积水很深，淹到了马肚子，他们有半天时间都是在泥水中前进，黄昏时分才赶到二道井。而第二天从二道井到新店时，积水更深，只能乘船以渡，而渡船都被盛京将军一行用了，只剩下三艘小船，朝鲜三使臣每人乘一艘，中午才抵达新店。然后翻越新店后面的山岗，向西

---

1 徐浩修：《燕行纪》卷一，林基中编《燕行录全集》(50)，第409—410页。
2 徐浩修：《燕行纪》卷一，林基中编《燕行录全集》(50)，第409—422页。
3 徐浩修：《燕行录》卷一，林基中编《燕行录全集》(50)，第426—427页。
4 徐浩修：《燕行录》卷一，林基中编《燕行录全集》(50)，第453页。

北到白台子，直奔热河。

　　这次朝鲜进贺使最终也没有能够在七月初十日以前赶到热河，好在乾隆皇帝体谅他们的难处，下令不必催促朝鲜进贺使赶路。七月初九日黄仁点、徐浩修和李百亨等人刚赶到朝阳县，从这里到热河还有六百余里，无论如何也无法在七月初十日之前赶到热河，三使臣茫然相对，束手无策，幸亏这时传来了乾隆皇帝不必赶路的谕旨，才放下心来，不再赶路。七月十五日，朝鲜进贺使一行才抵达热河。七月十八日，乾隆皇帝召见了他们，慰问道："尔等适当潦暑，由口外来，不服水土，道路艰辛，何以得达？"黄仁点等人叩头谢恩，然后回答说："赖皇上洪恩，无扰得达矣。"[1]

　　朝鲜士大夫常将使行形容为饮冰之行或饮冰之役。李夏镇（1628—1682）诗云："饮冰将命无他念，露宿风餐直到燕。"[2]柳命天（1633—1705）亦有诗云："莫道饮冰行役苦，要将弧矢答恩荣。"[3]可是，英祖二十八年（1752）以贺正副使出使的南泰齐（1699—1776）却将其燕行录命名为《椒蔗录》。其孙南履翼解释说，南泰齐是想用辣椒、甘蔗二物来表示自己作为使臣能与一行同甘共苦。七十多年后，纯祖二十二年（1822）南履翼也以辩诬谢恩正使出使，于是将自己的燕行录命名为《椒蔗续编》，并在序言中说："夫使价之往来彼境也，所录者或名曰乘槎录者，取张骞之乘槎也，或名曰饮冰记者，取庄周之饮冰也，此不过泛称，而必以椒蔗名编者，可想其我祖考与一行同苦甘之厚德也。"[4]

1　徐浩修：《燕行录》卷二，林基中编《燕行录全集》（51），第56页。
2　李夏镇：《六寓堂遗稿》册一《途中次副使韵》，续刊（39），民族文化推进会，2007，第46a页。
3　柳命天：《退堂先生诗集》卷三《燕行录·到松都，录呈舍弟礼判》，续刊（40），民族文化推进会，2007，第406c页。
4　南履翼：《椒蔗续编》序一，南泰齐：《椒蔗录》，林基中编《燕行录续集》（116），第13—14页。

二 疾病与死亡

无论在什么季节出使，几百人往来数千里，历时半年之久，使行人员难免有人会因旅途劳累、寒暑侵害、心情烦恼、饮食不洁、疫病传染等原因患病，甚至失去生命。所以，医疗保健也是使行必须考虑的问题。每个使行团中皆配有医员一人，由典医监和惠民署轮流选派。如果由相臣或正一品宗亲、仪宾出使，更别遣御医一员或两员，并兼带内医院书员一人陪行。[1] 孝宗七年（1656）朝鲜陈奏使所带针医安礼还被清朝首辅大臣索尼[2]留下。正使郑太和留别安礼诗云："同来为客又相离，心事如何去住时。且尽传家治病术，俾知东国有神医。"[3] 本来说好安礼只是暂时多留若干日，随后让其追上使团，一起回国，结果安礼从此留在了北京。[4]

使行团中既然配有医员，药物自然亦不可缺。使臣出行，辞陛时国王往往赐给腊药、丹木、白矾（明矾）、胡椒等物。如正祖元年（1777）十月二十六日冬至兼谢恩使李坤等辞陛后，退至承文院，国王命别监送来腊药五种，以及丹木、胡椒和白矾。[5] 纯祖三十二年（1832），金景善以冬至兼谢恩使书状官出使中国时，也得到腊药五种，丹木十斤，胡椒三升，白矾一斤。[6]

腊药是多种丸药的统称。朝鲜国王赏赐的腊药一般为内医院所调剂，称腊药进上，有牛黄清心丸、龙脑安神丸、麝香苏合丸、龙脑苏合丸、小儿清心丸、九味清心丸、牛黄抱龙丸、千金广济丸、立效济众

1　金指南：《通文馆志》卷三《事大·上·赴京使行》，韩国首尔大学校奎章阁韩国学研究院藏1881年木版本。

2　也有燕行录以及《朝鲜王朝实录》中写作"孙伊"或"荪伊"，参见《显宗实录》卷六，显宗三年十一月二十日庚寅。

3　郑太和：《阳坡遗稿》卷十四《饮冰录》，壬寅十月十一日，丛刊（102），第479c页。

4　李春梅：《〈燕行录全集〉中的医学史料研究》，硕士学位论文，中国中医科学院，2011，第42页。

5　李坤：《燕行记事》（上），林基中编《燕行录全集》（52），第276页。

6　金景善：《燕辕直指》卷一，林基中编《燕行录全集》（70），第257页。

丹、木香保命丹、水煮木香膏、龙脑膏、加减薄荷煎丸、泻青丸、胆星抱龙丸、牛黄凉膈元、感应元、好合茵陈元、备急元、安胎丸、神保元、紫金丹、神圣辟瘟丹等多种。[1]英祖朝刊行的《谚解腊药症治方》记载有牛黄清心丸、苏合丸等十二种丸药的调剂和投药方法。清心丸对精神治疗有作用，安神丸可以退烧，苏合丸对治疗霍乱有效果，这三种腊药是最重要的。正祖十四年（1790）又新调剂了济众丹和广济丸，比苏合丸见效更快。

内医院所调制的腊药，除了王宫自用和赏给出使之臣外，每年农历十一月腊日，国王都会赏赐腊药给近侍和亲近大臣。济众丹和广济丸有时也分发给营门，用于军卒的治疗。除内医院外，耆老所和其他许多官厅也调制腊药。耆老所制作的腊药主要分给耆臣，其他官厅制作的腊药则分给该当官员，或者作为礼物相互赠送。这种风气传到民间，民众也有在腊日前后以腊药为礼物互相赠送的习惯。

丹木、胡椒和白矾都是重要的中药材。丹木即苏木，在朝鲜时代主要做染料使用，也是重要的药材，苏合丸里即含有苏木。胡椒不仅可以做药材、香料和调味料，而且常有妙用，如李圭景《辟谷辨证说》记载："若大寒大暑大风大湿中，含胡椒二三粒，以舌摩戛，使辛气入五内，则百沴不能入，又可咽津断饥。"[2]这很符合使行人员的要求。

丹木、胡椒和白矾皆非朝鲜所产，主要通过日本输入，价格昂贵，所以国王常用来赏赐臣下，只是使臣更加需要而已。不仅三使臣，参与使行的译官和军官也能得到国王赏赐的胡椒。[3]除了国王的赏赐之外，使行人员，尤其是地位较高的三使臣，也会自备一些药物，亲朋和沿途地方官也会以药物相赠。哲宗十年（1859），高时鸿以冬至使书状官赴京，十一月十九日在义州即收到黄间书所赠熟苄五斤，让他感到这足

---

[1] 《六典条例》卷六《礼典·内医院·腊药》，韩国首尔大学校奎章阁韩国学研究院藏1867年刊本（奎5290）。
[2] 李圭景：《五洲衍文长笺散稿》（上册）卷二《辟谷辨证说》，东国文化社，1959，第31页。
[3] 崔德中：《燕行录》，林基中编《燕行录全集》（39），第433页。

以供远行保和之资。[1] 熟芐，即熟地黄，有滋阴补血、益精固髓等功效，不仅是合剂时常用药，还可以直接食用。洪万选《山林经济》即介绍了地黄粥等的做法，以为其能和血生精。[2]

虽不知高时鸿是否会做地黄粥，然而使行人员的饮食卫生确实很重要。哲宗元年（1850）跟随冬至使到北京的权时亨，在离京回国时总结了一下自己保持健康的经验。他认为，使行期间防止生病的关键就是注意饮食卫生，不吃生冷食物。他在自己的燕行录《石湍燕记》中写道："静卧而思之，此行之必病人易于饮冷。余自离湾以后，凡系一行中日用事为，无一不留心，非谓人心不淑而然也，始终颠末，利之一字外，了无他事。万里他国，忘死往来，则得失关头，人情安得不然？"[3]

可是，要人人都做到权时亨这样事事留心也不容易。英祖二十三年（1747）三月十三日，朝鲜冬至兼谢恩使一行回程从连山关走到通远堡。本来到了通远堡，即有义州府尹派人送来粮馔，而正使海兴君李橿之傔人等到通远堡前山采山菜芛来吃，结果有六七人皆上吐下泻，甚至昏昏欲死。随行御医皮世麟也吃了，而且病情尤其严重，服下很多解毒药才转危为安。他们给副使尹汲也送了一些，所幸尹汲没有吃。出事之后，尹汲因此感慨："不知名之山菜本不可食，而况医人以尝百草为业，而亦不得免，可叹。"[4]

即使大家都很注意保健，数百人中偶尔有人染病也不足为奇，但是与平时居家不同的是，一旦有人病重，不能前进，即使是使臣，也只能自己留下，大队人马不可能留下来等其痊愈。高宗二十四年（1887）四月二十二日，李承五以进贺兼谢恩正使赴京。在出境之前，闰四月初十日，因副使有病，三使臣在宣川停了一天，给地方的接待带来很大负

---

1 高时鸿：《燕行录》，林基中编《燕行录全集》（92），第22页。
2 洪万选：《山林经济》卷一《摄生·服食》，韩国首尔大学校奎章阁韩国学研究院藏笔写本（古9100-6）。
3 权时亨：《石湍燕记》（地），林基中编《燕行录全集》（91），第332—333页。
4 尹汲：《燕行日记》（坤），林基中编《燕行录续集》（115），第597页。

担。¹ 出境之后，五月十七日李承五又因病在中前所休息了一天，虽然是大家劝他留下来的，但他仍心有不安。² 有了这些经历之后，李承五说："处于小邦，一览中国，人皆愿之，而无论节、别使，自三使臣以下至卒隶，一出病则无路上留连几日治疗之暇，即因大队数百人马，空费夥多故也。病弱之质，以此为惮。"³

仁祖二十三年（1645）麟坪大君以谢恩兼进贺使到北京，谢清廷让昭显世子回国，并贺顺治皇帝登极。麟坪大君一行于五月二十一日刚抵达北京，二十四日即接到昭显世子病逝的消息，又急着往回赶。当时一行人马多病蹇，不可马上就走，于是将有病人马交给译官朴璇、金贵仁、赵东力等人，麟坪大君和其他可行者于五月二十九日与清朝派遣的吊祭敕使一同启程回国。⁴

而这时，朝鲜派遣的告讣使尚未到北京。六月初一日中午麟坪大君等人在鳌山店遇到告讣使译官金元海，得知告讣咨文赍咨官尹圣举走到丰润县时病重，不能前进，于是让金元海一人将告讣咨文送到北京，而他准备往回走。吊祭敕使认为，既然清廷已经得到讣音，吊祭敕使都已经派出了，金元海就没有必要到北京去了，而陪敕使行走的朝鲜谢恩兼进贺使译官徐尚贤则认为朝廷之命非使臣所可中止，令金元海继续前往北京。对于尹圣举的做法，谢恩兼进贺使书状官成以性也不以为然。六月初二日见到尹圣举后，成以性即对尹圣举颇有啧言。成以性认为，受命之臣，即使不能继续前进，亦当留在原地，以待金元海完成使命后回来，不可自己一个人先回返。尹圣举辩解说，他病得很重，行中军官等皆认为不可在中国久留，所以才急于往回走。麟坪大君有不忍之心，派人将尹圣举接来，与谢恩兼进贺使一行一同回国。⁵

---

1 李承五：《燕槎日记》卷二，林基中编《燕行录全集》（86），第114页。
2 李承五：《燕槎日记》卷二，林基中编《燕行录全集》（86），第140页。
3 李承五：《燕槎日记》卷二，林基中编《燕行录全集》（86），第139—140页。
4 成以性：《溪西先生逸稿》卷一《燕行日记》，续刊（26），民族文化推进会，2006，第92b—95b页。
5 成以性：《溪西先生逸稿》卷一《燕行日记》，续刊（26），第95c—96a页。

其实，成以性自己在回程路上也生了病，而且副使郑世规和他属下军官李寿昌也病得很重。这年（1645）六月初四日午前刚走到永平府，一行中已是"马疲不能行，上下呻吟者亦多，不得已留宿城中"。[1]这年夏天北京流行一种痒病，虽然来时路上成以性等人已从凤林大君和韩兴一（振甫）处得知感染此病后奇痒难忍之状，然而他们在北京逗留时间短，尚未发作，等到出了北京，刚走到通州，成以性即发现"左臂有五六点如疥疮形，痒不自胜。数日之间，遍一身。两手疤搔流血，而痒犹不止，日夜苦苦"，及六月初五日回到深河驿，病情加剧。而且，染病者远不止成以性一人，"不多日，行之人一时皆发，大君亦不得免，而其苦尤甚"。[2]

这种痒病虽然令人难以忍受，尚不足夺人性命。尹圣举也算幸运，跟随谢恩兼进贺使行平安回到朝鲜。其实，在来回路途上或留馆期间因患病或遭遇意外丧命的朝鲜使臣也不在少数。[3]明末水路"朝天"，自然凶险。如仁祖七年（1629）八月进贺使李忔和冬至使尹安国一同出使，结果遭遇台风，多艘船只漂散，尹安国被淹死，李忔虽然侥幸登陆，辗转到达北京，也在第二年六月病死于玉河馆。[4]即使不是渡海，只是过河，也容易发生危险。朝鲜义州东南的古津江，虽算不上大江大河，但水流湍急。世祖五年（1459）朝鲜奏闻使书状官姜耆寿即溺死于古津江，[5]所以古津江也被称为书状江。[6]

除了这样遭遇意外死亡者，更多的使臣是死于疾病。中宗二十八年（1533）户曹参判任枢被选为冬至正使，而其子任虎臣也被选为书状官，

---

1 成以性：《溪西先生逸稿》卷一《燕行日记》，续刊（26），第96d页。
2 成以性：《溪西先生逸稿》卷一《燕行日记》，续刊（26），第97a页。
3 漆永祥教授有一个不完全统计，在高丽和朝鲜时代有三十四名使臣丧亡，参见漆永祥《朝鲜燕行使团中的疾病伤亡与救治抚恤研究》，《中国文化》2021年第1期，第277—278页。
4 李肯翊：《燃藜室记述》别集卷五《事大典故·使臣》第1册，朝鲜古书刊行会，1913，第341—342页。
5 《世祖实录》卷十七，世祖五年七月十五日甲午。
6 卢思慎等：《新增东国舆地胜览》卷五十三《平安道·山川·古津江》，明文堂，1994，第962页。

父子同行,传为美谈,名流赠诗多以凤将雏比之。[1] 当时任氏家族兴旺,任枢及父亲任由谦、弟任权和儿子任虎臣皆占据高位。《寄斋杂记》载:"中庙朝,任四宰由谦以特进官,任推以副提学,任虎臣以都承旨,任权以掌令,任柄以修撰,俱入侍,权又侃侃论人过失。四宰出谓诸子曰:'吾家极盛满,入侍者十二人,吾父子孙居其半。权又喜斥人,不败而何?'愀然不乐者久。"[2] 结果,回程途中,任枢得了黄疸症,至高岭而病卒,[3] 任虎臣只得扶榇而归。

中宗朝死于路上的使臣远不止任枢一人。中宗三十四年(1539)六月十七日,进贺使书状官柳公权在北京病逝。回国途中,七月二十四日副使元继蔡又在通州病逝。这次三名使臣中死了两名,让中宗也感到吃惊。所以八月初三日接到正使李芑的报告后,下教于承政院:"在前观之,赴京使臣,虽一使身死,至为惊愕恸悼。今则副使、书状官一时身死,其恸悼之情,何可胜言?别致赙时,以予恸悼之意,奉承传可也。"[4] 八月二十四日李芑回朝复命时,中宗又说:"一行之中,一人之死,犹可惜也。使、书状官一时病死,岂有如此之事乎?不胜痛悼之至。"[5] 柳公权死后,其妻南氏"闻丧泣血三年,两明俱丧,嗌不容粒,不进药物,曰:'吾欲死而同归。'"。中宗三十九年,南氏以烈女受到表彰。[6]

柳公权在出使之前本已患有浮证,到北京后病情加剧,多方救治无效,竟至客死帝京。[7] 像柳公权这样带病出使者,自然容易因病情加剧而遭遇不测。中宗三十六年的千秋使李希雍在出使之前也已染浮证,"入归时,其气衰弱。启行之日,奄发痢证,仅为肃拜。到留义州,其

---

[1] 洪暹:《国朝人物考》册十五《卿宰·任虎臣 碑铭》,韩国首尔大学校奎章阁韩国学研究院藏钞本;李肯翊:《燃藜室记述》别集卷五《事大典故·使臣》第1册,第333页。
[2] 朴东亮:《寄斋杂记·中宗》(3),《大东野乘》卷五十一,第9册,朝鲜古书刊行会,1910,第197页。
[3] 《中宗实录》卷七十六,中宗二十九年二月二十二日己丑。
[4] 《中宗实录》卷九十一,中宗三十四年八月初三日丁卯。
[5] 《中宗实录》卷九十一,中宗三十四年八月二十四日戊子。
[6] 《校勘标点·韩国古典丛刊·地理类》14《舆地图书》Ⅶ,韩国古典翻译院,2021,第628页。
[7] 《中宗实录》卷九十一,中宗三十四年八月二十四日戊子。

气尤弱，一行以不得生还为忧。至辽东，不能食，只饮水，浮证亦发，仅得救药，小歇而行。行到汤站，既食生雉，喉渴之际，又饮浊粥，咽喉遽塞，气色即异。时无招医之暇，臣（书状官李安忠）躬磨苏合圆以饮之，则药亦不得下，而气绝不苏"。[1] 李希雍就这样死在了去程路上。

鉴于有多名使臣相继死于中途，中宗三十六年十二月十六日，国王传教于承政院："近来赴京使臣，相继死于上国地方，可为骇矣。前闻李希雍，病不能升降，辽东人讥之曰汝国岂无宰相，而敢送如此人乎？老病之人，不可远遣域外也。大抵专对之任，须当择遣，故多数拟望，而杂以已行之人，其未行者尚多，则亦何必杂拟已行之人乎？且虽择差，若有托故厌行者，则法司自当纠察。明年亦多例赴之人，今不可不择遣之。"[2] 虽然中宗要求不可派遣老病之人出使，但是此后的千秋使南世健、冬至使柳仁淑仍皆是年老体弱者。所以，中宗三十九年六月二十一日弘文馆副提学宋世珩等人上札评论此事说："赴京之使，勿差老病，已有传教。而今者连遣衰白老臣，跋涉远路，非徒有乖传教之意，倘于驱驰疲惫之余，气力有所不逮，或失升降拜跪之礼于万国会同之时，则岂但华人所见有所埋没，于人君体群臣之道尤恐未尽也。前日李希雍取讥中朝事，有可悔者焉。朝廷大小之议，公同如是，而万里之行，人所不乐，故大臣欲避，庇覆小嫌，不以上达。"[3] 中宗接受了宋世珩等人的意见，回答说："近来有司，虽有传教，不顾其意，连拟衰老之人，行公推考，以示违教之意。"[4]

然而，中宗也承认，赴京使臣"皆以二品以上差遣。二品之中，有老亲，则不遣。有身病，则不遣。至于武臣，若单使之行，则不遣。人

---

1 《中宗实录》卷九十七，中宗三十六年十二月二十八日己卯。
2 《中宗实录》卷九十七，中宗三十六年十二月十六日丁卯。
3 《中宗实录》卷一百零三，中宗三十九年六月二十一日戊子。
4 《中宗实录》卷一百零三，中宗三十九年六月二十一日戊子。

物可谓乏少也"。¹ 这个问题不解决，虽然强调不选派衰老之人，也不容易做到。明宗即位后，议政府右议政郑顺朋被选为谢恩使，上疏请辞未蒙允准，接着又以病请辞，称自己的病"大势虽歇，余证未瘳，元气馁惫，喘息促急，饮食无味，行步无力，精神耗丧，事辄健忘。议事之际，迷不知所措"，所以建议以林百龄借右议政衔代行，明宗同意了。² 林百龄虽年尚不满五十，但还是在回程路上，刚走到永平府就病死了。

林百龄出身海南草茅之家，为乡吏之外孙，"美容止巧言语，外若恭逊，而内藏刀剑，小隙必报"，"宦成之后，好恶不公，事多假伪，言似忠信，行似廉谨，而其实则不然也，故非之而无可举，誉之而无可取焉"。³ 中宗末年因反对恢复贤良科而遭士人厌弃，明宗即位年（1545）秋又与李芑、郑顺朋、尹元衡等结为朋党，制造了"乙巳士祸"，"大臣既见杀，一时贤类，一网打尽，道路以目"。⁴ 因此，在林百龄死后，有关他的传说也比较多。据说林百龄"道病将死，力起作哀乞之状曰：'有人将杀我。'遂死。后日其妻为百龄作野祭，巫所言亦如之，闻者颇腾说。全城正⁵家难，由此而作。自是以后，邻里之人，路见百龄家人，低首丧气，莫敢忤视。参奉成濯，亦以筑墙相诘，遂至刑讯，以此邻人畏祸，卖家移他者多矣"。⁶ 朝鲜民间还传说林百龄年少时曾做一梦，有神人告诉他应以"槐马"为字，他醒来后觉得很奇怪，于是自号"槐马"，然而不晓其意。等到这次到北京后得病，才恍然大悟。因这一年正是丙午年，为马年；他既借衔右议政，即为大槐，因此有不祥的预感，说："吾其不起乎？既借议政之衔，而又遭午年，神人所谓槐马者，殆谓此欤？"结果真的病死途中。金知尹溪听说后，解释说："庄周书曰：'水中有火，乃焚大槐。'夫丙丁为火，而丙午丁未，又为天河水，

---

1 《中宗实录》卷一百零三，中宗三十九年六月二十一日戊子。
2 《明宗实录》卷二，明宗即位年十二月二十八日丁巳。
3 《明宗实录》卷四，明宗一年七月十九日癸酉。
4 《明宗实录》卷四，明宗一年七月十九日癸酉。
5 全城正，即全城副正李璘（1506—1545）。
6 《明宗实录》卷四，明宗一年七月十九日癸酉。

即水中有火也。既衔议政，即大槐也。槐马之梦，宜其验矣。"[1]

当初元继蔡赴京时，其子元虎燮随行，在元继蔡病死之际，元虎燮仍"不即修服，贸买唐物，有同商贾，华人大笑，以此不为士林所许"。[2] 明宗十八年（1563）金澍作为宗系辩诬奏请使兼进贺使，与圣节使李友闵、书状官李阳元一同赴京。金澍"性柔懦，无植立之气，不事拘检。虽非琐屑之人，多有贪鄙之失"。[3] 他这次使行也为了牟利，带了五名译官，冒充子弟军官，还带了很多商人，因此受到司宪府的弹劾。而且由于其"所带者皆市井牟利之徒，开市鬻卖，无有纪极，至被华人之笑"，而且当他在北京患病后，"无救护问病之人，故药不以时，终至不瘳"，[4] 病死于玉河馆。所以，在金澍死后，史官评论说："奏请使金澍，惟念鸠货之实务，而不恤礼义之有称，非徒以译官称为子弟军官，而带去者滥至于五，而又有富贾市人，以为奇货而率行者亦多有焉，则是其以抱布求市为己务，而至于奏请宗系，则视为末事者也。廉耻之丧，贪滥之恣，至于此极，莫敢忌惮，则四维之不张，而国家之灭亡可立而待也。呜呼！上有好者，下必有甚焉。今也一有赴京之行，则纷纭贸易之命，自内而下者，罔有纪极，则其何以检其使臣之行，而治其奸滥之罪哉？然则金澍之所以不顾廉耻，务为牟利者，亦有效于内用之滥为贸易，罔有禁抑者也。《诗》曰：'而之教矣，民胥效矣。'可不谨哉！"[5]

不过此次金澍在宗系辩诬上还是取得了进展。他到北京后，以重金贿赂礼部官员，礼部题奏皇帝，乞于会典中明载李成桂父亲的名字，皇帝答应"俟《世宗实录》毕修后，更取旨施行"。金澍死后，书状官李阳元将敕书带回，其中有"资尔朝鲜国王，世笃忠顺，作朕东藩。屡以祖系，陈乞厘正，朕特允尔所奏，宣付史馆。因会典之旧文，载尔祖之

---

[1] 鱼叔权：《稗官杂记》卷四，《大东野乘》卷四，第1册，1909，第473页。
[2] 《明宗实录》卷十二，明宗六年九月二十三日戊申。
[3] 《明宗实录》卷二十九，明宗十八年九月二十七日壬寅。
[4] 《明宗实录》卷二十九，明宗十八年九月二十七日壬寅。
[5] 《明宗实录》卷二十九，明宗十八年六月二十二日戊辰。

真派,涤瑕传信,炳如日星,朝廷与尔国,皆知出于桓祖,而不出于李仁任也"等语,礼部又于旧版会典内改录朝鲜国宗系,刊印若干张,交给李阳元带回,使朝鲜知改录之意。[1]因此明宗不但没有追究金澍之罪,反而以其有奏请之功,特赠礼部判书,给田三十结,外居奴婢五口。[2]

到了清代,朝鲜使臣于途中病亡的现象仍会发生。英祖二十四年(1748)冬至兼谢恩正使郑锡五刚走到距离盛京(沈阳)不远的十里堡就病死了,因此只有副使郑亨福和书状官李彝章两名使臣继续走到北京完成使命。[3]英祖三十八年三月十八日冬至正使、海兴君李橿也于回程途中病逝于新辽东。[4]正祖二十年(1796),沈颐之以冬至正使出使,入栅门后刚走了不过一日路程,即在薛刘站(松站)病逝。[5]

权常慎(1759—1824),原名权襫,字绚好,号曰红堂、西渔。正祖十年进士试状元,纯祖元年(1801)增广文科和殿试状元,因此被称为三场状元,文名很盛。纯祖三年曾以冬至副使赴京,[6]纯祖二十四年又以司宪府大司宪被选为冬至正使,结果尚未入山海关,就病死在高桥堡。权常慎本来身体矍铄,中路奄逝,让纯祖也颇感吃惊和惋惜。[7]

据说权常慎等人走到肃川时,有一名叫仙兰的官妓会作诗,她送权常慎诗曰:"去去平安去,长程万里多。塞云明月夜,孤叫雁声何?"因"孤叫"与"高桥"在朝鲜语中发音相同,于是人们皆以此诗为谶。[8]高桥堡当时是贡路上一个比较繁华的镇,因有木桥甚高,故以高桥为名。自从权常慎病故于高桥堡后,朝鲜使团每次经过此地,只有副使和

---

1 赵庆男:《续杂录·附·历代要览》,嘉靖四十二年,《大东野乘》卷三十四,第6册,第330页;李裕元:《林下笔记》卷十八《文献指掌编》八《宗系辨诬》,成均馆大学校大东文化研究院,1961,第447页。
2 《明宗实录》卷二十九,明宗十八年十二月初十日甲寅。
3 《英祖实录》卷六十八,英祖二十四年十二月十七日丁酉。
4 《英祖实录》卷九十九,英祖三十八年三月二十四日丁巳。原文作海兴君桗,"桗"应为"橿"字之误。
5 《正祖实录》卷四十五,正祖二十年十二月初三日甲戌。
6 《纯祖实录》卷五,纯祖三年十月二十一日壬午。
7 《纯祖实录》卷二十七,纯祖二十五年一月初三日辛卯。
8 金景善:《燕辕直指》卷一《出疆录》,林基中编《燕行录全集》(70),第274页。

书状官照常在此住宿，而正使则有忌讳，宁愿再多走二里路，赶到朱家店住宿。纯祖三十二年（1832）十二月初七日，朝鲜冬至兼谢恩使一行抵达高桥堡时，因遇到盛京查官富俊一行也住在这里，高桥堡住不下了，所以三使臣皆赶到朱家店投宿。但是朱家店店舍不多，下隶辈及赶车的没有地方住，有的人又返回高桥堡投宿。[1] 朝鲜使臣对榆关站也有类似的忌讳。纯祖二十九年四月十六日辞陛启程的朝鲜进贺使一行走到榆关站时，副使吕东植（1774—1829）病死，[2]"其后东使拘于俗忌，辄过而不入云"。[3]

至于使行中译官、军官，乃至驿卒和奴子，人数众多，条件更艰苦，患病乃至死亡的情况更常发生。孝宗七年（1656）的陈奏使行有一名刷马驱人在山海关外病死。对于此行只有一人死亡，正使麟坪大君尚感幸运，说"比前论之，一人之死，亦云幸矣"。[4] 在此之前，宣祖二十年（1587）的陈谢使行赶上疫病流行，刚到东八站即有通事及下隶等三人同时染病，中路又有三人相继染病，及"到玉河馆，或五六人，或七八人，连卧不绝，因此通事郭之元、金海、权诩、林春起等，及书状官元士安奴丰年相继身死，极为矜惨"。[5]

三　文星照耀

奉命出使，对朝鲜士大夫虽可说是一场饮冰之役，也是一场可经历壮观、吟诗咏怀的浪漫之旅。所以，每有使行，友人便期其必有诗文。英祖三年（1727），姜奎焕（1697—1731）即对以白衣从行人赴燕的庶从

1　金景善：《燕辕直指》卷二《出疆录》，林基中编《燕行录全集》（71），第47页。
2　《纯祖实录》卷三十，纯祖二十九年八月初六日丁卯。
3　韩弼教：《随槎录》卷三《游赏随笔》下《抚宁县》，林基中编《燕行录续集》（131），第19页。
4　麟坪大君李㴭：《松溪集》卷七《燕途纪行》下《日录》，续刊（35），第300b页。
5　裴三益：《临渊斋集》卷三《朝天归渡鸭绿江启》，续刊（4），民族文化推进会，2005，第262a页。

第一章　壮游与饮冰：朝鲜士人的使行体验

祖说："今子之行，必有诗有文，吾翘足而俟矣，又必长一格矣。"[1] 人们相信壮游能提高一个人的文学水平。正祖六年（1782），洪秀辅以冬至副使出使，有纪行诗《燕辽杂咏》一卷，包括五言诗、七言诗一百四十余首，丁范祖说："读之则其得之壮游之助者为多。涉易水经幽蓟，循医无间，而转瞻眺金台，慨想昭王、乐毅之英伟，故其诗比旧颇俊爽。"[2]

使行与朝鲜文学，尤其是汉诗的关系，学界已多有研究，这里仅以道光十六年，宪宗二年（1836）的朝鲜冬至兼谢恩使行为例，来展现咏诗作赋对于使行，以及对于朝鲜文人自身的意义。

宪宗二年十月十六日，该年度的朝鲜冬至兼谢恩三使臣辞陛拜表，踏上前往北京的旅程。朝野上下，无论卿宰与韦布，皆谓此行文星照耀，因为这次使行人员中，正使申在植[3]、副使李鲁集[4]和书状官赵启昇[5]等三使臣皆能诗。李尚迪《黄州示书状官赵钟皋》诗中有"御史头衔重，诗名又倚楼"[6]之句，可见赵启昇也善诗。而且，申在植在出使之前曾任弘文馆、艺文馆大提学，所以任百渊说此行"以文衡主使事，文星照耀，岂或过哉"。[7] 不仅如此，三使臣的子弟军官或伴倘也有多名善诗者，如上房的崔宪秀[8]、李凤宁[9]，副房的郑焕杓[10]，三房的任百渊[11]，以及上房干粮官李尚迪[12]。

1　姜奎焕：《贲需斋先生文集》卷五《送庶从祖养直之燕序（丁未）》，续刊（75），韩国古典翻译院，2009，第254b页。
2　丁范祖：《海左先生文集》卷十九《洪侍郎君择燕行录序》，丛刊（239），民族文化推进会，1999，第383a页。
3　申在植（1770—？），字仲立，号翠微，谥文清，平山人。
4　李鲁集（1773—？），字稚城，号芝田、孚庵，本贯德水。
5　赵启昇（1794—？），字季贤，号钟皋，本贯白川，银川人。
6　李尚迪：《恩诵堂集》诗卷五《黄州示书状官赵钟皋》，丛刊（312），民族文化推进会，2003，第187b页。
7　任百渊：《镜浯游燕日录》，林基中编《燕行录续集》（134），第13页。
8　崔宪秀，字元度，号愚山，隋城人。
9　李凤宁（1793—1871），字周经，号汾西，本贯羽溪。
10　郑焕杓（1784—？），字孟一，号黄坡，本贯迎日，乌川人。
11　任百渊（1802—1866），字溥卿、保卿，号镜浯，丰川人，与书状官赵启昇为姻亲关系。
12　李尚迪（1804—1865），字惠吉，号藕船，本贯牛峰，译官。

其实，除了这些人之外，正使申在植所带赵傔人也能作诗，但是我们无论从任百渊《镜浯游燕日录》还是从《相看编》中，皆看不到赵傔人的诗作。虽然"非奴仆，非子弟，干家事者，谓之傔人也"，[1]而实际上多被视为奴子。大概因为赵傔人身份太低，没有资格与其他人诗词唱和。

在这次出使之前，申在植与崔宪秀、郑焕杓和李凤宁已是诗友。张之琬在《柳文山小传》中提到："健翁金侍郎结诗社，鹤山尹京兆、碧谷金尚书、翠微申大学士聚于蓝楼，又有崔愚山、郑黄坡诸诗人承之，风流之盛，近古无比。"[2]可见申在植与崔宪秀、郑焕杓同为金阳淳诗社成员。而李凤宁早在纯祖二十六年（1826），申在植以冬至副使出使时，已随行赴京。申在植在此行之前应该与任百渊尚未见面，但也早闻其名，所以刚到高阳就传讯要见任百渊，称赞其"声闻饫人"，有相见恨晚之感。[3]在中和，申在植在介绍任百渊与中和都护府使申观浩认识时，也说"申令之不知镜浯固陋耶，镜浯之不交申令为固滞耶"，[4]可见任百渊文名之盛。

使臣和伴行文人出发之前，例有很多亲朋作诗文为其送行。像申在植这样在文坛享有崇高地位、诗友众多的朝廷重臣出使，作诗文为其送行者必然不少。在送别诗中，诗友皆以情字为韵，申在植也以情字韵作留别诗。辞陛启程，第一天晚上到高阳后，申在植令崔宪秀、李凤宁、任百渊等人也以情字为韵各唱和一首，作为此行卷头轴。[5]这样，从高阳开始，他们便沿途不断诗词唱和。十月十八日晚上走到松京（开城）后，申在植更颁布诗令。他召来各位能诗之人，展示一轴诗，然后说："自今日约诸诗伴，更定诗令。已令愚山（崔宪秀）先唱一韵矣，

---

1 崔慎：《鹤庵集》卷三《华阳闻见录·语录》，丛刊（151），民族文化推进会，1995，第261c页。
2 张之琬：《枕雨堂集》卷六《柳文山小传》，续刊（128），韩国古典翻译院，2011，第270a页。
3 任百渊：《镜浯游燕日录》，林基中编《燕行录续集》（134），第13页。
4 任百渊：《镜浯游燕日录》，林基中编《燕行录续集》（134），第24页。
5 任百渊：《镜浯游燕日录》，林基中编《燕行录续集》（134），第13页。

第一章　壮游与饮冰：朝鲜士人的使行体验

诸伴皆当次其韵。明日镜浯先唱，则诸伴又次之。一人倡〔唱〕韵，七人踵和，日日轮回。但当次韵，不必次意为约矣。"[1] 于是让郑焕杓先吟诵一首，即席次崔宪秀先唱韵，然后设围炉，天快亮了才散。

十月十九日到平山后，吃了晚饭，任百渊去拜见正使申在植，诵题情字饮饯帖韵，诗曰："难为情处强为情，送我劳劳万里行。残烛萦回京国恋，长笳吹彻郡楼声。经年关柳樽中别，度腊乡梅梦里生。海内文章元有数，愧无佳句使人惊。"[2] 这一天轮到任百渊先唱诗韵了，于是诵其咏青石洞诗，然后题写在卷轴上，申在植又令郑焕杓、崔宪秀一起朗诵一遍，"句到圆熟警新处，齐声喝采，击节相赞"。这一夜，他们的诗酒之会也一直延续到五更天。[3]

十月二十日轮到郑焕杓先唱韵，他于道中已经作出，任百渊也于道中次韵一首。这天晚上使行在瑞兴府住宿，夜里黄海道监司徐万淳来访。徐万淳与崔宪秀、李凤宁、郑焕杓也相熟，任百渊来到崔宪秀住处，"果见黄伯与汾西、黄坡，明烛对话，遽起握手惊喜，大笑哄堂"。任百渊到后，"徐以一幅赆章出示曰：'吾于月前，偶往箕城，为践庶尹之约。屡月迭宕，今始还归。而黄坡、愚山、汾西、镜浯之燕行，已于浿上闻知，而恨我无缘作伴，同作此行也。后虽有好会，可遂平生之愿，岂若今行诸益之团聚盛会乎？诸兄无论，三使如得进言，以伴倘一槖荐引我，我当明日西首执鞭而先路，何惮行役乎？况诸兄在，宁使我作纥干山头雀耶？'"。[4] 徐万淳奋手大谈，声满四座，诸人相与大笑。徐万淳此言虽可视为笑谈，这次使行在文学上的魅力亦可略见一斑。

宪宗二年（1836）十月二十五日到二十七日，他们在平壤相互唱和，每个人都作了很多诗。等十月二十九日到达黄州，晚上申在植召来

---

[1] 任百渊：《镜浯游燕日录》，林基中编《燕行录续集》（134），第15页。
[2] 任百渊：《镜浯游燕日录》，林基中编《燕行录续集》（134），第16—17页。
[3] 任百渊：《镜浯游燕日录》，林基中编《燕行录续集》（134），第17页。
[4] 任百渊：《镜浯游燕日录》，林基中编《燕行录续集》（134），第18—19页。

任百渊、郑焕杓、崔宪秀、李凤宁等人,一起边进夜膳,边题写在平壤所作诗,"轴几合抱",可见沿途诗作之宏富。[1]因任百渊与书状官赵启昇二人之间还常私下唱和,所以十一月初四日走到定州时,正使申在植将大家召集在一起,中间展一空轴,然后向任百渊数落道:

> 此行词伯之盛,虽曰罕有之会,而每于诗令,必自上房先出者,欲其一众心也,无遗珠也。黄坡所谓通房外试纸用大周纸者,虽是戏谈,亦可谓善喻。今于廉问忽闻钟皋与君,连日途中多有吟咏,谓以遣兴,私相出韵。不唯私作,仍又秘之。作诗法意,宁容若是?是无法也。无法乃乱。君谓诗场独无潜商乱廛之禁乎?诸词伯之于诗兴,宁独少逊?而尚不敢违越,有一句一绝者,诗令严于军令也。此而无惩,末流之弊,将至莫可禁遏。宜用何罚以警众词伯?

郑焕杓应声说道:"法久弊生,每事通患。而万里行役,未到千里,有此乱法,合有别般惩戢。然既以诗犯禁,宜以诗施罚。请尽搜私橐,赎受一诗如何?"申在植因此令罚酒一杯,任百渊执酒道:"君则以诗屡蒙奖诩,吾乃以诗至承谴罚,惭悚无辞。但今时则罚,亦不如古人。自古闻有诗不成之罚,何曾闻有多作诗之罚乎?"于是满座大笑。接着申在植让任百渊诵当日私作,其退缩微吟曰:

> 十曝余暄怕一寒,风沙漠漠到新安。
> 君应旅道缘诗瘦,我有边愁抵酒宽。
> 野里鸡猪恒作食,邮村骊骆并无鞍。
> 居人指说摧城处,落日平临睥睨看。

---

[1] 任百渊:《镜浯游燕日录》,林基中编《燕行录续集》(134),第34页。

吟毕，任百渊将私作也题写于诗轴。¹ 申在植并与诸人约定，第二天以过定远战场为题，韵用杜律秋兴第七韵，因此十一月初五日夜大家就聚会于申在植所住的宣川倚剑亭，各进所作诗，题写于诗轴，并由郑焕杓、崔宪秀一起朗读一遍。² 此后他们也差不多是每夜齐会，相诵途中所作，共题而罢。

宪宗二年（1836）十一月十三日，申在植在义州收到洛社诸公饯别诗帖，即情字韵饮饯轴，内有阶菊李宪玮、石厓赵万永、云石赵寅永、梨坨洪稚圭、秋史金正喜（1786—1856）、黄山金逌根、彝斋权敦仁以及申在植的诗。金逌根诗有二首，为金正喜所书。申在植欲将这一诗轴带到中国，请中国文人批评、作序跋。³

十一月二十日渡过鸭绿江进入中国境内后，申在植与任百渊等人的诗令还在继续。十一月二十八日走到迎水寺，申在植还出三韵，七律、五律、五古各一，约定不拘何时，随东八站沿路所见各赋诗三首。⁴ 十二月十一日到了八里堡，申在植诵其旧作姜女庙诗，也令诸人依韵相和。⁵ 十二月十五日到了榛子店，因这里是季文兰题诗处，每次朝鲜使行走到这里，多有感叹吟咏，任百渊等人自然更不可免。崔宪秀先次季文兰诗韵，自书贴壁，接着任百渊也成三绝，吟示郑焕杓，郑焕杓也以一绝次示。⁶

申在植将各人在途时所作诗篇加以整理，合为数卷。十二月二十日抵达北京后，次日中午三使会在一处，阅选一行诸诗。⁷ 申在植打算从每人诗作中各选若干首，在北京想办法刊印为一部诗集。按照任百渊的说法，编选工作是由申在植主持的：

---

1 任百渊：《镜浯游燕日录》，林基中编《燕行录续集》（134），第41—43页。
2 任百渊：《镜浯游燕日录》，林基中编《燕行录续集》（134），第43—44页。
3 任百渊：《镜浯游燕日录》，林基中编《燕行录续集》（134），第52页。
4 任百渊：《镜浯游燕日录》，林基中编《燕行录续集》（134），第81页。
5 任百渊：《镜浯游燕日录》，林基中编《燕行录续集》（134），第121—122页。
6 任百渊：《镜浯游燕日录》，林基中编《燕行录续集》（134），第135—136页。
7 任百渊：《镜浯游燕日录》，林基中编《燕行录续集》（134），第158—159页。

翠微丈实主其选，必欲精简者，为其汰繁芜也，省冗费也。而其于多寡存拔之际，群议不一，末乃定以各选十五首。作者凡八人，翠微上使、芝田副使、钟皋书状、崔愚山宪法秀元度、李汾西凤宁周卿、郑黄坡焕杓孟一、任镜浯百渊溥卿，及李藕船尚迪惠吉。[1]

这本诗集的书名，定为《相看编》。至于书名的由来，任百渊解释说："盖其首篇，翠微丈诗首句，有'相看皓首故人情'之语，因以名之，亦欲使卷中诸人相看而示勿忘之意也。"[2]

根据任百渊《镜浯游燕日录》记载，《相看编》编好之后，由任百渊誊抄出稿本，送给黄爵滋，黄爵滋"又付签重选，而著弁卷小序以还之"。[3] 所以，我们见到的《相看编》只收录了118首诗，申在植和郑焕杓各减一首，只各收录了14首诗。经黄爵滋选定的稿本，又由写字官赵镇龟誊抄出正本，然后出付剞劂。这部诗集一开始就受到中国文人的关注，"方其开雕时，彼中知面者，争相求见，虽屡本未易遍也"。不过，任百渊说，在中国广布此书，并非他们的本意，"其初意刊板，非欲广布大邦也，亦非为夸示东人也，以识今行诸伴，往还不废酬唱，终始不渝欢娱。他日东归，时时相看，永以为好之意。不知本意，强生毁誉者，何足恤也，亦何足辨〔辩〕也"。[4] 申在植在跋文中也表达了大体相同的想法。他说：

是《相看编》，余与诸词伯游燕时所唱和也。岁聿云暮，道路修长，以是忘跋涉之劳，以是抒惠好之情。今日相看而笑之，后日相看而思之，世世子孙相看而讲其旧，是编之作乌可也。方其

---

[1] 任百渊：《镜浯游燕日录》，林基中编《燕行录续集》(134)，第234页。
[2] 任百渊：《镜浯游燕日录》，林基中编《燕行录续集》(134)，第235页。
[3] 任百渊：《镜浯游燕日录》，林基中编《燕行录续集》(134)，第234页。
[4] 任百渊：《镜浯游燕日录》，林基中编《燕行录续集》(134)，第235页。

历览山川，晨夕吟哦，率尔寄兴，间以谐谑，声韵之工不工所不计也。然诗之为道，源于性灵，而风裁品格各著于跌宕悠扬之中，览者尚可得之也。[1]

也许正因为如此，所以《相看编》在中国流传不广，在各大图书馆都很难找到。《国立兰州图书馆特藏书目初编》载该馆藏有《相看编》，但标注为朝鲜旧钞本，[2] 似乎并非这次在北京刊印的《相看编》，惜未见原书。可以相信，他们在北京刊印《相看编》的主要目的确实不是与中国文人交流，而更注重沿途唱和对他们自身的意义。回程路上，李尚迪在《任镜浯索诗题帖》中针对《相看编》说："征鞍兀兀苦吟身，一路风烟出色新。相看墨缘原不浅，百年青眼卷中人。"[3]

小　结

从参与使行的朝鲜士大夫个人来说，使行是一个矛盾的存在，既是梦寐以求的壮游，也是一次饮冰之役；不仅要经受长途奔波的辛劳和留馆期间的烦闷，也会面临水土不服、气候恶劣、疫病流行等各种状况，有人会因此染病，甚至付出生命的代价。然而，文人结伴而行，沿途诗词唱和，也使使行成为一次文学之旅。而且壮游本身可以开阔视野、拓展胸襟，不仅能激发其文学创作的激情，也能提高其艺术境界。因此，使行即壮游，壮游又成就了大量文学作品。使行不仅是中朝文化交流的途径，也是促进朝鲜文学发展的重要因素。

1　申在植：《相看编》，林基中编《燕行录续集》（134），第 380 页。
2　兰州图书馆编《国立兰州图书馆特藏书目初编》，国立兰州图书馆，1948，第 38 页。
3　李尚迪：《恩诵堂集》卷五《任镜浯索诗题帖》，丛刊（312），第 190a 页。

第二章　下隶：使行中的下层民众

在明清时期，朝鲜派往中国的朝贡使行团规模庞大，通常在三百人左右，除了使臣、军官和译官等正式成员外，还有数量众多的下层服务人员，在《燕行录》中常被称为"下人"、"下隶"或"下隶辈"。流传至今的《燕行录》虽然卷帙浩繁，内容丰富，但是由于《燕行录》撰写者多为使臣、子弟军官、伴倘等参与使行的上层文人，而下隶身份低下，多不通文墨，所以《燕行录》中虽常提及他们，但是对他们的活动记载比较少，且多为只字片语，比较零碎，只有咸丰十年（1860）以进贺兼谢恩副使到中国的朴齐寅（1818—1884）在其《燕槎录》的附录部分，对下隶的情况有比较详细的介绍，也是目前学界研究这一问题的主要参考资料。李贤珠即曾根据朴齐寅《燕槎录》，对使行中的下隶做过比较全面的介绍，但是此文偏于文学叙述，而非历史考察。[1] 金玲竹则在朴齐寅《燕槎录》的基础上，进一步参考其他《燕行录》，考察了朝鲜使行中过去不为人们所关注的一些方面，因此也论及马头，可惜未涉及下隶中的其他人员。[2] 本章亦拟以朴齐寅《燕槎录》为主要资料，同时广泛参考其他人的《燕行录》，在前人研究基础上，对清代朝鲜使行下隶辈的情况做比较全面的考察。

一　下隶的构成

在清代，朝鲜使团仍频繁来往于中国，而且规模庞大，人数众多，除了使臣和译官、军官等官员外，还有奴子、马头、军牢、驿马夫、刷马驱人、厨子等下层服务人员，统称为下隶。

使行中，不仅三使臣会携带奴子，军官、译官也有携带奴子的情况。按规定，正副使可各带奴子二名，书状官可带奴子一名，堂上译官、上通事、掌务官、写字官可各带奴子一名。此外，军官中堂上可各带奴子一名，御医、别启请、别遣可各带奴子一名。[3] 如康熙五十一年（1712）的冬至兼谢恩使行，正使金昌集带有奴子无得、德世、亿孙三名，而按规定只能携带两名，所以亿孙只能借用湾上军官任国忠之刷马驱人的名义随行，副使尹趾仁和书状官卢世夏则按规定各带了一名奴子。金昌集属下军官金昌晔也带有奴子一名，尹趾仁属下军官崔德中和洪舜年两人也都带有奴子。[4] 这些奴子也不一定真的属于军官，如金昌

1　이현주「연행사절 下隷에 대하여—朴齊寅의『燕行日』附錄」을 중심으로—」『漢文學報』제30輯，2014，357—396쪽。李贤珠所用亦为林基中主编《燕行录全集》（76）所收版本，署名"朴齐仁"，而根据《哲宗实录》，应写作"朴齐寅"（《哲宗实录》，哲宗十一年闰三月三十日甲子）。
2　김영죽「연행，그 이면의 풍경—18,19 세기 연행록에 나타난 방기（房妓）와 마두배（馬頭輩）의 실상을 중심으로—」『한국문학연구』제52집，2016，151—185쪽．
3　徐荣辅、沈象奎编《万机要览·财用篇》五《燕使·员额》，朝鲜总督府中枢院，1937，第699页。
4　金昌业：《老稼斋燕行日记》，林基中编《燕行录全集》（32），第290—295页。

晔的奴子，实际上应该是以打角名义跟随其兄金昌集参加使行的金昌业（1658—1721）的奴子贵同。根据李基敬《饮冰行程历》的说法，到18世纪中期，由于法禁松弛，使臣、译官和军官往往都设法多带伴倘和奴子，甚至有一名使臣携带八九名奴子之多的情况。所以，乾隆二十年（1755）左议政南鲁奏请朝廷重申禁令，由书状官、义州府尹以及黄海、平安两道观察使一同严加搜检。[1] 李基敬是这年冬至使行的书状官，曾拒绝副使郑光忠借刷马驱人名义让一名金姓儒生随行的请求，也迫使正使军官兼医生柳徵瑞放弃了让其儿子随行的打算。[2]

马头大多负责照顾三使臣。为使臣服务的马头，按其职责又可分为马头、笼马头、轿马头、干粮马头、上判事马头、都卜马头、书者、左牵马、引路、日伞捧持、轿子扶嘱、干粮库直、下处库直等。此外，还有负责照管表咨文、岁币和方物等的表咨文马头、方物马头、岁币马头等。

驿马夫和刷马驱人是人数最多的群体。使行所用的马匹大致可分为驿马、卜刷马、自骑马和私持马等几种。驿马主要用来驮载使臣所用的驾轿，以及供使臣和译官、军官等骑用。按照规定，正使配给驿马5匹，副使4匹，书状官3匹，堂上译官以下各1匹，以上由兵曹就忠清、全罗、庆尚、咸镜、江原等五道驿马分定。如果所派驿马有生病或不堪远行者，再以关西马替补。御医配骑马、卜马各1匹，内局书员配骑马1匹，由黄海道和平安道轮流派定，别启请、别遣也以同样方式处理。[3] 如康熙五十一年（1712）冬至兼谢恩使行，为正使金昌集提供上骑马1匹、中骑马3匹，副使尹趾仁上骑马1匹、中骑马2匹，书状官卢世夏上骑马1匹、中骑马1匹。[4] 副使尹趾仁另外还有先生马2匹。[5] 这是因为按照规定，正、副使担任过黄海道或平安道观察使者，再由该道给先

---

1 李基敬：《饮冰行程历》（下），林基中编《燕行录续集》（116），第348—349页。
2 李基敬：《饮冰行程历》（上），林基中编《燕行录续集》（116），第157页。
3 徐荣辅、沈象奎编《万机要览·财用篇》五《燕使·赴燕马》，第699页。
4 金昌业：《老稼斋燕行日记》，林基中编《燕行录全集》（32），第291—295页。
5 金昌业：《老稼斋燕行日记》，林基中编《燕行录全集》（32），第294页。

生马2匹，而尹趾仁曾任平安道观察使，所以由平安道另外提供先生马2匹。

卜马，也称卜刷马，主要用来驮载行李等，而刷马负责驮载表咨文、岁币、方物和贸易货物等。按照惯例，三使臣各配有笼马1匹。正副使中如有人曾经担任平安道观察使，则各2匹，由兼济库提供。堂上译官、上通事各1匹，堂下译官、军官各1只[1]，或堂上则1匹，三使臣奴子亦各1只。尚方、内局、内衣圃贸易载持马，自户曹定数知委，文书载持马1只，救疗药载持马1只，以上自平安监营每匹给价银10两，使之自备。此外，御医1匹，内局书员1只，药材载持马1匹，别启请、别遣各1匹。刷马，咨文载马1匹或2匹，正使30匹，副使29匹，而正副使如曾经担任义州府尹，则各给别刷马2匹，书状官6匹，驿子都卜9匹，北刷马7匹，以上合计82匹，自管饷库、运饷库、海西库分排定送。但到朝鲜后期，则"自三使行厨房量宜入把，其余则并计马价及盘缠银子收捧，以补雇车之需"。[2]

《万机要览》载，"赴燕马，每行匹数不同，而并计骑、卜马则假令为二百一二十匹内外"。[3] 如果再加上刷马，总数在300匹以上。如康熙五十一年（1712）冬至兼谢恩使行，使用的刷马包括表咨文载持马4匹、岁币木载持马120匹，加把6匹，方物载持马88匹，加把20匹，岁币米载持马84匹，原盘缠载持马3匹，别盘缠载持马3匹，京路费载持马16匹，救疗药材载持马1匹，文书载持马1匹，内衣圃贸易载持马1匹，内医院药物载持马1匹，内医院贸易载持马5匹（一支），正使杻笼载持马2匹，副使杻笼载持马2匹，尚方贸易载持马6匹（一支），三行次帐幕载持马5匹，驿子都卜载持马9匹，以上合计即达377匹。[4] 别使行规模较小，使用的马匹也在百匹以上，如康熙六十年谢

---

[1] 只，在有的版本中也写作"匹"。
[2] 徐荣辅、沈象奎编《万机要览·财用篇》五《燕使·赴燕马》第699—700页。数字据原文。
[3] 徐荣辅、沈象奎编《万机要览·财用篇》五《燕使·赴燕马》，第699页。
[4] 金昌业：《老稼斋燕行日记·一行人马渡江数》，林基中编《燕行录全集》（32），第300—301页。

恩使行即使用刷马 100 匹。[1]

每匹驿马皆配有驿马夫，卜刷马和刷马也有牵夫，或称驱人，所以每次使行中驿马夫、刷马驱人少则 100 来人，多则 300 多人。由于岁币、方物等在进入栅门以后雇车运输，所以一部分刷马和刷马驱人到栅门后即返回朝鲜。如乾隆二十五年（1760）冬至使行渡江时员译以下共有人员 546 名，马 443 匹，而入栅者只有人员 301 名，马 198 匹，有 245 匹刷马及 245 名刷马驱人从栅门外返回朝鲜。[2] 抵达盛京（沈阳）以后，一部分岁币、方物交付盛京礼部，因此又有部分刷马及刷马驱人，由团练使率领，返回朝鲜。

按惯例，上使和副使属下各设军牢一人。然而康熙五十一年（1712）冬至兼谢恩使行，两名军牢皆隶属正使金昌集，而副使尹趾仁属下没设军牢。[3]

使臣、军官和译官等所携带的奴子有的是自己的家奴，也有些是驿卒等假冒的。无论节使还是别使，员译以下自有定数，有时军官或译官等为了多带人，也会让人以奴子名义随行。李商凤在《北辕录》中说："军官、员译皆以两西驿子假奴子及驱人名称，以马头带去，例也。"[4]除了驿卒外，私商也往往借用奴子名义到中国进行贸易。在朝鲜王朝前期，法禁甚严。使行出发之前，书状官按惯例会做很多小牌子，上面写上每个人的姓名，签押后当面发给使行团成员作为凭证。渡鸭绿江时，书状官会同义州府尹、搜检官一起坐在江边，一一点阅，一旦查出有出卖奴子名义者，即按律论罪。[5]

除了渡江时要点阅人马以外，进入栅门之前，也要清点人数，有牌者才能入栅。乾隆二十五年冬至使行进入栅门时，龙川驿卒重观在入栅

---

1 李正臣：《燕行录》，林基中编《燕行录全集》（34），第 199 页。
2 李商凤：《北辕录》，林基中编《燕行录续集》（116），第 424 页。
3 金昌业：《老稼斋燕行日记·一行人马渡江数》，林基中编《燕行录全集》（32），第 293 页。
4 李商凤：《北辕录》，林基中编《燕行录续集》（116），第 528 页。
5 李基敬：《饮冰行程历》（下），林基中编《燕行录续集》（116），第 348 页。

名额之外，而企图混入，被发现后受到杖责。¹ 入栅之后，在抵达北京之前，还要在连山关、山海关等处点验两三次。尽管如此，两西驿子混入使行的情况仍常有发生，"盖无牌之人乘晓先发，至昏投站，初不显形于使臣面前"，而且同行之人大多同属驿卒，点验时往往互相掩护，中途点验也是徒劳，所以到后来连中途点验也很少做了，潜冒之人也就越来越多。朴齐寅《燕槎录》载，在原额之外，私自混入使行的两西驿子，"每行合计四五十人"。²

到了近代，偷渡到中国的朝鲜人员更加复杂，不知道是否也与使行往来有关。光绪七年（1881）正月二十一日，清朝礼部将一名潜入北京闹事的朝鲜人交给朝鲜冬至进贺兼谢恩使。此人名叫李德弘，义州人，"年前潜入洋馆，剃发胡服，多有作奸，与看门人争哄"，结果被捉送礼部，由礼部交给朝鲜使行带回。³ 交给此次使行带回朝鲜的偷渡者还不止李德弘一人。除了李德弘外，还有义州人李山同和玉保赞。玉保赞潜入中国的目的更加特别。因此前继格以敕使到朝鲜时，很喜欢玉保赞，于是玉保赞就在朴景遂的帮助下来到北京，向继格讨索钱财。⁴

二 下隶的选定

使行途中，正使、副使和书状官各自带领军官、译官和下隶若干，组成一个团体，分别称为上房、副房和三房。各房随行下隶一般可由使臣自行选定。上房和副房除了设有干粮官外，还设有干粮库直和干粮马头。干粮库直专门负责监督厨房事务，因关系到使臣的饮食安全，所以使臣一般都从自己的傔从或奴子中挑选一人来担任。⁵ 如康熙五十一年

---

1 李商凤：《北辕录》，林基中编《燕行录续集》(116)，第591页。
2 朴齐寅：《燕槎录·人·附录》，林基中编《燕行录全集》(76)，第333页。
3 任应准：《未信录》，林基中编《燕行录续集》(147)，第104页。
4 任应准：《未信录》，林基中编《燕行录续集》(147)，第117、130页。
5 朴齐寅：《燕槎录·人·附录》，林基中编《燕行录全集》(76)，第346页。

(1712)冬至兼谢恩正使金昌集即以奴子无得担任干粮库直。[1]《燕辕直指》记载,道光十二年(1832)的冬至兼谢恩使行之各房干粮库直,亦分别由正使的奴子安圣哲、副使的奴子安在亿和书状官的奴子玄得柔来担任。[2] 干粮马头则自西路率去,其他厨房人员也从义州等邑挑选。

下隶中有些人选要从特定人群中选定。如上判事马头二人,按惯例要从义州府通事中选拔,所以也称"湾上"。如道光十一年谢恩使行的上判事马头金顺喜和蔡允贵皆来自义州。[3] 道光十二年冬至兼谢恩使行的五名上判事马头亦皆来自义州。[4] 上判事马头出身于义州府通事,自然会说中国语,而且经常出入中国,对沿途情况也非常熟悉。任百渊《镜浯游燕日录》载,道光十六年冬至使行的"车(允得)也以多年上判事马头,以燕为家"。[5] 他们在街边遇到琉球使臣,上判事马头与会中国话的琉球副使谈话,能酬答如流。[6]

都卜马主和下处库直各一人,也由义州府选送,一般由义州府通事来担任。军牢二人,《万机要览》载军牢应由安州和义州各选派一人。[7] 而南履翼《椒蔗续编》又载:"使行时,义州、宣川两府定送军牢各一人,前导于上使轿前,吹喇叭护行。"[8] 但实际上,军牢多来自平壤和义州。如康熙五十一年(1712)冬至兼谢恩使行的两名军牢二万和金尚建,即分别来自平壤和义州。[9] 道光十一年谢恩使行的军牢车益祚和金丽重也分别来自平壤和义州。[10]

书者、马头、左牵马、日伞捧持等,按惯例要从两西驿卒中选拔。

1　金昌业:《老稼斋燕行日记》,林基中编《燕行录全集》(32),第290页。
2　金景善:《燕辕直指》卷一,林基中编《燕行录全集》(70),第300页。
3　韩弼教:《随槎录》卷一,林基中编《燕行录续集》(130),第302页。
4　金景善:《燕辕直指》卷一,林基中编《燕行录全集》(70),第303页。
5　任百渊:《镜浯游燕日录》,林基中编《燕行录续集》(134),第108页。
6　任百渊:《镜浯游燕日录》,林基中编《燕行录续集》(134),第161页。
7　徐荣辅、沈象奎编《万机要览·财用篇》五《燕使·员额》,第699页。
8　南履翼:《椒蔗续编》(三),林基中编《燕行录续集》(128),第230页。
9　金昌业:《老稼斋燕行日记·一行人马渡江数》,林基中编《燕行录全集》(32),第293页。
10　韩弼教:《随槎录》卷一,林基中编《燕行录续集》(130),第301页。

第二章　下隶：使行中的下层民众

因各房下隶可由使臣自己挑选，所以使臣在接到出使的命令之后，即着手物色下隶，不过多由随行的子弟军官具体负责。如金昌业《老稼斋燕行日记》记载，金昌集被任命为冬至兼谢恩正使后，金昌业即代为于"西路驿奴，择其可合赴京者，前期行关，使之治行以待"。顺安驿卒善兴，年少能干，金昌业对他早有耳闻，所以行前即托人同他联系。康熙五十一年（1712）十一月初十日行至中和，善兴即来拜见金昌业，金昌业让其回去准备行装，然后到义州会合。[1] 还有嘉山驿卒元建，前后到过北京二十余次，多次担任书者，但是为人疏脱，不为其他驿卒所喜，所以中间已有多年没有使臣愿意找他，而金昌业因他能说中国话，愿意带他同行。本来驿卒一旦担任过书者，按例不愿再以奴子名义随行，而元建因金昌业诚心相邀，则不计较名义高下。[2] 然而，"赴京人马，皆有名目，无名目者不许渡江"，所以如何安排善兴和元建仍是一个问题。金昌业出发前在汉城同译官们商量此事，译官们劝他不要着急，等到了义州，自然有办法安排，因为并不是每个可以带奴子的军官、译官、医官都会带奴子，刷马驱人往往也有空额。最终，善兴以御医金德三奴子名义，元建以湾上军官车俊杰的刷马驱人名义随行。[3] 虽然借用了金德三奴子的名义，其实跟金德三连招呼都没打，金德三还因此愤愤不平，找到金昌业说："吾奴固等弃，而见夺于行中生色之资，则亦非所甘。"金昌业由此以为，"译辈奴名，谓多弃之者，非实状也。行中事，大抵类此，可叹！"[4]

在下隶辈的各种职役中，书者、马头、干粮马头和笼马头，尤其是书者和干粮马头，更是两西驿卒纷纷争抢的好差事。各房在挑选下隶时，自然也更重视这些职役的人选。乾隆二十五年（1760），李辉中被选为冬至使书状官，拟让其子李商凤以子弟军官名义随行，三房下隶也

---

[1] 金昌业：《老稼斋燕行日记》，林基中编《燕行录全集》（32），第349页。
[2] 金昌业：《老稼斋燕行日记》，林基中编《燕行录全集》（32），第356页。
[3] 金昌业：《老稼斋燕行日记》，林基中编《燕行录全集》（32），第299页。
[4] 金昌业：《老稼斋燕行日记》，林基中编《燕行录全集》（32），第365—366页。

就主要由李商凤来亲自挑选。但是，李商凤对两西驿卒的情况不是很熟悉，故先邀请前金正吴德谦任三房干粮官，然后委托吴德谦从两西驿卒中帮助挑选品行好、不会仗势欺人的驿卒作为三房下隶。吴德谦随即推荐住在瑞兴的金郊驿卒世八为书者。世八以擅长赶使臣乘坐的大车而闻名，已经做过四十多次三房书者，非常有经验。[1]

在两西驿卒中，像世八这样的人各时期皆大有人在。如朴趾源（1737—1805）《热河日记》中提到的得龙，"自十四岁出入燕中，今三十余次，最善华语"。[2] 朴齐寅《燕槎录》也说："西路下人之来往燕中者，或多至三四十次，官话如流，能通北地物情，以至山川道里、闾巷风谣，无不备悉。"[3] 朴思浩（1784—1854）《燕蓟纪程》中提到的宣川马头崔云泰就是这样的人。崔云泰到过北京47次，他不仅能说一口流利的中国话，对沿途情况也非常熟悉，即使是老译官也自愧不如，前后使臣如有疑问，都向他询问，而他也每次都能对答如流。使臣念其有功，奏请朝廷给他升资，因此被任命为边将。道光八年（1828）朴思浩见到崔云泰时，他年事已高，但对贡路沿途情况仍记忆犹新，许多第一次参加使行的人都围着他，请他讲沿途山川道里、楼台城阙、市肆苑囿、花卉禽兽、宝货珍怪等，他仍如数家珍，让人听得目瞪口呆。[4]

两西驿卒以参加使行为利窟。所以，两西驿卒，即使没有使臣提前跟他们联系，他们也会到使臣要经过的沿路各站等候，寻找被选上的机会。金昌业《老稼斋燕行日记》记载："自瑞兴以后，连有现身者乞嘱译辈，亦有临时抽换之事，故不入行关者，亦多随来，黜陟无准，争夺纷纭。"[5] 几十年后，英祖三十六年（1760）李商凤也在其《北辕录》中不无夸张地说："驿奴之赴京者，举皆碎头而至。"[6] 李商凤在物色三房下

1　李商凤：《北辕录》卷一，林基中编《燕行录续集》(116)，第528页。
2　朴趾源：《热河日记》一《渡江录》，林基中编《燕行录续集》(122)，第28页。
3　朴齐寅：《燕槎录·人·附录》，林基中编《燕行录全集》(76)，第332页。
4　朴思浩：《燕蓟纪程》，林基中编《燕行录全集》(85)，第239—240页。
5　金昌业：《老稼斋燕行日记》，林基中编《燕行录全集》(32)，第349页。
6　李商凤：《北辕录》卷一，林基中编《燕行录续集》(116)，第528页。

第二章 下隶：使行中的下层民众

隶时，家里的一名门客向他推荐了金郊驿卒禾里同。这年（1760）十一月初六日李商凤等人到了平山站，禾里同即和世八一起来拜见李商凤，李商凤遂决定让禾里同担任左牵马。[1] 十一月初九日到了黄州，吴德谦又为三房挑选了两名下隶人选，一名是黄州奴终之，另一名是平壤奴惠文。但终之已被上房干粮官李运成选定，李商凤不愿意与李运成争抢，就只留下惠文一人。[2]

三房不设干粮马头，由笼马头兼管干粮，所以三房只有书者、马头和笼马头三个好职役。既然李商凤已决定由世八担任书者，那么就还剩下马头和笼马头两个好职役。可是李商凤觉得惠文担任马头或笼马头都不是很合适，于是吴德谦又推荐了青丹驿卒五庄，由五庄来担任马头。[3] 当使行走到顺安县时，一名军卒冒充驿卒，欲赶走五庄，由他来顶替五庄担任三房马头，李商凤不同意，将这名军卒杖责了一顿，仍以五庄为马头。[4] 至于笼马头，李商凤则挑选了顺安县监尹东奭推荐的顺安奴德亨。德亨的眼神不太好，李商凤本来不想选他，但尹东奭再三嘱托，只得勉强答应了。此事算是送给尹东奭一个很大的人情，所以县丞尹光霁也为此事特地来向李商凤表示感谢。[5] 青丹驿马头顺伊为人伶俐，书状官李辉中亲自挑选他担任日伞捧持。[6]

驿马夫和刷马驱人的来源也颇为复杂。李器之的《一庵燕记》为记录康熙五十九年（1720）朝鲜告讣兼请谥承袭使行的燕行录。他们于这年八月初五日从黄州出发，走到黄海道与平安道分界处的驹岘，"平安道驾轿马及马头当往北京者，皆来待矣"。[7]

而骑马和马夫，一般在使行抵达义州后，由上房、副房和三房的

---

1 李商凤:《北辕录》卷一，林基中编《燕行录续集》(116)，第518页。
2 李商凤:《北辕录》卷一，林基中编《燕行录续集》(116)，第528页。
3 李商凤:《北辕录》卷一，林基中编《燕行录续集》(116)，第528页。
4 李商凤:《北辕录》卷一，林基中编《燕行录续集》(116)，第529页。
5 李商凤:《北辕录》卷一，林基中编《燕行录续集》(116)，第528—529页。
6 李商凤:《北辕录》卷一，林基中编《燕行录续集》(116)，第549页。
7 李器之:《一庵燕记》，林基中编《燕行录续集》(110)，第373页。

军官负责点阅挑选。马夫都是跟着马匹走的,挑中了他的马匹,也就意味着挑选了跟随这匹马的马夫。乾隆二十五年(1760)的朝鲜冬至使一行抵达义州后,十一月二十一日上房和副房之兵房军官,以及三房之干粮官吴德谦分别代表各房挑选驿马,吴德谦自己挑选了光州驿卒卜才的马匹,而将金井驿卒右音金和他的马匹分给了李商凤。右音金的马匹走起路来样子不好看,李商凤不满意,就与吴德谦换了一匹,所以卜才成了李商凤的马夫,右音金也就成了吴德谦的马夫。[1]

还有人自己携带马匹,也有驱人。肃宗四十六年(1720)八月十八日告讣使渡中江时,译官赵玩的私马驱人因钱行酒喝得太多,喝醉了,从船上跌落江中,仅捞起银货,人被淹死了。[2]

三 下隶的职责

赴京下隶的主要职责是为使行提供各种服务,承担使行沿途和留馆期间的探路、运输、牵马、抬轿、做饭等事务。上房、副房和三房所属下隶也称"房下人",其职名和职役,皆仿照驿站下人而设,故朴齐寅说:"赴燕下人谓之房下人。房下人名色,皆仿驿站下人之名目而称之。"[3]

各房书者负责统领该房所属马夫、驱人及其马匹。每站出发前,书者要根据军令,将人马组织好,然后站在使臣乘坐的双轿的后面,等候使臣上轿启程。如果有驱人迟到,书者要负责督催。进入山海关以后,三房书者要先行一步,赶到北京,抢在使行到来之前打扫好玉河馆,修理火炕,迎接使行的到来。[4]

在书者离开使行之后,其职责由左牵马代替。左牵马也简称为"左

---

[1] 李商凤:《北辕录》卷一,林基中编《燕行录续集》(116),第567页。
[2] 李器之:《一庵燕记》,林基中编《燕行录续集》(110),第379页。
[3] 朴齐寅:《燕槎录·人·附录》,林基中编《燕行录全集》(76),第340页。
[4] 朴齐寅:《燕槎录·人·附录》,林基中编《燕行录全集》(76),第341页。

牵",在使臣渡江前,他立于双轿左边,牵一长辔,故名左牵。渡江之后,长辔取消,左牵仍立于双轿左边,与马头一起保护双轿,防止双轿倾覆。到站之后,左牵还要负责到附近村庄收购草料,用来喂马。[1] 马头则类似于朝鲜各邑的及唱,途中立于使臣乘坐的双轿的右边,指挥轿子扶嘱。沿途经过各站,以及城镇、村庄等,马头辄上前向使臣报告地名。到站住宿时,马头还要为使臣提供各种服务,如在三使臣之间传递信息,发布号令等。因马头所管事务繁多,所以有时还为马头配有一名使唤,专门负责一日三餐从厨房领来食物,然后分送给大家。[2]

使臣乘坐的双轿则由轿马头负责看管。渡江之前,轿马头要负责检查双轿是否完好,如有损坏就让义州府加以修理,并从义州府领取一些铁钉等物,以便路上临时修理之用。途中,使臣到站之后,又将双轿交给轿马头看管。如有损毁,轿马头要负责修理。轿中物品,轿马头也有看管之责,如有丢失,要负责赔偿。使臣行走过程中,双轿由两匹驿马驮着,并配有四名轿夫,即轿子扶嘱。轿子扶嘱立于双轿四角,手掌轿杠,防止轿子倾倒。由于朝鲜双轿的稳定性较差,轿子扶嘱比较吃力,故需要选择身体强壮的男子来担任。[3]

笼马头专门负责照管使臣的衣笼和寝具。行走时,衣笼和寝具由笼马驮着,到站后交给使臣使用。早上使臣起床后,笼马头再将寝具收拾好,驮到下一站,再打开,交给使臣使用。笼马头有时也配有使唤一人,专门负责为使臣煎药、煮茶等事。[4]

干粮马头负责掌管使臣往来所需盘缠。这里所说的盘缠,应该只包括伙食费,而住宿费则由下处库直负责管理。[5] 不过,住宿费有时也经干粮马头之手来支付。对于使臣盘缠之多少,朝鲜朝廷有规定,上房为

---

1 朴齐寅:《燕槎录·人·附录》,林基中编《燕行录全集》(76),第341页。
2 朴齐寅:《燕槎录·人·附录》,林基中编《燕行录全集》(76),第340页。
3 朴齐寅:《燕槎录·人·附录》,林基中编《燕行录全集》(76),第343页。
4 朴齐寅:《燕槎录·人·附录》,林基中编《燕行录全集》(76),第342页。
5 朴齐寅:《燕槎录·人·附录》,林基中编《燕行录全集》(76),第348—349页。

920两,副房为870两,三房不单独设厨房,三房伙食由上副房轮流供给,所以三房开支中亦无盘缠一项。[1] 上副房盘缠不仅包括三使臣的伙食费,也包括了各房军官和译官的伙食费。按照惯例,上副房军官和译官的伙食由上副房厨房供给,三房军官及译官们的伙食则分配到上副房厨房。干粮马头领到银两后,即负责购置上副房厨房所需的粮食和其他各种食材。使臣在中国境内也只吃从朝鲜带来的米粮,其他人食用的米粮则根据需要沿途采购。所以,在使行往来途中,干粮马头需要先赶到站头,用银换钱,再用钱购买上副房厨房所需之粮食和蔬菜。刷马驱人的盘缠则由各房都卜马主负责管理,渡江前从义州府领出,沿途到站后分发给大家。李商凤在《北辕录》中说,乾隆二十五年(1760)冬至使行入栅时,书状官李辉中将刷马驱人盘缠纸交给各房都卜马主,让他们每次到站后分给刷马驱人,而三房都卜马主擅自滥分,所以十二月初三日走到连山关时,李辉中对其加以杖责。[2] 都卜马主还负责供一行马食,并负责另设厨房,为上房和副房不提供伙食的其他人提供伙食。

  干粮马头只负责根据干粮官的吩咐,购买粮食和蔬菜等食材,而厨房则由干粮库直负责监管。厨房用的下人比较多,分工也很细,各有汤手、饭手、盘床手及所谓刀尺者,每人只负责一项工作,煮饭的只负责煮饭,做汤的只负责做汤,做菜的只负责做菜。具体人员构成和分工,在一般《燕行录》中很少有记载,所幸赵秉世《丁亥燕行日记》为我们提供了高宗二十四年(1887)朝鲜冬至使行上厨房和副厨房的人员组成情况。根据赵秉世的记载,上厨房和副厨房皆设有大领将和小领将、大厨子和小厨子、食尺、刀尺、釜杻笼、汤杻笼、外载杻笼、别外载、买饭、库间直、饭哺(盘哺)马主、汲水军、笼马驱人、刀尺使人、食尺马夫等,还各配备十多匹马,其中上厨房马15匹,副厨房马16匹。[3]

  行进时,厨房下人分为两拨,一拨在每天使臣出发前就载着器具和

---

1 朴齐寅:《燕槎录·人·附录》,林基中编《燕行录全集》(76),第343—344页。
2 李商凤:《北辕录》卷二,林基中编《燕行录续集》(117),第32页。
3 赵秉世:《丁亥燕行日记》,林基中编《燕行录续集》(148),第173—176页。

食材先行一步，赶到下一站准备好饭食。另一拨用马驮着餐具，与使行同行。在使行到站之前，上一拨又赶往下一站，而分发食物之事交给与使行同行的一拨负责。这时也是有的负责盛饭，有的负责盛汤，各司其职，有条不紊。待大家吃完饭以后，他们收拾好餐具，再与使行一同启程。使行中如果有人落后，错过了饭点，只能饿肚子。正因为如此组织严密，分工明确，所以虽然使行人数众多，做饭、吃饭皆能井然有序，效率很高。[1]

日伞捧持的差事比较简单。每天早上使臣启程时，日伞捧持就张开日伞，走在使臣乘坐的双轿前面，作为仪仗。过了站即收起来，背在身后。快到下一站时，再次张开日伞。

引路则手持一支短笭棍，走在队伍的最前面，负责察看道路情形。李永得《燕行杂录》载，"正使行，军牢一双持角前导。副使行，引路一人前导"，[2] 看来引路跟副使同行。遇有险要之处，引路即回头大声提醒大家注意，有时还需要跑回来向使臣报告详细情况，所以常在队伍中跑前跑后，往来奔波，非常忙碌，也比较辛苦。[3] 行进途中如需渡河，也由引路负责查探河水深浅，寻找合适的渡河地点。这时上判事马头也要走在前头，雇好船只，护送使臣过河。上判事马头在下隶辈中地位最高，他们出身于义州府通事，会中国语，途中如有事需要与中国人沟通，往往由上判事马头出面。报门、报关的时候，上判事马头与译官一同前往。如果与中国官吏发生争执，则由上判事马头上前调解。途中，无论是使臣还是其他人员，如果想离队去别处游览，也必须征得上判事马头的同意，并听从其指挥。[4]

过了山海关，三房书者离开使行，提前赶到北京打前站时，上判事马头也派一人同行。回国途中，也要先派人回国打前站，这时也同样有

---

1 朴齐寅：《燕槎录・人・附录》，林基中编《燕行录全集》(76)，第345—346页。
2 李永得：《燕行杂录》卷一《入彼地行中诸般事例》，韩国国立中央图书馆藏钞本。
3 朴齐寅：《燕槎录・人・附录》，林基中编《燕行录全集》(76)，第342页。
4 朴齐寅：《燕槎录・人・附录》，林基中编《燕行录全集》(76)，第347页。

上判事马头一人同行。留馆期间，使臣要离馆外出，上判事马头则提前雇好车子。使臣外出游览，往往需要送些丸药、扇子等礼物给看门人，以求让他们进入，这种事情也由上判事马头去做。如果使臣想打听什么事情，或者与礼部有事交涉，也多派上判事马头去打听或交涉。上判事马头还会购买缙绅录和每天的朝报等送给三使臣，以便使臣们搜集中国情报。[1]柳得恭《热河纪行诗注》载："军官、译官、关西马头、湾上跟役，以至彼中通官，皆使臣之耳目也。"[2]而且，马头、湾上跟役有时还能发挥军官、译官不可替代的作用。黄梓《甲寅燕行录》记载，雍正十二年（1734），朝鲜陈奏使，副使召来山西商人，让马头问话，了解满汉通婚的情况，黄梓听说后，认为遇到这种愿意与朝鲜人聊天，能够提供情报的中国人，应该让首译去好好问，而副使则说，如果让译官去问话，中国人则不肯说了。[3]正因为上判事马头在使行中发挥着重要作用，所以申纬（1769—1845）在《伤金尚德》一文中称："上判事马头，为燕行仆从中第一选。"[4]

军牢是整个使行中最辛苦的人。每天早上，军牢要拿着喇叭，到各房窗下吹，催促大家起床，是为初吹。出发前，各房如有军令，也让军牢去传达，常常各房左支右唤，令军牢应接不暇。到三吹之后，军牢即先行一步，走在前面，沿途经过村镇及递马处，军牢即吹喇叭作为号令，这样做也总能引来许多中国人围观。晚上到站之后，军牢又要负责传达第二天的军令。自渡江之后，三房皆用上房的军令，副房和三房不再出军令。军牢每晚持军令板从上房那里接受军令，然后到各房及上副房厨房去传达。对于厨房来说，特别需要知道第二天中午到哪里吃午饭，晚上到哪里住宿，以便提前赶到指定的地方准备好午饭和晚饭。[5]

---

1 朴齐寅：《燕槎录·人·附录》，林基中编《燕行录全集》（76），第347—348页。
2 柳得恭：《热河纪行诗注》卷二，林基中编《燕行录续集》（120），第448页。
3 黄梓：《甲寅燕行录》，林基中编《增补燕行录丛刊》（网络版），2016。
4 申纬：《敬修堂全稿》册十五《江都录》一《伤金尚德》，丛刊（291），民族文化推进会，2002，第334b页。申纬，字汉叟，号紫霞、警修堂，本贯平山，朝鲜后期文臣、书画家。
5 朴齐寅：《燕槎录·人·附录》，林基中编《燕行录全集》（76），第349—350页。

第二章　下隶：使行中的下层民众

下处库直有时也需要根据军令，提前赶到下一站找好住处。[1] 使行中若有治罪等事，使臣也让军牢来执行。[2]

表咨文马头、岁币米马头、岁币木马头和方物马头分别负责照管表咨文、岁币和方物。在岁币和方物交付后，他们也转而承担别的任务。如李商凤《北辕录》提到，乾隆二十五年（1760）冬至使行进入栅门，岁币和方物交付后，岁币米马头改任副房日伞捧持，岁币木马头改任副房引路，方物马头二名中一名改任三房日伞捧持，另一名改任副房引路。[3]

除各自担负的职役之外，无论是行进途中还是留馆期间，使臣外出时往往有大批下隶跟随，他们可以起到保护使臣的作用。道光二十八年（1848）冬至使一行抵达辽阳新城后，三使臣到关帝庙游览。当时庙里人多拥挤，各房下隶即在使臣前后驱赶中国人，甚至对中国游客棍棒相加。[4] 有时，前呼后拥的下隶也足以增加朝鲜使臣的威仪。道光二十八年冬至使到了北京，十二月二十六日三使臣到鸿胪寺演礼时，正好碰到琉球使臣。当时朝鲜的三名使臣皆坐在椅子上，还有许多译官、军官和下隶陪侍左右，甚有威仪，而琉球使臣则坐在屋檐下的台阶上，陪从也只有一人，相形见绌，让书状官的伴倘李有骏也颇感惊奇。[5]

四　下隶的利得

两西驿卒之所以视参加使行为利窟，是因为他们可以得到相应的报酬和好处。使行途中，上判事马头常需要单独或陪同译官与中国人接洽，这时需要赠送纸扇等礼物。道光十二年以冬至兼谢恩使书状官赴燕的金景善，在《燕辕直指》中说，"栅门、凤城、沈阳、山海关

1　徐庆淳：《梦经堂日史》编一，林基中编《燕行录全集》（94），第177页。
2　南履翼：《椒蔗续编》（三），林基中编《燕行录续集》（128），第230页。
3　李商凤：《北辕录》，林基中编《燕行录续集》（116），第421—422页。
4　李遇骏（李有骏）：《梦游燕行录》（上），林基中编《燕行录全集》（76），第424页。
5　李遇骏（李有骏）：《梦游燕行录》（上），林基中编《燕行录全集》（76），第486页。

及北京礼部，例有礼物。其外所到观光处，如夷齐庙、北镇庙、东岳庙、雍和宫、五龙亭、西山等处，例有人情"。[1] 这些礼物，最初按惯例由上副房各支给一半，后来皆以银子计给。此外，使臣于途中和留馆期间所需各种物资，也由上判事马头置备，其他各种事务，如留馆期间请人来表演幻术（魔术），也由上判事马头负责找人和支付费用。[2] 所以，上判事马头需要很多经费，这些经费主要由义州府支给，也于使行中向各处收取一部分。[3] 经费如有剩余，辄归上判事马头所有，这是上判事马头的主要收入来源。[4]

使臣在选定随行的书者、马头、笼马头、左牵马等后，依例也要发给草料。官府按照规定为每个赴京下隶提供一定数量的盘缠，称为料银。料银要等到使行抵达北京后，由放料所和干粮厅划给。另外，赴京下隶所属的郡县，也依例拨给每人几石米作为资装费。刷马驱人，则由义州府拨给买马钱20缗，路费纸60束。[5] 朝鲜官府支给的赏银，按照柳得恭的估计，至多不过银10两。[6]

到中国后，中国官府为朝鲜使行提供的粮馔和柴草等，也包括下隶辈应享受的部分。下隶的口粮和草料由湾上军官负责分配。中国官府支给时，是用中国升斗计算，而湾上军官则用朝鲜升发放，朝鲜升要比中国升小一半，所以下隶应得的口粮和草料被克扣掉不少，剩下来的由湾上军官和其他少数军官、译官分享。康熙五十一年（1712）冬至兼谢恩使到了北京，金昌业觉得这种惯例很不合理，下令将口粮和草料全部分给下隶，所以下隶辈都很高兴。[7]

除了法定收入外，马头们也还有一些额外收入。使臣走到山海关

---

1 金景善：《燕辕直指》卷一，林基中编《燕行录全集》（70），第329页。
2 李遇骏（李有骏）：《梦游燕行录》（下），林基中编《燕行录全集》（77），第22页。
3 金景善：《燕辕直指》卷一，林基中编《燕行录全集》（70），第330页。
4 朴齐寅：《燕槎录·人·附录》，林基中编《燕行录全集》（76），第348页。
5 南泰齐：《椒蔗录》，林基中编《燕行录续集》（116），第111页。
6 柳得恭：《热河纪行诗注》卷二，林基中编《燕行录续集》（120），第451页。
7 金昌业：《老稼斋燕行日记》，林基中编《燕行录全集》（32），第566—567页。

后,各房书者先行赶到北京修整玉河馆时,修理使臣火炕的费用由干粮厅支给,而修理裨将、译官火炕所需费用,则由书者向各人收取。但实际上往往敷衍了事,如康熙五十一年(1712)冬至兼谢恩使到了玉河馆,发现馆内房屋多破败不堪,庭宇荒凉,尘土满屋,金昌业和正使金昌集所住的正堂东偏室也没有窗户纸,晚上只好遮以纸袋和秸秆,再贴上窗纸,然而天寒地冻,糨糊很快就冻住了,窗纸粘不上,风一吹就掉了,只好再粘一次,这样反反复复,勉强熬过一夜。[1] 火炕也有多处破洞,只得再让馆夫找来瓦匠重新加以修补。[2] 书者既没有认真修整玉河馆,自然用不了多少钱,就可以从收取的修理费中赚一些钱,这也是书者被视为好差事的主要缘故。

不仅书者,其他马头也各有其生财之道。如左牵马在购买草料过程中,也会得到一些好处。使行途中和留馆期间,中国官府支给的马料钱,也归左牵马掌握。[3] 干粮马头的额外收入则主要依赖于使臣伙食费节约之多少。按照惯例,使臣回到九连城站,如果盘缠尚有剩余,则剩余部分归干粮马头所有。但是,如果使臣在路途上耽搁了时日,或者留馆日数增加,则会用尽盘缠,干粮马头就毫无所得。[4] 李永得《燕行杂录》提到,18次到过中国的书者千石说,数年前有一次他们于回程走了40天才到栅门,厨房粮食断绝,非常艰难。[5] 在这种情况下,不仅干粮马头没了收入,有时还需要动用不虞备银。每次使行,按惯例可以从平安监营预支白银500两,从义州府预支300两备用,称为"不虞备",由掌务官负责掌管。一开始管理甚严,不能轻易动用,后来厨房、放料军官和都卜马主经常借口经费不足而要求借用不虞备银,这也渐渐成为他们生财的手段。[6]

---

1 金昌业:《老稼斋燕行日记》,林基中编《燕行录全集》(32),第557页。
2 金昌业:《老稼斋燕行日记》,林基中编《燕行录全集》(32),第559—560页。
3 朴齐寅:《燕槎录·人·附录》,林基中编《燕行录全集》(76),第341—342页。
4 朴齐寅:《燕槎录·人·附录》,林基中编《燕行录全集》(76),第344页。
5 李永得:《燕行杂录》卷八,癸未二月十五日,韩国国立中央图书馆藏笔写本。
6 李遇骏(李有骏):《梦游燕行录》(下),林基中编《燕行录全集》(77),第89—90页。

马头和军牢是使行中最辛苦的差事,伙食比其他下隶要稍好一些,所以也算是肥差。使臣吃剩下的饭菜,马头会接着吃,而将他们应得的早饭和晚饭省下来,折算成钱,从都卜所领出,所以马头所得的伙食费要比其他下隶多一些,两西驿卒因此非常愿意充当马头。[1] 军牢比马头更辛苦,在伙食上也受到照顾。使行进入中国境内以后,中国地方政府会提供一些食物给朝鲜使臣,这些也都归军牢所有。留馆期间,主客司也会为朝鲜使行提供粮馔、柴草等,使臣所应得的部分,无论是米面鱼肉等实物,还是折算成银子,都归军牢所有。朴思浩《燕蓟纪程》载:"安州、义州两军牢之争寨,专以此也。"[2]

对于朝鲜使行的这种安排,李有骏听到的解释是:"盖自丙子以后,我使义不食周粟,受而不食,因为下隶所食。"[3] 不管是否含有如此深意,一旦形成惯例,使臣即使想尝尝是什么味道,亦不可得。金景善提到,他作为书状官,"欲为药用,取羊而脯之,则以钱偿之,一羊辄支唐钱七百",让他感到"事甚无谓"。[4]

既然中国官府为使臣所提供的食物成为军牢的额外收入来源,那么使行在中国境内逗留时日愈久,他们得利愈多。也正因为如此,军牢与干粮马头的立场正好相反,因为使行在中国境内逗留的时日越长,对军牢越有利而对干粮马头越不利。朴齐寅《燕槎录》记载了一个故事,非常有意思。咸丰十年(1860)的朝鲜进贺兼谢恩使是五月二十三日入京的,在北京逗留了一个多月,大家都心情急躁,希望早点回国。其间各房诸处用糕果做供物,祈求平安,干粮马头除祈求平安外,还祈祷使行能尽快启程回国,而军牢则祈求晚点回国,最好到九月、十月间再回国。干粮马头知道后非常生气,担心如果真的等到九月份、十月份才回国,盘缠不足,所以就去找军牢理论,双方竟然打了起来。[5] 不过,金

---

[1] 朴齐寅:《燕槎录·人·附录》,林基中编《燕行录全集》(76),第340页。
[2] 朴思浩:《燕蓟纪程》,林基中编《燕行录全集》(85),第295页。
[3] 李遇骏(李有骏):《梦游燕行录》(上),林基中编《燕行录全集》(76),第480—481页。
[4] 金景善:《燕辕直指》卷三,林基中编《燕行录全集》(71),第221页。
[5] 朴齐寅:《燕槎录·人·附录》,林基中编《燕行录全集》(76),第351—352页。

第二章 下隶：使行中的下层民众

景善《燕辕直指》也指出，军牢的好处不仅会被清朝护行通官占去一部分，[1] 使行中的裨将和伴倘也要分润一部分。按照惯例，各房裨将、伴倘之所戴战笠，以及具云月、顶子、耳钱、孔雀羽等物，皆由军牢负责提供，回国后再归还给军牢。[2]

除了法定收入和额外收入外，下隶辈还利用到中国的机会，做一些小买卖来赚钱。他们多在义州购买一些扇子、丸药、纸张等，带到中国境内出售。丸药中最常见的是清心丸。清心丸由人参、牛黄、大豆、黄卷等制成，因朝鲜人参和牛黄皆是佳品，大豆和黄卷也是朝鲜特产，所以在中国很受欢迎。在北京的药铺中，清心丸被标为"高丽清心丸"，与广东药材、湖州毛笔、徽州松墨一样，是畅销商品。因清心丸很受欢迎，所以朝鲜使臣、译官、军官和随行的子弟军官、伴倘等，都会携带一些作为礼物送人，而下隶辈则要以此牟利。

不过，下隶辈所携带的清心丸大多为假货。假清心丸在义州不过一文半一丸，而渡江后卖给中国人开设的药铺或老百姓，则索价两吊钱至三吊钱一丸，回国时能买一匹马带回去，可谓一本万利。[3] 由于中国人渐渐也认识到下隶辈所出售的清心丸多是假货，愿意出三吊钱来买一丸清心丸的中国人越来越少，下隶辈想以此牟取暴利也不容易。离北京愈近，愈急于脱手，售价也越来越低。快到北京时，已降为两吊，等到了北京，就只值一吊多了。如果到回程时仍未售出，价钱还会进一步降低到一吊以下。等回到栅门，一丸清心丸也就只能换一角玉米了。尽管如此，对下隶辈来说，仍不至于亏本。[4]

朴齐寅《燕槎录》讲到一个故事，说是下隶辈为了将假清心丸尽快高价卖出，带着清心丸走村串乡，由一人假装患了霍乱，昏厥不醒，另一人取出清心丸，用冷水化开后喂下去，装死之人假装苏醒过来，以此

1　金景善：《燕辕直指》卷一，林基中编《燕行录全集》(72)，第309页。
2　南履翼：《椒蔗续编》(三)，林基中编《燕行录续集》(128)，第230页。
3　朴齐寅：《燕槎录·人·附录》，林基中编《燕行录全集》(76)，第333页。
4　朴齐寅：《燕槎录·人·附录》，林基中编《燕行录全集》(76)，第336—337页。

迷惑中国人来高价抢购。[1] 对于下隶辈以假清心丸骗中国人的行为，朝鲜使臣有时也加以惩戒。书状官兼任行台御史，对所有使行人员负有监察之责，对于下隶辈的售假行为自然也有权惩治。乾隆十八年（1753）的冬至兼谢恩使书状官沈墧听说义州刷马驱人出售以羊肝及杂药合成的假清心丸，即对其重加杖责。[2]

虽然朝鲜禁止使行人员私自携带金银，以及人参、貂皮等贵重物资出境，下隶辈违禁携带人参、貂皮等到中国贩卖的事情也常有发生。乾隆十七年的冬至兼谢恩使走到新广宁时，发现上房干粮马头李天锡私自携带貂皮 850 张，审问后得知这些貂皮不是从朝鲜带到中国的，而是路过盛京时买的，准备带到关内出售牟利。尽管如此，因清朝规定朝鲜使行人员不得私自将关外货物带入关内，书状官沈墧担心过山海关时被中国官吏查出，给整个使行团带来麻烦，所以不仅将这些貂皮没收来一把火烧了，还对李天锡加以惩罚。[3] 毕竟还有很多类似行为未被使臣发觉。李有骏《梦游燕行录》即提到，刷马驱人朴元吉每年都随使行到中国，以贩卖人参获利。[4]

下隶辈虽然能够从使行中获利，但是十分辛苦，非常人所能承受。柳得恭《热河纪行诗注》载："夏去跋涉泥涂数千里，冬行眠处蹩地三两月，此岂人所堪哉！"[5] 尽管冬至使行要在冬季赶往北京，下隶辈沿途也常要露宿屋外。如康熙五十一年（1712）冬至兼谢恩使行于十一月二十九日走到松店，因松店察院房屋不多，三使臣同处一屋，上使单独睡一炕，副使和书状官同睡一炕，译官们则到察院外民家寻找住处。马匹和马夫等则在察院院内露宿，盘缠充裕的才能到外面找地方住宿。[6]

到了北京，下隶辈也仍多在玉河馆内露宿。根据金昌业的描述，康

---

1 朴齐寅：《燕槎录·人·附录》，林基中编《燕行录全集》（76），第 334—335 页。
2 南泰齐：《椒蔗录》，林基中编《燕行录续集》（116），第 111 页。
3 南泰齐：《椒蔗录》，林基中编《燕行录续集》（116），第 55 页。
4 李遇骏（李有骏）：《梦游燕行录》（下），林基中编《燕行录全集》（77），第 70 页。
5 柳得恭：《热河纪行诗注》卷二，林基中编《燕行录续集》（120），第 451 页。
6 金昌业：《老稼斋燕行日记》，林基中编《燕行录全集》（32），第 380 页。

熙五十一年（1712）十二月二十七日，冬至兼谢恩使一行抵达北京玉河馆后，不仅驿卒和刷马驱人们没有房间，连湾上军官、药房书员、承文院书员和商贾们也没有房间可住，"一行人马，露处经夜，仅免冻死，诸裨亦坐而经夜，其艰苦甚于棚外露宿"。[1] 金昌集、金昌业所带的奴子元建、善兴和贵同也露宿于正堂东墙外。第二天，天气更加寒冷，"夜，奴辈卧于炕下，达夜呼寒"，令金昌业也"寝不能安"。[2] 直到第二年正月初三日，奴辈搭起了席棚，并于席棚中生了火炕，金昌业才稍觉心安。[3] 其他没有房间住的湾上军官、药房书员、承文院书员和商贾们，以及奴子、驿卒和刷马驱人也纷纷买来材料搭建席棚和火炕。但是，直到正月初五日，驿卒及刷马驱人中仍有两队尚露处，让金昌业"见之可矜"。[4] 所有马匹也皆露天拴在院子里，草料又不足，马匹又冷又饿，所以夜里跑出来，把大家搭的席棚当草料吃了。金昌业怀疑也许有人故意将自己的马放出来去吃别人的马的草料，导致"夜则马争之声甚闹，以此尤难眠矣"。[5]

五 下隶所生之弊端

除在中国境内贩卖假清心丸外，下隶辈还经常惹出各种事端。下隶辈主要由驿卒构成，而驿卒在朝鲜属于贱役，所以也被称为驿奴。驿卒地位低下，生活也非常穷苦，发给他们的资装费、路费纸等本来就非常有限，而且在出发前大半已用来偿还公私债务，根本不会用来准备行装。下隶辈往往衣衫褴褛，蓬头垢面，中国人见了这群像乞丐一样的朝鲜人也往往指指点点，所以参加使行的两班文人觉得他们有损朝鲜在中

1　金昌业：《老稼斋燕行日记》，林基中编《燕行录全集》（32），第559页。
2　金昌业：《老稼斋燕行日记》，林基中编《燕行录全集》（32），第563页。
3　金昌业：《老稼斋燕行日记》，林基中编《燕行录全集》（33），第34—35页。
4　金昌业：《老稼斋燕行日记》，林基中编《燕行录全集》（33），第38页。
5　金昌业：《老稼斋燕行日记》，林基中编《燕行录全集》（33），第39页。

国人心目中的形象。柳得恭就觉得刷马驱人"既无毡笠,又不裹巾,头发鬇鬙,败絮离披,贸贸然驱马而去",非常丑陋。[1] 南泰齐也说:"虽以今行观之,头无笠,足无扉,面黧黑如鬼者,累累成队而来,彼人莫不指点而骇笑,固已减使行之光华,启彼人之轻侮。"[2]

由于下隶辈多"空手渡江,白地糊口",所以为了在中国境内生存下来,除了贩卖假清心丸外,还有人携带假银子,用假银子从中国人那里购买东西。[3] 下隶辈也常有在中国境内偷盗的行为。韩弼教说:

> 我国邮卒,一渡湾河,专以窃盗逃债为能事。不洗面,不着巾,头发鬇松,衣笠破坏,尘汗相凝,非鬼非人。而所经铺店,或窥窃市肆,或欺取宝玩,虽敝屣破器,必偷乃已。奉使者固不能细悉其奸状,虽或禁之,而全没羞耻,亦不悛习。故徒手而往,无一钱之资,及其还也,无不被裘而担货,皆此术也。是以彼人若遇我行,则畏如虎豹,避如蛇蝎,必交警防守,号以枪盗焉。今行余见马头辈皆着胡靸,来往数千里,而不用蕙鞋,亦可知其习矣。曾闻往年有一马头,随众而入万佛寺,偷纯金小佛以去。故今不许下隶之入门,又有一隶就燕肆中诈称交易,多取物货,约以归馆偿价。货主疑而不肯,则辄证以他人。担出市门,直走通州五十里之地,市人待久不至,却往访之,则已无形影矣。四索不得,始觉其见欺,至有纷眰争诉于使行临发之际,其谲悫骇惋如此。自后市人非钱货相交,则不许买卖,其为贻羞,莫此之甚也。[4]

金景善在《燕辕直指》中提到,当时北京民间流传这样一句话:

---

1 柳得恭:《热河纪行诗注》卷二,林基中编《燕行录续集》(120),第 452 页。
2 南泰齐:《椒蔗录》,林基中编《燕行录续集》(116),第 112 页。
3 南泰齐:《椒蔗录》,林基中编《燕行录续集》(116),第 112 页。
4 韩弼教:《随槎录》卷四《闻见杂识》,林基中编《燕行录续集》(131),第 188—189 页。

第二章 下隶：使行中的下层民众

"东使留馆之时，本国人皆应夜不掩户，放心稳眠。"¹ 金景善也明白这是反话，意思是北京居民普遍将朝鲜使行下隶辈视为盗贼，有所防范。留馆期间，朝鲜使行人员喜欢去位于玉河馆后街干鱼胡同的俄罗斯馆参观，但也因下隶辈每有偷窃行为，看门的必阻挡不许入。²

下隶辈不仅偷窃中国人的财物，甚至还偷窃使行携带的岁币、方物等。乾隆十七年（1752）冬至兼谢恩副使南泰齐听说，年前使行途中即有下隶偷盗岁币的事情发生。³ 在此之前，康熙五十一年（1712）冬至兼谢恩使抵达盛京后，也发现岁币中少了24匹棉布，金昌业怀疑是被刷马驱人偷走了。⁴ 正因为这种失窃事件常有发生，所以乾隆二十五年冬至使渡江前，李商凤作为书状官李辉中的子弟军官，向三房刷马驱人、管饷苦力、上房运饷库隶和副房海西库隶等人重申要杜绝偷窃之弊，如有作奸犯科者，枭首示众。⁵

下隶辈不仅有偷窃行为，还常明目张胆地抢劫，不过多是抢劫一些水果、糕点等食物。他们如果看见街边有中国人卖糕点等食物，即结伙上前抢食。南泰齐《椒蔗录》载，下隶辈每当"路过饼饴之铺，众手争攫，恬不为怪。彼人皆目之为'猲多五'，盖华音盗贼之称也。虽笞挞日加，少不知戢"。南泰齐因此感慨："甚矣，饥寒之切于身，而陷溺至于此也。"⁶ 朴齐寅《燕槎录》对此类事件有更为详细的描述："众汉辈结队登途，行逢果实、饼饵之坐卖者，一汉先到铺前，拿取果饵，不偿一文，白地取去，铺主忿不胜，踉踉追去。那汉另力赶走，铺主亦赶追而去。铺空无主，果饵摆列，后来众汉次次追到，恣意攫取。东走了，西走了，这一个铺主那得抵当，无奈赶不得，喝不得，嘘唏还铺，诟骂不已。"⁷

1　金景善：《燕辕直指》卷五，林基中编《燕行录全集》（72），第107页。
2　金景善：《燕辕直指》卷三，林基中编《燕行录全集》（71），第292页。
3　南泰齐：《椒蔗录》，林基中编《燕行录续集》（116），第112页。
4　金昌业：《老稼斋燕行日记》，林基中编《燕行录全集》（32），第406页。
5　李商凤：《北辕录》，林基中编《燕行录续集》（116），第570页。
6　南泰齐：《椒蔗录》，林基中编《燕行录续集》（116），第112页。
7　朴齐寅：《燕槎录·人·附录》，林基中编《燕行录全集》（76），第337—338页。

中国人慢慢熟悉了朝鲜使行下隶辈的伎俩，再遇下隶辈来偷拿果饵，就假装没看见，不去追赶了，免得丢得更多。这种事情也让朴齐寅感到下隶辈让使行在中国人面前丢了脸，因此觉得下隶辈非常可恨可憎。

下隶辈在中国境内偷窃、抢劫，因系陪同皇帝的客人而来，中国百姓无可奈何，至多向书状官投诉，而书状官也不能杜绝此类事情的发生。李有骏说："盖彼人不欲与我人相较，毫末不犯，故湾人无赖之流，时时作梗，赚取物货，径先逃去，彼人见欺者来诉三房，惹扰种种，而操束无路，诚一痼弊。"[1]

留馆期间，下隶辈也多从中国商人那里赊购物资，如果在离开北京之前不能结清欠账，会引起债务纠纷。金景善《燕辕直指》中提到，道光十三年（1833）春，朝鲜冬至兼谢恩使启程回国之前，也发生过多起下隶辈与中国商人之间的债务纠纷，让身为书状官的金景善穷于应付，"或善辞而开谕，或笞打而戢励，左酬右应，不觉身困而神疲"，以致感叹："闻此弊自昔伊然。彼人之与我人相关者，若有争斗之事，则突然入来，辄呼三大人而告诉之，其为三大人者，不亦苦哉。下辈之贻弊惹闹，诚为寒心。"[2]

其实，虽然书状官身兼法司讼官之任，使行途中和留馆期间发生纠纷，皆应由书状官来审理，但是有些纠纷书状官也不愿或不能解决。如当有中国商人请求金景善帮助索要上房厨子等人的欠账时，金景善便顾忌自己与正使徐耕辅的关系，不愿出面处理，而让中国商人直接去上房申诉。[3]结果此事迟迟未能解决，直到使行离开北京时，上房干粮马头仍未清偿欠债，而偷偷离开北京。中国商人为了追债，一直追到枣林，正使徐耕辅因此惩治了上房干粮马头。债务最终如何解决，不得而知，不过直到这时，书状官金景善仍未插手。[4]

---

1 李遇骏（李有骏）：《梦游燕行录》（下），林基中编《燕行录全集》（77），第101—102页。
2 金景善：《燕辕直指》卷五，林基中编《燕行录全集》（72），第106—107页。
3 金景善：《燕辕直指》卷五，林基中编《燕行录全集》（72），第105—106页。
4 金景善：《燕辕直指》卷五，林基中编《燕行录全集》（72），第121页。

第二章 下隶：使行中的下层民众

朝鲜使行在中国境内往来途中常不住在察院，而选择民间开设的客店，或直接住在民家，也就常为房钱多少与店主、房主发生争执。康熙五十一年（1712）以谢恩副使到中国的闵镇远，在其《燕行日记》中即抱怨："自凤凰城以后，每朝主胡与下辈较争房钱多少，甚可苦也。"[1] 李宜显《庚子燕行杂识》也载："察院率多颓废，故自前每多借宿私家。而无论昼夕站，一处其家，必有其价，名曰房钱，以纸扇等各种给之，而刁蹬需索，或至斗哄，亦可苦也。"[2] 宋相琦曾在康熙三十六年和康熙五十九年分别以奏请使书状官和冬至正使到中国，自然对沿途情况有所了解。当康熙五十一年，朝鲜肃宗三十八年（1712）金昌集要以冬至兼谢恩正使到中国时，宋相琦便在《送梦窝金判枢赴燕》诗中说："兹行艰险亦难言，露宿风餐过栅门。到处房钱苦需索，主胡行卒竟啾喧。"[3] 可见此事也在前后使行中流传。

对于这种房钱纠纷，朝鲜使行人员常抱怨中国人"嗜利重货，绝无纯悫之风"，[4] 而中国人有时也不满朝鲜使行下隶辈企图白吃白住，因下隶辈有时故意不给房钱。道光十三年（1833）春，冬至兼谢恩使于回程途中，二月二十八日在暴交堡住了一宿，第二天早上本来打算早点出发，趁化冻前赶路，而因上房不给房钱，店主锁上门，不让他们出去。正使徐耕辅将上房干粮马头捉来打了一顿棍子后，将房钱付给了店主。店主尚未点清钱数，徐耕辅即令开门，店主不听，徐耕辅乃命令下隶辈将门砸开，店主害怕了，只得打开店门，让他们离开。[5]

有时下隶辈不付房钱，也是为了要挟使臣同意动用不虞备银。李有骏《梦游燕行录》即提到，道光二十八年的朝鲜冬至使行在留馆期间，放料军官姜正璜即串通译官要求动用不虞备银，而被书状官断然拒绝

---

1 闵镇远：《燕行日记》，林基中编《燕行录全集》（34），第 332 页。
2 李宜显：《庚子燕行杂识》（下），林基中编《燕行录全集》（35），第 437 页。
3 宋相琦：《玉吾斋集》卷三《送梦窝金判枢赴燕》其十五，丛刊（171），民族文化推进会，1996，第 287d—288b 页。
4 韩泰东：《两世燕行录》，林基中编《燕行录全集》（29），第 251 页。
5 金景善：《燕辕直指》卷五，林基中编《燕行录全集》（72），第 188 页。

了。等到回程途中,当二月初六日从枣林庄出发时,他们就故意不付房钱,导致店主锁门不许出,"行中骚扰,光景羞耻,不得已破戒,贷下三百两,然后始得出"。李有骏也因此感慨:"谬例既成,流弊难革,守经执法,亦无所施,诚可一叹。"[1]

即使不为房钱,下隶辈有时也借故与店主争斗。柳得恭《热河纪行诗注》提到,他们路过沙河堡时,有一刷马驱人烂醉如泥,说在店里丢了几贯钱,诟骂店人,甚至持刀相向,护行章京将其捆起来,放到车上,不知如何处置才好。柳得恭让首译去调停,于是护行章京就将此人交给首译处置。首译让马头们彻夜守着他,等到他酒醒之后,送交使臣惩处。[2] 朴齐寅《燕槎录》还提到,朝鲜使行下隶辈还经常借故与各站店保争斗,而且一拥而上,形成群殴群斗,事后反而威胁中国人,要将他们交给迎送官来惩治。因中国官吏往往不问双方是非曲直,只惩治中国人,所以到这时中国人只得屈服。有时下隶辈闹得太厉害了,朝鲜使臣也会对下隶辈加以惩治,施以杖责,而这时善良的中国人又"皆恐怯战栗,叩头谢罪",为被打的下隶求饶。下隶辈见中国人胆小怕事,更"假作苦楚,奄奄垂死之状"来博取同情,让朴齐寅也觉得可笑。[3]

朝鲜使行下隶辈在中国有恃无恐,常惹是生非,成为朝鲜使行在中国所面临的主要问题之一。正因为如此,乾隆二十五年,朝鲜英祖三十六年(1760)李商凤在为三房挑选下隶时,要特意挑选那些不怙势作弊的驿卒。[4] 但此种事情很难杜绝。道光二年(1822)朝鲜辩诬谢恩使从榆关到抚宁途中,与一群中国人发生冲突,有一名中国人被打后,来向正使南履翼申诉。南履翼问明情由,确定是朝鲜人理屈,于是对厨房下隶加以杖责。[5] 但是,像这样对下隶辈加以杖责,往往也不起作用。柳得恭说:"此属一渡鸭绿,则不怕彼人,不怕我人,偷窃、酗骂、殴

---

[1] 李遇骏(李有骏):《梦游燕行录》(下),林基中编《燕行录全集》(77),第90页。
[2] 柳得恭:《热河纪行诗注》卷二,林基中编《燕行录续集》(120),第453—454页。
[3] 朴齐寅:《燕槎录·人·附录》,林基中编《燕行录全集》(76),第339页。
[4] 李商凤:《北辕录》,林基中编《燕行录续集》(116),第528页。
[5] 南履翼:《椒蔗续编》(三),林基中编《燕行录续集》(128),第206页。

斗等事即其所长也。拿入欲棍之，则曰生不如死，愿死矣，可谓无可奈何。"[1]

从山海关到北京，许多地方道路狭窄，车辆不能并行。朝鲜使行在路上遇到中国人的车辆，马头即高呼开道，让中国人将车辆停靠路边，给朝鲜使行让道。在清代，即使遇到清朝官员，也是如此。道光二十九年（1849）二月十二日，朝鲜冬至使回程途中，在从抚宁到深河驿的路上遇到一个清朝官员乘车而来，后面还跟着三四个骑马的人。双方在一处山崖下相遇，两车不能并行，马头就接连高呼，让这名清朝官员让道。清朝官员的随从上前理论，认为双方都是官员，不应不问官职高低，就让他们让道。马头即厉声喝道："你是甚么话头？你们的大人私行的，吾们的大人贡使的，此是你们的旧规么？"于是清朝官员只好下来道歉，往后退三四十步，让朝鲜使行先行。[2]

遇到大道泥泞难行时，下隶辈则随意从路旁田地上走过去。金景善《燕辕直指》提到，道光十三年二月十一日，朝鲜冬至兼谢恩使行回程走到沙子河附近的一个村子时，因大道泥滑，下隶辈即在路旁新耕的田地上行走，有一老太太出来看到了，举起手杖要来驱赶，可是裹着小脚的她赶不上，下隶辈反而回头嘲笑。老太太虽然听不懂下隶辈说了些什么，也知道是侮辱她的话，所以愈加愤怒，"摇头抵掌，诈诈乱骂，举措甚骇"。金景善以为老太太骂的一定很恶毒，问身边的马头是何意，马头告诉他不过是说下隶辈没良心之类的话，金景善反而觉得"其格于语法，不能尽意诟辱，以泄满肚之愤，极可笑，亦可闷也"。[3]

更有甚者，有时使行下隶只是为了打消旅途寂寞，故意骚扰遇到的中国人来取乐。朴齐寅《燕槎录》提到，下隶辈"又于登途时逢着彼人之骑马过去者，隶徒辈猛逐之，或致翻落。且见村间间奔出观玩之人，乘其不意，交脚滚倒，或以秽物拭污其口，漫作戏谑。彼人辈亦不甚作

---

1 柳得恭：《热河纪行诗注》卷二，林基中编《燕行录续集》（120），第452页。
2 李遇骏（李有骏）：《梦游燕行录》（上），林基中编《燕行录全集》（77），第101页。
3 金景善：《燕辕直指》卷五，林基中编《燕行录全集》（72），第135页。

怒，盖亦优远人之意也。追来之裨将、译官或责骂隶徒，勿使更作戏端云尔，则乃以为不如是，长途疲劳，无以寓心做行云云，亦可笑也"。[1]

在丰润与玉田之间的高丽堡，在前后使行间传说，是由朝鲜半岛移民形成的村落。至于这些人的来历，一种说法是清朝入关前从朝鲜掳来的；[2] 还有一种说法时间更早，说是高丽时期从海上漂来的。[3] 不过到清朝中期以后，朝鲜使行人员也相信这里已经没有人认为自己是朝鲜移民了。李基敬《饮冰行程历》载："中年使行时，尚有一老妪自言为高丽人子孙，而设马粥以馈之云。今则居民尽是汉人，而使行从卒误认诘问，则辄怒色相加云。"[4] 尽管如此，每当朝鲜使行走到这里，见到这里有水田数十亩，觉得新奇，自然联想到朝鲜半岛多水田，觉得有相似之处。这里还出售一种黄粟蒸饼，也与朝鲜半岛的粘饼类似，朝鲜使行经过这里时，下隶辈多买来品尝。这里还有女人坐在店中卖饼卖酒，也与朝鲜习俗相近，所以前后使行经过这里，皆会讨论此事。如金景善《燕辕直指》载，高丽堡"村前有水田数十亩，盖渡江后初见，而果如我国之制，且其饼饴之属，尤传本国样"，并因此更愿相信高丽堡系清初所掳朝鲜人形成的村落。[5] 金景善《燕辕直指》和徐庆淳《梦经堂日史》等多种《燕行录》皆提到，过去朝鲜使行到了高丽堡，村民很热情，而他们到高丽堡感受到的情况已大不相同。对于高丽堡居民态度转变的原因，徐庆淳指出："近因下隶辈讨索欺骗，不复致意云。"[6] 任百渊也说："旧时使行之过此，或为设酒食，不收其值，语辄流涕。因驿卒辈因利欺骗，白吃酒食，别有诛索，以此益厌之，旧风稍衰云，可叹！"[7]

其实，高丽堡居民对朝鲜使行人员态度上的这种变化早已发生。乾

---

1 朴齐寅：《燕槎录·人·附录》，林基中编《燕行录全集》（76），第339—340页。
2 任百渊：《镜浯游燕日录》，林基中编《燕行录续集》（134），第137页。
3 李基敬：《饮冰行程历》，林基中编《燕行录续集》（116），第214页。
4 李基敬：《饮冰行程历》，林基中编《燕行录续集》（116），第214—215页。
5 金景善：《燕辕直指》卷二，林基中编《燕行录全集》（71），第139页。
6 徐庆淳：《梦经堂日史》编二，林基中编《燕行录全集》（94），第293页。
7 任百渊：《镜浯游燕日录》，林基中编《燕行录续集》（134），第138页。

第二章　下隶：使行中的下层民众

隆四十五年（1780）朴趾源经过高丽堡时，这里的居民已经因朝鲜使行下隶辈往往白吃白喝，还索要财物，甚至有偷窃行为，不愿再与朝鲜使行人员接触，"每值使行，则闭藏酒食，不肯卖买，恳要然后乃卖，而必讨厚价，或先捧其价"，而下隶辈更百般欺诈，以此来发泄对高丽堡村民的不满。双方就这样互相刺激，最后皆将对方视若仇人。每次使行走到这里，下隶们即齐声大骂："你是高丽子孙，你之祖公来了，何不出拜！"[1]村民辄与之对骂："此有高丽祖公，无高丽子孙。"[2]

由于下隶辈常在中国境内惹是生非，参加使行的朝鲜官员和文人自然对他们相当鄙视。柳得恭说，"此辈如西域吏士，皆非孝子顺孙"。[3]在他看来，下隶辈在使行过程中非常艰苦，所得利益也不多，不足以维持生计，之所以"才来旋去，屡去而不厌"，是因为他们"皆清北贱卒，游食浮浪之徒，距京师远而彼地较近，一入燕中，则乘太平车，游历都市繁华之场，挟带禁物，发买假货，诸奸利事，无不为之，以此之故，至乐存焉"。[4]

下隶辈在中国境内如此为非作歹而尚未引起两国争端，柳得恭对此感到庆幸，然而也有人反而觉得中国人软弱可欺，正可为"北伐"鼓舞士气。俞彦述曾于乾隆十四年（1749）以冬至使书状官到过中国，见到下隶辈在中国境内随意欺凌中国人而中国人不敢反抗，从而觉得中国人怯懦，不足为惧。他在《燕京杂识》中说，朝鲜人向来畏惧清兵，其实清朝甲兵不如朝鲜禁军、别抄等军，弓矢、枪炮等武器也多不及朝鲜的精良，朝鲜兵一旦熟悉了清兵的情况就不会再害怕。他举例说："如驿卒、刷卒辈，是我国至孱至迷之类，而到处殴打彼人，无所顾忌，此不过累次往来，习见其无可畏而然也。"[5]因此他认为朝鲜应该每年有意挑选一些武官为裨将和副使，使他们能借使行机会多次到中国游历，这

1　朴趾源：《热河日记》二《关内程史》，林基中编《燕行录续集》（122），第229—230页。
2　金景善：《燕辕直指》卷二，林基中编《燕行录全集》（71），第140页。
3　柳得恭：《热河纪行诗注》卷二，林基中编《燕行录续集》（120），第451页。
4　柳得恭：《热河纪行诗注》卷二，林基中编《燕行录续集》（120），第451—452页。
5　俞彦述：《松湖集》卷六《燕京杂识》，续刊（78），第429a—429b页。

样不仅能了解清朝之虚实,也能逐渐削弱朝鲜兵对清兵的畏惧心理。最后,他更感慨道:"孝庙尝留沈阳八年矣,晚年北伐之计,夫岂无所见而然也?无人可以语此,诚可痛恨!"[1]

小 结

在清代,虽然朝鲜朝野上下普遍怀有尊明排清心理,但是使行往来仍非常频繁。每次使行,都有大量奴子、马头、马夫、刷马驱人、厨子等参与其中,为整个使行提供各种服务,他们常被称为"下隶辈",编入各房者,也被称为"房下人"。下隶辈主要由驿卒和公私奴子构成,他们在朝鲜的身份制度中处于最底层,属于贱民或身良役贱阶层,他们在使行中也是地位最低、生活最苦的一群人。他们在朝鲜国内本来就生活艰苦,因此将参加使行视为有利可图的差事,非常愿意参加使行,有的一生往来中国数十趟,几乎是以此为生。朝鲜官方为下隶辈提供的经费非常有限,而且也多被其挪作家用,所以他们多赤手空拳进入中国境内,在使行过程中多风餐露宿,艰苦异常。有些职位,如书者、马头、干粮马头、笼马头等,在使行惯例中也衍生出一些额外收入,这些职位更成为驿卒们追逐的对象。为了赚取钱财,下隶辈还常在中国境内贩卖假清心丸等,甚至偷窃财物、抢劫食物。使行途中,还会为消遣而欺凌沿途中国百姓。下隶辈在中国境内寻衅滋事成为朝鲜方面一直难以解决的使行弊端之一。由于使臣是皇帝的客人,中国官吏对朝鲜使行下隶辈的种种不法行为也无能为力,更让他们有恃无恐,甚至还有朝鲜人因此认为中国人天生怯弱,以此来论证"北伐"成功的可能性。因此,考察朝鲜使行下隶辈的情况,不仅有助于我们了解清代藩属国使行的多重面相,思考使行对下层民众的意义,也可以借此理解使行接待对藩属国对清认识的影响。

---

[1] 俞彦述:《松湖集》卷六《燕京杂识》,续刊(78),第429b页。

第三章　琴歌：歌咏与离家去国的情感表达

对于朝鲜时代的读书人来说，作为使臣或跟随使臣出使中国，路途遥远，耗时长久，难免有离家去国之思。而且，使行往来也是传统时代国际关系现实化、具体化的表现形式，很容易受到读书人的日常生活和心理活动的影响，而出境之前使行沿途各邑的妓乐表演，也会进一步渲染使行人员的情感和心理。在赴京使行所经沿途各邑，从瑞兴到义州皆设有妓乐。妓乐本为助兴遣怀而设，而因使行往来频繁，使行沿途各邑之妓乐也逐渐与使行相适应，以配合使行人员的情感和心理。歌唱是妓乐表演的常见形式之一，歌词也易于表达使行人员的情感和心理。所以，本章将通过对琴歌的考察，来理解使行与妓乐的互动关系，以及琴歌所反映的使行人员的情感和心理活动。

一　使行与琴歌

在朝鲜时代，朝鲜使臣从陆路赴京时，从瑞兴龙泉馆始用妓乐，回程途中瑞兴也是设有妓乐的最后一站。从瑞兴到义州，沿途各邑皆多蓄官妓，妓乐也比较发达。

在沿途各邑官妓的妓乐表演中，最常见，也是最简便的表演形式便是由官妓表演琴歌。纯祖二十九年（1829）三月二十八日，冬至使一行回到瑞兴，朴思浩曾趁着月色登上瑞兴衙轩之北新筑的一个六角小亭，听小妓唱琴歌。所谓琴歌，一般是指歌者在伽倻琴等伴奏下演唱歌曲，或歌者边弹伽倻琴边唱。16世纪松都（开城）名妓黄真伊即工琴善歌，[1] 自诩为"松都三绝"之一。李睟光《芝峰类说》记载，松京（开城）"顷世有真娘者，美容色，善琴歌，能诗词，亦娼女中之特出者也。真娘尝曰：松都有三绝，其一朴渊瀑布，其二花潭先生，其三即我也"。[2] 李德泂《松都记异》也称黄真伊为绝代名妓，"色貌才艺妙绝一时，歌亦绝唱，人号为仙女"。传说松都留守宋公（或云宋礥，或云宋纯，未知孰是）为母亲设寿宴，从京城招来很多妙妓歌姬，黄真伊也在其中，"酒阑始使侍婢，满酌叵罗劝饮真娘，使之促席独唱。真娘敛容而歌，歌声嘹亮，袅袅不绝，上彻云衢。高低清婉，迥异凡调。宋公击节亟称曰天才。以乐工严守年七十，伽倻琴为通国妙手，又善解音律，始见真娘，叹曰仙女也。及闻歌声，不觉惊起曰此洞府余韵，世间宁有此调"。[3]

当时为朴思浩唱琴歌的这名瑞兴官妓也有很高的歌唱水平。当时她只有十五六岁，已经会唱多种曲目，为朴思浩演唱琴歌十余首，而且音域宽广，声音嘹亮。朴思浩形容她的唱腔说："初若莺语之间关，忽作

---

[1] 许筠：《惺所覆瓿稿》卷二十四《惺翁识小录》（下），丛刊（74），民族文化推进会，1991，第347a页。
[2] 李睟光：《芝峰类说》卷十五《人物部·人才》下册，朝鲜研究会，1916，第6页。
[3] 李德泂：《松都记异》，《大东野乘》卷七十一，第12册，第373—375页。

第三章 琴歌：歌咏与离家去国的情感表达

鹤唳之寥亮，樱唇呫嗫，津津流出，可谓女娘中博识也。"[1]

从瑞兴到义州沿途各邑，使行人员经常会像朴思浩这样请官妓为其演唱琴歌。肃宗三十九年（1713）三月二十一日，冬至兼谢恩使一行回到肃川，副使尹趾仁的军官崔德中即"夜招致数妓，听琴歌而罢"。[2]

安州是有名的妓邑，所以安州官妓的表演水平比较高，官妓玉梅的歌调更是久负盛名。正祖十五年（1791）冬至兼谢恩使金履素等人经过安州时，玉梅虽已年老色衰，但技艺仍不减当年，金士龙形容玉梅和另一位以剑舞闻名的官妓鱼月说："二妓年虽老，尚有余态，细尘飞梁，绛雪翻袖，使余忘鞍马之劳，而不觉夜深矣。"[3] 纯祖三年（1803），冬至使一行在安州欣赏了妓乐表演之后，也觉得安州"诸妓不让黄（黄州）与箕（平壤）"。李海应有诗句曰："宛听花林莺啭语，一丛粉黛奏娇音。"[4] 于此亦可见，安州官妓善唱琴歌。

宣祖七年（1574）许筠以圣节使书状官，与正使朴希立一起赴京，六月初三日抵达定州，住在定州新安馆之东轩。轩之左偏有曲楼。虽然曲楼"制度极卑湫，不堪临眺"，[5] 初五日"夕起则见新月如钩，光透绿林中，绝可爱"，遂"召安廷兰，暂设数杯于曲楼，令廷兰唱唐歌"。[6] 不过，安廷兰是译官，并非定州官妓。六月初六日晚上，牧使金富仁以便服在东轩小楼宴请许筠等人，席间"屏去杂乐，只存琴歌"，[7] 这次演唱琴歌的，应是定州官妓无疑。

宣川倚剑亭、龙川天渊亭亦是西路沿途名胜。倚剑亭与宣川府衙相连，四周林木茂盛，还有池塘。天渊亭在龙川良策馆南，背岩临渊，气势雄伟。倚剑亭和天渊亭不仅风景秀丽，也是妓乐表演的好地方，天

1　朴思浩：《心田稿》一《燕蓟纪程》，林基中编《燕行录全集》（85），第349页。
2　崔德中：《燕行录·日记》，林基中编《燕行录全集》（40），第127页。
3　金正中：《燕行录·奇游录》，林基中编《燕行录全集》（74），第98—99页。
4　李海应：《蓟山纪程》卷一《出城》，林基中编《燕行录全集》（66），第46页。
5　许筠：《荷谷先生朝天记》（上），《荷谷集》，丛刊（58），民族文化推进会，1990，第410b页。
6　许筠：《荷谷先生朝天记》（上），《荷谷集》，丛刊（58），第410b—410c页。唐歌，即从中国传到朝鲜的歌曲。
7　许筠：《荷谷先生朝天记》（上），《荷谷集》，丛刊（58），第410c页。

渊亭更号称"三奇亭","以江山之胜,亭榭之丽,妓乐之妙,俱得三奇也"。[1] 正祖九年（1785）四月进贺兼谢恩使一行回到龙川,龙川府使在天渊亭设夜宴招待三使,在池边和水面点上火把,彩船载官妓唱《渔父词》,游荡于火流之间,凭栏以观,仿佛薄暮远浦,渔火莲唱。[2] 天渊亭旁还有听流堂。纯祖二十九年（1829）八月初八日,问安使一行到龙川后,书状官朴来谦就住在听流堂里,从这里观看天渊亭内的妓乐表演,如在画中。[3]

使行团出境之前在义州逗留时日最长,所以义州官妓的妓乐表演更频繁,表演水平也更高。除了大型的妓乐表演,也有个别官妓为使行人员演唱歌曲。宪宗十四年（1848）十一月二十日渡江前夜,书状官尹哲求和李有骏因有去国怀乡之思而难以入眠,于是召诸妓饮酒,官妓金兰鼓洋琴,雪上梅唱短歌数曲。[4]

二 从吟咏到歌唱

使行沿途各邑官妓为使行人员演唱的琴歌曲目,《燕行录》中的记载并不是很多。朴思浩《心田稿》记载了纯祖二十九年三月二十八日晚上为他演唱琴歌的小妓所演唱的曲目,包括《黄鸡词》《白鸥词》《竹枝词》《劝酒歌》《路军乐》《归去来辞》《襄阳歌》《岳阳楼记》《赤壁赋》《关东别曲》《春眠曲》《梧桐秋夜歌》等十二种。[5]

---

[1] 李海应:《蓟山纪程》卷一《出城》,林基中编《燕行录全集》(66),第60页。
[2] 金照:《观海录·天渊亭剑舞》,林基中编《燕行录全集》(70),第122页。作者原题未详,书名原题《燕行录》。《渔父词》又作《渔父辞》《渔夫辞》等。
[3] 朴来谦:《沈槎日记》,林基中编《燕行录全集》(69),第24页。
[4] 李遇骏（李有骏）:《梦游燕行录》,林基中编《燕行录全集》(76),第403—404页。短歌,本来指的是简短诗歌,也用来指乐府时调。盘索里正式演唱之前起导唱作用的唱曲也被称为短歌,又称灵山或虚头歌。申光洙（1712—1775）《题远昌扇》诗云:"桃红扇打汗衫飞,羽调灵山当世稀。临别春眠更一曲,落花时节渡江归。"参见申光洙《石北先生文集》卷四《题远昌扇》,丛刊（231）,民族文化推进会,1999,第266b—266c页。
[5] 朴思浩:《心田稿》一《燕蓟纪程》,林基中编《燕行录全集》(85),第349页。

第三章 琴歌：歌咏与离家去国的情感表达

仅从名称上即可知，许多琴歌的歌词最初来自中国。陶渊明的《归去来辞》很早就在朝鲜半岛广为流传。到朝鲜中期以后，更为士林派所推崇。柳重教（1832—1893）曾评论说："陶渊明《归去来辞》，首以心为形役为可悲，终以乐夫天命为归趣，此渊明见处，所以卓越诸子处。晋唐诸儒读此篇者，皆以文章推许，而未尝以此数句引重者。"[1] 尹行恁（1762—1801）甚至将陶渊明与伯夷、叔齐相提并论。他说："或曰伯夷、渊明，若是班乎？曰：其志则同。渊明之解官，即伯夷之叩马也。渊明之《归去来辞》，即伯夷之歌也。渊明之菊，即伯夷之薇也。渊明之栗里，即伯夷之首阳也。"[2]

士林派之所以非常喜欢《归去来辞》，也是因为他们多怀有退隐之心，常吟诵以明志。如孝宗（1650—1659）时，尹善道在上疏文中说："是以臣长诵陶潜之辞，'世与我而相违，复驾言兮焉求''聊乘化而归尽，乐夫天命，复奚疑'之语，以自宽矣。"[3] 左参赞闵镇厚（1659—1720）更是"恒怀盛满之戒，不忘休退之志，而必欲去就以义，又以径情直行为非是，每酒后咏《归去来辞》，三复嗟赏，以见微意"[4]。徐敬德（1489—1546）也"每于芳辰佳节，率门徒步出前溪，倘佯乎松林水石之间。时或遇酒，微醺辄止，使冠者朗咏《归去来辞》，而童子起舞"[5]。

中宗三十七年（1542）秋，李贤辅（1467—1555）辞官归里，离开汉阳时，"出国门，赁归船，饮饯于汉江，醉卧舟上，月出东山，微风乍起，咏陶彭泽'舟摇摇以轻扬，风飘飘而吹衣'之句，归兴益浓，怡然自笑"，乃仿《归去来辞》作一歌，命名为《效嚬歌》。[6] 还乡之后，

---

1 柳重教：《省斋先生文集》卷三十六《讲说杂稿·燕居漫识》，丛刊（324），民族文化推进会，2004，第241a页。
2 尹行恁：《硕斋稿》别稿卷十四《小学》（下），丛刊（288），第94c页。
3 《孝宗实录》卷二十，孝宗九年四月初六日壬申。
4 李观命：《屏山集》卷十二《左参赞闵公谥状》，丛刊（177），民族文化推进会，1996，第262d页。
5 李德泂：《松都记异》，《大东野乘》卷七十一，第12册，第369页。
6 李贤辅：《聋岩先生文集》卷三《效嚬歌并序》，丛刊（17），民族文化推进会，1988，第415c页。

李贤辅又在房屋边上修建一小亭,匾以"明农",于壁上画陶渊明归去来图,人皆知其有退休之意。[1]

刑曹佐郎李世云(1657—1713)也"常诵诸葛武侯《出师表》、陶渊明《归去来辞》,尚友千古之意,亦可见矣"。[2] 开城留守金良铉(1679—1743)于中年后在幸州江边买地造屋,将这里命名为栗里,还建了一个亭子,命名为归来亭,并和陶渊明《归去来辞》一首,题在壁上,"每于休沐,辄命驾而归,则经丘寻壑之趣,倦鸟山云之观,凡可以怡颜而寄傲者,无一不得。旷世相感,有类谢墩。俯仰今古,不觉人代之为远,而公之意犹以为未也"。[3] 金相进(1736—1811)在正祖三年(1779)被授予肇庆庙参奉之职。肇庆庙在完山府,而完山素称纷华声妓之场,而金相进矜庄自持。第二年秋天解官还乡,"自是以后,杜门田庐,弥乐其道",著述讲学,教授生徒,"暇则与之偕伴于斋旁小瀑下,或时登离岳,命童子诵《赤壁赋》《归去来辞》,超然有出尘之想"。[4]

庆州人李梦奎素来不喜欢居住在城市,于是放弃科举考试,移居保宁妇家,所居有园林水石之胜,辟一书室,命名为"天休",并因以自号,壁上挂有自己画的桃园图,以及成守琛所书《归去来辞》,并时常吟唱《归去来辞》。[5] 到了近代,田愚(1841—1922)迁到常山孔节后,也是"每天气清明,牛潭波静,笛台月高,辄因微醺,朗诵《出师表》《归去来辞》,而如见二公于千载之上,则亦足少纾胸中之气也耶。噫,其可悲也已!"[6]

---

1 权鳖:《海东杂录·五·本朝·李贤辅》,《大东野乘》卷二十三,第4册,第127页。
2 李宜显:《陶谷集》卷十八《刑曹佐郎李公墓志铭并序》,丛刊(181),第206b—206c页。
3 李敏求:《东州先生集》文集卷三《归来亭记》,丛刊(94),民族文化推进会,1992,第309d—310a页。
4 李元肃:《行状》,金相进:《濯溪集》卷十《濯溪集附录》,续刊(94),韩国古典翻译院,2010,第559d—560a页。
5 成海应:《研经斋全集》卷五十三《逸民传·李梦奎》,丛刊(275),民族文化推进会,2001,第99b页。
6 田愚:《艮斋先生文集》前编续卷十六《孔节书堂记》,丛刊(333),民族文化推进会,2004,第211b页。

第三章 琴歌：歌咏与离家去国的情感表达

朝鲜文人喜欢吟诵陶渊明《归去来辞》，也有很多人像金良铉那样追和《归去来辞》，或者像李贤辅那样仿照《归去来辞》创作歌词。成宗（1470—1494）时，赵之瑞（1454—1504）曾为庆州判官，几个月后因病辞职，曾和陶渊明《归去来辞》，并作《二噫歌》："大仓之谷虚张其额兮，噫！沉疴在己不能者止兮，噫！"[1] 李贤辅除了《效嚬歌》外，还有《聋岩歌》和《生日歌》，"其晚年去就，逸乐行迹，尽于此三短歌"。[2] 丁希孟（1536—1596）也次陶渊明《归去来辞》韵作《何归去辞》，并在小序中说，"余爱元亮之为人，生当晋室之季，山林高义，不能与世俯仰，而暂令彭泽，去职归来，抚孤松登东皋，或高卧北窗之风，或采菊东篱之秋，不以躬耕为耻，不以无财为病，安贫乐天，因事顺心，自非大贤笃志，与道污隆，孰能如此？余常好《归去来辞》一篇，朝吟暮咏，尚想其德，生虽不同，气则相似，故因次其韵，以道余平生之志，而命篇曰《何（归）去辞》，别复拈出'悦亲戚之情话，乐琴书以消忧'之句，大书特书于无弦琴之腹上，因集篇内字，为田家四时四韵，又为五字小诗四首，往往朗咏，则胸襟冲澹，恍然似有靖节先生之趣焉。噫！后之览此辞此诗者，其亦想吾志之所在也"。[3]

李白的《襄阳歌》也同样为朝鲜文人所喜爱。朝鲜半岛也有地方名襄阳，送人去襄阳赴任，自然会想起李白的《襄阳歌》，如姜锡圭（1628—1695）有《次李白襄阳歌韵，送襄阳太守柳椐之任》，[4] 金兑一（1637—1702）有《襄阳歌，送李君则赴任》。[5] 即使不是为了送人赴任襄阳，也有人用李白《襄阳歌》韵作歌词。丁若镛（1762—1836）说：

---

1 《成宗实录》卷二百一十六，成宗十九年五月初七庚午。
2 李贤辅：《聋岩先生文集》卷三《生日歌并序》，丛刊（17），第416a页。
3 丁希孟：《善养亭文集》卷三《何归去辞序》，续刊（4），民族文化推进会，2005，第397d—398a页。
4 姜锡圭：《聱斋集》卷五《次李白襄阳歌韵，送襄阳太守柳椐之任》，续刊（38），民族文化推进会，2007，第99c页。
5 金兑一：《芦洲先生文集》卷二《襄阳歌，送李君则赴任》，续刊（43），民族文化推进会，2007，第122b—122d页。

"卞春亭初作科诗，原仿《襄阳歌》声律。"[1] 朝鲜文人也喜欢吟唱《襄阳歌》，如沈攸（1620—1688）《别襄阳府伯柳子美》诗中有"我咏太白襄阳歌，送君习池山简马"之句。[2] 这里沈攸也许只是借用李白《襄阳歌》的典故，其实真的有人会唱。如闵在南（1802—1873）在《寄枕湖亭主人五首》的小序中说："余酷爱琴，闻伊溪金雅善弹，直造其居，金雅邀余于枕湖亭上，叙寒暄毕，出架上琴，先唱南风诗一阕，继以《襄阳歌》数曲。"[3] 不仅朝鲜文人会唱，妓生也会唱，俞玚（1614—1690）说观城有个名叫谪仙的妓生能唱李白《襄阳歌》，戏作一诗相赠，诗曰："太白骑鲸上天后，人间重见谪仙姿。谪仙遗韵今犹在，把酒能吟太白诗。"[4] 高宗二十六年（1889）五月十八日夜，义州府妓生们曾为译官李尚健齐唱《襄阳歌》，歌声清越，响彻云霄。[5]

还有一个广受朝鲜文人推崇的作品是苏轼的《赤壁赋》。李植说："余读苏长公《赤壁赋》，叹其超物化抚光景，飘飘然有凌云之气，未尝不爽然自失。"[6] 李荇有《领相挽词三首》，称领议政南衮曾修一亭园，有退隐之意而未果，"公醉则令歌儿诵东坡《赤壁赋》，至'哀吾生之须臾，羡长江之无穷'等语，必自长咏慨叹"。[7] 金昌锡（1652—1720）没有南衮那么位高权重，所以能在司谏院正言任上辞官，退居乡野。肃宗二十四年（1698）春移居辋川别庄，这里原为新罗时代院基，颇有江

---

1 丁若镛：《与犹堂全书》第五集政法集卷二十三《牧民心书》卷八《礼典六条·课艺（礼典第六条）》，丛刊（285），民族文化推进会，2002，第482d页。

2 沈攸：《梧滩集》卷十二《别襄阳府伯柳子美》，续刊（34），民族文化推进会，2007，第394c页。

3 闵在南：《晦亭集》卷二《寄枕湖亭主人五首》，续刊（126），韩国古典翻译院，2011，第462c—462d页。

4 俞玚：《秋潭集》卷之元《观城歌儿谪仙者能唱李白襄阳歌，戏书以赠》，续刊（33），民族文化推进会，2007，第81a页。

5 李尚健：《燕辕日录》卷五，林基中编《燕行录全集》（96），第202页。

6 李植：《泽堂先生集》卷九《杨江泛月唱和诗录后序》，丛刊（88），民族文化推进会，1992，第145c页。

7 李荇：《容斋先生集》卷二《领相挽词三首》，丛刊（20），民族文化推进会，1988，第373a页。

第三章 琴歌：歌咏与离家去国的情感表达

山之胜，鱼鸟之乐，于是在南麓岩上筑一小亭，命名为"梦仙"，"盖公尝梦与苏仙做一场清游，因寓感而名亭者也。有《记梦》一篇及《梦仙别曲》长歌，人皆传诵之。架插诸经子史，轩置一张琴，畜野鹤一双。每当月白风清，倚槛歌《赤壁赋》，客吹洞箫而和之，双鹤引长颈展双翼舞于前，一柳公中坐怡然，极其欢悦"。[1]

不管是否出仕，淡泊名利、流连山水的朝鲜文人中，不少人喜欢吟诵《赤壁赋》等作品。南尚文（1520—1602）则自少时倜傥魁梧，喜欢读书，而淡泊名利，家居汉阳东郭骆峰下面，有园池树石之胜，以乌巾杖履，逍遥其中。庭中有一古井，出于松根，味清冽，每中夜独起饮一碗井水，诵《离骚》《赤壁赋》。[2] 李承延称，李重庆（1724—1754）为人疏宕，有奇气，善谈论，好古文，每于酒酣之后，轩轾不羁，高吟《出师表》《赤壁赋》，音调悠扬，风流翩翩。[3] 柳长源（1724—1796）说，孙载文也喜欢吟诵《赤壁赋》，每当月白如昼之时，孙载文即让兄弟步月而诵之。[4]

泛舟江湖之上，吟诗作赋也是朝鲜文人崇尚的风流之一。每当这时，自然会想起苏轼的《赤壁赋》。徐居正有《读〈赤壁赋〉》诗云："谁识堂堂盖世雄，掀天鼓角下江东。九原不起周公瑾，赖有苏仙作赋工。"[5] 其少时曾与人一起游广津伯仲寺，四十年后重修该寺，发现壁上当年的旧作，因此又有诗云："醉里犹吟《赤壁赋》，更随明月上孤舟。"[6] 申用溉（1463—1519）在《次士浩韵》中也有"飘飘羽化如尸蜕，

---

1 金道行：《雨皋文集》卷六《司谏院正言月滩金公行录》，续刊（91），韩国古典翻译院，2010，第238d页。一柳公，即金履基（1682—1712），字坦坦，号一柳，金昌锡之父。
2 成海应：《研经斋全集》卷五十三《逸民传·南尚文》，丛刊（275），第95d页。
3 李承延：《遗事》，载李重庆《云斋遗稿》卷四《附录》，续刊（88），韩国古典翻译院，2009，第508b页。
4 柳长源：《东岩先生文集》卷九《祭孙载文文》，续刊（88），韩国古典翻译院，2009，第340b页。
5 徐居正：《四佳集》诗集卷五十《读〈赤壁赋〉》，丛刊（11），民族文化推进会，1988，第84a页。
6 徐居正：《四佳集》诗集卷三十《再游广津伯仲寺，次柳太初韵》，丛刊（11），第16d页。

扣舷高咏《赤壁赋》"之句。¹ 明宗十六年（1561）四月十六日，李滉（1501—1570）与李德弘（1541—1596）等人月下泛舟陶山濯缨潭，酒过三巡，李滉正襟危坐，凝定心神，良久而后，咏前后《赤壁赋》，然后大家以"清风明月"分韵赋诗，李滉得"明"字，诗曰："水月苍苍夜气清，风吹一叶溯空明。匏尊〔樽〕白酒翻银酌，桂棹流光掣玉横。采石颠狂非得意，落星占弄最关情。不知百岁通泉后，更有何人续正声。"²

长湍也有一地以赤壁为名。宣祖十年（1577）三月十六日，李廷馨（1549—1607）与其兄李月川，以及其弟李廷馚、廷馧、廷馦、廷馨陪其父李宕游长湍赤壁，父子兄弟一起泛舟赤壁之下，珍馐交错，歌舞毕陈，间以琴瑟，李宕倚船半酣，奋笔题诗数十篇，并让诸子唱和。黄昏后，乘月归棹，令李士薰诵苏轼《赤壁赋》，信流而归，"都人传说，以为人间难得之盛事云"。³ 宣祖三十九年，岭南尚州地方儒林创建道南书院，正临洛东江，江山旷幽，号为岭中名胜。自创设以来，当地儒生每遇壬戌年七月既望，或者虽然不是壬戌年，也常于七月十六日在书院附近洛东江上作月夜泛舟之游，并用《赤壁赋》分韵赋诗，以写其兴。纯祖二年（1802）正值壬戌年，但是因正祖服丧期刚过，泛月故事遂废。郑宗鲁（1738—1816）因此有诗云：

> 昔年江院遇兹秋，先辈相招泛月游。
> 坡老文章谁得似，峤南形胜此为尤。
> 伤心编制身才阕，无意沧洲迹更留。

---

1 申用溉:《二乐亭集》卷六《次士浩韵》，丛刊（17），民族文化推进会，1988，第61b页。
2 李滉:《退溪先生文集》卷三《四月既望，濯缨泛月，令霱、安道、德弘，以明月清风分韵，得明字》，丛刊（29），民族文化推进会，1989，第114c页；李德弘:《艮斋先生文集》卷六《溪山记善录》（下），丛刊（51），民族文化推进会，1990，第91c—91d页。
3 李廷馨:《知退堂集》卷十四《年谱》，丛刊（58），民族文化推进会，1990，第228d页。

第三章　琴歌：歌咏与离家去国的情感表达　　　　　　　　　　• 71 •

试唱美人歌一曲，西风回首泪难收。[1]

　　其实，早在道南书院创立之前，为了纪念苏轼两次赤壁泛舟，作《前赤壁赋》和《后赤壁赋》，每到壬戌年七月十六日、十月十五日夜，即有人特意邀集同人，泛舟江上，诗酒唱和。燕山君八年（1502）是壬戌年，这年七月十六日，李荇与朴誾、南衮、李永元等人一起游汉阳南山西北之蚕头峰，这可能是朝鲜文人最早作"壬七之游"。在几人的联句诗中，李荇说："岁是壬戌也，人如赤壁然。"[2]

　　蚕头峰和望远亭等处，都是汉江边有名的游览胜地，明代中国使节到了汉阳，也常到这些地方游观。姜浚钦（1768—1833）说："（仙游峰）在杨花渡东岸，俗称蚕头峰，又称龙头，《大明一统志》称龙山，皇朝诏使泛舟游宴之所，有祈顺、张瑾诗，载《皇华集》。"[3]在这次壬七之游时，李永元诗中有"今日蚕头饮，当年赤壁游"之句，李荇在诗中也说"苏仙千载后，胜事略相当"。[4]李荇还有《依灵通旧令四首》，其三曰：

　　　　胜事惟吾辈，兹游岂偶然。
　　　　风流传赤壁，人物忆苏仙。
　　　　夜雨江声急，溟波酒兴牵。

---

[1] 郑宗鲁：《立斋先生文集》卷三《东坡赤壁之游，脍炙千古，诵其赋者，莫不想象而艳叹之，每遇壬戌之秋七月既望，则思欲泛舟弄月，以办胜游。吾商道院，正临洛水之上，江山旷幽，号为岭中胜区，粤自创设以后，先辈缝掖之，凡依归于此者，苟遇是年是日，或虽非是年而遇是日，则必相与泛舟前江而游，又用〈赤壁赋〉分韵赋诗，以写其兴，盖自去壬戌而遵古无废。至于今日，则我正考终祥甫过于前月，故臣民之情，感涕未已，不忍遽事游遨，而泛月故事遂废焉。非盛德至善，有使人没世不忘者，何以如是，聊赋一律以识》，丛刊（253），民族文化推进会，2000，第79b页。
[2] 李荇：《容斋先生集》卷四《蚕头录·联句》，丛刊（20），第422b页。
[3] 姜浚钦：《三溟诗集》编六《汉京杂咏·仙游峰》，续刊（110），韩国古典翻译院，2010，第278a—278b页。
[4] 李荇：《容斋先生集》卷四《蚕头录·同游李永元得近律一篇，有"今日蚕头饮，当年赤壁游"之句，遂各占韵》，丛刊（20），第422c—422d页。

他时若不泯,定复几今年。[1]

其后孙李植(1584—1647)说:"及读吾家容斋先生与翠轩诸公游蚕岭诸诗,乃能兴思先哲仿依岁月,接其遗事于海东穷邈之外,而中州之士曾莫之或先。锵锵乎风雅之什,传诵至今,斯又奇矣。顾其时遇阴雾连雨,夜不见月,犹未畅也。"[2]

洛川之南,芙蓉峰下有风月潭。本来没有如此雅号,明宗十五年(1560)李滉与赵士敬曾到此一游,回去后写信给赵士敬,以为月川为家乡江山第一美景,则风月美号当归之第一,此潭因此得名为风月潭。明宗十七年又是壬戌年,为续苏东坡泛舟游赤壁故事,李滉曾计划于这年七月十六日邀集赵穆、金富弼、金富仪、金富伦、琴应夹、琴兰秀等人泛舟风月潭,以天阴下雨而未果,因此有诗云:"戌七欣逢赤壁秋,相邀风月泛兰舟。无端昨夜江成海,千载风流一笑休。"[3]虽然李滉的壬七之游未能实现,但是风月潭也因此闻名,被认作东国赤壁。然而在李滉之后二百年里,并没有人再于风月潭作壬七之游,直到二百多年后,乡里老少冠童一共二十五人,又在易东书院山长的主持下于七月十六日夜自鳌潭泛舟,顺流而下,至风月潭,"但恨无箫歌之为乐,使舟中群童,并喉唱《赤壁赋》,以代扣舷之歌。俄而有数三村童,自何来临江诵诗而和之者,使人听之,不觉击节,有若倚歌之箫,舞潜蛟而泣嫠妇然也"。结束后,"咸曰是会也,不可无记录,遂题名为录,仍以追次壬戌二绝韵,待诗成,联书于录下为令",并由李颐淳(1754—1832)撰《风月潭既望续游录序》以识其事。[4]

---

1 李荇:《容斋先生集》卷四《蚕头录·依灵通旧令四首》,丛刊(20),第421d页。
2 李植:《泽堂先生集》卷九《杨江泛月唱和诗后序》,丛刊(88),第145c页。
3 李滉:《退溪先生文集》卷三《七月既望,期与赵士敬、金彦遇、慎仲、惇叙、琴夹之、闻远信人,泛舟风月潭,前一日大雨水,不果会,戏吟二绝,呈诸友一笑》,丛刊(29),第120d页。
4 李颐淳:《后溪集》卷六《风月潭既望续游录序》,丛刊(269),民族文化推进会,2001,第206a—207a页。

第三章 琴咏：歌咏与离家去国的情感表达

光海君十四年（1622）也是壬戌年，这年七月十六日，李埈（1560—1635）与赵靖、李埰、李希圣、康应哲等共二十五人，先去拜谒道南五贤庙，然后乘月泛舟于洛东江祀天台下，以《赤壁赋》从头分韵，依次赋诗唱酬。[1] 李埈在《洛江泛月诗序》中说："将《赤壁赋》从头分韵，次第占之，非敢效坡作也，聊以识胜游，且以申十月之约于江神耳。"[2] 同一天，李安讷（1571—1637）也因当时正住在沔川客浦别庄，所以也与人一起泛舟海浦，"长者能歌小者舞"，并集苏轼《前赤壁赋》字，赋诗一百零四首，其中有"赤壁赋与天地在，东方更有壬戌歌"之句。[3] 同一天，曹文秀（1590—1647）也曾与李植等人在杨江作壬七之游，赋诗三十余首。李植说：

> 是游也，创由先哲，顺时而合度，然人莫有继者，殆以文字冷淡，江湖旷绝，大非尊贵所近，小非卿俗所适，且非岁岁常然也。六十年方一遭，骚人畸士，或短期而未遭，或幼而遭，或耄而遭，均之未遭也。是以由元丰至弘治，历七壬戌而得蚕头，由弘治至今天启，又再壬戌而得杨江，即风流文雅之盛，虽未敢觑前辈一斑，乃其江山光景之美，自不减黄冈之夕，斯固不可谓不遭也。[4]

如此，壬七之游在李氏门中延续下来。肃宗八年（1682）李植之子李绅夏、李端夏，英祖十八年（1742）李植之曾孙李箕镇（1687—1755）等人皆曾作壬七之游。李箕镇并编辑《壬戌世游录》，希望这一

---

[1] 赵靖：《黔涧先生文集》卷一《壬戌七月既望，泛舟洛东江，同游凡二十五人，以〈赤壁赋〉从头分韵，次第占之，得戌字》，丛刊（61），民族文化推进会，1991，第216d—217a页。
[2] 李埈：《苍石集》续集卷五《洛江泛月诗序》，丛刊（65），民族文化推进会，1991，第40d页。
[3] 李安讷：《东岳先生集》卷二十四《壬戌七月既望，海浦舟中集苏东坡〈前赤壁赋〉字，七言近体十四首，五言近体二十首，七言绝句二十首，五言绝句五十首，共一百四首（时在沔川客浦别业）》，丛刊（78），民族文化推进会，1991，第486c—493a页。
[4] 李植：《泽堂先生集》卷九《杨江泛月唱和诗录后序》，丛刊（88），第145d—146a页。

传统在历史门中能永远传递下去。[1]

英祖十四年（1738）秋，李天辅与吴伯玉同游杨州石室书院附近之渼湖，在船上饮酒赋诗，吴伯玉扣舷而歌苏轼《赤壁赋》。这一年是戊午年，距离壬戌年尚有五年，吴伯玉邀约大家五年后，于壬戌年（1742）再作月夜泛舟之游，但是还没有到壬戌年，吴伯玉就去世了，只有金士迪和李平一仍作西湖泛月之游。[2] 因宁海越岩湖也有一处名胜叫赤壁，所以曾有文人于壬戌年七月十六日泛舟越岩湖。英祖十八年，曾任宁海府使的韩师得（1689—1766）即在越岩湖作壬七之游，金德五（1680—1748）有《次韩府伯师得壬戌七月越岩泛舟韵》。[3] 这一天，蔡济恭（1720—1799）也与友人泛舟于汉江麻浦，也是"酒酣高歌赤壁赋"。[4]

到哲宗十三年（1862），因这一年又是壬戌年，七月十六日，南皋（1807—1879）又约乡中诸老泛舟越岩湖，舟中拈《赤壁赋》中五字，各赋一律，南皋赋得二首，诗中说："前年略仿兰亭禊，此夜重寻赤壁游。"[5] 同一天，曹克承（1803—1877）也与友人作壬七之游，并以"清风徐来，水光接天"分韵赋诗，曹克承在诗中说："酒后朗吟赤壁赋，如听苏老扣舷声。"[6]

在平壤，也有人于大同江作壬七之游。大同江练光亭下有峭壁，亦可仿苏轼泛舟赤壁。正祖十五年（1791）四月，洪良浩（1724—1802）

---

1 李箕镇：《牧谷集》卷七《壬戌世游录序》，丛刊（67），民族文化推进会，2008，第458a—458d 页。
2 李天辅：《晋庵集》卷七《金士迪、李平一西湖泛月录跋》，丛刊（218），民族文化推进会，1998，第255d—256a 页。
3 金德五：《痴轩先生文集》卷一《次韩府伯师得壬戌七月越岩泛舟韵》，丛刊（193），民族文化推进会，1997，第24d 页。
4 蔡济恭：《樊岩先生集》卷三《壬戌七月既望泛舟麻浦》，丛刊（235），民族文化推进会，1999，第82b 页。
5 南皋：《时庵先生文集》卷二《壬戌之秋七月既望，约诸老泛舟越岩湖，舟中拈〈赤壁赋〉中五字，各赋一律，余得二首》，续刊（128），韩国古典翻译院，2011，第424c 页。
6 曹克承：《龟厓先生文集》卷一《壬戌七月既望会八首并序》，续刊（126），韩国古典翻译院，2011，第614d—615a 页。

第三章　琴歌：歌咏与离家去国的情感表达

被任命为平安道观察使。虽然这年是辛亥年而非壬戌年，但是在这年七月十六日，他还是仿苏轼赤壁之游，泛舟于大同江上，并作近体七言律诗一首，诗曰：

　　大同江上泛仙舟，微雨新晴夕霭收。
　　一年明月中元后，半夜清风大火流。
　　麟窟争如赤壁胜，玉箫今继子瞻游。
　　空明击汰星河动，积水无边万象浮。[1]

其孙洪敬谟（1774—1851）回忆说，洪良浩赋诗之后，在座诸人纷纷唱和，并"使侍妓歌《赤壁赋》以侑欢，仍辍棹于浮碧楼下，诚胜游也"。[2] 纯祖十六年（1816），李明五（1750—1836）游峤南澄清阁，醉后赋诗一首，也有"教坊已演《赤壁赋》，乐府新翻秋水章"之句。[3] 可见，朝鲜官妓也常演唱《赤壁赋》。

朝鲜文人也推崇范仲淹的《岳阳楼记》，崔岦（1539—1612）之《次韵书情》诗中有"忧先乐后事君情"之句，用的就是范仲淹在《岳阳楼记》中的名言。[4] 金昌翕（1653—1722）在为赵圣期作墓志铭时，也在序文中提到赵圣期"少读《岳阳楼记》，有范公天下之志"。[5] 在朝鲜庆尚南道之咸安也有岳阳楼，乃处士安孝淳（1790—1846）之别墅，形胜特奇。1922年七月，曹兢燮（1873—1933）与友人一起自鼎江之虎滩，买舟乘流，一直到合江亭，见岳阳楼立于绝壁之上，"相与仰首

1　洪良浩：《耳溪集》卷七《关西录（辛亥夏，荐拜平安道观察使）·七月既望，泛舟浿江，溯上浮碧楼》，丛刊（241），民族文化推进会，2000，第115d页。
2　洪敬谟：《冠岩全书》册二十六《浿江仙游帖》，续刊（114），第118a页。
3　李明五：《泊翁诗钞》卷七《南游录（丁丑五月）·峤南澄清阁，醉后走笔》，续刊（102），韩国古典翻译院，2010，第124b页。
4　崔岦：《简易文集》卷六《焦尾录·次韵书情》，丛刊（49），民族文化推进会，1990，第382d页。
5　金昌翕：《三渊集》卷二十七《拙修斋赵公墓志铭并序》，丛刊（166），民族文化推进会，1996，第11a页。

点指,嗟叹其名不虚擅。顾以榜人之促棹,不能暂泊而登眺为可恨,然亦颇惜其楹瓦年久多朽坏,难于支持也"。后来安孝淳之玄孙安廷镐将岳阳楼加以重修,并请曹兢燮写了《重修岳阳楼记》。[1]

但是,关于朝鲜文人或官妓唱《岳阳楼记》的记载并不多,目前仅见前引朴思浩的记载。

三　从次韵到创作

由于朝鲜文人一般只会汉文而不会汉语,所以无论是陶渊明的《归去来辞》、李白的《襄阳歌》还是苏东坡的《赤壁赋》,都只能用朝鲜语来吟诵,所以原词不一定便于歌唱,而且也不容易为其谱曲。鱼叔权《稗官杂记》载:"被歌诗于弦管,非手之神妙者不能也。本国之音与中国殊异,所传俗乐未必皆合于节奏。"鱼叔权《稗官杂记》还记载了一个故事,说是明朝正德年间,朝鲜有个叫姜长孙的乐工擅长弹琴,曾创作了《归去来辞》琴谱,流传甚广。议政府右赞成李长坤通晓音律,在担任掌乐院提调时,有一天将姜长孙召到掌乐院,让他弹奏《归去来辞》。刚弹了一两行,就下令将姜长孙押下去杖八十棍,说:"汝何敢擅作伪乐以惑众人乎?"姜长孙因此被打死,他所作的《归去来辞》琴谱也就失传了。[2]

《竹枝词》和《渔父词》更便于歌唱,所以很早就成为教坊歌词。高丽时,白文宝(1303—1374)《次矗石楼韵》中即有"点笔谩成春草句,停杯且唱竹枝词"之句。这里所说的唱也许是真唱,因有官妓陪坐,诗中有"妓从坐促为欢密,人与时偕欲去迟"的描述。[3] 到朝鲜时

1　曹兢燮:《岩栖先生文集》卷二十二《重修岳阳楼记》,丛刊(350),民族文化推进会,2005,第346c—347b页。

2　鱼叔权:《稗官杂记》(四),《大东野乘》卷四,第1册,第508页。

3　白文宝:《淡庵先生逸集》卷一《次矗石楼韵》,丛刊(3),民族文化推进会,1990,第305b页。

第三章　琴歌：歌咏与离家去国的情感表达

代应该更加普及。许楚姬（1563—1589）之《堤上行》诗中也有"向夜南湖明月白，女郎争唱《竹枝词》"之句。[1] 李诚中（1539—1593）《次韵寄金重叔五首》其一中也说："洗盏更斟桑洛酒，教儿新唱《竹枝词》。"[2] 吴始寿（1632—1681）曾在诗中提到顺天老妓胜玉环能诵《渔父词》十二章，因此诗中有"若无十二沧浪曲，丰沛繁华世岂知"之句。[3]

正祖二年（1778）三月三十日，李德懋（1741—1793）于燕行途中，在铁瓮登药山，在天柱寺、栖云寺"与金云山拈韵飞觞，群妓诵陶庵先生代李太白魂，诵传竹枝词诗，淋漓跌宕"。[4] 正祖十四年《武艺通志》编撰完成后，编撰诸人休暇宴饮，壮勇营为他们设歌舞，也有群妓迭唱《竹枝词》。[5] 平壤官妓大概也喜欢唱《竹枝词》，成伣《箕都八咏》之《马滩春涨》诗中有"渔人争唱竹枝词，傲视沧溟刺轻舫"之句。[6]

不过朝鲜文人和官妓所唱《竹枝词》和《渔父词》的歌词并非皆来自中国，也有一些是朝鲜文人创作的歌词。朝鲜中期形成的"十二歌词"中也有《渔父词》，相传为李贤辅所作。《聋岩先生文集》收有《渔父歌》九章和《渔父短歌》五章。但是，在李贤辅创作《渔父歌》和《渔父短歌》之前，曾得到《渔父歌》两篇，李贤辅只是对其加以删改而已。他说：

　　渔父歌两篇，不知为何人所作。余自退老田间，心闲无事，

---

[1] 许楚姬：《兰雪轩诗集·堤上行》，丛刊（67），民族文化推进会，1991，第12c页。
[2] 李诚中：《坡谷遗稿·次韵寄金重叔五首》其一，丛刊（49），民族文化推进会，1990，第147b页。
[3] 吴始寿：《水村文集》卷一《仍用前韵，反其意而和之》，丛刊（143），民族文化推进会，1995，第28d页。
[4] 李德懋：《青庄馆全书》卷六十六《入燕记》（上），丛刊（259），第199d—200a页。
[5] 李德懋：《青庄馆全书》卷七十一《附录下·先考积城县监府君年谱》（下），丛刊（259），第315d—316a页。
[6] 成伣：《虚白堂集》诗集卷十一《箕都八咏·马滩春涨》，丛刊（14），民族文化推进会，1988，第323b—323c页。

衷集古人觞咏间可歌诗文若干首，教阅婢仆，时时听而消遣。儿孙辈晚得此歌而来示，余观其词语闲适，意味深远，吟咏之余，使人有脱略功名，飘飘遐举尘外之意。得此之后，尽弃其前所玩悦歌词，而专意于此。手自誊册，花朝月夕，把酒呼朋，使咏于汾江小艇之上，兴味尤真，亹亹忘倦。第以语多不伦或重叠，必其传写之讹。此非圣贤经据之文，妄加撰改，一篇十二章，去三为九，作长歌而咏焉。一篇十章，约作短歌五阕，为叶而唱之，合成一部新曲。非徒删改，添补处亦多，然亦各因旧文本意而增损之，名曰《聋岩野录》，览者幸勿以僭越咎我也。时嘉靖己酉夏六月流头后三日，雪鬓翁聋岩主人书于汾江渔艇之舷。[1]

虽然李贤辅所得到的这两篇《渔父歌》不知为何人所作，大概可以确定在他之前已有朝鲜文人创作《竹枝词》和《渔父词》歌词。李滉也说"世所传《渔父词》，集古人渔父之咏，间缀以俗语而为之长言者，凡十二章，而作者名姓无闻言"。李滉少时不仅见过十二章本的《渔父词》，并且还听安东府老妓唱过，并曾"录得其概，而犹恨其未为全调也。厥后存没推迁，旧声杳不可追"，后来"在京师游莲亭，尝遍问而历访之，虽老伶韵倡，莫有能解此词者"。[2] 但密阳歌客朴浚所编歌集中收有《渔父词》，黄俊良（1517—1563）于此书中抄出《渔父词》，连同其所得渔父短歌十阕一起献给了李贤辅。李贤辅加以整理后，还请李滉为之作跋。《乐章歌词》中收有《渔父歌》十二章，也许是李贤辅改作前的状态。[3] 而金天泽编《青丘永言》中所收《渔父词》虽标注为"退溪先生二十七句"，其实与李贤辅整理过的《渔父歌》九章大同小异。[4] 而金寿长所编撰的《海东歌谣》，则收录了李贤辅改作的《渔父

---

1 李贤辅：《聋岩先生文集》卷三《渔父短歌》五章，丛刊（17），第417a—417b页。
2 李滉：《退溪先生文集》卷四十三《书渔父歌后》，丛刊（30），第458a—458b页。
3 不详：《乐章歌词·歌词》（上），弘益大学国语国文研究会，1950，第15b—17b页。
4 金天泽：《青丘永言》，朝鲜文化馆，1946，第171—172页。

第三章　琴歌：歌咏与离家去国的情感表达

短歌》五章。[1]

到朝鲜后期，仍有朝鲜文人仿《竹枝词》和《渔父词》而创作歌词。李縡（1680—1746）是朝鲜后期老论洛论的代表人物，曾作《竹枝词》多首。李德懋《入燕记》中还提到，传说义州商人金钦家的婢女能传李縡《竹枝词》全本，中国江南有个姓康的举人觉得其词理工整，非常喜欢，并同情该女奴怀才不遇，就用他所珍藏的一幅董其昌山水画来交换。因此，申纬（1769—1845）将这幅山水画临摹了一幅之后，在题诗中有"竹枝哀怨起江湖，十五湾娘天下无"和"江南才子醉氍毹，立赠华亭山水图"之句。[2] 李裕元也因此相信，李縡的"《竹枝词》之诵传天下，可知也"。[3]

讴歌是人类本性，创作歌词也不一定要用中国传去的曲牌。丽末鲜初文人元天锡（1330—？）即创作了《白鸥词》，词曰：

> 江海无涯浩荡春，随波逐浪自由身。
> 浮云态度元无定，白雪精神固未驯。
> 心绝累格离尘，淡烟疏雨伴渔人。
> 平生我亦忘机者，莫负前盟日相亲。[4]

元天锡在高丽灭亡以后隐居原州雉岳山，以清风峻节著称，所以后世文人也有喜欢吟诵《白鸥词》者。如李元培（1745—1802），"尝作《处世吟》，歌咏其所志，又每诵龟山咏梅诗与古人《白鸥词》，以自警

1　金寿长：《海东歌谣》，京城帝国大学，1930，第5—6页。
2　申纬：《警修堂全稿》册四《苏斋续笔·自题临摹董文敏山水，用坡老韵并序》，丛刊（291），民族文化推进会，2002，第77a—77b页。
3　李裕元：《嘉梧稿略》册十四《玉磬觚剩记》，丛刊（315），民族文化推进会，2003，第553c页。
4　元天锡：《耘谷行录》卷一《白鸥词》，丛刊（6），民族文化推进会，1990，第134d—135a页。此诗中"心绝累格离尘"原文即只有六字。

焉"。¹ 所以，后世文人也多仿《白鸥词》作歌词以明志。李裕元说，郑澈谪居时曾作感君恩曲，即今《白鸥词》。² 郑澈所创作的最有名的感君恩曲是《思美人曲》和《续思美人曲》，是他被流放到江界时所作，"盖寓恋君之心也"。³《东国乐谱》称"《思美人曲》祖述《诗经》美人二字，以寓忧时恋君之意，亦郢中之白雪。《续思美人曲》复申前词未尽之思，语益工而意益切，可与孔明《出师表》伯仲看也"。⁴

郑澈《思美人曲》和《续思美人曲》代表了朝鲜文人歌词创作的最高水平。金春泽（1670—1717）称："东人或效古人为歌词，而所辨惟四声，其中清浊虚实则昧然不知，何能与中华乐律相合哉？其以本国言语为之者，不论其自合于本国乐律与否，就其辞意，或多悠扬婉切，真可以动人听、感人心者，不惟胜于效古之歌词，其视诗文诸作，又不啻过之。无他，真与假之分也。诸词中如郑松江前后《思美人》词，又其最胜者。"⁵ 所以，郑澈的《思美人曲》受到朝鲜文人的喜爱。金春泽说金尚宪（1570—1652）就非常喜欢听此曲，曾让其家里的婢女学习演唱此曲。⁶ 成海应也说："清阴金先生爱诵之，朝夕辄歌咏，其家儿童亦皆传诵。"⁷ 成大中还说："松江郑相公谪江界，以方言制思美人曲，以寓恋君之意，盖楚骚之余响也。清阴金文正公甚爱此词，常书置座右，僮僳皆诵其章句。"⁸ 金万重曾手抄郑澈的前后《思美人曲》为一册，名曰《谚骚》。⁹

1　玄翊洙：《行状》，李元培《龟岩集》卷十六《附录》，续刊（101），韩国古典翻译院，2010，第 275c—275d 页。
2　李裕元：《林下笔记》卷三十八《海东乐府·思美人曲》，第 963 页。
3　成海应：《研经斋全集》卷一《〈思美人曲〉解》，丛刊（273），第 18b 页。
4　郑澈：《松江集》别集卷七《畸翁所录》，续刊（46），民族文化推进会，1989，第 415d—416a 页。
5　金春泽：《北轩居士集》卷十六《囚海录·散稿·论诗文》，续刊（185），民族文化推进会，1997，第 227a—227b 页。
6　金春泽：《北轩居士集》卷十六《囚海录·散稿·论诗文》，续刊（185），第 227b 页。
7　成海应：《研经斋全集》卷一《思美人曲解》，丛刊（273），第 18b 页。
8　成大中：《青城集》卷八《书坯窝所译〈思美人曲〉后》，丛刊（248），民族文化推进会，2000，第 511a 页。
9　金春泽：《北轩居士集》卷十六《囚海录·散稿·论诗文》，续刊（185），第 227b 页。

第三章 琴歌：歌咏与离家去国的情感表达

郑澈的《思美人曲》因不能用汉文书写歌词，一般书中皆不载，只能靠乐人口口相传。而且，这种用谚文创作的歌词，也让崇尚汉文的朝鲜文人感到有所不足，甚至将《思美人曲》等视为邪曲。因此，有人想用七言诗翻译这些谚文歌词。如金相肃曾用词赋体来翻译《思美人曲》，成海应又用杂歌谣体来加以翻译。成海应称赞金相肃翻译的《思美人曲》"有楚辞九章之音"，并在其《谨题坯窝金公相肃翻〈思美人曲〉》中说："东曲无腔调，那能发好辞。译翻仍雅语，感激即同彝。字顺从人见，忧深以己思。千秋音节远，忠志共斯悲。"[1] 成大中也说，"坯窝金公（金相肃）译之以文，九章之思美人宛在是矣"。[2]

其实，朝鲜文人一直有创作歌谣的传统，如曹植有《劝善歌》，李滉有《乐贫歌》和《陶山六曲》，不过李滉的作品也不载于文集，而单独印行。肃宗三年（1677）冬至使书状官孙万雄路过山海关，创作了一首《短歌》，后人在刊印其文集时，初以其腔调之杂以俚谚而不愿收入文集，后因黄兰善的坚持才将这首短歌附在其《燕行日录》之后。[3] 可见，这种杂以谚文来创作歌词的做法，不被朝鲜文人视为正业。不过，这种传统仍绵延不绝，而到郑澈达到巅峰。

郑澈不仅有前后《思美人曲》，其《关东别曲》《将进酒》等歌曲也很有名。《东国乐谱》载："《关东别曲》，松江郑澈所制，而历举关东山水之美，说尽幽邃诡怪之观，状物之妙，造语之奇，信乐谱之绝调也。"[4] 对于《将近酒》，许筠（1569—1618）说："郑松江善作俗讴，其《思美人曲》及《劝酒辞》，俱清壮可听，虽异论者斥之为邪，而文采风流亦不可掩，比比有惜之者。"[5] 因此，权韠《过郑松江墓有感》诗云：

---

1 成海应：《研经斋全集》卷五《谨题坯窝金公相肃翻〈思美人曲〉》其三，丛刊（273），第96c页。
2 成大中：《青城集》卷八《书坯窝所译〈思美人曲〉后》，丛刊（248），第511a页。
3 孙万雄：《野村先生文集》卷四《燕行时短歌》，续刊（46），民族文化推进会，2007，第417c页。
4 郑澈：《松江集》别集卷七《畸翁所录》，续刊（46），第415d页。
5 许筠：《惺所覆瓿稿》卷二十五《惺叟诗话》，丛刊（74），第366c—366d页。

"空山木落雨萧萧,相国风流此寂寥。惆怅一杯难更进,昔年歌曲即今朝(公尝有短歌,道死后谁劝一杯酒之意)。"[1]

李选(1631—1692)非常喜欢郑澈所作的几首歌词。他于肃宗五年(1679)七月受宋尚敏上疏事件的牵连,被流放到龟城,"受玦天涯,远隔君亲,实无以寓怀,乃于泽畔行吟之暇",将郑澈所作《关东别曲》《思美人曲》和《续思美人曲》三篇集在一起,命名为《松江歌词(辞)》,"正讹缮写,置诸案头,时一讽诵,其于排遣牢愁,不为无助,盖亦僭拟于朱夫子《楚辞集注》之遗意云",并称赞说:"公(郑澈)诗词清新警拔,固脍炙人口,而歌曲尤妙绝。今古每听其引喉高咏,声韵清楚,意旨超忽,不觉其飘飘乎如凭虚而御风。至其爱君忧国之诚,则亦且蔼然于辞语之表,至使人感怆而兴叹焉。苟非公出天忠义、间世风流,其孰能与于此?"[2] 不仅朝鲜文人喜欢唱《思美人曲》和《关东别曲》,各地官妓也常常演唱这些歌曲。李安讷闻江上有人唱郑澈《思美人曲》,有诗云:"江头谁唱美人辞,正是江头月落时。惆怅恋君无恨意,世间唯有女郎知。"[3] 赵纬韩(1567—1649)也有《龙湖舟中,闻秋香唱〈思美人曲〉有感》,诗云:"一曲美人辞,孤舟红粉儿。响随潮共咽,声与夜将迟。哀怨江山老,衷情日月知。谁能编乐谱,欲继国风诗。"[4]

与《关东别曲》《思美人曲》等相似的歌曲还有不少,因为不断有人追和和仿作,如金春泽被贬济州时,追和两词,以谚文作《别思美人词》。[5] 洪良浩在被贬为庆兴府使时,也作有《思美人曲》。[6] 与郑

---

1 权鞸:《石洲集》卷七《过郑松江墓有感》,丛刊(75),民族文化推进会,1991,第61c页。
2 李选:《芝湖集》卷六《松江歌辞后跋》,丛刊(143),第442a页。
3 李安讷:《东岳先生集》续集《龙山月夜,闻歌姬唱故寅城郑相公〈思美人曲〉,率尔口占,示赵持世昆季》,丛刊(78),第551d页。
4 赵纬韩:《玄谷集》卷三《龙湖舟中,闻秋香唱〈思美人曲〉有感》,丛刊(73),民族文化推进会,1991,第199d页。
5 金春泽:《北轩居士集》卷十六《囚海录·散稿·论诗文》,续刊(185),第227b—227c页。
6 洪良浩:《耳溪集》卷五《朔方风谣(丁酉冬黜补庆兴府使)·思美人曲》,丛刊(241),第82d—83a页。

第三章　琴歌：歌咏与离家去国的情感表达

澈作《关东别曲》相对应，白光弘（1522—1556）作有《关西别曲》。此外，车天辂（1556—1615）作有《江村别曲》，李涉也作有《玛川别曲》。

在白光弘《岐峰集》中，《关西别曲》还有一小序，载："乙卯，公为平安评事，阅历关防，采摭谣俗，作《关西（别）曲》，以纾爱君虑边之忠。"[1] 曹友仁（1561—1625）说："昔白斯文光弘为关西幕评，以俚辞制长歌一篇，世所谓《关西别曲》者是也，至今善讴者，传诵而歌之。词致豪迈，用意飘逸，可以想见其为人。"[2]

但是，曹友仁对白光弘的《关西别曲》并不满意，他曾因公干往返义州，历时三个月，不觉有羁旅之思，因此仿白光弘《关西别曲》，续作《出关词》一篇，有些部分与白光弘所咏内容不同。曹友仁说："所惜平壤乃檀箕旧都，萨水是隋兵败处，金孝女之断指，李铁州之死义，究诸白词，皆不及焉。而重言复语，只在花柳场荡逸之词而已。则观其词而味其意者，往往或羞称于名教中。若使古之采诗者而见之，则其取舍予夺，未知在此乎？在彼乎？"[3] 光海君八年（1616）秋，曹友仁因有感于永昌大君李璘被害而作《兄弟岩》诗，结果招来非议，被贬为镜城判官。曹友仁临行前到边庆胤家告别，边庆胤说："白词则鸣于关西，郑词则播于关东，而至于北路，则概无闻焉。古今文人才子之往来朔方者，岂可以一二数，而犹然者，兹非风流场之一欠事欤？子其为我极意构思，制为一长歌而来，以慰老兄孤寂之怀可也。"曹友仁答应了，所以在镜城创作了《出塞曲》。但是他的《出塞曲》并没有流传开来，曹友仁解释了原因，他说：

> 所恨镜乃北戎幕也，虽有妓乐，而常与鹍弁混处，故寻常俚乐，尽是桑间淫亵之词，而雅歌投壶故事，则盖缺如也。虽欲被

1　白光弘：《岐峰集》卷四《关西别曲》，续刊（3），民族文化推进会，2005，第264a页。
2　曹友仁：《颐斋集》卷二《题〈出关词〉后》，续刊（12），民族文化推进会，2006，第303a页。
3　曹友仁：《颐斋集》卷二《题〈出关词〉后》，续刊（12），第303a—303b页。

此词于管弦,无所用诸,故词成辄藏之箧笥中,他日归来,只自展观,以畅幽悁之为好也。¹

从曹友仁所说的情况来看,歌曲的流行与官妓有绝大关系。李睟光出使途中作有《朝天歌》,定州官妓能传唱,所以其《新安馆,别千秋使吴德耇》诗云:"邂逅孤城一解颜,别筵歌笛夕阳间。匆匆未了朝天曲,快倒离觞指远山。"²

朝鲜生员进士试除了考"四书五经"外,也考诗赋,形式为行诗。而行诗源于歌行,所以也能作为歌词。英祖二十二年(1746)申光洙(1712—1775)在汉阳参加小科考试时作《关山戎马》诗,大受推崇,成为科诗的范本,也登于歌词。³ 俞汉隽(1732—1811)说:"行诗非古也,其始也原于歌行,而自为一法,平仄高低有定位,铺项回入有恒式。其法无所用,用之乡汉城进士之试,故京外大夫士子弟求为进士者咸戮力焉,能者往往至于夺造化,《秋风》一曲、《竹枝词》、《关山戎马》,或声之于乐府而流传也。"⁴

《关山戎马》诗的意境来自杜甫《登岳阳楼》,名称来自其中的"戎马关山北,凭轩涕泗流"之句,"关山戎马"也因此成了忧国忧民的象征。申光洙本来就崇拜杜甫。张锡龙称,申光洙"文则其雄肆峻洁,最近于韩、欧,诗则忠爱闳远,专尚少陵,固可谓近世之宗匠,而得其正音者也"。⁵ 所以,申光洙在《关山戎马》诗中以"登岳阳楼叹关山戎马"为题,叙述杜甫漂泊风尘,登岳阳楼歌咏之事。后来申光洙放弃科举考试,于英祖三十六年(1760)到关西游览,次年来到平壤,携官

---

1 曹友仁:《颐斋集》卷二《题〈出塞曲〉后》,续刊(12),第303c—303d页。
2 李睟光:《芝峰先生集》卷十六《续朝天录(起辛亥八月,止壬子五月)·新安馆,别千秋使吴德耇》,丛刊(66),民族文化推进会,1991,第161c页。
3 申相禹:《年记》,申光洙:《石北先生文集》卷十六《附录》卷十六,丛刊(231),第510d页。
4 俞汉隽:《自著》卷十七《送成近序(辛丑)》,丛刊(249),民族文化推进会,1999,第288c页。
5 张锡龙:《石北集序》,申光洙:《石北先生文集》,丛刊(231),第190b页。

妓牡丹一同四处观光,花前月下,教牡丹唱《关山戎马》,牡丹声调凄凉而典雅,响彻行云。[1]牡丹不仅一直在平壤演唱《关山戎马》,还曾到汉阳演唱此曲,申光洙听说后,作诗三首寄给牡丹,诗中说:"头白名姬入汉京,清歌能使万人惊。练光亭上关山曲,今夜何因听旧声。"[2]《关山戎马》因牡丹而在平壤官妓中流传开来。高宗二十六年(1889)五月二十四日,进贺兼冬至使回到平壤,一个名叫丹桂的官妓为李尚健演唱了《关山戎马》。[3]李能和在《朝鲜解语花史》中也说,平壤官妓善于唱《关山戎马》诗,而他处官妓则不能。[4]

　　丹桂除了为李尚健演唱《关山戎马》外,还演唱了《襄阳歌》、《春眠曲》和《渔父词》。《春眠曲》为康津李喜徵所作,最初主要流行于湖南地区,"其声哀甚,闻者至于涕下,南人又称为《时调别曲》"。[5]景宗二年(1722)宋玉吾被贬康津,"时兵营镇抚有善歌《春眠曲》者适来此,赐坐歌之","其声哀甚,闻者至于涕下"。[6]南原还有一位姓李的盲人也善唱《春眠曲》,这年十二月二十五日李夏坤等人邀他到广寒楼唱《春眠曲》,也同样"声甚哀绝,使人不乐也"。[7]大概后来流传开来,也传到了汉阳、平壤和义州等地。英祖二十四年(1748)蔡济恭作《上元月》,诗中也有"《春眠曲》里缠头锦,《渔父辞》中高髻妆"之句。[8]高宗二十六年(1889)五月,进贺兼冬至使回到义州,官妓软玉和妍香即为李尚健唱过《春眠曲》。[9]

1　申光洙:《石北先生文集》卷八《闻浿妓牧丹,肄乐梨园,戏寄三首》,丛刊(231),第366a页。
2　申光洙:《石北先生文集》卷八《闻浿妓牧丹,肄乐梨园,戏寄三首》其一,丛刊(231),第366a页。
3　李尚健:《燕辕日录》卷六,林基中编《燕行录全集》(96),第221页。
4　李能和:《朝鲜解语花史》,学文阁,1968,第198页。
5　李夏坤:《头陀草》册十八《南游录》(二),丛刊(191),第543c页。
6　李夏坤:《头陀草》册十八《南游录》(二),丛刊(191),第543c页。
7　李夏坤:《头陀草》册十八《南游录》(二),丛刊(191),第551c—551d页。
8　蔡济恭:《樊岩先生集》卷五《上元月(戊辰)》,丛刊(235),第120b页。
9　李尚健:《燕辕日录》卷五,林基中编《燕行录全集》(96),第159页。

朴思浩所记瑞兴官妓所唱《梧桐秋夜歌》，大概仿自白朴《梧桐雨》。使行沿途各邑官妓中会唱此曲者应该也不少，以致常跟随敕使到朝鲜的中国人也会唱此曲。纯祖三十一年（1831），韩弼教跟随其岳父洪奭周到中国，帮他们赶车的中国人徐澈娄就会唱朝鲜的《梧桐秋夜歌》，大概是跟朝鲜人接触多了，学会的，但是他的朝鲜语学得不好，"其音节如小儿之初学"，让朝鲜人觉得可笑。[1] 而根据权时亨《石湍燕记》的记载，咸丰元年（1851）正月十一日，他们曾请一名中国人到玉河馆来唱《梧桐秋夜歌》，此人之语音和曲调酷似朝鲜唱法，原来此人之兄长曾多次跟随敕使到朝鲜，学了一些朝鲜歌曲，他是跟其兄长学的。权时亨称赞说："彼人之往来朝鲜者，间有东语，不过似三四岁幼儿初学语，而此汉转学东音，如是通炼，亦一奇事。"[2] 赵秉铉（1791—1849）《锦湖秋既望，赏七夔》诗中为官妓香节所写的一首诗中有"唱罢梧桐秋夜月，澄江如镜慢生愁"[3] 之句，说明朝鲜其他地方的官妓也会唱此曲。

至于朝鲜时代各种歌曲的流行情况，李晬光介绍了朝鲜中期的情况。他说："我国歌词，杂以方言，故不能与中朝乐府比并，如近世宋纯、郑澈所作最善，而不过脍炙口头而止，惜哉！长歌则《感君恩》《翰林别曲》《渔父词》最久；而近世《退溪歌》《南冥歌》，宋纯《俛仰亭歌》，白光弘《关西别曲》，郑澈《关东别曲》、《思美人曲》、《续思美人曲》、《将进酒词》盛行于世；他如《水月亭歌》《历代歌》《关山别曲》《古别离曲》《南征歌》之类甚多。余亦有朝天前后二曲，亦戏耳。"[4] 到了18世纪后半期，按照金养根（1734—1799）的记载，比较流行的歌词，除曹植的《劝善歌》和李溟的《乐贫歌》之外，还有洪暹

---

1 韩弼教：《随槎录》卷四《闻见杂识》，林基中编《燕行录续集》（131），第166页。
2 权时亨：《石湍燕记》（地），林基中编《燕行录全集》（91），第166—167页。
3 赵秉铉：《成斋集》卷五《锦湖秋既望，赏七夔》，丛刊（301），民族文化推进会，2003，第311b页。
4 李晬光：《芝峰类说》卷十四《歌词》，中册，第169页。

（1541—1616）的《冤愤歌》、赵纬韩的《流民叹》、任叔英（1576—1623）的《牧童歌》、白光弘的《关西别曲》、车天辂的《江村别曲》、宋纯（1493—1582）的《俛仰亭歌》等，而最受推崇的还是郑澈的《关东别曲》、《将进酒》及前后《思美人曲》。他说：

> 歌曲之在我东，只是蕃音耳，方言耳，文字之杂而谚译之传耳。虽不能与中华古乐府被之管弦者比，而往往情境俱载，宫商互宣，令人咏叹淫泆，不自觉其手足舞蹈者。如曹南冥《劝善歌》、退溪先生《乐贫歌》尚矣不论，又如洪忍斋《冤愤歌》、赵玄谷《流民叹》、任疏庵《牧童歌》、白歧〔岐〕峰《关西别曲》、车五山《江村别曲》、宋二相《俛仰亭歌》，何莫非伤时愤俗，寄心于寂寞，乘闲取适，恣情于跌宕者乎？其最中意在忧恋，迹托游历，极山水诡瑰之观，兼乐府徵羽之响者，即郑松江所为《关东别曲》、《将进酒》及前后《思美人曲》是已。之数曲者，真可谓郢中白雪，伯仲出师之表。[1]

但是，到了19世纪，申钦（1566—1628）、郑斗卿（1597—1673）等人创作的歌谣已经被视为古调，没有多少人懂了。高宗二十六年（1889），义州脱籍从良的官妓兰蕙和绣花仍会唱《关东别曲》，是一位在兰蕙家借住的关东豪士传授给她们的。[2] 官妓真红还会唱岭南古词《山有花》和《水有茝》，而她是幼时从岭南老客那里学来的。[3] 申纬曾仿高丽李齐贤作《小乐府》四十首，不过李裕元仍觉得"养研（申纬）所咏全非古体，而亦不免戛戛乎难于绎解，民风之日异时变，于斯可见矣"。李裕元也编有《小乐府四十五首》，"今则无人不诵，而如过

---

1 金养根：《东埜集》卷八《书李处士涉〈玛川别曲〉后》，续刊（94），韩国古典翻译院，2010，第138a—138b页。
2 李尚健：《燕辕日录》卷五，林基中编《燕行录全集》（96），第145页。
3 李尚健：《燕辕日录》卷五，林基中编《燕行录全集》（96），第168—169页。

几年,与古调纵然有间。此时调,亦不无差等之殊,是古风雅变正之所由作也"。[1]

小　结

使行往来对朝鲜妓乐的繁荣起了很大的推动作用,许多歌词也因官妓而得以流传,而歌词一部分来自中国,为其谱曲有一定难度,也不便于用朝鲜语歌唱,需要经过改造,所以也许要有一个从朗诵、吟咏逐渐发展到歌唱的过程。朝鲜文人也仿照中国歌谣创作歌词,但是多以汉文记录。很早也有人杂用谚文创作歌曲,到郑澈,创作水平达到高峰。然而,杂以谚文来歌唱,或直接用谚文来创作歌曲,对朝鲜歌曲的腔调和辞理也有一定的制约作用。所以,许筠说,朝鲜歌曲多声音哀楚,令人悲伤。[2] 金楺(1653—1719)也认为朝鲜歌词"掇拾古今诗词,杂以俚语,故辞理不续,徒乱人耳"。[3] 不过,朝鲜歌曲的这种特点,不仅满足了朝鲜士林派的心理需要,更符合使行人员的情感和心理需求。这些歌曲通过使行沿途各邑官妓的演唱,不仅增强了使行人员的离家去国之思,也营造了其与中国文人心理相通的文化氛围。

1　李裕元:《嘉梧稿略》册一《小乐府四十五首》,丛刊(315),第29b—29c页。
2　许筠:《荷谷先生朝天记》(上),《荷谷集》,丛刊(58),第407b页。
3　金楺:《俭斋集》卷三十一《丁戊琐录》,续刊(50),民族文化推进会,2007,第634d页。

第四章　妓戏：乐舞表演与航海"朝天"的戏剧化

在朝鲜时代，大乐府，也称大三弦，是一种常见的集体表演节目，因其不仅要用多种乐器伴奏，有的还融合了歌唱、舞蹈和道白，并有一定的故事背景和情节推演，是戏剧的雏形，又由官妓来表演，所以也被称为妓戏。使行所经两西沿途各邑妓乐发达，妓戏表演更加经常，水平也比较高，形式更加复杂，所能表现的内容也更加丰富，更能与使行的需要结合起来，甚至将使行本身也作为妓戏表演的对象。这里选取使行途中比较常见的几种妓戏，分析其与使行的内在关联与互动。

一　剑舞

剑舞自 17 世纪后期逐渐成为朝鲜各地官妓最常

表演的妓乐节目之一。金昌业《老稼斋燕行日记》载:"剑舞,我辈儿时所未见,数十年来渐盛。今遍于八道,有妓邑皆具其服色,动乐必先呈此妓。"使行经过的两西沿路各邑也许更为发达。金昌业在定州观看了官妓驾鹤和楚玉的表演。驾鹤当时16岁,楚玉只有13岁,居然皆能表演得非常好,所以金昌业感叹:"如此少儿亦能为此,殆世变也。"[1]

妓生舞剑,也许是从《黄昌郎》假面剑舞演变而来的。李裕元《海东乐府》中有咏《黄昌郎舞》,诗云:"官昌讹误黄昌郎,史传无征击剑场。八岁眇童谋释憾,樽前惊起夫余王。"[2] 黄昌郎,即官昌,又名官状,是新罗武烈王时花郎,左将军品日之子。传说"官昌八岁为王谋释憾于百济,往济市舞剑,王召入宫,令舞,因揕杀之。后世作假面"。[3] 还说官昌少年时即参加黄山之战,为百济军所俘,百济将军阶伯有感其年少而勇猛,将其释放。但官昌引以为耻,又投入敌阵,结果再次被捕,阶伯将其斩首,然后将其头颅系在马鞍上送回新罗军中。新罗军队受其精神鼓舞,皆奋勇杀敌,终于大败百济军,杀了阶伯。高丽末期,庆州地方为纪念官昌而出现了名为《黄昌郎》的假面剑舞。李宜显也有咏《黄昌郎》诗,为《东都乐府》七首中的第七首。李宜显在诗中拿荆轲和聂政作比,突出官昌勇猛的一面。他说:"莫言髦髦是童齠,壮气仍复兼勇骁。舞剑起兮剑如水,咫尺枝心无少憀。彼哉荆聂儿戏耳,猛厉直可山岳摇。汪踦之后见若人,群类纷纷独自超。"[4] 此诗作于朝鲜肃宗十八年(1692),他当时住在广州楮岛村中。李宜显于肃宗十六年五月随父亲李世白从高阳元堂移居广州楮岛,肃宗二十年四月才举家迁回汉阳。[5] 在此期间,李宜显曾作古律诗上千首,还曾以诗92首描述庆尚道一带山川和风俗,所以会关注到

---

1 金昌业:《老稼斋燕行日记》卷九,林基中编《燕行录全集》(33),第463页。
2 李裕元:《林下笔记》卷三十八《海东乐府·黄昌郎舞》,第950页。
3 李裕元:《林下笔记》卷三十八《海东乐府·黄昌郎舞》,第950页。
4 李宜显:《陶谷集》卷一《东都乐府(壬申)》其七,丛刊(180),第322d页。
5 李宜显:《陶谷集》卷三十二《纪年录》,丛刊(181),第530d—531b页。

官昌。[1]

《黄昌郎》最初也由童子表演。金履万（1683—1758）《黄昌郎》诗云："垂髫舞剑气如虹，五步翻惊溅血红。堪笑千金燕匕首，荆卿虚掷祖龙宫。"[2]《剑舞》既然来自《黄昌郎》，所以表演时也通常由年幼官妓表演，由年老官妓表演只是特例。崔成大（1691—1762）在瑞兴观看了《剑舞》表演后，有诗云："对立似花枝，十三小女儿。剑来初不动，鼓急始相持。倏忽晴虹起，回旋乱雪疑。清光散无处，四座发嗟咨。"[3]《剑舞》也同《黄昌郎》一样，以官昌为原型，所以官妓在表演《剑舞》时也要穿武士服装。因此，申光洙《练光亭，赠剑舞妓秋江月》诗中有"青鬃战笠紫罗裳，第一西关剑舞娘"之句。[4]

《剑舞》到19世纪更加流行，而且有比13岁时的楚玉更年幼的官妓也能表现得很好。如元在明（1763—1817）《芝汀燕记》载，义州11岁的童妓菊花和绿叶皆擅长《剑舞》。纯祖四年（1804）十一月十七日，元在明在义州镇边轩宴饮时，"妓乐可观，有儿妓二双，年皆十一，能剑舞。最善者菊花，其次绿叶，余不记名"。[5]

让妓生舞剑，大概也受到唐玄宗时公孙大娘和她的弟子李十二娘擅长舞剑的启发，此事在朝鲜也因杜甫《观公孙大娘弟子舞剑器行》而广为人知，在观看剑舞时自然也会想起公孙大娘和李十二娘。李宜显曾于朝鲜肃宗四十六年（1720）和英祖八年（1732）两次出使中国，于使行途中多次观看过《剑舞》，不仅联想到官昌，也联想到公孙大娘的故事，因此次杜甫《观公孙大娘弟子舞剑器行》诗韵，作《观剑舞有感，次杜

---

1 李宜显：《陶谷集》卷一《余来南经年，而以时宰之斥，连章乞免，不得巡行列邑。今将递归，漫赋七绝，历叙一路山川风俗，以替游览》，丛刊（180），第330d—338b页。
2 金履万：《鹤皋先生文集》卷四《黄昌郎》，续刊（65）韩国古典翻译院，2008，第82a页。
3 崔成大：《杜机诗集》卷四（补下卷一）《瑞兴馆观剑舞》，续刊（70），韩国古典翻译院，2008，第601c页。
4 申光洙：《石北先生文集》卷二《练光亭，赠剑舞妓秋江月》，丛刊（231），第235d页。
5 元在明：《芝汀燕记》卷一，《燕行录选集补遗》（中），成均馆大学校大东文化研究院，2008，第16页。

甫舞剑器行韵》,头两句就说:"公孙已远黄昌死,谁向妓坊传异方。"[1] 金时敏(1681—1747)在《申节度家观剑舞,次老杜剑器行》诗中也说:"公孙大娘浑脱舞,千载云娥自南方。"[2] 英祖三十七年(1761),金谨行(1713—1784)作《芙蓉堂,次荷相剑舞韵》,也说:"关河千载传遗谱,浑脱舞成忆大娘。"[3]

如果以公孙大娘和李十二娘的故事为原型,则由年长官妓表演《剑舞》亦无不可。黄梓(1689—1756)的《甲寅燕行录》为英祖十年的使行记录,其中提到这年七月二十五日他们在义州九龙亭观看过老妓表演的《剑舞》。[4] 申国宾(1724—1799)《凝川教坊竹枝词八章并小叙》中说,在汉阳,"云心剑舞、玉娘琴歌,俱擅名一代"。云心,一名烟儿,因此申国宾在诗中说:"烟儿二十入长安,一舞秋莲万目寒。见说青楼簇鞍马,五陵年少不曾闲"。[5] 云心20岁才到汉阳,仍能享有盛名多年,说明大家也能接受年长官妓表演《剑舞》。朴齐家(1750—1805)在一次观看了两名官妓表演的《剑舞》后,作有《剑舞记》,说他这次看到的还不是最好的,"近世剑舞称密阳云心,此盖弟子",仍念念不忘云心的《剑舞》表演。[6]

《教坊歌谣》是郑显奭于朝鲜高宗九年(1872)根据晋州教坊所传妓乐编撰的,其中所记《剑舞》则需要四名妓生同时表演(现在晋州剑舞表演则有八名女演员同时表演),少妓二名,着戎服,童妓二名,着黄衫,表演的节次如下:

---

1 李宜显:《陶谷集》卷三《观剑舞有感,次杜甫舞剑器行韵》,丛刊(180),第376d页。
2 金时敏:《东圃集》卷五《申节度家观剑舞,次老杜剑器行》,续刊(62),韩国古典翻译院,2008,第428c页。
3 金谨行:《庸斋先生文集》卷二《芙蓉堂,次荷相剑舞韵》,续刊(81),韩国古典翻译院,2009,第62c页。
4 黄梓:《甲寅燕行录》卷一,英祖十年甲寅七月二十五日。
5 申国宾:《太乙庵文集》卷二《凝川教坊竹枝词八章并小叙》,续刊(88),韩国古典翻译院,2009,第45d—46a页。
6 朴齐家:《贞蕤阁集》文集卷一《剑舞记》,丛刊(261),民族文化推进会,2001,第606a—606c页。

第四章　妓戏：乐舞表演与航海"朝天"的戏剧化

> 四妓拜而立，乐作，第二鼓举一袖，第五鼓举二袖，或一举一休，双双对舞，对坐戏剑，先拾一剑，次拾一剑而舞，乃起而舞，进退如数，相逐相击，终为宴丰台（即挥剑旋身周行，一名软风队），挟剑一回，挥一剑一回，挥双剑一回，刺剑一回（每一妓舞时，三妓休），掷剑拜出。[1]

郑显奭还以乐府诗一首来描述《剑舞》表演时的情景，诗曰："双双纤手剑光寒，斗去斗来蝴蝶团。曲终更奏软风队，飞燕身轻如转丸。"[2]这里不仅以"蝴蝶团"来形容以剑相斗的官妓，更联想到身轻如燕的赵飞燕，与李宜显在使行途中的观感完全不同。李宜显对舞剑场面的描述则更重视官妓所表现出的豪气。他说，"初疑骥骤绝尘骧，复似鸾鹄凌云翔。撒空眩晃星宿乱，浑体闪倏霜雪光。依然壮士头虎毛，不复态色矜艳芳。一前一却互肉薄，作气鼓勇神飞扬"。更重要的是，李宜显认为妓生舞剑本身寓有深意，以为"此技不废良有意，缅溯往事心内伤。我东虽曰蕞尔国，果敢骁猛称第一。挫师百万不足言，秉义又能尊周室。自从乾坤一反覆，委靡不振至今日。奉使此来感愤多，易水寒风更萧瑟。罗时意气可复见，抚剑悲歌涕自出。吾辈何曾异髯妇，但向燕路驱车疾"。显然观剑舞激起了他对清朝的复仇雪耻之心，因此他说："西来我屡见此舞，对之不觉增激昂。"[3]

李宜显于此时想到"北伐"论，亦不足为奇，因为官昌故事在孝宗时即与"北伐"论联系起来了。有志于"北伐"的孝宗（1649—1659年在位）曾于王宫后苑测试武臣骑射技艺，其时李尚真（1614—1690）在谏言时即曾提到官昌在百济王面前舞剑的故事。[4]李天辅（1698—

1　郑显奭：《教坊歌谣·剑舞》，刊行年未详，韩国学中央研究院藏书阁藏钞本。
2　郑显奭：《教坊歌谣·剑舞》。
3　李宜显：《陶谷集》卷三《观剑舞有感，次杜甫舞剑器行韵》，丛刊（180），第376d—377a页。
4　《显宗实录》卷十一，显宗五年六月十一日壬寅。

1761)《夜观剑舞》也能很好地表现出朝鲜后期使行人员观看《剑舞》时的感受，其中最后两句是："关河近接燕南路，侠气依然在女娘。"[1]

二 《抛球乐》

西路各邑迎送使臣时所表演的妓戏有多种，如纯祖二十九年（1829）三月朝鲜冬至使回程途中，三月十七日到了宣川，在倚剑亭观看了《项庄舞》。二十五日回到黄州，次日三使又在体仁阁观看妓戏，表演的节目有《狮子舞》、《鹤舞》、《牙拍舞》、《铮江舞》、《鼓舞》、《献蟠桃》、《处容舞》、《关东舞》、《鸿门宴》和《船乐》等十种。[2]《船乐》，即《离船乐》，也称《发棹歌》。宪宗十四年（1848）十一月初七日，冬至副使宋持养在安州百祥楼设妓乐，所表演的节目即为《抛球乐》、《发棹歌》和《项庄舞》。参加了这次使行的李有骏说："此数件事，盖乐府女伶所戏，而每岁使行沿路楼台之处，地主必设此以娱。"[3]果然，十一月十九日，义州府尹邀请冬至三使到镇边轩观看妓乐表演，节目中也有《抛球乐》、《发棹歌》和《项庄舞》。[4]哲宗四年（1853）四月，进贺兼谢恩使一行在黄州和平壤观看了《抛球乐》《发棹歌》，在安州又观看了《项庄舞》和《发棹歌》。[5]

《抛球乐》源于中国，历史悠久，起源于唐代，宋朝时传入高丽。高丽建国后继承了一部分三国时期的乐舞，又从宋朝请用教坊之乐，《抛球乐》大概就是这一时期传入高丽的。文宗二十七年（1073），《抛球乐》始用于八关会，此后也用于宫廷宴会，并用于接待中国使节。[6]

---

1 李天辅：《晋庵集》卷二《夜观剑舞》，丛刊（218），第157c页。
2 朴思浩：《心田稿》一《燕蓟纪程》，林基中编《燕行录全集》（85），第347页。
3 李遇骏（李有骏）：《梦游燕行录》，林基中编《燕行录全集》（76），第383—386页。
4 李遇骏（李有骏）：《梦游燕行录》，林基中编《燕行录全集》（76），第401—402页。
5 姜时永：《輶轩三录》卷一，林基中编《燕行录全集》（73），第354—357页。
6 参见徐利华、刘崇德《〈抛球乐〉传入高丽考》，《北京舞蹈学院学报》2017年第5期；陈伟庆《宋朝舞蹈对高丽的影响》，《寻根》2014年第6期。

第四章　妓戏：乐舞表演与航海"朝天"的戏剧化

徐居正所编《东文选》卷一百零四收有《抛球乐致语》，即为《宴宋使时女队念语》中的一部分。洪汝河（1620—1674）说："盖自高丽，杂用唐乐，有《献仙桃》《清平乐》《五羊仙》《黄河清》《抛球乐》《临江仙》《西江月》等曲。其乡乐有《动动》《西京》以下二十四篇，及三国时乡乐，皆非先王正声，故今不备录也。"[1]李瀷也说："今俗有《抛球乐》者，寻常不晓其义，笔谈中有之，能省觉耶。此从胜国时已有之。胜国大晟之类，悉自中土传来故也。"[2]

朝鲜朝建立后，一开始仍沿用高丽乐，其中包括《抛球乐》。太宗二年（1402），礼曹与仪礼详定提调共同对唐乐和俗乐重新加以选定，仍将《抛球乐》列入国王宴使臣乐和国王宴宗亲兄弟乐之中。[3]到世宗（1419—1450年在位）朝，以朴堧（1378—1458）为惯习都监，负责校正乐部，仍设两个教坊，左教坊名叫东京，右教坊名叫成都，其乐大同小异，合称三韩乐府。世宗十三年秋，礼曹议定会礼乐章，也有《抛球乐》。世宗十四年三月十六日，世宗对参赞官权孟孙说："《抛球乐》则杂技也，历代无不用之，今中朝亦奏杂技，不可废也。"[4]但是九月十九日确定会礼乐时，还是决定将第七爵的《抛球乐》之伎，改《五羊仙》之伎"。[5]世宗三十一年十月初三日，议政府又根据礼曹的建议，删定宗庙、朝会、公宴之乐，《抛球乐》呈才四声又被保留下来。[6]宪宗十四年（1848）编撰的《（戊申）进馔仪轨》在"抛球乐"条下注释："宋时女子队舞有《抛球乐》，丽朝以端午节为《抛球乐》，女妓当殿唱词。我朝宴礼也仿用之。"[7]直到近代，《抛球乐》都是宫中宴会时常

1　洪汝河：《木斋先生文集》卷十《乐志》，丛刊（124），民族文化推进会，1994，第521b—521c页。
2　李瀷：《星湖先生全集》卷十五《与李来庆》，丛刊（198），第324b页。
3　《太宗实录》卷三，太宗二年六月初五日丁巳。
4　《世宗实录》卷五十五，世宗十四年三月十六日乙亥。
5　《世宗实录》卷五十七，世宗十四年九月十九日甲戌。
6　《世宗实录》卷一百二十六，世宗三十一年十月初三日庚戌。
7　《（戊申）进馔仪轨》卷一《乐章·抛球乐》，宪宗十四年，韩国首尔大学校奎章阁韩国学研究院藏钞本。

用的唐呈才乐舞节目之一。

根据沈括《梦溪笔谈》记载,《抛球乐》来源于海州士人李慎言梦见一处水边宫殿中有宫女戏球的故事。[1] 朝鲜妓生表演的《抛球乐》也试图表现这种情景,所以李裕元说抛球乐有两行花窍,洞天景色。[2]

《燕行录》中有不少描述《抛球乐》表演情景的内容,如李有骏《梦游燕行录》载:"设彩机于堂中,两妓对舞,各持一木丸,大如钟子,贯以赤绳,所谓龙卵也。机高数丈,而上穿一孔,离髻数尺,其状呀然。以丸仰投其中,入者,旁有一妓,以彩花一枝,即插其髻以赏之。不中者,即以黑笔抹其面以罚之,观者大噱。"[3] 赵冕镐(1803—1887)也说,表演时,"结球门,用彩球抛从球门,中者赐花插髻,不中者罚,用墨圈于额,奏折花三台抛球词,左右队自第一筹至第八筹成"。赵冕镐更有诗曰:"玉纤高指尽轻柔,球子春风第几筹。八队折花齐敛手,君王万岁又千秋。"[4] 因球如果没能抛中球门,则在妓生的额头或右腮画上墨圈或墨点,所以李裕元《海东乐府百首·抛球乐》诗云:"宋教坊名置第三,碧城老士梦魂酣。误堕翻看腮点墨,众中欢笑佳人惭。"[5] 而郑显奭在《教坊歌谣·抛球乐》中描述抛中者的诗云:"手把红球向架楣,几回拟掷故迟迟。终看透过风流眼,喜得簪花免画眉。"[6]《教坊歌谣·抛球乐》载表演时,参加抛球的有少妓三对,童妓两对,另有老妓执笔,准备为不中者点墨点,彩花十支插在门柱上。具体表演节次是:

> 诸妓置球门于轩中。诸妓齐拜,乐作,双双对舞。每二妓分坐

---

[1] 沈括:《梦溪笔谈》,上海书店出版社,2003,第43页。
[2] 李裕元:《嘉梧稿略》册一《海东乐府百首·唐呈才》,丛刊(315),第18b页。
[3] 李遇骏(李有骏):《梦游燕行录》,林基中编《燕行录全集》(76),第384页。
[4] 赵冕镐:《玉垂先生集》卷五《呈才十咏·抛球》,续刊(125),韩国古典翻译院,2011,第148d—149a页。
[5] 李裕元:《嘉梧稿略》册一《海东乐府百首·抛球乐》,丛刊(315),第19c—19d页。
[6] 郑显奭:《教坊歌谣·抛球乐》。

于球门东西，弄球而起（余妓休），执球而舞，左手抬头，右手抬头，右手仰抛于风流眼中（屡拟乃抛）。中者插花于鬓，不中者点墨于腮。若抛球未及坠而还执，更抛又不中者，亦如之。若球于眼中而不坠者，无赏无罚。余妓双双分抛如上仪讫，齐舞齐拜而出。[1]

《抛球乐》表演最惹人发笑的就是这画墨点的情节，但是从《高丽史》的记载来看，过去好像没有这个情节，也没有投进绣球则赏花的情节，只是"中则全队拜"。[2]《（戊申）进馔仪轨》的说明是："用朱漆木作球门，画龙凤，饰以纹缎。门上开一孔为风流眼，以彩球仰抛。女妓二人奉竹竿子前进，相向，一人奉花，立于球门之东，一人奉笔，立于球门之西。二人分六队，前队二人各执彩球，舞而仰抛，中队、后队随前队舞退，次次进舞。"[3] 既然有人拿着花和笔，应该已经有了赏花和画墨点的情节。因为增加了竞赛和戏谑的成分，所以往往能令观众哄堂大笑。因此，李殷相（1617—1678）《观抛球乐口占》中有"各效才能论胜负，满堂谐笑乐贤豪"之句。[4]

《抛球乐》从高丽时期就一直用于迎接中国使节，所以也留下一些中国使节观看《抛球乐》的记载。朝鲜太宗三年（1403）四月十三日，太宗在无逸殿宴请明朝敕使黄俨、曹天宝、朱允端、韩帖木儿等人，黄俨和曹天宝态度倨傲，太宗有意冷落，所以二人心里有点不高兴。观看《抛球乐》表演时，东边靠近敕使的一队投中了四个球，西边靠近太宗的一队一个球也没有投中，黄俨等人很高兴，让人对太宗说："吾边皆中，国王边如何不中乎？"有取笑太宗的意思，虽然太宗一笑置之，此事仍记入史草，编入《太宗实录》。[5]

1　郑显奭：《教坊歌谣·抛球乐》。
2　郑麟趾：《高丽史》卷七十一《乐志》，西南师范大学出版社，2014，第2217—2220页。
3　《（戊申）进馔仪轨》卷一《乐章·抛球乐》。
4　李殷相：《东里集》卷八《观抛球乐口占》，丛刊（122），民族文化推进会，1994，第493a页。
5　《太宗实录》卷五，太宗三年四月十三日己未。

明成化十一年（1475），明朝遣户部郎中祁顺为正使，行人司左司副张瑾为副使到朝鲜颁诏。次年二月二十日抵达汉阳，于景福宫颁诏敕如仪。二月二十四日，朝鲜成宗在昌德宫仁政殿宴请两"天使"。酒过三巡之后，让官妓表演《抛球乐》，八人皆不中，于是正使祁顺说："昔宋仁宗会群臣钓鱼，群臣皆钓得鱼，独帝不得。群臣赋诗，有'鱼畏龙颜上钓迟'之句。前日太平馆抛球皆能中，今于殿中皆不能中，正畏龙颜也。"祁顺让成宗换一拨官妓再表演一次，成宗答应了，结果新上场的官妓皆能投中。祁顺和张瑾笑着说："兵法有之，'强则示之以弱，弱则示之以强'，正谓此也。"[1] 此事也引起朝鲜君臣的不快。明嘉靖十六年（1537），明使龚用卿、吴希孟到朝鲜。三月十四日，中宗劝大臣们包容明使的悖戾之举，因此提到："祁顺于成宗朝观《抛球乐》之戏，而至发戏言。华使所为，何可责乎？唯善别而已。"[2] 也许说的就是上面所提到的这次。

三 《项庄舞》

《项庄舞》，也称《鸿门宴》，是根据司马迁在《史记》中所记鸿门宴情节改编而来，也是剑舞与鸿门宴故事相结合的产物。闵胄显（1808—1882）《观剑舞》诗即云："公孙去后剑还魂，红妓双双翠袖翻。怪杀昔时霸王宴，不教虞女舞鸿门。"[3]

《项庄舞》形成于何时尚不清楚，朝鲜官妓本来就擅长剑舞，将剑舞与《史记》所载鸿门宴故事结合起来，也是顺理成章的事情。朝鲜文人一般都要读《史记》，对《鸿门宴》自是耳熟能详。朝鲜士人对《史记》的热爱，可以从成侃和成俔兄弟二人身上略见一斑。成侃（1439—1504）形容说："夫六经，如五谷之精者也。《史记》，如肉酾

---

1 《成宗实录》卷六十四，成宗七年二月二十四日戊戌。
2 《中宗实录》卷八十四，中宗三十二年三月十四日癸巳。
3 闵胄显：《沙厓先生文集》卷一《观剑舞》，续刊（129），韩国古典翻译院，2011，第64b页。

第四章　妓戏：乐舞表演与航海"朝天"的戏剧化

之美者也。"[1] 成伣之次兄成侃（1427—1456）嗜书如命，"常购《史记》不得，闻孝宁大君有善本，躬谒自其所以，大君嘉其笃学而与之。先生以带缠而负之，行过大市，忽带断，乱坠于地，市人争咻之曰：'狂措大也。'先生徐而整之，不顾而去"。[2] 纯祖元年（1801）三月初二日，丁若镛在流配途中，于荷潭写信给自己的两个儿子，也劝他们读《史记》，作史论。他说："今冬须更读《尚书》及《礼记》之未曾读者为好，亦须习见《四书》及《史记》可也，史论间作几许篇耶。厚培根基，而韬琐琐之光棱，至望至望！"[3] 柳致皜（1800—1862）甚至觉得朝鲜学童读《史记》太早。他批评说："今人教小儿，必先《史记》，所以自幼稚时，心便外驰了。"[4]

《史记》不仅读书人普遍爱读，它也是朝鲜国王的应读书目。成宗在看《史记》的时候，需要参考《战国策》，而王宫内没有收藏，于是下诏访求，金䜣（1448—1492）将所藏吴师道校注《战国策》一部献给了成宗。[5] 哲宗四年（1853）九月，李源祚（1792—1871）在经筵席上也劝哲宗读《史记》。他说："帝王之学，异于韦布，以一身而应万机之烦，以一心而为万化之原，故必欲先明乎六经，以立其本，次通乎《史记》，以达其用。"[6]

熟读《史记》，自然知道鸿门宴故事，朝鲜文人甚至对项伯是否应该掩护刘邦逃走有争论。一派认为项伯掩护刘邦逃走是对项羽不忠，而李滉的门人朴光前（1526—1597）则专门作《项伯翼蔽沛公论》，认为项伯翼蔽刘邦是为了避免项羽因杀刘邦而失去民心，褒项

1　成伣：《虚白堂集》文集卷七《村中鄙语序》，丛刊（14），第474b页。
2　成伣：《虚白堂集》文集卷十三《真逸先生传》，丛刊（14），第525b—525c页。
3　丁若镛：《与犹堂全书》第一集《诗文集》卷二十一《寄二儿（辛酉三月初二日到荷潭书）》，丛刊（281），第449b页。
4　柳致皜：《东林先生文集》卷七《思问录》，续刊（124），韩国古典翻译院，2011，第134b页。
5　金䜣：《颜乐堂集》卷四《遗行》，丛刊（15），民族文化推进会，1988，第279a页。
6　李源祚：《凝窝先生文集》卷六《经筵讲义（癸丑九月，往参翼宪两朝追上尊号贺班，拜左承旨）》，续刊（121），韩国古典翻译院，2011，第134c页。

伯而贬范增。[1] 后来崔有渊（1587—1656）也作《范增论》，反驳苏轼的观点，认为范增在鸿门宴后说将来夺项王天下者必沛公也，有违君臣大义，不应该在楚怀王还在位的情况下将天下视为项羽之天下，首倡弑逆之谋。[2] 到朝鲜肃宗四十六年（1720），金昌翕仍说："项羽之失天下，由其不仁，未必由不杀沛公也。"[3] 但是金昌翕也承认，鸿门宴为项羽成败之一大转机，这次没有除掉刘邦这个劲敌，是项羽失败的重要原因之一，所以《史记》才要详细描述鸿门宴的情景。

朝鲜文人也留下了不少吟咏鸿门宴故事的诗作。如丁寿岗（1454—1527）很早即在《鸿门宴》诗中表达了与金昌翕类似的观点，该诗的最后四句说："宽仁自是天所佑，肯令慓悍为民主？山河富贵竟归汉，四百年来临率土。"[4] 描绘鸿门宴情景的《鸿门宴图》在朝鲜也流传甚广，因此也留下了不少咏《鸿门宴图》的诗赋。16世纪，李植（1512—1571）即有《鸿门宴图赋》，金八元（1524—1569）也有《鸿门剑舞图》诗，其诗云："龙跳虎跃一筵中，高宴军门剑气雄。项庄舞罢虞姬舞，霸业潜从舞袖空。"[5] 到17世纪，徐必远（1613—1671）也有《题鸿门宴图后》诗。[6] 赵文命（1680—1732）说，他伯祖父赵相愚家里也挂有《鸿门宴图》，并命子侄与诸孙各自赋诗，以观察他们的才气。[7]

《鸿门剑舞图》是以图画来表现鸿门宴故事，大三弦《项庄舞》则

---

[1] 朴光前：《竹川先生文集》卷四《项伯蔽沛公论》，丛刊（39），民族文化推进会，1989，第332d—337b页。

[2] 崔有渊：《玄岩遗稿》卷四《范增论》，续刊（22），民族文化推进会，2006，第544a—545a页。

[3] 金昌翕：《三渊集》卷三十六《漫录（庚子）》，丛刊（166），第189c页。

[4] 丁寿岗：《月轩集》卷四《鸿门宴》，丛刊（16），民族文化推进会，1988，第246d页。

[5] 金八元：《芝山先生文集》卷一《鸿门剑舞图》，续刊（3），民族文化推进会，2005，第346a页。

[6] 徐必远：《六谷先生遗稿》卷一《题鸿门宴图后》，丛刊（121），民族文化推进会，1994，第530d—531a页。

[7] 赵文命：《鹤岩集》册一《从大父东冈先生挂〈鸿门宴图〉，命子侄与诸孙赋进，盖欲以诗占他日云》，丛刊（192），民族文化推进会，1997，第380b页。

是由官妓来演绎鸿门宴的故事情节。所以朴思浩在宣川倚剑亭观看了《项庄舞》之后说："有《项庄舞》，排铺鸿门宴。项羽、沛公、范增、张良、项伯、樊哙，俨然列坐，玉斗卮酒，拥盾直入之状，无不毕具。其中一健妓，着假面带剑，请舞。翩然起舞，剑势闪闪，睥睨进退，其意在沛公。项伯又起舞遮之。一妓为沛公像，无限受困。舞罢，艴然作色曰：'从今以往，宁死不愿为沛公。'有若耻事者然。举坐莫不捧腹。"[1]

李有骏在安州观看了《项庄舞》表演后，也有非常详细的描述：

> 众妓以戎装罗立左右，军令严明，一如俄者所睹。又一妓身着青天翼，头戴黑笠子，虎帐鱼服，东向而坐者，所以象项王也。又一妓衣蓝佩玉，侍立于旁者，所以象亚父也。又一妓具帽带章服西向而坐者，沛公也，眉端隐然有忧色。又一妓着道服侍立于后者，子房也，从容妇貌，不失其本色焉。又一妓以绿襦红裙行酒于前，乃所谓虞美人也，柳腰蛾眉，谓之真虞可矣。酒三行已毕，所谓亚父数举所佩玉以示之，乍出而复入，俄而一妓来跪于前曰："军中无以为乐，请以剑舞。"遂两手各持一剑，仙仙〔跹跹〕乱舞，舞袖常近于沛公。又一妓起而对舞，有以身翼蔽之状。已而所谓子房乍出旋入。忽有一妓带剑拥盾，以银铠金甲，披帷直入，不问可知，为樊哙也。项王令虞姬酌酒以赐，立饮数卮，又拔剑贯肉而啗之，其状可观。满座注目以瞩之际，不知沛公何时出去。既而张良来跪，数语而毕，坐者莫不称善。[2]

《教坊歌谣》也记载了《项庄舞》表演情景，情节更加完整。首先是"项王出坐，执事禀初吹、二吹、三吹，军物前排，鸣金，大吹打。

---

1 朴思浩：《心田稿》一《燕蓟纪程》，林基中编《燕行录全集》(85)，第337页。
2 李遇骏（李有骏）：《梦游燕行录》，林基中编《燕行录全集》(76)，第385—386页。

二旗作辕门。沛公到,项王迎入,相揖而坐"。除了项庄舞剑等情节,还有许多人物对话。最后,在张良退出后,"乐作,剑舞讫,执事禀鸣金,吹打而止,禀退前拜",表演结束。[1]

朝鲜文人由于关注《史记》所记载的鸿门宴故事,自然喜欢观看《项庄舞》。宪宗十四年(1848)的冬至使在安州和宣川都观看了《项庄舞》表演。书状官尹哲求的伴倘李有骏早已听说只有安州和宣川的官妓擅长表演《项庄舞》。[2] 他们在安州和宣川观看了《项庄舞》之后,李有骏觉得宣川官妓表演得更好,并提到宣川的《项庄舞》素有名称,仪貌节次尤备焉"。[3] 早在纯祖二十九年(1829)十一月,进贺兼谢恩使一行在宣川观看了《项庄舞》之后,书状官姜时永就觉得宣川官妓的表演水平为"列邑所罕"。[4]《燕辕日录》也载:"此是宣川之所著名于诸邑者。"[5] 在观看之后,李尚健觉得果然名不虚传:

> 诸妓相与分班剑舞,剑光闪烁,寒气射人,非比他邑寻常之舞也。盖扮演时,其为项籍、沛公、张良、范增,虽属容易,至于项庄俟隙,项伯遮护,委的是难,况樊哙之一场施威者乎?以若娇滴滴的二八美娥妆出雄赳赳的武勇健儿,少无难色,毫不错谬,几千年鸿门宴事况〔恍〕如目击,非娴且熟焉,其谁能焉?安州虽有此舞,便是俱体而微者也,岂可同日而语哉。宣川之戏,独占第一者良有此也。[6]

也许正因为宣川的表演水平最高,所以直到近代,宫中有宴会时,

---

1 郑显奭:《教坊歌谣·项庄舞》。
2 李遇骏(李有骏):《梦游燕行录》,林基中编《燕行录全集》(76),第386页。
3 李遇骏(李有骏):《梦游燕行录》,林基中编《燕行录全集》(76),第391页。
4 姜时永:《輶轩续录》卷一,林基中编《燕行录全集》(73),第31—32页。
5 李尚健:《燕辕日录》卷六,林基中编《燕行录全集》(95),第232页。
6 李尚健:《燕辕日录》卷六,林基中编《燕行录全集》(95),第235—236页。

还要求宣川选派官妓到宫中表演《项庄舞》。[1] 李能和《朝鲜解语花史》也说宣川妓善《项庄舞》。[2] 所以，使臣到了宣川，照例都要观看《项庄舞》。宪宗十一年（1845）三月，朴永元（1791—1854）以远接使到平壤，四月返回汉阳，此行途中在宣川观看了《项庄舞》，有诗云："对垒鸿门剑盾张，画葫谁遣入教坊。元来刘项当年事，真是人间一戏场。"[3] 哲宗十一年（1860），冬至兼谢恩使申锡愚在宣川倚剑亭观看了《项庄舞》表演，也有诗云："娘子军容大合围，鸿门演舞剑双飞。良真好女人争艳，伯反新婚事亦稀。巾帼亦闻军旅未，须眉应愧丈夫非。决雌竟是风流局，一曲虞兮泪湿衣。"[4]

其实，不仅安州和宣川，其他地方的官妓也会表演《项庄舞》。朝鲜宪宗十四年（1848）的冬至使一行其实在义州也观看过《项庄舞》表演，李有骏有诗云："春营红王设鸿门，刘项分排各样存。酒后仙仙〔跹跹〕双剑舞，纤腰宛带楚心魂。"[5] 龙川也有官妓能表演《项庄舞》。朝鲜正祖九年（1785）四月，进贺兼谢恩使一行回到龙川，晚上龙川府使在天渊亭设夜宴招待三使，让兰心和柳爱等几名小妓表演了《项庄舞》。兰心和柳爱身着戎装表演剑舞。二人舞罢，一个名叫学蟾的官妓又出来舞剑，又有一妓坐在当中，学蟾的手势目光不断投射到坐在当中的官妓，扮作项庄欲击沛公之状，俄尔一小妓从栏外倏然舞剑而至，作翼蔽之状。她们表演的情节虽然有所简化，亦自可观。[6] 正祖十五年十一月初九日冬至兼谢恩使一行抵达龙川馆后，晚上三使在听流堂观看妓乐，兰心这时已经17岁了，又为使臣表演了《项庄舞》。[7]

1　1902年，朝鲜为庆祝高宗即位四十周年举行进宴，即要求宣川派十名以上擅长歌舞的官妓进京表演《项庄舞》，参见《(壬寅)进宴仪轨》卷二，光武六年。
2　李能和：《朝鲜解语花史》，第192页。
3　朴永元：《梧墅集》册三《宿宣川，夜观妓乐，有所谓〈项庄舞〉者，偶吟一绝》，丛刊（302），民族文化推进会，2003，第274c页。
4　申锡愚：《海藏集》卷十五《入燕记》上《倚剑亭》，续刊（127），第547b页。
5　李遇骏（李有骏）：《梦游燕行录》，林基中编《燕行录全集》（76），第402页。
6　金照：《观海录·天渊亭剑舞》，林基中编《燕行录全集》（70），第122—123页。
7　金正中：《燕行录·奇游录》，林基中编《燕行录全集》（74），第102页。

《项庄舞》后来也成为宫中宴会呈才乐舞之一,到近代还为驻朝鲜的外国使节表演过。赵冕镐有《各国人齐会于禁卫营,张乐观〈项庄舞〉》诗,曰:"有如新世界,特大朝鲜名。风隧千旗偃,月轮万国明。冠裳殊制度,襟袎各音声。刘项今难〔虽〕远,足令后辈惊。"[1] 朝鲜高宗三十年(1893)编撰的《呈才舞图笏记》仍载有《项庄舞》。

但是,也有人对《项庄舞》评价不高。朝鲜纯祖三十二年(1832)十一月初九日冬至兼谢恩使在宣川倚剑亭观看了《项庄舞》后,书状官金景善就觉得"太怪拙,且不经莫甚"。[2] 哲宗十一年(1860)四月,进贺兼谢恩使到宣川时,因正使任百经有私忌而未设大三弦,八月回到宣川时才观看了《项庄舞》。也许因为他们在北京看了中国的戏剧表演,两相对照,反而也觉得《项庄舞》没有什么意思了。朴齐寅评论说:"诸妓皆着戎衣,或称沛公,或称项羽,或称张良、范增、樊哙,鼓噪一场而罢。较之燕中唱戏,亦不知为降杀几层,无足可玩。"[3]

四 《离船乐》

朴思浩所说的《船乐》,在别的《燕行录》和其他文献中还有《离船乐》《离舟曲》《发棹歌》《游船乐》《船游乐》《泛舟戏》《发船戏》等许多称呼。名称之所以如此不统一,大概因为本来名称为朝鲜语,所以翻译成汉文时各有不同。朴思浩在介绍黄州官妓表演的大三弦时说:"其中又有《船乐》,维其曲方言如云船离也。"[4] 朴趾源《热河日记》直接将其称为"排打罗其曲",这正是朝鲜语名称的音译。[5] 这里为了叙述

---

1 赵冕镐:《玉垂先生集》卷二十六《各国人齐会于禁卫营,张乐观〈项庄舞〉》,续刊(126),第145c页。
2 金景善:《燕辕直指》卷一《出疆录》,林基中编《燕行录全集》(70),第282页。
3 朴齐寅:《燕槎录·地》,林基中编《燕行录全集》(76),第250—251页。
4 朴思浩:《心田稿》一《燕蓟纪程》,林基中编《燕行录全集》(85),第347页。
5 朴趾源:《燕岩集》卷十二《热河日记·漠北行程录》,丛刊(252),民族文化推进会,2000,第205d页。

第四章 妓戏：乐舞表演与航海"朝天"的戏剧化

的方便，统一称之为《离船乐》。

一般认为《离船乐》起源于明朝末年朝鲜水路"朝天"时。金养根（1734—1799）有咏《离舟曲》诗，并说明《离舟曲》乃当年海路"朝天"时，为"朝天使"送行时所唱的歌曲。[1] 朴思浩也认为，《船乐》"始出于水路朝天时"。[2] 李有骏也说，《离船乐》所描述的场景"乃皇明时我使以水路朝天之事也"。[3] 李晚用（1792—1863）在和金命喜（1788—1857）观看了《离船乐》表演之后，也说："盖水路朝北时所制。"[4] 金允植（1835—1922）也说："俗传朝天时所作。"[5]《教坊歌谣》中也有诗曰："锦帆高挂彩船轻，举碇炮声鼓角鸣。不知此去何时返，洽是朝天驾海行。"[6]

李晚用说《离船乐》为西京乐府之一。西京乐府本来有18舞，其中6种早已失传，还剩下12种，《离船乐》为其中之一种。[7] 但是，《离船乐》也许并非起源于平壤。纯祖二十九年（1829）进贺兼谢恩使书状官姜时永在黄州、平壤和宣川都观看过《离船乐》表演，觉得宣川官妓表演得最好。他认为这大概因宣川是当年水路"朝天"的出发地。他说："至于发船戏，音节寥远，有别离之想，绝胜于黄冈、箕城之所见。意者航海朝天发船于此，故其遗风余曲尚有所传而然矣。"[8] 既然宣川是水路"朝天"的出发地，那么宣川也许是《离船乐》的发源地。

但是，姜时永对各邑《离船乐》表演水平的评价，也许只能代表其个人观感，或者某一特定时期的情况。纯祖三年（1803）冬至使书

1　金养根：《东埜集》卷四《离舟曲》，续刊（94），第70a页。
2　朴思浩：《心田稿》一《燕蓟纪程》，林基中编《燕行录全集》（85），第347页。
3　李遇骏（李有骏）：《梦游燕行录》，林基中编《燕行录全集》（76），第384—385页。
4　李晚用：《东樊集》卷二《离船乐歌》，丛刊（303），第536页。
5　金允植：《云养集》卷二《江北唱和集·敬题李山甫朝天帖》，丛刊（328），民族文化推进会，2004，第250d页。
6　郑显奭：《教坊歌谣·船乐》。
7　李晚用：《东樊集》卷二《离船乐歌》，丛刊（303），民族文化推进会，2003，第536d页。
8　姜时永：《輶轩续录》卷一，林基中编《燕行录全集》（73），第32页。

状官徐长辅的伴倘、《蓟山纪程》的作者李海应,就认为还是平壤官妓表演得更好。他说:"(平壤)妓有《离舟曲》《旋风舞》,为沿邑最。"[1] 纯祖二十八年(1828)朴思浩等人在黄州观看了《离船乐》表演之后,朴思浩认为黄州官妓表演得更好。他还提到,李英运曾作《水路朝天歌》,后来李羲玄做黄州府使时,又对李英运所作歌词加以修改,让黄州官妓们学唱,"故今黄冈解缆之曲,独异于他处"。[2] 朴思浩所说的李英运,应该是李运永(1722—1794),号玉局斋,有《水路朝天行船曲》等六首歌词传世,而李羲玄(1765—1828)是李运永之子。纯祖二十七年,朴思浩与李仲善等人游览黄州月波楼,那时的黄州府使正是李羲玄。李运永也许正是在观看《离船乐》表演之后,感受至深,因此创作了《水路朝天行船曲》,李羲玄让黄州官妓学唱,然后在为使行人员送行时歌唱。[3]

不管《离船乐》是否产生于明末水路"朝天"时的送别歌,其内容确实反映了当年水路"朝天"启航时的送别情景。至于明末水路"朝天"时的启航仪式,我们可以从赵翊(1556—1613)和洪翼汉(1586—1637)的描述中略知一二。朝鲜宣祖三十二年(1599)九月,赵翊以书状官出使明朝,其《朝天录》中有诗云:

    绝塞登临冀易瞩,临风抚剑意如何。
    孤城已闭翻秋柝,画角初鸣发棹歌。
    作客宁论肠似铁,消愁聊喜酒如河。
    燕山此去知无日,正耐归程落叶多。[4]

---

1 李海应:《蓟山纪程》卷一《出城》,林基中编《燕行录全集》(66),第33页。
2 朴思浩:《心田稿》一《燕蓟纪程》,林基中编《燕行录全集》(85),第348页。
3 参见李昇馥「〈수로조천행선곡〉의 창작 배경과 의미—離船樂과의 관계를 중심으로—」『국어교육』제115집,2004,455—480쪽。
4 赵翊:《可畦先生文集》卷二《朝天录(己亥九月)·次韵》,续刊(9),民族文化推进会,2005,第340a页。

第四章　妓戏：乐舞表演与航海"朝天"的戏剧化

之所以后代有许多记载以《发棹歌》为题，大概来源于此。洪翼汉《花浦先生朝天航海录》也载，当启航之时，"篙师一时发棹歌，举帆，鼓角亦甚凄切。诸邑守令及大小人员，俱送行于浦口，至有掩涕者。解缆转远，而抬眸林麓之际，戛然歌吹之声，远飘洲渚之间，认是诸守宰张乐作欢，欲慰远游之怀也"。[1] 虽然明清交替以后，朝鲜与中国的使节往来走陆路，但是出使日本的修信使仍有类似的启航仪式。如南龙翼（1628—1692）《扶桑日录》载："辰初开洋，高坐船楼，鼓角齐鸣。初放举碇炮，仍唱挂帆歌。青旗锦帐，照耀初日，亦是男儿一壮游也。"[2] 与赵翊和洪翼汉描述的情景相似。

从这些简单的描述中，可以看出"朝天使"和通信使乘船离港时的启航仪式包括鸣鼓吹角、放举碇炮、唱《发棹歌》或《挂帆歌》、挂帆、解缆等环节，同时岸边有妓乐表演，唱《送别歌》。而《离船乐》表演也有初吹、鸣金、二吹、三吹、举碇炮等环节。如朴趾源描述说：

> 置画船于筵上，选童妓一双，扮小校，衣红衣，朱笠贝缨，插虎须、白羽箭，左执弓弭，右握鞭鞘，前作军礼，唱初吹，则庭中动鼓角。船左右群妓，皆罗裳绣裙，齐唱渔父辞，乐随而作。又唱二吹、三吹，如初礼。又有童妓扮小校，立船上，唱发船炮，因收碇举航，群妓齐歌且祝。其歌曰：碇举兮船离，此时去兮何时来，万顷沧波去似回。[3]

朴思浩的描述与朴趾源所说大同小异，他说：

> 置画船于筵上，选童妓一双，扮作小校，朱笠贝缨，插虎须、

---

[1] 洪翼汉：《花浦先生朝天航海录》卷一，林基中编《燕行录全集》(17)，第112页。
[2] 南龙翼：《南壶谷扶桑录·扶桑日录》，复旦大学文史研究院编《朝鲜通信使文献选编》第2册，复旦大学出版社，2015，第241页。
[3] 朴趾源：《燕岩集》卷十二《热河日记·漠北行程录》，丛刊(252)，第205d页。

红天翼、白羽箭,左执弓弹,右握鞭鞘,前作军礼,唱初吹。出立轩头,唱鸣金二下,大吹打。庭中动鼓角。群妓皆罗衫绣裙,绕船齐唱解缆之歌,又唱二吹三吹讫,一童妓扮作小校,红衣羽笠,立船上,唱举碇炮,庭中放一炮,仍收碇举帆。船作转轴,徐徐转之,作行船形。群妓又绕船齐歌且祝之。其曲凄怅,令人断肠。其歌曰:碇举兮船离,此时去兮何时来。万顷沧波兮,平盘贮水去似回。[1]

但是,李有骏的描述稍有不同,他所看到的《离船乐》表演,节次为初吹、二吹、三吹、鸣金等。他说:

堂中置小舟,长一丈许,画以五彩青雀黄龙,设锦缆牙樯。有两小妓戴毡笠,穿黑靴,具戎服弓矢刀鞭,以军礼来谒于前,举声告曰:"初吹。"喉音清夏。已而复来曰:"二吹。"又曰:"三吹。"又曰:"鸣金。"以下大吹打。每一出令,堂下锣角齐发,一如行军号令之状。于是舟中载着童妓数名,众妓环行四隅,摇橹齐唱,其声凄咽。[2]

《离船乐》在18世纪末也成为宫中俗乐呈才节目之一。正祖十九年(1795),宫中举行进馔礼时,俗乐呈才节目中已列有这一节目,称为《船游乐》。[3] 不称之为《发棹歌》,也不称之为《离船乐》或《离舟曲》,而称之为《船游乐》,大概由于可以将其与泛舟游兴联系起来,所以《(戊申)进馔仪轨》也称之为《船游乐》,并说"世传自新罗时有之"。[4] 但是,这种解释与《离船乐》表演强力的军事色彩不相符。

---

[1] 朴思浩:《心田稿》一《燕蓟纪程》,林基中编《燕行录全集》(85),第347—348页。
[2] 李遇骏(李有骏):《梦游燕行录》,林基中编《燕行录全集》(76),第384—385页。
[3] 《日省录》第二十一册,正祖十九年闰二月十一日癸巳,第798页。
[4] 《(戊申)进馔仪轨》卷一《乐章·船游乐》。

《(戊申)进馔仪轨》关于《船游乐》表演的情况有如下介绍：

> 设彩船，诸妓分立，为行船样，曳缆绕船而舞。……两童妓登船，分立于帆前帆后，女妓二人戴朱笠，插羽，着天翼，佩剑弓矢，立于船前，作号令执事，舞妓六人分立于船边左右，各执船索，作内舞，二十四人环立，作外舞。听令行船，并唱渔父词而回舞。[1]

这个介绍比较简略，几乎看不出是否有吹角、鸣金等节次。只是作为宫中表演节目，参与表演的人数被固定下来。朝鲜时代末期，《呈才舞图笏记》所记《船游乐》也有初吹、二吹、三吹、鸣金、行船等节次，与朴趾源、朴思浩、李有骏等人所描述的《发棹歌》表演情况相似。《呈才舞图笏记》并说明参与表演的人员构成为执事妓2名，内舞妓10名，外舞妓32名，参与人数也比《(戊申)进馔仪轨》所记载的要多。[2]

《教坊歌谣》所记《离船乐》表演则复杂得多，除了有执事2名之外，还有兵房军官2名，还要有少妓和童妓负责牵缆绳。在初吹之前也增加了一些情节，而且彩船也不是事先置于厅中，在三吹和鸣金之后，才由诸妓拖入厅中：

> 执事入禀，兵房军官现谒入呼，巡令呼（呼兵房军官现谒入），又呼行步促巡令手，大唱三声。兵房以军礼现。执事禀，兵房军官不善举行，奏请过。乃呼刑吏，刑吏应（兵房军官附过）。兵房禀初吹、二吹、三吹，军物前排入禀，坐起吹呼，钲手鸣金二下，大吹打。又禀，鸣金三下，吹打止，诸妓曳船入置。兵房

---

[1] 《(戊申)进馔仪轨》卷一《乐章·船游乐》。
[2] 国立国乐院传统艺术振兴会编《时用舞谱·呈才舞图笏记》，银河出版社，1974，第185页。

禀举碇炮，呼号，炮手放炮一声。兵房分立船上，挂锦帆，执事分立船头尾，歌妓绕船簇立，众唱……[1]

朴思浩所说的解缆之歌，也许就是朴趾源所说的"渔父词"。有时在结束时，也由群妓合唱《渔父词》，如李晚用看到的《离船乐》表演就是"离船乐曲将终，以渔父词为乱"。唱完《渔父词》后，"须臾舞罢红灯静，恍如碧海为桑田"。[2]《呈才舞图笏记》所记《船游乐》表演，也以《渔父词》为结尾曲调，只是在唱完《渔父词》之后，还有"执事妓入跪，鸣金三下，取禀而出，号钲手鸣金三下，号令（打铮三次），乐止，退"的环节。[3]

赵冕镐说："船游乐，俗乐，唱至芔匆后山词，绕船，使撑桡而动之。发船时，用军行节制。"[4]"至芔匆"也是《渔父词》中的用词，是形容摇船的声音的象声词，李贤辅《渔父歌九章》中每章亦皆有"至芔匆至芔匆于思卧"之句。[5]按照赵冕镐的记载，收碇举帆之后，还有群妓合唱《渔父词》，因此赵冕镐有诗云："需云潋潋涨丹墀，三次啫啰放缆迟。至芔匆时娇玉腕，香风一阵后山词。"[6]《教坊歌谣》也说在唱完"碇举兮船离"几句之后，又唱《渔父词》初篇，然后"乐作，吹打，乃行船，兵房舞于船上，执事以鞭推船头尾左旋行，诸妓展左袖绕船行，唱《芝花紫》。船凡五周而止，乐止，歌妓簇立，唱《渔夫辞》中篇"。唱完《渔父词》中篇后，"乐作，吹打，又行船，右旋，诸妓展右袖，凡五周而止，乐止，歌妓簇立，又唱《（渔）夫辞》终篇"。唱完《渔父词》终篇，"乃落帆下船，诸妓曳船出。乐作，执事、兵房俱舞拜止，兵房禀罢坐吹，鸣金，大吹打而止。执事禀军物前排退，又禀兵房军官

---

1 郑显奭：《教坊歌谣·船乐》。
2 李晚用：《东樊集》卷二《离船乐歌》，丛刊（303），第537b页。
3 《时用舞谱·呈才舞图笏记》，第186页。
4 赵冕镐：《玉垂先生集》卷五《呈才十咏·船游乐》，续刊（125），第149c页。
5 李贤辅：《聋岩集》文集卷三《渔父歌九章并序》，丛刊（14），第416a—416d页。
6 赵冕镐：《玉垂先生集》卷五《呈才十咏·船游乐》，续刊（125），第149c页。

下直",表演到此结束。[1]

通常所说的《离舟曲》,大概指的就是朴趾源和朴思浩所说的举碇炮以后群妓合唱的一段歌词。朴思浩的记录有所不同,大概正是经过李羲玄修改的结果,但是原词似乎更为流行,李晚用《离船乐歌》也说歌词中有"万顷沧波去如回"之句。[2] 金允植《题李山甫朝天帖》诗中有"月明舟发石多山,惆怅离歌几日还"[3]之句,即根据《离船乐》里这段歌词改写的。《教坊歌谣》记载的歌词是:"碇举兮船离,今去兮何时还。万顷沧波飞也似回,夜半收揽声欲断肠。"[4]

但是,官妓们演唱时用的不是汉语,而是朝鲜语,汉文歌词只是对唱词的汉文翻译而已。《(戊申)进馔仪轨》也说《离船乐》的"歌词真谚相杂,故不载"。[5] 也正因为如此,歌词不固定,与《离船乐》有关的歌词,有文字记载和民间流传的都有多种。[6] 李晚用说,他看到的《离船乐》表演中还唱《月出曲》,所以在其《离船乐歌》中有"离愁满船船更重,渡口月出帆徐悬。船头月高帆影正,船尾月斜帆影偏"之句。[7] 但是《月出曲》的情况不明。

水路"朝天"有很大的危险性,所以金养根说"孤舟水路,多生死别恨"。[8] 徐庆淳在跟人谈起使行途中离别之难时也说:"昔水路朝天之人,举碇发船之际,箫鼓乱鸣,歌管迭奏,之菊之声,助人别怀。于斯时也,父子兄弟之临江送别者,倘作何心,千古流想,亦足堕泪。"[9] 所以,《离船乐》曲调也非常哀婉、凄凉。李晚用说:"(《离船乐》)声调凄惋,形容万里沧海离船远别之状,令人黯然下泪。"因此他在观看之后深受

---

1 郑显奭:《教坊歌谣·船乐》。
2 李晚用:《东樊集》卷二《离船乐歌》,丛刊(303),第537a—537b页。
3 金允植:《云养集》卷二《江北唱和集·题李山甫朝天帖》,丛刊(328),第250d页。
4 郑显奭:《教坊歌谣·船乐》。
5 《(戊申)进馔仪轨》卷一《乐章·船游乐》。
6 金榮淑「이선락가 연구」『한민족어문학』제12輯, 1985, 55—76쪽.
7 李晚用:《东樊集》卷二《离船乐歌》,丛刊(303),第537a—537b页。
8 金养根:《东埜集》卷四《离舟曲》,续刊(94),第70a页。
9 徐庆淳:《梦经堂日史》编一,林基中编《燕行录全集》(94),第165—166页。

感动，遂与金命喜一起创作了《离船乐歌》，以记录《离船乐》表演情景，并抒发自己的情感，"以寓我东古今兴替之悲"。[1] 李有骏说，观看了《发棹歌》，"虽非真境，令人有远别惆怅之意"。[2] 朴思浩也说："其曲凄怅，令人断肠。"[3] 哲宗十一年（1860）十月，申锡愚在黄州观看《发棹歌》后，有诗云："红榜初离锦帆张，金钗十二学船郎。如今不似朝天日，犹使行人泪数行。"[4] 朴趾源在讨论离别之苦时，也说："我东壤地狭小，无生离远别，不甚知苦。独有水路朝天时，最得苦情耳。故我东大乐府有所谓排打罗其曲，方言如曰船离也。其曲凄怆欲绝。"因此认为："此吾东第一堕泪时也。"[5] 在清代，朝鲜使行已经不用走水路，而是走陆路到北京，而以水路"朝天"为背景的《离船乐》流行，正是要借此为使行渲染出凄婉的气氛。

不仅如此，《离船乐》也试图于悲愤之中激发朝鲜人的忧国之情。本来，朝鲜乐调多偏于哀楚。宣祖七年（1574）五月二十三日，许筠在平壤观看了《抛球乐》《响钹》《舞鼓》等表演后，在其《朝天记》中评论说："我国之乐，歌曲淫亵，声音哀楚，使人心悲伤。而其舞蹈进退之节，轻浮急促，不可正视。世之人方且以为欢喜而观之，穷昼夜不厌，亦独何心哉？以若所为求以和神人、秩上下，不亦异乎？"[6] 这种特点由来已久。高丽时，郑叙被贬归乡，作《郑瓜亭》曲，即极其凄婉。[7] 所以，崇尚朱子学的朝鲜士大夫，一直觉得朝鲜俗乐难登大雅之堂。金楺认为："我国燕享所用，有雅乐焉，有俗乐焉。其雅乐则不成节奏，殆同儿戏。俗乐则全用妓艺倡优之戏。"[8] 李裕元也评论说："所谓

---

1 李晚用：《东樊集》卷二《离船乐歌》，丛刊（303），第536d页。
2 李遇骏（李有骏）：《梦游燕行录》，林基中编《燕行录全集》（76），第385页。
3 朴思浩：《心田稿》一《燕蓟纪程》，林基中编《燕行全集》（85），第347页。
4 申锡愚：《海藏集》卷十五《入燕记》上《船游乐》，续刊（127），第546a页。
5 朴趾源：《燕岩集》卷十二《热河日记·漠北行程录》，丛刊（252），第205d页。
6 许筠：《荷谷先生朝天记》（上），林基中编《燕行录全集》（6），第53页。
7 郑榦：《鸣皋先生文集》卷二《郑瓜亭二绝》，续刊（71），韩国古典翻译院，2009，第391c页。
8 金楺：《俭斋集》卷三十一《丁戊琐录》，续刊（50），第634d页。

俗乐，娼妓之戏，傅粉施朱，百媚千态，恣淫亵之心，销正雅之气，莫此若也。"[1]这其实是高丽时期崔承老批评高丽俗乐时所说的话。当时高丽光宗喜观俗乐，崔承老上书非之，故有此言。[2]然而，正如金养根所认为的那样，《离船乐》跟其他朝鲜歌曲有所不同，《离船乐》"哀而不怨，能得国风之体，遂为东方乐府云"。[3]李晚用和金命喜观看之后即感到："呜呼一歌声悲壮，天下弱国吾朝鲜。每岁筐筐执壤路，契丹哈赤梗辽燕。"[4]由此看来，《离船乐》能引起朝鲜士人对于"事大"体制的反思，从而激发其忧国忧民之心。

小　结

妓乐在高丽武臣政权以后逐渐发展起来，到朝鲜更为发达。官妓主要为迎慰使客而设。然而正如朴趾源所言，朝鲜壤地狭小，本无生离远别，而真正算得上生离远别的，那就是出使中国或日本。使行沿途必有房妓、随厅妓，并常设妓乐表演。世祖时期，崔汉良说过："奉使之乐虽多，而离别之苦亦深。"[5]这里所说的苦与乐，皆与妓生和妓乐有关。《项庄舞》《离船乐》这样的大三弦表演正是因使行往来而发展起来，《离船乐》的题材更直接来自明朝末年朝鲜水路"朝天"故事。出使日本须航海，明末到中国也有航海"朝天"的经历。海路更加凶险，送别时也更加伤感，所以描绘明末航海"朝天"时送别场面的《离船乐》也非常凄凉、哀婉。即使是走陆路，也难免有去国离乡之思。许筠说朝鲜歌曲多声音哀楚，使人心悲伤，然而这种哀楚的曲调也许更适合使行人的心情。但是，也正如金养根所说的那样，最为哀伤的《离船乐》也能

1　李裕元:《嘉梧稿略》册一《海东乐府·弦坊》，丛刊（315），第14d页。
2　安鼎福:《东史纲目》第2册，朝鲜古书刊行会，1915，第268页。
3　金养根:《东埜集》卷四《离舟曲》，续刊（94），第70a页。
4　李晚用:《东樊集》卷二《离船乐歌》，丛刊（303），第537b页。
5　李能和:《朝鲜解语花史》，第82页。

做到"哀而不怨",观者往往将其与朝鲜迫不得已对清"事大"的现实联系起来,从而激起士人忧国忧民之心,对朝鲜的弱国地位感到不满,进而思考朝鲜对清"事大"关系的合理正当性。

　　《项庄舞》演绎的是鸿门宴故事,本来与朝贡使行无关,但是正如我们在申锡愚的诗中所看到的那样,它同样能引起使行人员的古今之思。《剑舞》更唤起有关新罗少年英雄官昌的历史记忆,希望朝鲜成为一个武强的国家,改变对清"事大"的现实。

　　由此看来,妓戏表演迎合朝贡使行人员的心情,在渲染离愁的同时,也能激发使行人员的忧国之情。如果说朝鲜后期的对清认识在很大程度上受尊周大义论的支配的话,则尊周大义论的维系也是通过多种途径和形式来实现的,妓戏应该也可以作为其中的一种形式。真正参加朝贡使行的人更能体会到义理上的排斥清朝与现实中的对清"事大"的紧张关系,促使他们积极地认识世界,思考世界秩序,以及朝鲜的国际地位,而他们的这种情绪和思考也会因《燕行录》的传播而扩散到社会上。演戏与观戏因使行往来而延续与繁荣,然而随着岁月流逝,使行人员乃至整个社会的心理也在逐渐发生变化。所以,从妓戏表演和观者的感受中,也能体会到朝鲜后期社会心理的变化。在这种心理背景下,尊周大义论遂逐渐成为朝鲜民众之民族意识觉醒的刺激因素。

第五章　狎鸥亭:"天使"伴接与皇华记忆

与清代相比,明代赴朝鲜使臣到汉阳后,有比较大的活动自由。除了正式的礼仪活动之外,还有一些游览活动。在朝鲜前期,明使甚至远至金刚山游览,但去金刚山的主要是宦官出身者,虽有高得、陈敬等个别朝官出身者,也是跟随其他宦官使臣前往金刚山游览的。[1] 与宦官使臣不同,朝官,尤其是翰林院官员充使时,虽然游览范围多限于汉城及其附近地方,却能在游览过程中与朝鲜士大夫诗赋唱和,留下内容丰富的《皇华集》。

金暻绿研究了朝鲜时代汉阳的外交活动空间,[2] 但

---

[1] 이상균「조선전기 外國 使臣들의 金剛山 遊覽과 그에 따른 弊害 고찰」『史學研究』第 101 號,2011,136 쪽.

[2] 김경록「조선시대 서울의 외교활동 공간」『서울학연구』31,2008,1—46 쪽.

是没有将外国使臣的游览活动纳入外交活动范围。有人专门考察了朝鲜时代汉阳附近汉江东湖、龙湖（龙江）、西湖（西江）各段沿岸名胜的游赏方式。[1] 还有人具体研究了朝鲜时代汉阳附近汉江沿岸的楼亭，[2] 但主要是从这些楼亭的场所性，即场所特性及其古今变化的角度来考察的，目的是为汉江名胜复原提供参考。明使的汉江游览活动是汉江名胜历史意义的重要组成部分，虽然目前关于倪谦、朱之蕃等明使在朝鲜的文化交流活动已有较多研究，[3] 而结合场所进行研究的成果尚不多见，文化交流的场所性也是一个值得关注的层面。狎鸥亭是汉江沿岸最著名的风景名胜，在中朝文化交流史上也占有重要地位，其文化意象正是中朝两国文人共同建构的结果。

一　韩明浍与狎鸥亭

狎鸥亭为朝鲜前期重臣韩明浍（1415—1487）在汉江边修建的一个亭子。韩明浍，字子濬，号四友堂，在修建了狎鸥亭后，也以狎鸥亭自号，本贯清州。清州韩氏在高丽时期即为望族，韩明浍的曾祖父韩脩（1333—1384）曾以输忠赞化功臣，被授予匡靖大夫，历任判厚德府事、右文馆大提学、知春秋馆事。祖父韩尚质（？—1400）为资宪大夫，历任判都评议使司事、艺文馆和春秋馆大学士，谥文烈。父亲韩起

---

[1] 김현정「조선시대 한강변 명승의 향유 방식」한국교원대학교 교육대학원 지리교육전공석사학위논문，2015 년 8 월．

[2] 김선화「조선시대 서울 한강 누정의 장소성에 관한 연구」상명대학교 대학원 환경자원학과 조경학전공 박사학위논문，2014 년 8 월．

[3] 如杜慧月《历史镜像中的〈皇华集〉诗歌——〈李朝实录〉、〈皇华集〉的互文阅读》，《东疆学刊》2010 年第 2 期；刘秀秀《论朝鲜李朝与中国明朝外交中的辞赋唱和》，《西南民族大学学报》（人文社会科学版）2022 年第 12 期；陈乔宇《倪谦及〈辽海编〉探析》，《古籍整理研究学刊》2023 年第 4 期；노경희「17 세기초 문관출신 明使 接伴과 韓中 문학교류」『韓國漢文學研究』제 42 집，2008，223—254 쪽；김은정「『皇華集』 출현 배경으로서의 세종의 국가경영」，洌上古典研究』제 56 집，2017，71—103 쪽；王亞楠「明臣朱之蕃的朝鲜留墨考—以丙午使行为中心」『東洋學』제 85 輯，2021，73—98 쪽．

第五章　狎鸥亭:"天使"伴接与皇华记忆

（1393—1429），历任承议郎、行司宪府监察，后追赠为议政府领议政。母亲也出身于骊兴望族，为奉政大夫、直艺文馆提学李逖之女。[1] 但韩明浍早年科举屡不得意，到文宗二年（1452）才以荫补入仕，为敬德宫直。韩明浍与权擥要好，在权擥的举荐下得到首阳大君李瑈（1417—1468）的赏识。

世祖元年（1455）七月，端宗将王位禅让给首阳大君，首阳大君即位，是为世祖（1455—1468年在位）。韩明浍是支持首阳大君夺位的核心功臣之一，所以在世祖即位后被封为上党府院君，官至领议政。此后在睿宗朝和成宗朝也历任领议政兼兵曹判书、经筵厅领事等职。睿宗妃章顺王后（1445—1461）和成宗妃恭惠王后（1456—1474）也皆为韩明浍之女。因此，权鳖《海东杂录》载："（韩明浍）赞我光庙，三为领相，四首麟阁，章顺、恭惠两王后皆其女也。谥文成。常居帷幄，密赞机政，我光庙每曰：'韩明浍，吾之子房也。'"[2] 中宗朝崔淑生所撰韩明浍墓志铭亦称："公平生多奇谋异略，初若落落，及其终也，如合符节，世祖每称公吾之子房也。"[3]

韩明浍最早修建狎鸥亭的年代不详，有学者推测大约在端宗二年（1454）到世祖二年（1456）之间，即端宗元年"癸酉靖难"事件发生以后不久。[4] 狎鸥亭最初位于汝矣岛，韩明浍从这时期开始在汝矣岛买置田庄，修建了狎鸥亭。

汝矣岛，也称罗衣洲，俗称仍火岛、汝火岛、火岛。光海君三年（1611）刊行的《新增东国舆地胜览》载："仍火岛，在西江之南，有畜牧场，分遣司畜署、典牲署官员各一人监牧焉。"[5] 17世纪中后期柳馨

---

1 有关韩明浍的家世，可参考朴文烈「上黨府院君 韓明澮의 誌石에 관한 研究」『인문과학논집』제43집，2011，64쪽。
2 权鳖：《海东杂录·三·本朝·韩明浍》，《大东野乘》卷二十一，第3册，第589页。
3 朴文烈「上黨府院君 韓明澮의 誌石에 관한 研究」『인문과학논집』제43집，2011，82쪽.
4 김선화「조선시대 서울 한강 누정의 장소성에 관한 연구」상명대학교 대학원 환경자원학과 조경학전공 박사학위논문，2014년 8월，54쪽.
5 卢思慎等：《新增东国舆地胜览》卷三《汉城府·山川》，明文堂，1994，第67页。

远（1623—1673）所撰《东国舆地志》也载："罗衣洲，在都城西十五里，西江中。俗称仍火岛。本与栗洲相连，因潦涨水割为二。有畜牧场，分遣司畜署、典牲署官员监牧。"[1] 到19世纪中期，金正浩在《大东地志》仍载："汝矣岛，在栗岛之西，明沙连陆。有典牲署外库牧羊。"[2]

根据曾任典牲提调的赵尚纲（1681—1746）的《汝火岛还属典牲署事奏（典牲提调时）》，典牲署设立之初，即"自朝家划给广州汝火岛一沙场，以为牺牲牧羊之所在"，[3] 同时在汝矣岛和栗岛占有土地。而《万机要览》载司畜署"留养羊三十四口，羔六口，放牧于汝火岛，孳产有无，故失与否，并不举论，无得加减"。司畜署还有"汝火岛位田九十二日耕，收税钱二百二十两，作本署恒式应用之资"。[4] 仁祖十五年（1637），司畜署并入典牲署，其后复置，到英祖四十三年（1767）再次以官员之有名无实而被裁撤，并入户曹，仍留养40只羊和羊羔。[5] 除司畜署和典牲署外，还有内农圃、司圃署、尚衣院、内医院、济用监和工曹等官署亦皆在汝矣岛占有土地。[6]

因汝矣岛这里有江湖风景之胜，所以司畜署、典牲署等官署属僚也常在此聚会、游览。金安国（1478—1543）便有《司畜署僚会契轴》诗，云："清世官堪诧，宁嫌一命卑。牛羊能茁壮，杯酒可娱嬉。幸擅江湖胜，频为风月期。心情要耐久，僚谊肯磷缁。"[7] 因为这里有荒地，又有风景之胜，所以不仅司畜署、典牲署等官署所招募的民人在

1　柳馨远：《东国舆地志》卷一《汉城府·山川·罗衣洲》，《影印韩国古典丛刊·地理类》3，韩国古典翻译院，2020，第34页。
2　金正浩：《大东地志》卷一《汉城府·山水·岛屿·汝矣岛》，《影印韩国古典丛刊·地理类》10，韩国古典翻译院，2021，第22页。
3　赵尚纲：《鹤塘遗稿》册七《汝火岛还属典牲署事奏（典牲提调时）》，续刊（63），民族文化推进会，2008，第284b页。
4　徐荣辅、沈象奎编《万机要览·财用篇》四《户曹各掌事例·附旧司畜署》，第547页。
5　徐荣辅、沈象奎编《万机要览·财用篇》四《户曹各掌事例·附旧司畜署》，第548页；徐荣辅、沈象奎编《万机要览·财用篇》五《牺牲》，第629页。
6　赵尚纲：《鹤塘遗稿》册七《汝火岛还属典牲署事奏（典牲提调时）》，续刊（63），第284b—284c页。
7　金安国：《慕斋先生集》卷八《司畜署僚会契轴》，丛刊（20），民族文化推进会，1988，第145c页。

这里开垦荒地，定居下来，也有都城中的官员在此修建别庄。南孝温（1454—1492）有《汝火岛，访康子韫》诗云："晴雪入囱〔窗〕琼树新，木绵衣上酒痕春。山阴归去缘乘兴，不为当年戴主人。"[1]康子韫，即康伯珍（？—1504），字子韫，号无名斋，而南孝温也住在西江，所以有《康子韫乘舟载酒，访余于西江侨居，因宿柁楼》，诗云："小舟轻漾泊江头，细雨初过夜似秋。围坐柁楼鸡戒晓，月娥新上曲如钩。"[2]

不过，真正在汝矣岛购置田庄，修筑楼亭，韩明浍应该是比较早的一位。所以，金守温（1409—1481）在其所撰《狎鸥亭记》中说："王都南去五里，杨花之北，麻浦之西，有一丘穹窿爽垲，环以涟漪，俗号火岛。先是，为牛羊所牧，上秃而下荠，未有即而爱者也。上党府院君韩公，作亭其上，以为游衍之地。"[3]

而狎鸥亭的名字由明朝学士倪谦所命，倪谦并作有《狎鸥亭记》。明正统十四年（1449），翰林院侍讲倪谦与工科给事中司马恂到朝鲜颁景宗登极诏。倪谦到朝鲜后，初不留意于题咏，朝鲜集贤殿学士看到他的诗，讥为"真迂腐教官所作"，以为"可袒一肩而制之"。[4]但倪谦在抵达汉城后，于太平馆墙上贴出《雪霁登楼赋》，几天后又在游览济川亭时即席赋诗三首，"挥毫洒墨，愈出愈奇，儒士见之，不觉屈膝"，[5]于是倪谦在朝鲜诗名大振。因此，几年之后，世祖三年（1457），韩明浍以奏闻使到北京后，即拜托倪谦为其在汝矣岛所建亭子命名并作记，于是倪谦将其亭命名为狎鸥亭，并作《狎鸥亭记》。倪谦在《狎鸥亭记》中写道："天顺改元之冬，朝鲜吏曹判书韩君名〔明〕浍者承其国命来

---

[1] 南孝温：《秋江先生文集》卷三《汝火岛，访康子韫》，丛刊（16），民族文化推进会，1988，第56c页。

[2] 南孝温：《秋江先生文集》卷三《康子韫乘舟载酒，访余于西江侨居，因宿柁楼》，丛刊（16），第61c页。

[3] 金守温：《拭疣先生集》卷二《狎鸥亭记》，丛刊（9），民族文化推进会，1988，第93d—94a页。

[4] 成三问：《成谨甫先生集》卷三《附录·实纪》，丛刊（10），民族文化推进会，1988，第207页。

[5] 成三问：《成谨甫先生集》卷三《附录·实纪》，丛刊（10），第207页。

陈封事，君旧辟别墅于汉江之浃，构亭其间而未之名也。以余尝驻节经游，知其胜概，伻来问名于予，因征言以记，余为名之曰狎鸥。"[1]

韩明浍除请倪谦为其作《狎鸥亭记》外，在朝鲜国内也请金守温为其作《狎鸥亭记》，[2] 请徐居正作《狎鸥亭赋》。[3] 对于狎鸥亭名称之由来，金守温《狎鸥亭记》也说"及其（韩明浍）入朝，问名于翰林倪公，倪以'狎鸥'为请，公尤欣然诺曰：'名吾亭固当。'遂以狎鸥扁之"。[4] 倪谦将该亭命名为狎鸥亭，首先来自其数年前游览汉江的记忆。他说："予昔奉诏往使其国，尝至江上，登楼宴咏，又放舟江中，溯沿为乐。见其涯岸弘阔，波涛浩渺，风帆往来，沙鸟上下，襟怀轩豁，景趣无穷，恍若置身沧溟汉沔之间，而忘其身之寓于东方也。别来数载，每遐想江皋风致，未尝不神俱往也。"[5] 另一方面，也沿袭了韩琦狎鸥亭之故事。他说："昔宋韩魏忠献公亦尝名亭以狎鸥，欧阳文忠公赠诗有曰：'险夷一节如金石，勋德俱高映古今。岂止忘机鸥鸟信，陶钧万物本无心。'忠献得诗，喜曰：'永叔知我！'中外虽不同，而人心则同；古今虽有异，而吾道不异。故予之所望于君者，殆亦若是，未知公之心谓予为能知否？倘以为知，则幸以斯言揭诸亭中以为记。"[6] 这样，人们通过"狎鸥"二字，不仅可以想象汉江之景致，亦可联想到"忘机"，体会文人内心出仕与隐逸的纠葛，从而使其具有更高的文化象征意义。

正因为狎鸥亭一名意义深刻，所以成宗初年韩明浍将狎鸥亭迁到东

---

[1] 倪谦：《倪文僖集》卷十四《狎鸥亭记》，《钦定四库全书》卷一百七十《集部二十三·别集类二十三》，第 7a 页；卢思慎等：《新增东国舆地胜览》卷六《京畿·广州牧·楼亭·狎鸥亭》，第 117 页。

[2] 金守温：《拭疣先生集》卷二《狎鸥亭记》，丛刊（9），第 93d—94d 页。

[3] 徐居正：《四佳集》诗集卷一《狎鸥亭赋》，丛刊（10），第 234a—236a 页。

[4] 金守温：《拭疣先生集》卷二《狎鸥亭记》，丛刊（9），第 94a 页。

[5] 倪谦：《倪文僖集》卷十四《狎鸥亭记》，《钦定四库全书》卷一百七十《集部二十三·别集类二十三》，第 6b—7a 页；卢思慎等：《新增东国舆地胜览》卷六《京畿·广州牧·楼亭·狎鸥亭》，第 117 页。两处所收倪谦《狎鸥亭记》有个别文字上的不同。

[6] 倪谦：《倪文僖集》卷十四《狎鸥亭记》，《钦定四库全书》卷一百七十《集部二十三·别集类二十三》，第 7b—8a 页；卢思慎等：《新增东国舆地胜览》卷六《京畿·广州牧·楼亭·狎鸥亭》，第 117 页。

湖豆毛浦南岸后，仍沿用此名。韩明浍为何要迁建狎鸥亭，原因不详。后人对于狎鸥亭的迁建过程似乎不甚在意，几乎付之遗忘，虽然留下来的有关狎鸥亭的诗赋和记载不少，但几乎没有人提及此事，甚至有人以为狎鸥亭一开始就在东湖豆毛浦南岸。李滉有《与诸君同登狎鸥亭后冈》诗，而柳道源《退溪先生文集考证》对该诗注释说："狎鸥亭，韩明浍构亭于豆毛浦南岸，奉使大明，请名于翰林学士倪谦。谦命以狎鸥而为记。亭名遂闻于中朝。"[1]

不过，东湖豆毛浦一带风景更佳，韩明浍将狎鸥亭迁建豆毛浦南岸，也许就是因为喜欢这里的风景。豆毛浦在汉城东南，当时属广州牧地界。《新增东国舆地胜览》载，汉江至广州界为度迷津，为广津，为三田渡，为豆毛浦，[2]豆毛浦在都城东南五里许。[3]而柳馨远《东国舆地志》载"豆毛浦，在都城东十里。汉水有沱，渟汇成湖，谓之东湖。本朝沈守庆诗'东湖胜概世人知'者即此，又称二水浦"。[4]

豆毛浦之所以又称二水浦，是因为汉江在这里被楮子岛一分为二。金正浩《大东地志》载："楮子岛，一云蘘岛，都城东南十五里。汉水分而歧，其正派趋三田渡，歧流为新川，旱则徒涉，潦涨则为二，其中为楮子岛，至岛下合为一。新川、三田之间有桑林。"[5]沈守庆（1516—1599）说楮子岛西一里许有奉恩寺，岛西数里有狎鸥亭，所以他在游楮子岛和奉恩寺诗中有"春兴春愁吟未了，狎鸥亭畔夕阳时"之句。[6]之所以常有文人到此游览，也是因为附近有读书堂。豆毛浦北岸原有龙山寺，到成宗时已废，改建为读书堂，作为弘文馆儒臣赐暇读书之所。中宗十五年（1520）读书堂迁到豆毛浦南岸。沈守庆游览楮子岛和奉恩

---

[1] 柳道源：《退溪先生文集考证》卷一《与诸君同登云云》，丛刊（31），民族文化推进会，1999，第271d页。
[2] 卢思慎等：《新增东国舆地胜览》卷三《汉城府·山川·汉江》，第63—64页。
[3] 卢思慎等：《新增东国舆地胜览》卷三《汉城府·山川·豆毛浦》，第63页。
[4] 柳馨远：《东国舆地志》卷一《汉城府·山川·豆毛浦》，第33页。
[5] 金正浩：《大东地志》卷一《汉城府·山水·岛屿·楮子岛》，第22页。
[6] 沈守庆：《遣闲杂录》，《大东野乘》卷十三，第2册，第355页。

寺,就是在读书堂赐暇读书之时。狎鸥亭实际上位于楮子岛之西南。丁若镛即说狎鸥亭在蘴岛,即楮子岛之南。[1] 不光狎鸥亭,奉恩寺也在楮子岛南岸。金正浩《大东地志》载楮子岛南有"小岩如童,称舞童岛。岛之南岸,有奉恩寺"。[2]

沈守庆在游览了楮子岛后,称赞"东湖楮子岛,绝胜也",在船上所作诗中也有"东湖胜概众人知,楮岛前头更绝奇"之句。[3] 正因为这里风景绝佳,所以在高丽后期即有韩宗愈在此建造别墅,并有诗云:"十里平湖细雨过,一声长笛隔芦花。直将金鼎调羹手,还把渔竿下晚沙。单衫短帽绕池塘,隔岸垂杨送晚凉。散步归来山月上,杖头犹袭露荷香。"[4] 朝鲜王朝建立后,世宗曾将楮子岛赏给贞懿公主和驸马安延昌。世宗十五年(1433),刚十岁的姜希孟(1424—1483)随外祖母安氏到过这里,直到年老之后,仍对这一带"春花烂熳,被覆冈峦,长烟一境,浩无际涯"的风景念念不忘。[5] 安延昌死后,其季子安贫也酷爱此岛风景,曾在此筑亭,并请画师作画,然后广请文士题咏,郑麟趾为之作序,称"楮子小屿,宛在水中,洲渚萦回,明沙芦荻,景致殊异"。[6] 在楮子岛南岸建造狎鸥亭,可眺望东湖一带风景。成海应《名坞志》载:"狎鸥亭在豆毛浦南岸。江光如练,分歧为屿,明沙绿芜,闲旷平远,乃汉江之最胜处。"[7]

韩明浍将狎鸥亭迁到豆毛浦南岸后,也效法安贫,广泛请中国和朝鲜士大夫为狎鸥亭题写诗赋。《新增东国舆地胜览》载:"上党府院君韩明浍构亭于豆毛浦南岸,奉使入大明,请名于翰林学士倪谦,谦命

---

1 丁若镛:《与犹堂全书》第一集《诗文集》卷一《登狎鸥亭,和睦公韵》,丛刊(281),第12d页。
2 金正浩:《大东地志》卷二《京畿道·广州府·山水·岛屿·楮子岛》,第35页。
3 沈守庆:《遣闲杂录》,《大东野乘》卷十三,第2册,第354—355页。
4 韩宗愈:《汉阳村庄》,《东文选》(一)卷二十一,朝鲜古书刊行会,1914,第399页。
5 姜希孟:《私淑斋集》卷二《题楮子岛图》,丛刊(12),第28c—29a页。
6 卢思慎等:《新增东国舆地胜览》卷三《汉城府·山川》,第67页。
7 成海应:《研经斋全集》外集卷六十四《名坞志·京畿》,丛刊(278),第181a页。

第五章 狎鸥亭:"天使"伴接与皇华记忆

以'狎鸥'而为记。其后乙未岁,又奉使入大明,求诗于缙绅,武靖侯赵辅等以谓此狎鸥亭主人也,共赠以诗,亭名遂闻于中朝。"[1] 这里说的"乙未岁",即明成化十一年,朝鲜成宗六年(1475)。这年二月初八日,左议政韩明浍以谢恩使,与副使李克均等从汉城出发,前往北京,同年六月初四日回到汉城。至于这次韩明浍在中国邀请为其狎鸥亭题诗的中国士大夫,柳馨远《东国舆地志》载有"武靖侯赵辅、太子少保王钺、兵部尚书项忠、员外郎张汝弼等数十人共赠以诗,亭遂闻于中朝"。[2] 申叔舟在其咏狎鸥亭诗中也说韩明浍"勋业不但在东土,盛媺自尔播同轨;中朝儒老竞奋笔,为君铺张恣称美"。[3]

二 明使与狎鸥亭

《新增东国舆地胜览》共收录了金湜、陈嘉猷、张宁、赵辅、蒋琬、王钺、项忠、滕昭、刘斐、李炯然、于冕、张汝弼、罗璟、邬可立、秦升、陈贽、祁顺等17名中国士大夫的题诗。[4] 这17人中,金湜、陈嘉猷、张宁和祁顺都曾出使朝鲜,他们的诗也是在出使期间题写的。不过,金湜、陈嘉猷和张宁到朝鲜时,狎鸥亭尚在汝矣岛,而到祁顺到朝鲜时,狎鸥亭已迁至豆毛浦南岸。

值得注意的是,他们虽然去了朝鲜,并游览了汉江,但不一定真的登临过狎鸥亭。天顺三年(1459)到朝鲜颁敕的刑科给事中陈嘉猷在《皇华集》中留下了《题狎鸥亭》诗,[5] 他是否真的到过狎鸥亭,不得而知。比较可以肯定的是,天顺四年到朝鲜颁敕谕的礼科给事中张宁虽然也作有咏狎鸥亭诗,但应该没有登过狎鸥亭。因为他的诗题就是《题韩

---

1 卢思慎等:《新增东国舆地胜览》卷六《京畿·广州牧·楼亭·狎鸥亭》,第117页。
2 柳馨远:《东国舆地志》卷二《京畿·广州·宫室·狎鸥亭》,第69页。
3 申叔舟:《保闲斋集》卷十一《题韩子濬诗卷》,丛刊(10),民族文化推进会,1988,第91a页。
4 卢思慎等:《新增东国舆地胜览》卷六《京畿·广州牧·楼亭·狎鸥亭》,第117—118页。
5 赵季辑校《足本皇华集》(上),凤凰出版社,2013,第108页。

判书狎鸥亭诗卷》。[1] 天顺八年（1464），明朝派太仆寺丞金湜和中书舍人张珹到朝鲜颁诏。金湜在去朝鲜前已闻狎鸥亭盛名，所以到汉城后很想到狎鸥亭游览一番，也未能如愿。所以他说："予在京师闻狎鸥之名甚熟，及来国中，不克一游，殊为怅怏，因书一绝，并作隶古三大字遗之，俾亭长知余景仰之意云。"[2] 成化十二年（1476）到朝鲜颁诏的祁顺，虽然也有《题狎鸥亭》诗，却是在回程路上写的。[3] 由此可见，明使虽然可以乘船到汝矣岛附近的杨花渡、蚕头峰、喜雨亭等处游览，却很少有登临狎鸥亭的机会。

明使之所以不能到狎鸥亭游览，是因为这里是私人别墅，朝鲜陪臣在私宅接待明使，有人臣外交之嫌疑，故有所顾忌。明成化十五年，明朝讨伐建州女真，征兵朝鲜，朝鲜遂以左议政尹弼商为都元帅，率师助征，取胜而还，并将俘虏献给明朝，于是明朝于次年（1480）五月派太监郑同、姜玉到朝鲜致贺、颁赐。郑同和姜玉于五月初一日抵达汉城，到八月初六日才离开。因为郑同和姜玉都是朝鲜"火者"出身的宦官，所以在朝鲜活动更加自由。但是，当郑同和姜玉提出要到尹弼商家做客时，仍然遇到很大阻力。

本来，这年五月二十六日成宗在昌德宫仁政殿宴请郑同和姜玉时，对他们二人说："尹弼商多受钦赐，不胜感荷，欲置酒其家，以慰两大人。"郑同和姜玉因此说道："殿下之教正好。老韩宰相，亦岂不慰吾等乎？"这里所说的老韩宰相，指的就是韩明浍。成宗答应将郑同、姜玉二人的愿望转告韩明浍。[4] 但是，当郑同、姜玉真的提出要去尹弼商和韩明浍家时，台谏却提出了反对意见。六月初五日，在经筵结束之后，正言尹硕辅便提起此事，说："今闻天使，今往尹弼商家，以陪臣而私

1　赵季辑校《足本皇华集》（上），第 131 页。张宁的题诗也见于《宝颜堂订正方洲先生奉使录》，参见张宁《宝颜堂订正方洲先生奉使录》下《题韩判书狎鸥亭诗卷》，殷梦霞、于浩选编《使朝鲜录》（上），北京图书馆出版社，2003，第 719—720 页。

2　赵季辑校《足本皇华集》（上），第 184 页。

3　赵季辑校《足本皇华集》（上），第 313—314 页。

4　《成宗实录》卷一百一十七，成宗十一年五月二十六日乙巳。

第五章　狎鸥亭："天使"伴接与皇华记忆

迎天使，古所无也。中朝若闻之，无乃以为不可乎？"成宗问大臣们的意见，领议政郑昌孙回答说："天使欲观韩明浍狎鸥亭，明浍则于韩氏为族亲，犹之可也。弼商则不可，宜辞以疾。"[1]

这里所说的韩氏，指的是朝鲜出身的宣德皇帝后宫韩桂兰。韩桂兰乃朝鲜韩永矴之季女。韩永矴的长女在太宗十七年（1417）已被选送明朝，成为永乐皇帝的后宫，永乐皇帝死后，殉葬而死。[2] 朝鲜出身的太监昌盛、尹凤又以韩桂兰貌美，也将其选为进献给明朝后宫的处女。本来世宗十年（1428）就要将韩桂兰带入明朝皇宫，因病未愈而未成行。世宗十一年昌盛再次到朝鲜时，才将韩桂兰带到明朝，成为宣德皇帝的后宫。韩永矴之子韩确（1403—1456）曾先后两次护送两位姐妹到北京，并被授为光禄寺少卿，后来回到朝鲜，同韩明浍一样是支持世祖夺位的主要功臣，世祖即位后被封为西城府院君，官至左议政。韩确和韩明浍都是清州人，属于远房族亲，韩确是韩明浍的九寸堂叔，[3] 所以说韩明浍为韩氏族亲。郑同是作为韩桂兰的随从火者被送到明朝皇宫的，因此与韩桂兰关系密切，所以他可以代表韩桂兰拜访韩氏族亲。

成宗担心让尹弼商称病婉拒招来郑同的不满，而且也很难每次都让尹弼商用有病来拒绝，这让成宗颇感为难，但是司谏李世弼和掌令李仁锡仍坚持"人臣义无外交"，要求成宗令尹弼商拒绝。[4] 大概因郑同等人不断提出要求，成宗十一年（1480）七月十四日成宗又召政丞等询问道："使臣欲往尹弼商家，闻其家狭隘，何以处之？"成宗这样问，显然已有同意郑同等人去尹弼商家的意思，但是郑昌孙、沈浍和洪应皆认为还是应该让尹弼商称病谢绝，成宗也只好同意继续这样做。[5]

虽然朝鲜君臣皆同意郑同等人到狎鸥亭游览，但韩明浍对台谏的看法也不能无动于衷，所以在六月初七日的经筵上，他不仅附和了李世

---

[1] 《成宗实录》卷一百一十八，成宗十一年六月初五日甲寅。
[2] 《世宗实录》卷二十六，世宗六年十月十七日戊午。
[3] 《成宗实录》卷一百一十八，成宗十一年六月初七日丙辰。
[4] 《成宗实录》卷一百一十八，成宗十一年六月初五日甲寅。
[5] 《成宗实录》卷一百一十九，成宗十一年七月十四日壬辰。

弼和李仁锡的看法，而且就郑同等人要求去狎鸥亭游览一事说："臣作狎鸥亭，深自悔之。臣昔奉使入朝，欲与学士倪谦接话，遂请曰汉江边作一小亭，愿赐嘉名，乃名之曰狎鸥，又作记以与之。天使因此知有此亭，欲往观之也。"[1] 不过大家还是认为没有理由阻止郑同等人去狎鸥亭。成宗说："狎鸥亭，则天使欲往观，不可辞也。"连李世弼也认为应该将韩明浍与尹弼商二人的情况分开来考虑，他说："天使欲往亲族而止之，则怒矣。如弼商家，虽辞之以疾，何怒？"[2]

从《成宗实录》的记载来看，郑同等人于这次出使朝鲜期间，两次去过韩明浍家。这年（1480）七月十五日郑同和姜玉便去了韩明浍家，成宗派都承旨金季昌赍宣酝，即送去酒馔表示慰问。[3] 七月二十五日，郑同和姜玉再次来到韩明浍家，参加接待的还有平阳君朴仲善、清平君韩继纯、兵曹判书柳轾、兵曹参判尹壕、掌隶院判决事韩僴等人，也都是韩氏族人或亲戚。[4] 但是，这里说的韩明浍家，也许是韩明浍在都城内的住宅，并不是狎鸥亭。所以，这次郑同等人是否游览过狎鸥亭，也难以确定。[5]

虽然朝鲜君臣认为不应阻止郑同、姜玉去韩明浍家，但是韩明浍与郑同的密切交往也引起台谏的弹劾。这年十二月，成宗根据郑同的建议，任命韩明浍为奏请使，到北京奏请册封继妃尹氏，并请明朝允许朝鲜购买弓角（水牛角）。虽然韩明浍这次完成了使命，但是也受到台谏的弹劾，要求论其私交郑同之罪。[6] 所以，当成宗十二年（1481）郑同和金兴再次出使朝鲜时，韩明浍与郑同的交往明显谨慎了许多。当郑同提出要去游览狎鸥亭时，韩明浍即以天气炎热，而狎鸥亭面积狭小为由，说明不方便在狎鸥亭接待郑同等人。但是他没有直接拒绝郑同，而

---

1 《成宗实录》卷一百一十八，成宗十一年六月初七日丙辰。
2 《成宗实录》卷一百一十八，成宗十一年六月初七日丙辰。
3 《成宗实录》卷一百一十九，成宗十一年七月十五日癸巳。
4 《成宗实录》卷一百一十九，成宗十一年七月二十五日癸卯。
5 《成宗实录》卷一百三十，成宗十二年六月二十五日戊辰。
6 《成宗实录》卷一百二十八，成宗十二年四月二十八日壬申。

是去同成宗商量，希望成宗帮助想办法拒绝。这年（1481）六月二十四日，成宗派右承旨卢公弼去同郑同等人商量，而郑同等人不为所动。[1]于是韩明浍才同意在狎鸥亭接待郑同等人。

其实，韩明浍去见成宗，希望成宗来拒绝郑同，很可能只是故作姿态。郑同等人到狎鸥亭游览的日期定在了六月二十六日。前一天，六月二十五日韩明浍去见郑同时，郑同称自己面部红肿，未便出游，韩明浍反而极力劝郑同如约到狎鸥亭游览，他劝道："出游观赏，则病亦瘥矣。何必郁郁长在客馆乎？"于是郑同答应按照约定，第二天前往狎鸥亭游览。

在得到郑同的肯定答复后，韩明浍又去见成宗，提出狎鸥亭狭小，难以举行规模较大的宴会，请求成宗令有司在狎鸥亭附近设大幔，以便在大幔内举行宴会，成宗当场拒绝了，而且说既然狎鸥亭狭小，可以不在狎鸥亭，而在济川亭设宴。韩明浍又以天气炎热为由，请求借用王宫使用的印有龙凤图案的补檐幔遮日，成宗也没有答应，反而说："今当大旱，不可肆志游观。吾意以为此亭当撤去也。天使若说此亭风景之美于中原，则后之奉使于我国者，必皆游观，是开弊端也。且闻构亭江上，以为游观之所者多，吾不以为美也。"[2]

可见，成宗不仅不支持韩明浍在狎鸥亭接待郑同等人，而且对韩明浍修建狎鸥亭，导致明使频繁要求去狎鸥亭游览也不胜其烦，以至要求拆除狎鸥亭等汉江边的私建楼亭。成宗随即通知承政院："予未知江滨作亭者某某也。今天使游狎鸥亭，必沿江历历遍游而后乃已，后之奉使而来者，必皆效此游览，其弊宁有既耶？我国济川亭之景，中朝人自古知之。喜雨亭，世宗于大旱，偶幸此亭，适遇灵雨，仍（疑当作'乃'——引者注）赐名作记。此二亭，则可不坏也。其余新构之亭，一切撤去，以防后弊。且明日昼捧杯，设于济川亭，而狎鸥亭，则但使

---

[1]《成宗实录》卷一百三十，成宗十二年六月二十四日丁卯。
[2]《成宗实录》卷一百三十，成宗十二年六月二十五日戊辰。

游观可也。"[1]

由于成宗将设宴地点改在济川亭，也不同意借给补檐幔，韩明浍自然很失望，当面向成宗表示："臣以亭窄而热酷，故启之耳。然臣妻本以宿疾，今又加发，臣观其势若剧，则虽济川亭，臣似未得往也。"[2] 可是，在成宗和其他朝臣看来，当初韩明浍邀请郑同去狎鸥亭游览时没有提到妻子有病之事，而且在郑同因有病提出取消约定时，韩明浍仍苦苦相劝，现在突然以妻病为由不参加济川亭宴会，分明是对成宗没有满足他的要求而心怀不满。承旨等多名官员因此当场批评韩明浍对国王"心怀愤怒，言辞不恭，殊无人臣之礼"，请成宗下令将韩明浍加以鞫问，成宗没有同意。[3]

尽管如此，到了第二天，韩明浍还是让子弟来向成宗报告说，他因妻子病重不能前往济川亭，让成宗很不高兴。在当天的经筵席上，司经安润孙、知事李承召、正言尹硕辅等诸臣皆认为韩明浍有罪，于是成宗同意以不敬罪鞫问韩明浍，下令交义禁府推鞫。[4] 成宗还就拆除汉江沿岸私建楼亭一事征求了意见，领中枢府事卢思慎说："国初，独安祖卢衍，于衿川农庄滨江构小亭而已，今则江上构亭者果多。"特进官金自贞说："臣为台谏时，已启此事。江上诸亭，可尽令撤去也。"知事李承召也说："如有识理者闻此，自当毁之，何待令也？"于是成宗下令，限年内全部拆除。[5]

因为韩明浍没有参加六月二十六日在济川亭举行的宴会，所以郑同等人也没有能够去狎鸥亭游览。事后，韩明浍去见成宗，当面辩解说，他不去济川亭，就是为了阻止郑同去狎鸥亭，并非对成宗心怀不满。他说："天使欲见狎鸥亭，臣启请欲止而不得，昨日之请补檐者，以其亭狭窄也。欲不往参者，以臣不往，则天使亦不往观也。政院谓臣怀愤而

---

[1]《成宗实录》卷一百三十，成宗十二年六月二十五日戊辰。
[2]《成宗实录》卷一百三十，成宗十二年六月二十五日戊辰。
[3]《成宗实录》卷一百三十，成宗十二年六月二十五日戊辰。
[4]《成宗实录》卷一百三十，成宗十二年六月二十六日己巳。
[5]《成宗实录》卷一百三十，成宗十二年六月二十六日己巳。

有是启也，臣实痛心。"成宗虽然说他明白韩明浍的心意，但是也觉得韩明浍做得有点过分。[1]

由于司宪府大司宪曹干、司谏院大司谏姜子平等纷纷上札子论韩明浍之罪，最终韩明浍被罢职，流放外地。郑同得到消息后，在庆会楼下痛哭流涕，为韩明浍向成宗求情，成宗也没有答应赦免。虽然不久之后成宗即下令将韩明浍放还，并还给职牒，[2]但是狎鸥亭毕竟给他的政治生涯带来了麻烦。当年朝鲜文士争相和韵时，判事崔敬止（？—1479）诗曰："三接殷勤宠渥优，有亭无计得来游。胸中自有机心静，宦海前头可狎鸥。"[3]韩明浍虽有亭，且以狎鸥为名，却不得退休，故崔敬止作诗讥之。韩明浍不喜欢这首诗，不愿意刻板悬挂亭上，现在看来反而一语成谶。当时东湖人将读书堂称为"毒蛇堂"，汉江人将狎鸥亭称为"恶虎亭"。李睟光《芝峰类说》载，此盖语讹所致，但是也有人说是因为读书堂下人仗势欺人，危害地方，所以当地居民对之深恶痛绝，称之为"毒蛇堂"。[4]那么，以此类推，周围民众将狎鸥亭称为"恶虎亭"，可能表明大家对狎鸥亭及其主人亦无好感。

虽然成宗下令拆除汉江沿岸私建楼亭，但该令似乎并没有真正执行，狎鸥亭应依然存在。不过，成宗十四年（1483）郑同第五次出使朝鲜时死在了回程路上。[5]而在郑同死前不久，韩桂兰也去世了，韩明浍因系韩氏族亲不得不接待明使的名分也不存在了。

三 皇华与忘机

成宗六年韩明浍从北京返回朝鲜后，六月初五日向成宗献《新增纲

---

1 《成宗实录》卷一百三十，成宗十二年六月二十六日己巳。
2 《成宗实录》卷一百三十六，成宗十二年十二月二十八日戊辰。
3 南孝温:《秋江冷话》,《大东野乘》卷三，第1册，第333页；权鳖:《海东杂录》（一）,《大东野乘》卷十九，第3册，第426页；李裕元:《林下笔记》卷十三《狎鸥亭》，第312页。"自有"，亦作"政使"。
4 李睟光:《芝峰类说》卷十六《语言部·谬误》，下册，第35页。
5 《成宗实录》卷一百五十九，成宗十四年十月十二日辛未。

目通鉴》、《名臣言行录》、《新增本草》、《辽史》、《金史》、刘向《说苑》和欧阳修《欧阳文忠公集》等从中国购回的书籍，以及金辅养子所书庆会楼、大成殿、明伦堂、藏书阁匾额等，同时还将中朝文士所和狎鸥亭诗轴呈送给成宗阅览。[1]

成宗七年（1476）九月三十日，韩明浍通过中官崔用善请成宗也为狎鸥亭题诗，成宗拒绝了，然后派中官赐宣酝以示安慰。次日，韩明浍来谢恩，成宗解释说："昨请狎鸥亭题咏，然诗不足观也。"韩明浍俯伏道："昨与用善私相戏语，非敢启也。"[2]但是，到了这年（1476）十一月初六日，成宗还是为韩明浍题写了狎鸥亭诗。[3]这次成宗御制狎鸥亭诗包括近体、绝句各二首，亲自书写后赏赐给韩明浍，韩明浍"欲侈上赐，旋即绣梓，妆以金青，恭悬于亭壁，朝夕对越。天章宸翰，辉映宇宙。在廷之臣，咸歌咏赞述"。[4]成宗八年七月，成宗读了韩明浍所集各家题咏狎鸥亭诗，又为韩明浍制七言四韵四首。[5]徐居正为之作《应制狎鸥亭诗序》，又依韵作《应制狎鸥亭诗》，"在廷群臣，亦皆欢忻奉飏，或记，或序，或赋，或赞，或诗，如联珠编贝，铿铉炳耀。亭由是益光，公（韩明浍）亦以之永有令誉者"。[6]

然而，成宗先后两次赐给韩明浍御制狎鸥亭诗，也引起台谏的非议。成宗八年九月二十八日经筵结束之后，正言权景祐提出："向者上制《风月亭诗》以赐月山大君，制《狎鸥亭诗》以赐韩明浍，皆刻板悬之。风月亭，人难得见，犹之可也。至于狎鸥亭，在汉江头，臣意以谓若诏使来游汉江，偶登斯亭，见御制诗，则必谓殿下与群臣唱和矣。且俗尚由于人主，群下若知上好词章，则不讲圣贤之书，将专事诗章矣。人主所好，不可容易示人也。我文宗善书，然笔迹罕在民间，故人见

---

1 《成宗实录》卷五十六，成宗六年六月初五日壬午。
2 《成宗实录》卷七十二，成宗七年十月初一日辛未。
3 《成宗实录》卷七十三，成宗七年十一月初六日丙午。
4 徐居正：《四佳集》诗集卷三十《应制狎鸥亭诗并序》，丛刊（11），第7a页。
5 徐居正：《四佳集》诗集卷三十《应制狎鸥亭诗并序》，丛刊（11），第7a页。
6 徐居正：《四佳集》文集卷三《狎鸥亭题名记》，丛刊（11），第228c页。

其一字如宝南金。殿下曩者御书《滕王阁序》赐明浍，明浍即为刊板，人争印出，以为屏风，臣以为不可。"成宗解释说："大君、政丞请予制诗，予亦言志耳，非若高丽显宗好为文词，日与群臣唱和之类也。政丞又以一屏风请予书，其刊板非予所知也。予岂欲夸美而为之乎？"虽然有同知中枢府事李承召、检讨官成聘年为成宗辩护，韩明浍自己也认为无害于义，但是成宗仍表示同意权景祐的意见，自谦说"徒为取笑而已"，甚觉惭愧，命韩明浍撤去悬板，交回其所书《滕王阁序》。[1]

成宗虽然收回了其所书《滕王阁序》，但并没有收回《御制狎鸥亭诗》。权景祐的批评似乎也没有彻底打消韩明浍继续请人题咏的热情。根据成宗十五年（1484）徐居正所撰《狎鸥亭题名记》，除成宗御制诗外，韩明浍共得到中国倪谦等29人，朝鲜月山大君等75人的诗文。韩明浍将各家诗文"既编一帙，绣梓以行"，[2] 还刻印成宗御制狎鸥亭诗八首，作为珍藏之宝，并于其阴备记所有为狎鸥亭题写诗文的作者姓名，期传不朽，并请徐居正为之作记。

韩明浍此举在朝鲜传为美谈。金进洙（1797—1865）说："我东狎鸥亭，本上党君别业。朱之蕃书亭额，华使频年来游，李月沙、崔简易诸公唱和，韩石峰书之，积成卷轴，传之美事。"[3] 通过中朝文人的题咏，狎鸥亭声名更盛，几乎成为朝鲜风景的象征。

狎鸥亭虽然在成宗朝未被拆除，但是在成宗十八年韩明浍死后不久，应该就荒废了。燕山君十年（1504）"甲子士祸"中，韩明浍也遭难，被剖棺斩尸。"中宗反正"后，中宗元年（1506）重新加以礼葬，追赠官爵，录用其子孙。狎鸥亭也许就是在韩家遭此变故后荒废的。郑惟一（1533—1576）在《游狎鸥亭》诗中说"人去亭空已百年，坏栏倾砌锁寒烟"，[4] 可见荒废之后久未重建。奇大升（1527—1572）也有

---

1 《成宗实录》卷八十四，成宗八年九月二十八日壬辰。
2 徐居正：《四佳集》文集卷三《狎鸥亭题名记》，丛刊（11），第228a—228b页。
3 金进洙：《碧芦集》后集卷二《狎鸥亭下》，韩国岭南大学校藏钞本。
4 郑惟一：《文峰先生文集》卷一《游狎鸥亭》，丛刊（42），民族文化推进会，1989，第184c页。

《狎鸥亭》诗，描写了狎鸥亭荒废之后的景象："荒榛蔓草蔽高丘，缅想当时办胜游。人事百年能几许，满江烟景入搔头。"[1]

经此兴废变化之后，狎鸥亭名称背后所暗含的忘机之意更加凸显出来。面对狎鸥亭遗址，李洪男（1515—1572）讽刺说："逢时勋业拟擎天，堆积黄金抵死怜。自欲狎鸥鸥不狎，忘机何似海翁全。"[2] 李滉的门人朴承任（1517—1586）《狎鸥亭古址》诗也说："读史江村年己亥，扁舟曾上古亭基。愁眉三角千秋色，净练长江一望迤。当代风流鸥果狎，至今遗迹世传诗。还怜识面矶头石，记取携朋把酒时。"[3]

朴承任在上述诗中所说的己亥年为中宗三十四年（1539），而李滉于中宗三十九年将书堂移到狎鸥亭村，[4] 并有诗说狎鸥亭这时已是"虹构重新带旧名，风烟动色境增清"。[5] 由此推知，狎鸥亭应在中宗三十四年到三十九年间重建过一次。

宣祖三十一年（1598）五月二十八日，明经理杨镐乘船游览汉江，即溯流至狎鸥亭下。当杨镐看到有很多空船自上游下来，以为朝鲜人在尽力运送军粮，遂召来船上管粮官及其他舟师大将、从事官等，馈以馔酒，并令戏子歌以劝之。[6] 但不知杨镐是否登临过狎鸥亭，也不知此时狎鸥亭是否尚存。几年之后，朱之蕃和梁有年到朝鲜颁诏，皆有咏狎鸥亭诗。朱之蕃并说其"为领议政柳春湖赋"，[7] 可见此时狎鸥亭已归柳永庆所有。宣祖三十九年四月十四日，朱之蕃等人游览汉江。他们从济川亭下上船，欲乘船去蚕头峰，因铜雀江口上有浅滩，船下不去，遂"即曳舟，溯流而上，还溯汉江以过，到狎鸥亭下，两使极醉极欢，乘月

---

1 奇大升：《高峰集》续集卷一《狎鸥亭》，丛刊（40），民族文化推进会，1989，第228a页。
2 李洪男：《汲古遗稿》卷中《狎鸥亭故基》，续刊（2），民族文化推进会，2005，第428c—428d页。
3 朴承任：《啸皋先生文集》卷二《狎鸥亭古址》，丛刊（36），民族文化推进会，1989，第336b页。
4 李滉：《退溪先生文集》别集卷一《七月望日，狎鸥亭即事（甲辰）》，丛刊（31），第21d页。
5 李滉：《退溪先生文集》别集卷一《醉题狎鸥亭》，丛刊（31），第22a页。
6 《宣祖实录》卷一百，宣祖三十一年五月二十八日壬子。
7 朱之蕃：《奉使朝鲜稿》，殷梦霞、于浩选编《使朝鲜录》（下），第318页。

第五章　狎鸥亭:"天使"伴接与皇华记忆

而还矣"。[1] 朱之蕃是否到过狎鸥亭，亦未可知。不过，据参加陪同的朝鲜文臣崔岦的诗来看，当时狎鸥亭应该还在重建施工之中，因崔岦《次正使韵，狎鸥亭与主人者也》诗中有"亭子未成名先具，且袭前人道狎鸥"之句。[2] 据说朱之蕃还曾为狎鸥亭题写匾额，[3] 大概也是因狎鸥亭重建需要。

到17世纪前期，狎鸥亭应又荒废了。金世濂（1593—1646）《过狎鸥亭》诗云："上党豪贵已成尘，江上荒台树木春。唯有绿波千古在，白鸥应识旧时人。"[4] 柳馨远《东国舆地志》也记载，狎鸥亭"今颓废，只有遗址"。[5] 郑来侨（1681—1759）在《忘机斋记》中也说狎鸥亭只剩下了遗址，"今其亭址在南涯，犹传以狎鸥之称焉"。[6] 吴光运（1689—1745）曾去考察狎鸥亭遗址，"问韩明浍旧迹，惟有宅后妓冢云"，因此在诗中有"莺歌似识婵妍冢，鸥梦无痕相国亭"之句。[7]

18世纪后期，尹养厚（1729—1776）又将狎鸥亭彻底拆除，然后于旧址建房屋数间。睦万中（1727—1810）虽然仍然有"（狎鸥）亭是韩上党明浍旧物，壮丽甲于一国"[8] 的认知，然而当他于正祖七年（1783）前后来到狎鸥亭旧址时，看到的仍是一派荒凉景象。所以，他在《狎鸥亭》诗中说："石老苔荒灌木青，舟人说是狎鸥亭。韩公本意无穷在，汉水西流不暂停。空向君王乞翠幕，那禁燕雀污朱楹。壁间唯有兰嵎笔，光气难磨劫火经。"[9] 因听说"往岁尹养厚撤其材，移构京师新第，略创数间于亭之旧墟云"，所以睦万中又感叹道："画栋雕甍问水

1　《宣祖实录》卷一百九十八，宣祖三十九年四月十五日癸丑。
2　崔岦:《简易文集》卷八《次正使韵，狎鸥亭与主人者也》，丛刊（49），第487d页。
3　金进洙:《碧芦集》后集卷二《狎鸥亭下》。
4　金世濂:《东溟先生集》卷一《过狎鸥亭》，丛刊（95），民族文化推进会，1992，第133a页。
5　柳馨远:《东国舆地志》卷二《京畿·广州牧·宫室客馆·狎欧亭》，第69页。
6　郑来侨:《浣岩集》卷四《忘机斋记》，丛刊（197），民族文化推进会，1997，第549a页。
7　吴光运:《药山漫稿》卷四《归路登狎鸥亭，次大而》，丛刊（210），民族文化推进会，1998，第410d页。
8　睦万中:《余窝先生文集》卷五《狎鸥亭》其二，续刊（90），第82a页。
9　睦万中:《余窝先生文集》卷五《狎鸥亭》其一，续刊（90），第81d页。

滨，等闲移去竟何人？相君若在堪斯役，天道由来有鬼神。枉渚帆樯空向夕，短墙桃李自为春。沙鸥阅尽沧桑事，唯尔当年不受驯。"[1]

此后，到正祖十八年（1794）前后，狎鸥亭又归领议政洪乐性所有。这年三月十五日，阁臣及阁臣子弟陪正祖在内苑赏花，正祖因此问他们是否会到外间游赏，洪乐性遂回答道："臣则有清潭胜景，而一未得往见，居常恨叹。"正祖说："卿有狎鸥名亭，较清潭稍近，何不以时往见耶？"洪乐性解释说："一日之内，势难往返，无端留宿，亦涉不敢，亦不得为之矣。"正祖因此让他此后可从便往来。[2]

此时的狎鸥亭大概规制已大不如前，所以李忠翊（1744—1816）约于纯祖三年（1803）到狎鸥亭游览之后，才会说"往者亭高壮，缘江路不斜"。[3] 而在此之前，柳得恭（1748—1801）已有"君不见豆毛浦上狎鸥亭，朱甍翠瓦成飘零"的感慨。[4] 李书九（1754—1825）眺望狎鸥亭，见"危亭缥缈枕湖云"，也感叹"青山眼冷皇华使，芳草魂销上党君；文物豪华俱寂寞，至今惟有白鸥群"。[5]

纯祖二十二年十月，吴熙常（1763—1833）与洪直弼一起到狎鸥亭游览，二人"相将登亭，端倪俱敞，襟带如拱，固令人大好快活"。入夜，"皓月扬辉，江光涵映，上下滢澈，真是镜明水止"，于是二人又凭栏赏月，最后就住在狎鸥亭。[6] 比较珍贵的是，洪直弼还记载了当时狎鸥亭内部布置和主人的情况。他在给李凤秀的信中介绍说："趁鸡入室。室有储书，便一墨庄，如入波斯之市，几乎眩夺。亭主台丈山林

---

1 睦万中：《余窝先生文集》卷五《狎鸥亭》其二，续刊（90），第81d—82a 页。
2 《日省录》，正祖十八年三月十五日壬寅。
3 李忠翊：《椒园遗稿》册一《舟游狎鸥亭，拈韵同赋》，丛刊（255），民族文化推进会，2000，第495c 页。
4 柳得恭：《泠斋集》卷二《掌苑署老松歌，为玄川翁作》，丛刊（260），民族文化推进会，2000，第37c 页。
5 李书九：《惕斋集》卷三《望狎鸥亭》，丛刊（270），民族文化推进会，2001，第60d 页。
6 洪直弼：《梅山先生文集》卷九《与李子冈（壬午阳月十九日）》，丛刊（295），民族文化推进会，2002，第234c 页；吴熙常：《老洲集》卷二十七《附录·年谱》，丛刊（280），民族文化推进会，2001，第587b—587c 页。

第五章　狎鸥亭："天使"伴接与皇华记忆

经济之美，江湖风流之盛，于是焉可见。若是者真可谓穷胜事而乐清时矣。"[1] 洪直弼也因此想起了韩明浍，说"亭即韩上党明浍别墅"，并在《狎鸥亭》诗中说："园林钟鼓乐冥沉，相国风流此地寻。勋业如今消得尽，谩劳身世费机心。"并由韩明浍协助世祖夺位进而联想到忠于端宗的"死六臣"，因此又云："生前且乐侍中荣，芳臭浑忘身后名。回首露梁江际望，六臣庙上日星明。"[2]

丁若镛也曾游览狎鸥亭，也想起这里曾是韩明浍别墅，因此在诗中说"丞相勋名国史青，风流尚说狎鸥亭"。在丁若镛的想象中，当年狎鸥亭是"大邦冠盖常争席，八部歌钟尽在庭"，而如今"落花芳树无寻处，唯有残晖照古楬"，[3] 已不见当日繁华，因此感慨道："狎鸥亭里好笙歌，当日金支〔枝〕拥翠蛾。寂寞轩楹谁借住，垂杨依旧暮蝉多。"[4] 金镂（1766—1821）在《晓登狎鸥亭》诗中也说"江畔孤亭矗巃嵸，相公豪贵已尘踪"，因此嘲讽道："白鸥似是忘机者，依旧安闲宦海容。"[5]

虽然狎鸥亭在清代也断续存在，但朝鲜不再招待清使游览汉江，清使似乎对狎鸥亭也没有兴趣。狎鸥亭作为歌咏的对象，中朝两国人对狎鸥亭的记忆，都在很大程度上停留在《皇华录》所构筑的意象之中。朴允默（1771—1848）表示，虽然狎鸥亭"未知易主曾为几"，"皇华更忆使臣杯"。[6] 而姜浚钦（1768—1833）在其《狎鸥亭》诗中也说："皇华笔翰辉今古，戚畹笙歌落杳冥。阅尽东韩名胜记，狎鸥亭外更无亭。"[7]

1　洪直弼：《梅山先生文集》卷九《与李子冈（壬午阳月十九日）》，丛刊（295），第234c页。
2　洪直弼：《梅山先生文集》卷二《狎鸥亭（亭即韩上党明浍别墅）》二首，丛刊（295），第73d页。
3　丁若镛：《与犹堂全书》第一集《诗文集》卷一《登狎鸥亭，和睦公韵》，丛刊（281），第12d页。
4　丁若镛：《与犹堂全书》第一集《诗文集》卷三《八月二日，因仲氏挈眷东还，同尹无咎上舟偕行，次朱竹垞鸳鸯湖棹歌诸韵》，丛刊（281），第65a页。
5　金镂：《薄庭遗稿》卷十二《补遗集·晓登狎鸥亭》，丛刊（289），民族文化推进会，2002，第568c—568d页。
6　朴允默：《存斋集》卷四《狎鸥亭》，丛刊（292），民族文化推进会，2002，第82b页。
7　姜浚钦：《三溟诗集》编三《狎鸥亭》，续刊（110），第202c页。

哲宗十三年（1862）六月初五日，朴珪寿在给弟弟朴瑄寿的信中说："狎鸥是圭斋之物，欲向之而但患隔江，无事力之人，难于暂留，故不能断向。试叩诸圭无妨耶，终嫌路远孤寄为不稳耳。"[1] 这里所说的圭斋，即南秉哲（1817—1863），他曾于哲宗十一年十二月出任广州府留守，哲宗十三年十月回朝任礼曹判书。南秉哲有《狎鸥亭，陪家大人，与诸人共赋》诗曰："名心宦业久忘机，近向湖边买钓矶。二水三山诗句在，清风明月羽觞飞。渐看亲老思长侍，敢恃君恩望早归。更喜烟云供养日，绿蓑衣作老莱衣。"[2] 南秉哲还曾与尹瑗在狎鸥亭消暑读书，并在诗中说"此地名胜擅中州，随闲来憩廿年秋"，[3] 可见南秉哲应该拥有狎鸥亭相当长一段时间。

狎鸥亭屡经兴废，几易其主，仍是朝鲜文人向往的地方。大约在高宗十年（1873）七月，李夏永邀请郭钟锡（1846—1919）聚会于狎鸥亭，郭钟锡欣然应允，在给李夏永回信中说："既望之游，既有舜瞻[4]相约，又蒙仁兄见招，敢不竭蹶。须以伊日早会于下〔狎〕鸥亭旧址，以永竟日之乐。月上买舟而放乎江，沿溯永夕，俾东坡老人勿笑人寂寂于千载之上，如何如何？"[5] 高宗十九年五月十六日，黄在英（1835—1885）又曾与李会正、任应准、南廷顺、任商准、李定会、尹龟永、姜骏秀等人，仿前世所称湖上八君子故事，在狎鸥亭举行诗酒之会。而这时狎鸥亭又归金世镐（1816—1884）所有。黄在英说："狎鸥亭在汉城东十里，前临洌水，于江郊胜景居最。前古贵人所妆占，皇明使臣亦尝游览称美。今文衡荷泉金公休退，得斯亭之胜，藏数几千卷，俯仰游

---

1 朴珪寿：《瓛斋集》卷八《与温卿》，丛刊（312），民族文化推进会，2003，第449d页。
2 南秉哲：《圭斋遗稿》卷二《狎鸥亭，陪家大人，与诸人共赋》，丛刊（316），民族文化推进会，2003，第576d页。
3 南秉哲：《圭斋遗稿》卷二《狎鸥亭，与尹瑗销暑闲课》，丛刊（316），第578a页。
4 李师范（1849—1918），字舜瞻，号新川，本贯星山。
5 郭钟锡：《俛宇先生文集》卷三十四《答李荣元》，丛刊（341），民族文化推进会，2005，第74c页。

息焉。"[1]

到朝鲜王朝末期，狎鸥亭彻底为洪水所毁。在日据时期，狎鸥亭在中朝文学交流史上的地位难以再被提起，只能强调忘机之意。金允植幼时就住在豆毛浦，九岁才从豆毛浦搬到杨根，所以知道豆毛浦南岸有狎鸥亭，并知道崔敬止为韩明浍狎鸥亭题诗时有"宦海前头可狎鸥"之句，因此在与广州斗陵诸友乘船游览豆毛浦时，在诗中写下"吾生惯与沙鸥狎，轻舫曾无宦海愁"的诗句。[2]

小　结

狎鸥亭虽然只是朝鲜前期权臣韩明浍在汉江边别墅中修建的一个亭子，但因其请倪谦为其命名为狎鸥，并作《狎鸥亭记》，开始为明代中国士大夫所闻知，逐渐成为中国文人想象汉阳附近汉江风景的重要出发点。而中国文人的推崇也进一步扩大了狎鸥亭在朝鲜国内的影响。韩明浍在将狎鸥亭从汝矣岛迁到豆毛浦南岸之后，更是广请明朝和朝鲜国内士大夫为狎鸥亭题诗，成宗也两次为其题诗，形成一个延续多年的文化现象，从而构筑了狎鸥亭在朝鲜文化史上的独特意象。而且，狎鸥亭不仅是汉江风光的象征，也因倪谦在《狎鸥亭记》中将其比拟于韩琦之狎鸥亭，赋予其思想内涵，忘机也成为中朝文人的狎鸥亭题咏的共同主题，反映了共同的心理趋向。不过，虽然狎鸥亭在明朝士大夫中享有盛名，但是，即使其有机会出使朝鲜，也很少能登临狎鸥亭。在人臣无外交观念的影响下，朝鲜方面仍不愿明使到访私人宅邸或别墅，这也从一个侧面反映了明代中朝关系的复杂性。尽管如此，后代朝鲜文人仍会将狎鸥亭想象成明朝使节常与朝鲜文人诗酒相会的场所，其声名超过济川亭，成为《皇华集》所构筑的"皇华时代"的最重要的象征性场所。

1　黄在英：《大溪遗稿》卷五《狎鸥亭约会序》，续刊（140），韩国古典翻译院，2012，第704c—704d页。
2　金允植：《云养集》卷一《击磬稿·与斗陵诸友，同舟发豆浦共赋》，丛刊（328），第237b页。

第六章　夷齐庙：使途游览与精神追求

伯夷、叔齐是中国上古人物，孔子、孟子、庄子都曾提及。孔子称伯夷、叔齐为"古之贤人"，[1] 孟子说伯夷乃"圣之清者也"，[2] 不愧为"百世之师"。[3] 后来司马迁在《史记》中也为其立传，而且将其传置于列传之首。司马迁认为伯夷、叔齐之所以如此受推崇，是因为受到孔子的赞扬，然而司马迁对伯夷、叔齐的评价则与孔子、孟子有所不同。例如，孔子说"伯夷、叔齐，不念旧恶，怨是用希"。[4] 但是，司马迁则认为伯夷、叔齐不可能无怨。因此朱熹批评说：

---

[1]《论语·述而》。
[2]《孟子》卷十《万章章句下·第一章》。
[3]《孟子》卷十四《尽心章句下·第十五章》。
[4]《论语·公冶长》。

第六章　夷齐庙：使途游览与精神追求　　　　　　　　　　　　　• 139 •

"他一传中首尾皆是怨辞，尽说坏了伯夷。"[1]

而更为重要的争论是伯夷、叔齐是否有谏伐之事，以及伯夷、叔齐是否应该谏伐。唐代韩愈作《伯夷颂》，认为伯夷、叔齐谏伐是为了维护君臣大义，为后世确立了榜样，"微二子，乱臣贼子接迹于后世矣"。[2]而到了宋代，王安石则对此加以反驳，不仅否认伯夷、叔齐有谏伐之事，而且认为他们谏伐的理由也根本就不存在。[3]因此，夷齐论成为古代士大夫讨论君子出处和君臣大义时争论的焦点之一。这种争论也从中国扩展到了朝鲜半岛，而且由于朝鲜在"两乱"[4]之后崇尚大义名分，夷齐论也就与朝鲜王朝后期意识形态的建构和维系有着更为紧密的关系。对于朝鲜半岛，尤其朝鲜王朝时期士人对伯夷、叔齐的认识，韩国学术界也早有一些研究，但多集中在文学领域。[5]本章则从燕行人员对清节祠的瞻拜写起，进而述及朝鲜海州清节祠的建立，不仅借以表现朝鲜王朝时期士人对伯夷、叔齐的崇拜，更分析朝鲜王朝后期围绕伯夷、叔齐评价问题展开的争论，以及这种争论与朝鲜王朝后期政治的复杂关系，希望这种分析能够有助于从一个侧面来说明朝鲜王朝后期意识形态的建构过程。

一　夷齐庙与蕨羹

明清时期朝鲜使行常去瞻拜的夷齐庙，位于永平府卢龙县境内，[6]始

---

[1] 黎靖德编《朱子语类》卷一百二十二，王星贤点校，中华书局，1986，第2952页。
[2] 屈守元、常思春主编《韩愈全集校注》，四川大学出版社，1996，第2742页。
[3] 王安石：《临川先生文集》卷六十三《论议・伯夷》，中华书局，1959，第675页。
[4] "两乱"，在朝鲜朝历史上指的是"壬辰倭乱"和"丙子胡乱"，中国史上也称其为万历援朝战争和丙子之役。
[5] 如강혜정「백이 숙제 고사의 수용 양상과 그 의미」『한민족문화연구』第34輯, 2010, 3—30쪽; 이성형「燕行錄의 伯夷・叔齊 관련 漢詩 研究—壬亂 收拾期를 中心으로—」『漢文學論集』제31집, 2010, 177—212쪽.
[6] 1946年7月孤竹城所在地划归滦县。1957年夏开挖"夷齐庙大渠"，夷齐庙建筑群最北之清风台右侧崖岸被当作引水渠首，到1958年夷齐庙和孤竹城全部被毁。

建年代和旧址皆不详。洪武九年（1376）同知梅珪移建于府城内东北隅，景泰五年（1454）知府张茂复建于孤竹故城，在府西北20里。成化九年（1473）知府王玺又加以重修，落成后奏请赐额"清节"。[1]因此，夷齐庙也被称为清节祠、清节庙或清圣庙。

朝鲜使行从什么时候开始去瞻拜夷齐庙，难以断定。崔淑精（1432—1480）曾于朝鲜成宗六年（1475）作为从事官，跟随谢恩使韩明浍到北京。虽事在王玺重修夷齐庙之后，并有《过孤竹城》诗，但是没有提到夷齐庙。[2]洪贵达（1438—1504）也曾于成宗十二年四月充任千秋使，其纪行诗中有"七家岭遥一回首，孤竹城残吊遗址"之句，[3]但也只提到孤竹城，没有提到夷齐庙。

而且，崔淑精和洪贵达虽然提到了孤竹城，但很可能并没有游览过，只是路过永平想起这里有孤竹故城而已。到中宗十三年（1518），谢恩使金安国等人确实游览过孤竹城，因金安国在诗中明确写道："朝涉滦河水，为寻孤竹城。城夷不复见，古碑苔藓萦。"[4]尽管金安国游览了孤竹城，但他亦未提及夷齐庙。

到中宗二十九年十月，以冬至使出使明朝的郑士龙在其《朝天录》中明确提到了夷齐庙，他在《永平府》诗中注释说："卢龙县在府城中。孤竹城在大滦河迤东。太公钓鱼台，在小滦河上流数里许。西山夷齐庙，又在道西四五里。"[5]不过，郑士龙似乎并未去游览孤竹城和夷齐庙。其回程时虽然又有咏孤竹城诗，但是也只是说"荒林残垒夷齐国，形势

---

[1] 光绪《永平府志·建置志七·坛庙祠宇上·清节庙》卷三十八，上海书店出版社编《中国地方志集成　河北府县志辑》十九《光绪永平府志》（二），上海书店、巴蜀书社、江苏古籍出版社，2006，第37页。

[2] 崔淑精：《逍遥斋集》卷一《过孤竹城》，丛刊（13），民族文化推进会，1988，第16d页。

[3] 洪贵达：《虚白先生集》续集卷四《七月十六日，发义丰驿，过七家岭，至大滦河，日已暮，河水涨溢，舟人已散，不可渡矣。不得已入河上石梯子铺。有鳏住，西廊土埃温且稳，因寓宿。遇我甚厚，翌日将别，赠茶一封，感而作》，丛刊（14），民族文化推进会，1988，第192a—192b页。

[4] 金安国：《慕斋先生集》卷二《访孤竹国旧城》，丛刊（20），第32a页。

[5] 郑士龙：《湖阴杂稿》卷二《朝天录·永平府》，丛刊（25），民族文化推进会，1988，第53b页。

第六章 夷齐庙：使途游览与精神追求

依然据一隅""遗庙未供香一瓣，白头歧路重踟蹰"。[1] 数年之后，中宗三十四年（1539）闰七月，权橃（1478—1548）以改宗系奏请使出使明朝。十月十二日抵达永平府后，他们不仅游览了孤竹城，还瞻拜了夷齐庙，其《朝天录》中有比较详细的记载：

> 自府至三十里许，遥望层峰叠嶂，耸压西北。有古城周匝山麓，所谓孤竹古城也。夷齐庙在城内，府官一年三往祭之云。
>
> 夷齐庙在滦河上流土城中。城门书孤竹城，下书仁贤旧居。中门书敕赐清节庙。东西小门，一书天地经常，一书古今师范。内有楼门，门楣书上古逸民，下书伯夷叔齐。楼上巨碑，未遑登眺。内庭有阁，刻孔孟曾三圣赞言，为三碑鼎立之。阁门书孔孟称贤。庭之左右碑阁，时人所述。内有神门，书明朝庙祀，围以石栏，铺以大砖。塑像俨然，瞻拜肃然。左右立庖厨长廊。庭亦有碑。庙后墙门，刻古贤肇迹。门内楣书滦河上流。内构揖逊堂，左右立斋明之廊。后筑清风台，台上采薇亭。亭门有二，东书高蹈风尘，西书大观寰宇。入门渐高。又有二门，左书百代山仰，右书万古云霄。倚亭举目，极为洞豁。河中小岛，新创孤竹君庙。亭东有下河之门，凿岩为梯，边树木兰〔栏〕，扶执上下。下步冰上，仰见层壁。[2]

此后，《朝天录》中关于夷齐庙的记载渐多。明宗三年（1548），崔演（1503—1549）以冬至使朝京途中，虽因行程匆急，不能瞻拜夷齐庙，仍留下《望夷齐庙》诗二首。[3] 明隆庆元年（1567）翰林院检讨许国和兵科左给事中魏时亮到朝鲜颁诏，途中许国和魏时亮皆有诗咏及

1　郑士龙：《湖阴杂稿》卷二《孤竹城》，丛刊（25），第58a页。
2　权橃：《冲斋先生文集》卷七《朝天录》，丛刊（19），民族文化推进会，1988，第444a—444b页。
3　崔演：《艮斋先生文集》卷九《望夷齐庙》，丛刊（32），民族文化推进会，1989，第168c—168d页。

伯夷、叔齐和孤竹城，朝鲜文人卢守慎等人也因此有唱和之作。[1] 所以，即使没有机会游览孤竹城、瞻拜夷齐庙，孤竹城和夷齐庙也有机会成为朝鲜文人吟咏和想象的对象。宣祖二年（1569）洪天民赴京贺册封皇太子，具思孟（1531—1604）在送行诗中也提到孤竹城和伯夷、叔齐，说"路出昌黎县，身休孤竹城。抑邪功不小，谏伐义愈明。吏部千年杰，滦河万古清"。[2] 在这种时代气氛下，朝鲜士大夫一旦有机会参加使行，则希望到孤竹城游览，瞻拜夷齐庙。

宣祖七年，朝鲜圣节使一行在前往北京途中游览了孤竹城，书状官许筬记载，"旧日之迹，今已夷漫涤荡，无一可寻，而独清风爽然，万古如昨"。[3] 但是他们没有来得及去瞻拜夷齐庙，而是要留待回程再去。回程途中，这年农历九月十三日，虽然下着大雨，他们还是冒雨去寻找夷齐庙，结果迷了路，转了七八里路才找到。他们在庙门那里稍事休整后，来到正殿，对伯夷、叔齐塑像行再拜礼，"瞻仰回思，心神飒爽"。然后又回到庙门处饮酒消遣，等到午后雨势变小后才穿着蓑衣，四处游览，"登清风台，时云阴不开，远望永平府之野，烟树掩翳，依稀然有遗世独立之思"。[4] 他们在这里逗留良久，日将暮才离开。

宣祖十年春，谢恩兼改宗系奏请使一行也瞻拜了夷齐庙。书状官金诚一记载说："余于丁丑春，奉使天朝，过孤竹而谒圣祠，濯缨滦河之水，徘徊采薇亭上。清风如昨，遗迹宛然。二子声音颜色，有若接乎目而盈乎耳，不觉百世之为远也。"[5] 到17世纪，瞻拜夷齐庙已成为朝鲜使行游览之惯例，很多《燕行录》都强调朝鲜使行人员瞻拜夷齐庙为定

---

[1] 卢守慎：《稣斋先生文集》卷五《观许、魏过首阳，及论学二律，有感遂次》，丛刊（35），民族文化推进会，1989，第172b页；卢守慎：《稣斋先生文集》卷五《复次韵示友》，丛刊（35），第172c—172d页。

[2] 具思孟：《八谷先生集》卷二《送洪达可朝京》，丛刊（40），民族文化推进会，1989，第475d页。

[3] 许筬：《荷谷先生朝天记》（中），林基中编《燕行录全集》（7），第55页。

[4] 许筬：《荷谷先生朝天记》（中），林基中编《燕行录全集》（7），第177页。

[5] 金诚一：《鹤峰先生文集》卷二《首阳山赋并序》，丛刊（48），第64d页。

第六章　夷齐庙：使途游览与精神追求

例，只是有的是在前往北京途中即去瞻拜，而有的是回国途中才去瞻拜。万历二十五年（1597）"丁酉再乱"发生后，权悏（1542—1618）以告急使出使明朝，自然不能在途中耽搁时日，而在六月初四日回程途中还是去游览了夷齐庙，并记录了自己的感受。他说："历谒夷齐庙，遗像凛然可肃。薄夫终夕，徙倚清风台，不觉毛发欲竖。去先生几千载，而能使人起敬如此，信乎孟子所谓百世之下，闻者莫不兴起也。"[1]

在明清交替之后，朝鲜使行人员仍有去夷齐庙瞻拜的传统。孝宗七年（1656）八月，麟坪大君李㴭以奏请正使第十一次出使中国。这年九月十六日，他带上干粮，约副使金南重、书状官郑麟卿等人一起游览夷齐庙，先到正殿行再拜礼，然后来到清风台。经历了明清交替期间的战乱，夷齐庙已相当破败，麟坪大君甚至担心几年之后会彻底荒废掉。只有建在河中砥柱石上的砥柱亭，因游人颇多，业已重修。权悏觉得夷齐庙附近滦河两岸的风光足称畿东第一江山，麟坪大君游览此处之后，也有与权悏相似的感受。因此，麟坪大君说："既拜清圣，又得胜赏，尘念顿减，万事如云。孟子所谓懦夫立、顽夫廉之说，诚验矣。"[2]

而且，在明清交替之后，朝鲜使行人员瞻拜夷齐庙也与朝鲜的尊明排清意识联系起来，成为恪守尊周大义的一种体现，更觉蕴含深意。洪柱元（1606—1672）在1647年至1661年间先后四次赴燕，多次瞻拜夷齐庙，所以有诗云"一带滦河水，清风万古长。谁知东海客，七载再焚香"，[3]"滦河不绝西山在，薇蕨年年野老吟"。[4]洪柱元在赞颂伯夷、叔齐之清节的同时，也与朝鲜迫不得已对清"事大"相对照，所以在诗中说"精灵若不昧，应笑我曹行"，[5]又说"吾侪此役诚堪愧，为问英灵知

---

[1] 权悏:《石塘公燕行录》，林基中编《燕行录全集》（5），第76页。
[2] 麟坪大君李㴭:《燕途纪行》（中），林基中编《燕行录全集》（22），第116页。
[3] 洪柱元:《燕行录》，林基中编《燕行录全集》（108），第69页。
[4] 洪柱元:《燕行录》，林基中编《燕行录全集》（108），第42—43页。
[5] 洪柱元:《燕行录》，林基中编《燕行录全集》（108），第18页。

不知"，[1]"想得精灵应笑我，向来何事此行频"。[2]吴光运在《送宋参判成明燕行七首》诗中也表达了类似的思想。他说："腥风膻雨蕨薇残，孤竹祠边夕照寒。寄语精灵休望望，行人头整古殷冠。"[3]

所以，朝鲜使行人员拜谒夷齐庙也更加郑重其事，事先要更换冠服，三使臣先拜，然后随行人员依次拜谒。拜谒之后所作感怀诗文，也往往与尊周大义有关。如正祖十五年（1791）十二月十六日，金正中跟随朝鲜冬至兼谢恩使一行游览了夷齐庙，然后用石上泉水磨墨，和清风台原韵，作诗一首云："滦河一带绿如薇，幽蓟尘沙镜面飞。魂若有知今世界，不堪涂炭坐朝衣。"[4]到纯祖四年（1804）二月初八日，朝鲜冬至使书状官徐长辅的裨将李海应（1775—1825）在游览了夷齐庙后，也有诗云："荒台遗庙雨如丝，缅想雷阳食薇时。之子有心终秉义，为邦无计更扶危。难攀高节苍山屹，欲把清风老木悲。愧杀东邦皮币使，一鞭归过古今支。"[5]

其实清朝也尊崇伯夷、叔齐，清朝皇帝在去盛京（沈阳）途中，也会去瞻拜夷齐庙，所以也注意对夷齐庙加以修葺。肃宗三十八年（1712）十二月二十一日，朝鲜冬至兼谢恩使来瞻拜夷齐庙时，看到这里能及时得到整修，而且有寺僧值守，朝廷春秋派人致祭，因而称赞清朝"亦知尊崇"。[6]正祖二年二月十七日，朝鲜进贺谢恩陈奏兼冬至使一行经过这里时，更发现清朝正在夷齐庙东面修建行宫，后来朝鲜使行人员在游览夷齐庙时，也会顺便游览行宫。哲宗十一年（1860）十月以谢恩兼冬至正使赴燕的申锡愚甚至觉得各家《燕行录》记载行宫太多，而相对忽视了夷齐庙，所以他才特意在其《入燕记》中作《清节庙记》一篇。他说："观于庙者，眩于行宫之侈丽，杂糅记述，非徒使观其记者

---

1 洪柱元：《燕行录》，林基中编《燕行录全集》（108），第52页。
2 洪柱元：《燕行录》，林基中编《燕行录全集》（108），第61页。
3 吴光运：《药山漫稿》卷三《送宋参判成明燕行七首》其三，丛刊（210），第404b页。
4 金士龙（金正中）：《燕行日记》，林基中编《燕行录全集》（74），第31页。
5 李海应：《蓟山纪程》卷四《清圣庙》，林基中编《燕行录全集》（66），第407页。
6 崔德中：《燕行录·日记》，林基中编《燕行录全集》（39），第491页。

第六章　夷齐庙：使途游览与精神追求

艰于辨别，非所以尊礼古贤人之道，故今特记清节庙。"[1]

也不知从何时起，朝鲜使节在瞻拜夷齐庙后，还会在庙外寺庙里做饭吃，而且依例要用蕨菜做菜做羹而食。只是夷齐庙附近首阳山已无蕨可采。早在宣祖三十五年（1602），金玏（1540—1616）以冬至正使赴燕时，即发现孤竹城前首阳山"赤秃迤逦，无洞壑，亦无草木，今则并与薇蕨而不可采"。[2] 所以，朝鲜使行所食蕨菜，都是从朝鲜带来的干蕨菜。肃宗三十八年（1712）十二月二十一日，朝鲜冬至兼谢恩使一行一大早就赶到这里，在夷齐庙西墙外守庙僧侣所住的房屋里做早饭，也用干蕨做羹。虽是依例而行，金昌业仍觉得这样做有点可笑。他说："厨房到此，例以干蕨作羹，今亦未免，可笑。"[3] 正祖十五年十二月十七日，朝鲜冬至兼谢恩使一行在游览了夷齐庙后，午饭也供有蕨羹，同行的金正中也说："虽非首阳之采，到此地进此羹，自是厨房旧例，可笑可笑。"[4] 虽然不少人觉得此举有点可笑，但这种惯例还是能流传甚久。纯祖四年（1804）二月初八日，朝鲜冬至使一行游览夷齐庙时，午饭也仍用干蕨为菜为羹。书状官徐长辅的裨将李海应还记载说："年前一使行厨房阙蕨薇焉，使臣杖其厨子，厨子出而哭曰死便死矣，胡为采薇而食之，千载下使我至此云。语极绝倒。"[5]

同样的故事不止李海应提到过，纯祖二十九年二月初十日跟随冬至兼谢恩使一行游览夷齐庙的朴思浩也提到过。他说："凡使行入此庙，必薇蕨作羹，例也。年前使行，以厨房之阙羹，杖其干粮马头，马头出门哭曰伯夷、叔齐呵，死则死矣，何必采薇，使我受杖。言虽无理，亦极绝倒。"[6] 虽然李海应和朴思浩都说此事发生在"年前"，其实早已有

1　申锡愚：《海藏集》卷十六《入燕记·清节庙记》，续刊（127），第582a页。
2　金玏：《柏岩先生文集·柏岩先生年谱》，丛刊（50），民族文化推进会，1990，第152c页。
3　金昌业：《老稼斋燕行日记》卷二，林基中编《燕行录全集》（32），第509页。
4　金正中：《燕行录》，林基中编《燕行录全集》（74），第113页。
5　李海应：《蓟山纪程》卷四《清圣庙》，林基中编《燕行录全集》（66），第405—406页。
6　朴思浩：《心田稿》一《燕蓟纪程》，林基中编《燕行录全集》（85），第311页。

流传，正祖四年（1780）跟随进贺兼谢恩正使朴明源到过中国的朴趾源，在其《热河日记》中已有记载，而且说此事更发生在十数年前。他说：

> 昨日夷齐庙中火时，为供薇鸡之蒸，味甚佳。沿道失口者久矣，忽逢佳味，欣然适口，为之一饱，不识其旧例也。路值急雨，外寒内壅。所食未化，滞在胸间，一噫则薇臭冲喉，遂服姜茶，中犹未平。问方秋非时，厨房薇蕨，何从生得？左右曰：夷齐庙，例为中火站，必供薇蕨。无论四时，厨房自我国持干薇而来，至此为羹，以供一行，此故事也。十数年前，干粮厅忘未持来，至此阙供。其时干粮官，为书状所棍，临河痛哭曰：伯夷叔齐，伯夷叔齐，与我何仇？与我何仇？以小人愚见，薇蕨不如鱼肉。闻伯夷等采薇而食，乃饿死云，薇蕨真杀人之毒物也。诸人者皆大笑。[1]

不过，朴思浩他们是在野鸡坨吃的午饭，并没有提到在夷齐庙北寺庙中吃蕨羹之事。纯祖三十二年（1832）十一月十四日经过此地的冬至兼谢恩使一行虽然郑重其事地瞻拜了夷齐庙，对伯夷、叔齐行再拜礼，而书状官金景善则告诉我们，早已不吃蕨羹了。他说："使行故事，到此必为中火站，而供薇蕨，故无论四时，自我国预备干薇而来，作羹以进。昔有厨房，忘未持来，干粮马头为书状所棍，临河痛哭曰：伯夷熟菜〔叔齐〕，与我何仇，与我何仇？以我愚见，薇蕨不如鱼肉。闻夷齐采薇饿死云，薇蕨真杀人毒物也。一行莫不大笑云。出于燕岩日记，至此忆此语，相与一笑。盖今则供薇亦废已久矣。"[2]

但是，金景善的说法也许并不准确，因为哲宗六年（1855）十一月二十一日，朝鲜陈慰进香使在游览了夷齐庙后，仍在庙旁寺庙里吃午

---

[1] 朴趾源：《燕岩集》卷十二《热河日记·关内程史》，丛刊（252），第193c—193d页。

[2] 金景善：《燕辕直指》卷二《出疆录·夷齐庙记》，林基中编《燕行录全集》(71)，第128—129页。

饭，随行的徐庆淳记载说："午饭于僧寮，厨房供薇蕨羹，例也。是日甚寒，热羹暖饭，不觉顿饱。"徐庆淳还在吃饭时偶吟一诗云："饱食夷齐庙，无心采薇。我生箕圣国，夫子盍同归。"[1] 认为伯夷、叔齐如此独自受苦求死，还不如随箕子东出朝鲜。

二 海州首阳山与清圣庙

朝鲜人对伯夷、叔齐的崇拜不仅体现在朝鲜使行人员对夷齐庙的拜谒和食薇上，还体现在朝鲜国内建造夷齐庙的举动上。中国有关首阳山的记载也不统一，至少有五处之多。对于永平府的首阳山是不是伯夷、叔齐隐居和饿死的地方，朝鲜人也多有疑问。申锡愚就认为孤竹城是孤竹国遗址无疑，至于首阳山就未必真的是伯夷、叔齐隐居的地方了。因此他说："居人名其后山曰首阳，是则未必然。天下有五首阳，其辨甚多，未可以此山确谓之夷齐所登也。"[2]

但是，在五处首阳山中，永平府的首阳山和夷齐庙不仅影响较大，而且靠近朝鲜使行路线，是他们唯一可以到达的地方，所以朝鲜人也愿意相信这里就是伯夷、叔齐的最后隐居地。如李圭景就说过："中原典故者，既以永平府为孤竹国，而以夷、齐清节祠北小山为首阳山，则华东人指某处为孤竹国，指某处为首阳山者，从此归一矣，予复何辨耶？"[3]

然而，从高丽时期起，朝鲜半岛内就流传着黄海道海州牧为孤竹国遗墟的说法。丽末鲜初的李詹（1345—1405）即认为孤竹国在朝鲜海州。这种说法后来也载入《东国舆地胜览》。《新增东国舆地胜览》载海州有首阳、孤竹等异名，并解释说："《隋（书）·裴矩传》'高丽本孤竹国'。李詹云'今海州'。今按《大明一统志》，永平府西一十五里

---

1 徐庆淳：《梦经堂日史》编二《五花沿笔》，林基中编《燕行录全集》（94），第283—284页。
2 申锡愚：《海藏集》卷十六《入燕记》下《清节庙记》，续刊（127），第582a页。
3 李圭景：《五洲衍文长笺散稿》（上册）卷七《孤竹首阳山辨证说》。

有孤竹国君所封之地,又府城西北有孤竹三君冢,又有伯夷、叔齐庙,此为孤竹国明甚。裴矩岂以夷、齐东夷之人而云然耶?詹以海州为孤竹,未知何所据。"[1]《新增东国舆地胜览》说李詹无据,柳馨远《东国舆地志》直接说李詹"误矣"。[2]

但是,海州为孤竹国故址的说法在朝鲜流传甚广,而且海州地方也生出很多与孤竹国,以及伯夷、叔齐有关的地名。海州东五里不仅有一座以首阳山命名的山,山上有首阳山城,世人也认为这就是孤竹城遗址。山顶还有台,内多洞府泉石,形胜为一道之最,也被命名为二子台。首阳山之南五里许有本邑故址,后人以此为孤竹郡旧址。山下还有岛名兄弟岛,旁边有村落名清风洞。这些地名的由来,大概因山名偶合,后世之人为怀念伯夷、叔齐而起。对此,金正浩《大东地志》也载:"按,辽界有海州,有首阳山,又直隶永平府古孤竹国,而有清节祠祀夷、齐,盖后人取首阳、孤竹、海州等号,而牵合之说。"[3]

尽管有些牵强附会,朝鲜文人仍多有题咏。朝鲜朝初期,高得宗咏海州诗即有"万古夷齐地,遗风感慕深"之句。[4]成任(1421—1484)更有长诗云:

> 青山叠叠沧海边,沧海森森青山前。
> 山名首阳正奇绝,图籍不入周家天。
> 古台宛然尚未改,州人历历争相传。
> 不须访僧投野寺,不须寻真浮海船。
> 采薇遗躅独可仰,高出等夷超百千。
> 饿而不食去而隐,兄及弟矣同周旋。

---

1 卢思慎等:《新增东国舆地胜览》卷四十三《黄海道·海州牧》,第755页。
2 柳馨远:《东国舆地志》卷六《黄海道·海州牧·郡名》,第374页。
3 金正浩:《大东地志》卷十七《黄海道·海州·山水·首阳山》,第357页。
4 卢思慎等:《新增东国舆地胜览》卷四十三《黄海道·海州牧·题咏》,第761页。

第六章 夷齐庙：使途游览与精神追求

> 甘心无复向天下，寄身托迹山樵烟。
>
> 有山自可葬吾骨，有粟岂是容吾咽？
>
> 誓将一死警后世，英风千载吹凛然。
>
> 呜呼恨未一木支大厦，长使有殷多历年。[1]

到朝鲜肃宗十三年（1687），海州儒生姜凤休等人始在海州首阳山下清风洞为伯夷、叔齐建造祠宇，肃宗十七年海州清圣庙竣工，然后请求朝廷为其赐额。姜凤休等人此举在朝鲜国内引起了争论。姜凤休等人并不能论证这里就是伯夷、叔齐隐居之地，但是他们作为海州人，仍不愿否认有这种可能性。而且，在他们看来，即使是假的，当地百姓仰慕圣贤，其出发点也是好的。所以，他们在上书请国王为清圣庙赐额时说："盖其真赝，有不可辨，而清风高节，凛凛如在，则又何必强论彼此之分别乎？"[2]也就是说，这里是不是真的孤竹国旧址并不重要，重要的是当地居民崇拜伯夷、叔齐清风高节，并且这样做有助于改良当地民风。

对于海州是否为孤竹国旧址，吏曹判书尹鑴提出了一种变通的说法。他认为这里即使不是墨胎氏故国，也不能排除伯夷、叔齐到过海州的可能。因为伯夷、叔齐本来就在辽东，与朝鲜相近，箕子东来之后，伯夷与箕子必有往来，那时到过海州也未可知。而同知中枢府事洪宇远则不同意这种推测。他说，海州只是"既有首阳山，故后人仍加孤竹之号矣，岂有夷齐往来之事也？"[3]

然而洪良浩不仅相信有"夷齐往来之事"，而且相信海州首阳山就是伯夷、叔齐最后隐居的地方。他根据孟子说伯夷"避纣居北海之滨"，推测伯夷真的到过朝鲜半岛。后来他因不愿臣服于周，本来可以回到孤

---

[1] 卢思慎等：《新增东国舆地胜览》卷四十三《黄海道·海州牧·山川·首阳山》，第755—756页。

[2] 《承政院日记》，英祖三年十二月二十二日癸卯。

[3] 《承政院日记》，肃宗二年二月初九日申酉。

竹国，但是中子已经成为周臣，隐居孤竹国也许于心不安，所以仍隐居海滨，而且箕子东来时应该也经过了孤竹国，伯夷、叔齐与箕子携手东来也是情理之中的事情。因此，伯夷、叔齐采薇而食的首阳山也许真的就在朝鲜半岛。既到过卢龙首阳山和夷齐庙，也到过海州首阳山的洪良浩，还从两地实际地理条件来说明海州首阳山更可信。他说："余观滦河所谓首阳者，不过野中一丘陵耳，无足隐身而采茹。海州之首阳，山高而谷邃，产薇蕨甚美，心窃疑之。及见唐李渤所记云高丽海州有首阳山，是伯夷、叔齐隐处，有箕子往来之迹，渤之博雅，其言必有据矣。以此观之，海州之祠夷、齐，未可谓无稽矣。且于山之西十余里，有大连、小连古墟，故孔子所称东夷之子，而与夷、齐并列于逸民者，岂非闻夷、齐之风者欤？"[1]

朴永元也根据李渤的说法，认为海州首阳山更为可信。他于道光二十六年（1846）以进贺兼谢恩正使出使中国，路过夷齐庙时作有两首诗，其中第二首专门叙述海州首阳山，诗云：

我国西海滨，有山名首阳。
即地祠二子，俎豆岁为常。
悠悠千古迹，孰知此尔疆。
令支一片土，犹系周职方。
清风若将浼，讵肯斯焉藏。
箕圣东度日，判不殊人印。
尚传往来迹，江海相苍苍。
至今碧山巅，薇蕨春正香。
斯言非臆对，斯理较大彰。
有唐李渤氏，特笔记该详。[2]

---

[1] 洪良浩：《耳溪集》卷十三《滦河清节祠记》，丛刊（241），第233a—233b页。
[2] 朴永元：《梧墅集》册四《夷齐庙二首》其二，丛刊（302），第282c页。

第六章　夷齐庙：使途游览与精神追求

李石亨（1415—1477）到过卢龙县首阳山，后来又游览了海州首阳山，他以为此山也以首阳为名，也许是讹传。但是，从情理上推测，伯夷、叔齐隐居在这里更顺理成章。他说："称夷、齐曰东夷之人也，则隐于此恐或不诬。而以耻食周粟而隐，则不欲在中原之地者亦信矣。安知中原之首阳为不诬，而此山之为诬也。"[1] 所以，他在《海州首阳山并序》诗中说：

> 首阳山在海之边，洪涛昼夜奔流前。
> 千山万山趋拱揖，孤标崒嵂高撑天。
> 春复秋分阅几许，至今此山名流传。
> 忆昔殷家汤业尽，白鱼跳浪入周船。
> 煌煌黄钺牧之野，有众一心惟三千。
> 乾维欲坠坤轴转，可怜扣马空周旋。
> 耿耿孤心悬落日，回首亳墟埋寒烟。
> 四海八荒皆周禄，周禄宁吾下喉咽。
> 聊寄山中山寂寂，采薇一曲风萧然。
> 薇尽曲终人不见，水绿山青千万年。[2]

其实，这种因地名与中国相似而建造祠宇之事，在朝鲜尚有多处。庆尚北道英阳县有云谷，与武夷山云谷相合。正祖四年（1780），当地儒生在这里建了云谷书院，祭祀朱熹，以宋时烈配享。平安南道永柔县卧龙山早在宣祖三十六年（1603）即建有卧龙祠，显宗二年（1661）获得朝廷赐额，后来又以岳飞、文天祥配享，也称三忠祠。全罗北道镇安郡富贵面有程子川、伊川、朱子川，还有卧龙岩，于是也于显宗八年建立祠宇，祭祀颜回、程颢、程颐、朱熹和诸葛亮，肃宗二十一年

---

[1] 李石亨：《樗轩集》卷上《海州首阳山并序》，丛刊（9），民族文化推进会，1988，第404c页。
[2] 李石亨：《樗轩集》卷上《海州首阳山并序》，丛刊（9），第404c—404d页。

（1695）朝廷赐额"三川书院"。江原道的江陵有丘山，建有孔子祠。忠清道尼山有阙里村，也建有孔子祠。黄海道儒生在请求朝廷为海州夷齐祠赐额时，也引这些例子说明他们为伯夷、叔齐建祠具有合理正当性。

肃宗二十七年三月，黄海道儒生上疏请求朝廷为海州夷齐祠赐额，三月十五日肃宗同意赐额，四月初二日特以御笔赐额曰"清圣庙"，并表示要以此聊寓千载起敬之意。肃宗并作七言诗一首云：

> 山号首阳同古号，庙名清圣即新名。
> 登巅疑见采薇迹，入洞如闻叩马声。
> 苟不生平信道笃，乌能若此自知明。
> 武王二子忱虽异，万世千秋义并行。[1]

根据肃宗二十四年正月文会书院赐额之例，由承政院直代为摹写，令京匠刻制，遣左承旨沈枰前往海州陪进悬揭，然后致祭。[2]海州夷齐祠位版，过去海州儒生写作"孤竹伯子"和"孤竹叔子"，检讨官李观命建议根据中国永平府夷齐庙的称呼，改书为"清惠侯伯夷"和"仁惠侯叔齐"。[3]观察使李彦经得到朱熹所书"百世清风"四字，准备刻成匾额悬挂在海州清圣庙内而未果，其后海州通判赵命祯拟改刻为碑，立在庙庭，背面刻朝鲜尊崇伯夷、叔齐之经过，记文由领议政崔锡鼎所作，黄海道观察使郑是先书。但是还没有完成，郑是先和崔锡鼎俱为褫归。有人提出《礼记类编》事，认为崔锡鼎是毁经侮贤之人，其所作文字不可与朱子墨迹并刻一碑，所以此碑迟迟未能竖立。[4]

---

1 《承政院日记》，英祖三年十二月二十二日癸卯。
2 《承政院日记》，肃宗二十七年四月初三日庚申、十九日丙子。
3 《承政院日记》，肃宗二十七年四月十九日丙子。
4 《承政院日记》，英祖三年十二月二十二日癸卯。

三　夷齐论与君臣之义

对于伯夷、叔齐，高丽时期崔致远（857—?）所撰《智证和尚碑铭》提到的七贤，即包括伯夷、叔齐兄弟二人。[1] 崔致远自己也被后人形容为伯夷、叔齐式的人物。新罗末年崔致远弃官，隐居加耶山以终，后世在咸阳柏渊上为其建祠，黄景源（1709—1787）所撰《柏渊祠记》称："自公之去，以时考之，则金氏盖已亡矣。此其志亦洁其身，与二子（伯夷、叔齐——引者注）无以异也。"[2] 李源祚（1792—1871）所撰《狼山读书堂遗墟碑识》也载："尚论者曰，先生以学则跻圣庙，以文则主词盟，以生则伯夷之避世，以迹则子房之托仙。"[3]

高丽后期文臣李奎报（1168—1241）也称赞伯夷、叔齐之清节，认为比干为杀身以成仁者，而伯夷、叔齐为杀身以成节者，进而肯定了伯夷、叔齐谏伐的正当性。[4] 他说："虎王（武王）伐纣，犹有惭德，凡在义士，不可忍视，故孤竹二子，扣马而谏，谏而不见听，耻食其粟而死，是亦死得其所而成其节也。"[5] 李奎报并没有否定武王伐纣的正当性，伯夷、叔齐谏伐也不损武王之德，况且伯夷、叔齐并非武王之臣，乃纣王之臣，谏伐其君而死，也是正当的。李奎报比较早地接受了武王和伯夷、叔齐"两是论"。

到了朝鲜朝，燕山君六年（1500），李荇以质正官出使明朝，路过孤竹城，有诗记其事，诗中有一句为："早知世变唐虞复，却悔从前叩

1　崔致远：《孤云先生集》卷三《智证和尚碑铭》，丛刊（1），民族文化推进会，1990，第188d页。
2　黄景源：《柏渊祠记》，载崔致远《孤云先生集·孤云先生事迹》，丛刊（1），第146a页。
3　李源祚：《狼山读书堂遗墟碑识》，载崔致远《孤云先生集·孤云先生事迹》，丛刊（1），第145a页。
4　李奎报：《东国李相国全集》卷二十二《屈原不宜死论》，丛刊（1），民族文化推进会，1990，第522b页。
5　李奎报：《东国李相国全集》卷二十二《屈原不宜死论》，丛刊（1），第522c页。

马争。"[1] 李荇似乎认为伯夷、叔齐谏伐和隐居首阳山并非明智之举。他虽然也佩服隐遁者的节义精神，但是并不认为这是士人的最佳选择。他强调："然臣子之事君，在夷险而一致。苟洁身之是尚，君谁与乎共理？况天下无不可为，亦有请剑之槐里，倘能沮抑其帝秦之谋兮，又何必蹈东海而死也？"[2]

这种有关伯夷、叔齐评价问题的争论，到朝鲜朝中期以后逐渐多了起来。经历"两乱"之后，春秋大义和忠孝节义更加受到重视，伯夷、叔齐作为忠节和君臣大义的象征，自然更受推崇，大家也就更热衷于讨论司马迁《伯夷列传》所记伯夷、叔齐事迹之真伪。

金昌翕完全接受了王安石的观点，并因此对王安石大加称颂。他说："至夷齐谏伐事，则七圣皆迷，总输于荆公一只眼。始出于庄周寓言，马迁传之，韩愈颂之，流传千百年，牢不可破，至荆公而方碎其说。"[3] 丁若镛也不相信司马迁《伯夷列传》中有关伯夷避周而隐的说法。他说："微子受封而不耻，箕子陈道而不疑，何独伯夷叩马而谏，采薇而食，以至饿死乎？"[4] 丁若镛之兄丁若铨（1758—1816）还曾专门作《伯夷辨解》一文，对司马迁《伯夷列传》一一加以批驳。郑宗鲁也对司马迁的《伯夷列传》颇为不满，批评说："史迁叙伯夷，杂引韩子诸说，以寓其感愤不平之气，其违天悖理，固已甚矣。"郑宗鲁认为伯夷、叔齐隐居首阳山在让国避位之时，即使有归周之事，也应死于武王伐纣之前，不可能有谏伐和不事周之事。这些事也许出于战国时期好事者之口，而后人以讹传讹，司马迁信以为真，"至于西山采薇之章，尤为不类"，必是后人托名而作。[5]

---

1 李荇：《容斋先生集》卷四《永平道旁有石刻，曰孤竹郡古城》，丛刊（20），第415c页。
2 李荇：《容斋先生集》外集《挂冠东门》，丛刊（20），第563b页。
3 金昌翕：《三渊集》卷三十三《日录（己亥三月初一日）》，丛刊（166），第122d—123a页。
4 丁若镛：《与犹堂全集》第二集经集卷五《孟子要义》卷一《公孙丑第二·伯夷柳下惠章》，丛刊（282），第109a页。
5 郑宗鲁：《立斋先生遗稿》卷十五《辨夷齐传》，丛刊（210），第253a—257b页。

第六章 夷齐庙：使途游览与精神追求

伯夷、叔齐可能死于武王伐纣之前，本来也是王安石的推测。王安石说："盖二老所谓天下之大老，行年八十余，而春秋固已高矣。自海滨而趋文王之都，计亦数千里之远。文王之兴，以至武王之世，岁亦不下十数。岂伯夷欲归西伯而志不遂，乃死于北海邪？抑来而死于道路邪？抑其至文王之都，而不足以及武王之世而死邪？如是而言伯夷，其亦理有不存者也。"[1] 成海应也接受王安石的推测，相信伯夷可能死于武王伐纣之前。他说："夫伯夷之至周，已称大老矣。至周又十三年而寿益隆矣。窃意其没已在伐商之前矣，然无由而征之矣。"[2] 但是他与王安石的看法又不完全相同。他不同意王安石关于如果伯夷不死，也会像姜太公那样支持武王伐纣的说法。他说："余作伯夷辨，复考王介甫伯夷论，云其没先于伐商者，与余意合。独其谓伯夷不死，当如太公成武王之烈者，岂伯夷志乎？伯夷之归周者，即亦同天下人之心也。"[3]

可见王安石的看法在朝鲜有人赞同，也同样有人不能接受。正祖二十四年（1800）夏，正祖与抄启文臣徐俊辅讨论《论语》时，就"冉有曰夫子"章，徐俊辅说：

> 夷齐谏伐一事，汉唐诸子传以为信史，程朱诸贤仍以为实迹。数千载之间，有一王介甫疑之，著《伯夷论》，而断以为无是。我东金三渊深许介甫之独见，其言曰七圣皆迷，总输荆公一只眼。谏伐事始出于庄周寓言，马迁传之，昌黎颂之，流传千百年，牢不可破，至荆公方碎其说。又曰以暴易暴，出于伯夷之口，则伯夷为一怪物。大抵谏伐事，夷齐若果有此，则可与让国之事，同为炳烺之大节矣。孔孟之论夷齐，宜乎首提此事，不应如是埋没，而重言复言，一不及此，此外经传亦无征信之语，此甚大可疑也。

---

[1] 王安石：《临川先生文集》卷六十三《伯夷》，中华书局，1959，第675页。
[2] 成海应：《研经斋全集》卷十五《伯夷辨》，丛刊（273），第348d页。
[3] 成海应：《研经斋全集》卷十五《伯夷辨》，丛刊（273），第348d页。

三渊之言未免太乖激，而臣亦以为谏伐一事未敢信。"¹

对于徐俊辅的怀疑，正祖回答说："不食马肝，不至为不知味。只知夷齐之求仁得仁，则这便是仁人，何论叩马一事之有是无是？虽知之，未必为益。知其人之仁，虽不知之，亦若知味者未必食马肝。"正祖不同意王安石的说法，他认为"王介甫之论，难乎免于文人之好奇，而近世处士金昌翕之许以千古只眼，可谓从讹传讹，乖激与否不须说"。在这点上，他也宁愿遵从二程和朱熹。他说："吾则惟知程夫子、朱夫子之注解，敬之信而守之笃。尝闻于朱夫子之说曰夷齐叩马而谏，程夫子之说曰谏伐而饿，于是乎吾于程、朱两夫子之训，固无间然。"²

宋文钦（1710—1752）也认为司马迁《伯夷列传》的记载有误，王安石说伯夷无谏伐之事不无道理，但是他还是不愿意让伯夷、叔齐这对在朝代鼎革之际严守君臣大义的榜样因王安石的观点而倒塌。他相信，伯夷如果活着，谏伐和不事周是伯夷应守之义，这是不容置疑的。所以他在解释自己写《伯夷论》的目的时说："余故曰伯夷之传，好事者为之。而伯夷之道，固不事周者也。故善论古人者，先定其道而后断其迹。苟知其道矣，以为老不及武王而死可也，及武王而去之亦可也，不必于其迹之有无。而其为道则如日月之昭明，如山岳之高大，虽愚夫愚妇，可使知之，不可得而亡也。余详著而论之，将使后之为人臣者，无疑于伯夷之不事周焉。"³很显然，反对王安石者更强调臣子无论在什么情况下都应该恪守君臣之义。吴载纯（1727—1792）还专门作《王氏伯夷论辨》，认为："王氏黜史说，创己见，没忠义之实，而乱君臣之分，甚大矣。"⁴ 他也像宋文钦一样，认为判断古书上的记载是否可信，只可按是否合乎道义来判断，"春秋绝，

---

1 正祖（李祘）:《弘斋全书》卷一百二十三《鲁论夏笺·述而篇》（二），丛刊（265），民族文化推进会，2001，第547d—548a页。
2 正祖（李祘）:《弘斋全书》卷一百二十三《鲁论夏笺·述而篇》（二），丛刊（265），第548a—548b页。
3 宋文钦:《闲静堂集》卷六《伯夷论》（上），丛刊（225），民族文化推进会，1999，第397c—397d页。
4 吴载纯:《醇庵集》卷九《王氏伯夷论辨》，丛刊（242），民族文化推进会，2000，第545c页。

第六章 夷齐庙：使途游览与精神追求

而天下无信史，其不至不经而无害于义者，固不得不信，况经而合义者，其可不信耶？"[1]

然而，仅仅从故事本身来说，《伯夷列传》所记载的内容也有许多可疑之处。李南珪（1855—1907）曾回忆说，他小时候从《十九史略》中读到伯夷、叔齐的故事，问老师伯夷为何不食周粟，老师说是因为以此为耻，又问以此为耻就宁愿饿死吗？老师做了肯定的回答，然而李南珪又问，既然宁肯饿死，为何又采薇而食呢？老师无言以对。有一种解释是，所谓不食周粟只是不食周禄而已，并不是连周地所生产的粮食都不吃了，李南珪觉得这种解释比较有道理。他后来从李滉的著作中看到这种解释，又从程颐语录中得到同样的解释，更坚信这种解释是有道理的。[2]

然而这种解释仍不能彻底消除伯夷、叔齐不食周粟仍食周薇之讥。早在成宗六年（1475），崔淑精即在其《过孤竹城》诗中讥讽道："薇粟皆从周地生，食薇辞粟亦何情？谁知一粒无堪直，沽得千秋万岁名。"[3] 宣祖三十一年（1598），李恒福在出使北京途中拜谒了夷齐庙，诗中也有"丁宁重为清风惜，薇蕨亦是周家草"之句，即为伯夷、叔齐守节不彻底而感到可惜。[4] 李恒福自己也是一个慷慨忠义之士，后来因反对光海君的废母论而死于归乡途中，大概因此对伯夷、叔齐也有更高的要求。

徐命膺（1716—1787）则认为后世学者之所以面临这种解释上的困难，其实是由于把首阳山的位置搞错了。孔子最早提到首阳山而没有说明首阳山在何处，"故后之儒者，求首阳于成周五服之内，甚或以为薇蕨亦周之草木，沾周之雨露，夷齐不当食，以是为二子去就之累，至

---

1 吴载纯：《醇庵集》卷九《伯夷论》，丛刊（242），第545a页。
2 李南珪：《修堂遗集》册七《伯夷论》，丛刊（349），民族文化推进会，2005，第535b—536a页。
3 崔淑精：《逍遥斋集》卷一《过孤竹城》，丛刊（13），第16d页。
4 李恒福：《白沙集》别集卷五《朝天录》上《谒清节祠并序》，丛刊（62），民族文化推进会，1991，第436b—436d页。

于今诮之不止"。[1] 徐命膺相信，伯夷、叔齐既然谏伐而逃，自然不愿意再生活在周家版图之内，很可能东还故国，来到朝鲜半岛的海州。这里的土地非周家之土地，雨露非周天之雨露，自然不存在犹食周之薇的遗憾。所以，他在《清节祠，再次副价韵》诗中有"首阳元在吾邦内，知者千秋但一人"的说法，并注释说："唐李渤记云高丽海州有首阳山，乃伯夷、叔齐隐处，有与箕子往来之迹。"[2]

如果肯定伯夷谏伐的合理正当性，那么又如何评价武王伐纣，以及姜太公之助武王伐纣呢？在朝鲜时代，"两是说"比较流行。宋文钦在肯定伯夷之后，也持"两是说"，以为"夫辅仁而除暴者，太公之道也；守义而自靖者，伯夷之道也"，[3] 批评王安石将伯夷等同于姜太公，抹杀了伯夷所持之大义，而伯夷之义不可少于天下，所以不可使有太公而无伯夷。那么，伯夷谏阻、不事周，是否意味着伯夷从根本上否定武王伐纣的正当性呢？宋文钦强调，伯夷也知道武王伐纣是顺天应人之举，以为"武王不可非而周不可怨"。伯夷不事周只是为了坚持君臣大义，因为"君臣之义，天地之常经也"。汤放桀，武王伐纣虽然是正义的，但这只是一时的权宜之计，而伯夷所坚持的君臣大义则是万古不变之常经。[4] 吴载纯也坚持"两是说"，并作了与宋文钦类似的经权之论："夫武王，行乎权而顺天命者也；伯夷，执乎经而正人纪者也。非武王，当时无君；非伯夷，后世无君。此盖各行其志，一循乎天理之正，是皆圣人之事，而未尝相悖也。"[5] 宪宗元年（1835）七月十三日，奎章阁待教金学性（1807—1875）在经筵上，针对《十九史略》里所提到的伯夷谏伐之事，也评论说："然伯夷、叔齐独谏其伐，其所执之义，疑若与武王相反，而武王拯民生于涂炭，而闷一时之无君，夷齐虑后人之口

---

[1] 徐命膺：《保晚斋集》卷十一《首阳山碑》，丛刊（233），民族文化推进会，1999，第277c页。
[2] 徐命膺：《保晚斋集》卷一《清节祠，再次副价韵》，丛刊（233），第90a页。
[3] 宋文钦：《闲静堂集》卷六《伯夷论》（上），丛刊（225），第397a页。
[4] 宋文钦：《闲静堂集》卷六《伯夷论》（下），丛刊（225），第398d—399b页。
[5] 吴载纯：《醇庵集》卷九《伯夷论》，丛刊（242），第544c页。

第六章 夷齐庙：使途游览与精神追求

实，而立万世之臣节，其实则并行而不悖矣。"[1]

朴趾源不仅完全接受了《伯夷列传》的记载，甚至认为武王与伯夷相须而成。武王不阻止属下欲杀伯夷，在灭商之后不厚待伯夷，让其饿死首阳山，皆含有深意。"其生也，礼养之如文王。其去也，不臣之如箕子。义之，表章之如商容。其死也，封之如比干可也。吾故曰汤、伯夷、武王同道，为其为天下后世虑也。……故伯夷之非武王，非非其举也，明其义而已矣。武王之不封伯夷，非忘之也，显其义而已矣。其虑后世天下，同也。呜呼，礼养之不足以明其义于后世也，表章〔彰〕之不足以明其义于后世也，不臣之不足以明其义于后世也，封之不足以厚伯夷也。"[2] 对于伯夷、叔齐之死，李南珪也做了新的解释。既然相信不食周粟其实只是不食周禄，那么伯夷、叔齐本来没有必要坚持不食周粟而至于饿死，之所以坚持采薇而食，而终至饿死，是为了以死表明万世君臣之义。[3] 也就是说，伯夷、叔齐是为了标榜君臣大义而主动求死，而伯夷、叔齐之死节，也正是武王所需要的。

至于姜太公与伯夷的关系，一般认为也等同于武王与伯夷的关系。郑蕴（1569—1641）曾作《太公扶伯夷论》，强调姜太公扶伯夷，不仅扶其身，更扶其义，说明姜太公也拥护伯夷所持之义，而伯夷、叔齐饿死首阳山，更使君臣大义彰明于天下，"则太公扶之之功，于是乎大矣"。[4] 这大概与朴趾源说武王让伯夷、叔齐饿死首阳山别有深意的想法是一致的。在高宗七年（1870）二月十九日的经筵上，当高宗问武王伐纣时为何姜太公辅佐武王而伯夷谏阻，讲官赵性教也强调说："太公之佐救生民于涂炭，伯夷之谏扶纲常于万古，二人所处，虽若不同，亦

---

1 《承政院日记》，宪宗元年七月十三日庚子。
2 朴趾源：《燕岩集》卷三《孔雀馆文稿·伯夷论》（上），丛刊（252），第67c页。
3 李南珪：《修堂遗集》册七《伯夷论》，丛刊（349），第535b—536a页。
4 郑蕴：《桐溪先生文集》卷二《太公扶伯夷论》，丛刊（75），民族文化推进会，1991，第192a—193b页。

各适于义而已也。"检讨官朴弘寿（1814—1901）也说："当此之时，非伯夷，则不能扶万世之纲常；非太公，则不能济天下之民于水火之中也。"[1]

虽然"两是论"在朝鲜影响深远，然而武王伐纣与伯夷不事周毕竟形同水火，南辕北辙，如何能"两是"呢？难道圣人的标准有多种？对于这个问题，宋文钦则从根本上否定矛盾的存在，反而认为是自然之理。他说："武王伐商，而伯夷不事周，均之为圣焉，道固有然者。圣人而为天子，以圣人而不事，斯所以立君臣之极于百世而为之师也。"[2]大概是说，伯夷有意以这种极端的方式来为君臣大义树立一个最高标准。

虽然说武王和伯夷之所作所为皆合乎天道，最终还是必须回归到经与权上，才能使二人之所为归于两是。所以，吴载纯说："呜呼！以匹夫之微，与天子各任经权之宜，垂万世而炳烺如日星，此其所以为伯夷欤？故曰是皆圣人之事，而未尝相悖也。"[3]申惖（1741—1826）则在经权论基础上，进一步抬高伯夷谏伐的意义。他说："而自后世观之，撑宇宙君臣之大经，树百世廉顽立懦之功者，惟孤竹清风是已，又岂可与一时燮伐之勋并称也哉？余故曰史氏之以不相悖三字断之者，似也而未尽善也。"[4]也就是说，申惖认为伯夷的历史贡献应在姜太公之上。

从经权论的角度来解释，"两是说"就能彻底成立吗？郑宗鲁对此仍表示怀疑，以为"世之所谓知者，既不敢非武王，亦不敢非伯夷，遂为两是之说"，其实"武王非则夷齐是矣，夷齐非则武王是矣，天下固无两是之道矣。且君臣之分，不以前后而有异，不以古今而有变，夫安

---

1 《承政院日记》，高宗七年二月十九日乙卯。
2 宋文钦：《闲静堂集》卷六《伯夷论》（下），丛刊（225），第399b页。
3 吴载纯：《醇庵集》卷九《伯夷论》，丛刊（242），第545a—545b页。
4 申惖：《无名子集》文稿册一《伯夷太公不相悖论》，丛刊（256），民族文化推进会，2000，第199b—199c页。

第六章　夷齐庙：使途游览与精神追求

有一时与万世之足论乎？"[1] 他还认为，司马迁《伯夷列传》本来就是以伯夷为是而以武王为非，而王安石则以武王为是而以伯夷为非，郑宗鲁更愿接受王安石的观点。成海应虽然不愿意以武王为非，但也不认为武王伐纣在君臣之义上毫无缺憾。在他看来，如果人心真的都归于周，商纣王自然不可独存，如果武王等到那时，自然不用伐纣，可以给纣王一个小国，让其颐养天年，则于义无缺，伯夷自然也不会以事周为耻了。[2]

如果伯夷与武王不能两是，则伯夷与姜太公自然也难以两是，所以石之珩（1610—？）在其《夷齐太公》诗中说：

> 太公既许夷齐义，未识鹰扬合义不？
> 夷齐终是圣之清，当置太公何地头？
> 休言天下有两是，白黑分明那可侔。[3]

对伯夷、叔齐的评价，不仅关乎君臣大义，也关乎君子出处进退之宜。朴齐家曾作《伯夷太公不相悖论》，开宗明义，强调："兴亡者，天地之大数，而出处者，君子之大节也。"[4] 姜太公和伯夷被作为君子出处进退的标准。在朝代鼎革之际，无论是像姜太公这样选择出仕，辅佐武王伐纣，还是像伯夷这样选择退隐，饿死首阳山，在朴齐家看来都具有正当性，"伯夷之忧，万世之忧也；太公之心，天下之心也"。[5] 即使在出处进退上姜太公和伯夷可以"两是"，但是后代君子当朝代鼎革之际，出处进退仍是人生之重大选择，如何判断并不容易把握。曹好益（1545—1609）在谈到出处问题时说："一出一处，君子之大节。当出而处，则失兼善乐行之义；当处而出，则有失己冒进之讥。此不可不

1　郑宗鲁：《立斋先生遗稿》卷十五《辨夷齐传》，丛刊（210），第256c—256d页。
2　成海应：《研经斋全集》卷十五《伯夷辨》，丛刊（273），第347d—349b页。
3　石之珩：《寿岘集》卷上《夷齐太公》，续刊（31），民族文化推进会，2007，第335c页。
4　郑宗鲁：《立斋先生遗稿》卷十五《辨夷齐传》，丛刊（210），第256c—256d页。
5　朴齐家：《贞蕤阁集》文集卷一《伯夷太公不相悖论》，丛刊（261），第611c页。

慎其几〔机〕。"[1] 后世君子如果学伯夷、叔齐遁世隐居、独善其身，而这种退隐又是暂时性的，则也得考虑遇何世何君而后可重新出仕。尹宣举（1610—1669）曾在《与李泰之》信中引用中国历史故事，阐明明清交替之际朝鲜士林出处之义。他说："仇为天子，已无可避之国，则隐居终身，以示不臣之义者，王裒是也。仇在异国，疆域有限，得以仕于吾君，以为复雪之计者，刘子羽是也。仇虽在异国，而含痛守志，屏藏不出者，刘子翚是也。既仕吾君，则唯君所使，奋不顾死，虽往仇庭，有所不避者，刘珙是也。虽仕于朝，若值仇人之来，则不忍相对，姑暂避之者，则古者避仇（如诸葛靓于吴则仕，于晋则避而不见是也）之例，而近日诸臣是也。义理多般，人品各异，或出或处，或去或就，要之不失其忠孝之心者也。"[2] 尹宣举的这番话，是针对明清交替之后朝鲜士林是否应该出仕，是否可以出使中国，是否可以参与接待清使而言的，当时朝鲜士林的选择也各不相同。

即使像伯夷、叔齐这样遁世隐居，不为王家所用，无论对于王家还是对于百姓来说都是一个损失，所以李茳不赞同这种做法。那么，后世之人到底还要不要向伯夷、叔齐学习呢？虽然孟子说伯夷偏于清，柳下惠偏于和，都不如孔子大中至正，而朴天行（1729—1791）说这只是孟子希望后世之人学孔子而已，"非谓伯夷直是隘而已，柳下惠直是不恭而已"。[3] 然而，伯夷、柳下惠终还是偏于一边，则必有末流之弊，所以不是后世之人学习的最好榜样。因为是作为侍读官在经筵上讲此义，所以朴天行强调帝王更不可学习伯夷、柳下惠，"况帝王之学，异于匹庶，头脑一偏，则发于心害于事之弊，不但隘、不恭而已，可不慎哉？"[4]

---

1 曹好益:《芝山先生文集》卷五《策问》，丛刊（55），民族文化推进会，1990，第514a页。
2 尹宣举:《鲁西先生遗稿》卷六《与李泰之》，丛刊（120），民族文化推进会，1991，第130a—130b页。
3 《承政院日记》，正祖五年八月二日申未（壬申）。
4 《承政院日记》，正祖五年八月初二日申未（壬申）。

第六章　夷齐庙：使途游览与精神追求

后世学者固然应该学孔孟之道，然而伯夷能廉顽立懦，柳下惠能宽鄙敦薄，亦不愧为百世之师，不可不学，帝王也应重用这样的人才。所以，朴天行又说："人主用人之道，既不得中正之士，则清与和，亦岂可忽而简之耶？今之学夷、惠者，虽不无隘、不恭之病，而若为之元〔原〕无一二分清和，则便是诬一世。苟欲求清和之人，宜从隘与不恭处觅得。"[1] 英祖四十年（1764）九月初一日，侍读官金龟柱在经筵上也说："伯夷、柳下惠，百世闻风则同也，而学柳者，近于流而反失其正。至若伯夷则望望若浼，似有过处，而其于末世颓俗，不可不激浊扬清，学者当以伯夷为准，人君用人之道，亦当以夷道用之，夫然后习俗可变，四维不坏矣。人君用人之道，不可以爵禄縻之，必得难进易退之人而登庸焉，必察冒廉干禄之人而斥退焉，则国可治矣。"[2] 金龟柱还认为伯夷之清高于柳下惠之和，学伯夷比学柳下惠更重要。李溆（1662—1723）也认为伯夷优于柳下惠。他说："伯夷志在洁白，不容一疵。柳下惠志在宽弘，过于含容。不容一疵则优于进益，过于含容则优于众安。学夷齐则讹不下于狷介，学柳下惠则讹或至于无耻。以此观之，则夷齐似优于下惠矣。"[3]

四　夷齐论与君子出处

在丽鲜交替之际，郑梦周（1337—1392）、吉再（1353—1419）等人就以伯夷、叔齐为榜样，为高丽王朝守节。朴信《圃隐先生诗卷序》称赞郑梦周说："其耿介大节，则闻伯夷之风而得于心者也。"[4] 吉再隐居金乌山下，权遇（1363—1419）也将他比作伯夷、叔齐，说："噫，

---

[1] 《承政院日记》，正祖五年八月初二日申未（壬申）。
[2] 《承政院日记》，英祖四十年九月初一日庚戌。
[3] 李溆：《弘道先生遗稿》卷七《杂著》，续刊（54），韩国古典翻译院，2008，第211a—211b页。
[4] 朴信：《圃隐先生诗卷序》，郑梦周：《圃隐先生集·序》，丛刊（5），民族文化推进会，1990，第568b—568c页。

周德之如天兮,不问西山之采薇。暨汉祖之中兴兮,亦放羊裘于钓矶。迄今千余载兮,信此心此理之无违。"[1] 后人在金乌山下为其建立祠宇。虽然吉再不曾采薇而食,金乌山也不是首阳山,英祖四十四年(1768)当地儒生还是在金乌山下修建了采薇亭。对此,姜栲(1747—1841)解释说:"先生辞禄而隐居,则先生之志伯夷也。先生临命而不屈,则先生之节伯夷也。先生于伯夷,若是乎班,则有是亭而安得无是名也耶?"[2]

朝鲜开国元勋南在(1351—1419)的叔父南乙珍在高丽衰亡之际痛感力不能扶宗社,生不忍为亡国大夫,辞官归隐于杨州沙川县凤凰山下,有诗曰:"难逐之奇行,明从采薇魂。"[3] 他以伯夷、叔齐自况。李成桂建立朝鲜王朝之后,派南在去劝南乙珍出仕,南乙珍不答应,南在边哭边说:"周靖殷难,十乱皆贤,岂可曰非其义乎?"而南乙珍回答说:"夷齐何如?"南在劝了几天没有结果,只得回去以实相告。大臣赵浚(1346—1405)说南乙珍誓死守节,宜遂其志。李成桂下令加以表彰,封其为沙川伯。南乙珍闻讯痛哭道:"我入山不深,致此事。"于是披发遁入绀岳山石窟之中,目不睹天日之光,足不践窟外之地,死于窟中。[4]

赵浚之弟赵胤平生也以名节自励,曾经过殷山,有诗云:"首阳亦周土,薇蕨累清风。知有殷山在,应先箕子东。"[5] 在丽鲜交替之际,赵胤的选择也与赵浚相反,赵浚支持李成桂,成为开国功臣,而赵胤则选择与郑梦周共进退。高丽灭亡后,赵胤改名赵狷,隐居头流山,后迁到清溪山,常登上主峰,望松京痛哭,后人因此将这座山峰命名为望京台。太祖李成桂任命他为户曹典书,以书召之,赵狷回答说:"愿采松

---

1 成伣:《慵斋丛话》卷三,《大东野乘》卷一,第1册,第58页。
2 姜栲:《采薇亭歌》,吉再:《冶隐集·冶隐先生续集》卷下《赞咏诸作》,丛刊(7),民族文化推进会,1990,第464d页。
3 《承政院日记》,正祖三年二月二十九日甲申;《承政院日记》,正祖三年七月二十二日甲辰;《承政院日记》,正祖八年闰三月初一日丙辰。
4 赵寅永:《云石遗稿》卷十三《高丽参知门下府事南公乙珍墓碣铭并序》,丛刊(299),民族文化推进会,2002,第260d—261a页。
5 《承政院日记》,正祖八年闰三月初一日丙辰。

山之薇，不愿为圣人之氓。"亦以伯夷、叔齐自期。一天，李成桂、赵浚等十数人骑马来到清溪山，让赵浚去劝赵狷，赵狷以被蒙面，不愿相见。赵浚说："自我不见，已多年矣。兄弟孔怀，能不依依？"赵狷在被子里回答说："国破家亡，无父无君，安知兄弟？"赵浚出来后只好对李成桂说："臣弟性隘，臣无奈何。"李成桂说："与我有旧，未可以宾主礼相见乎？"赵狷只好出来相见，但是揖而不拜。李成桂也只得叹息道："赵狷志如金石，有不可夺。"李成桂下令封以清溪一面，并为其修筑石室，以表贞节。赵狷以为今王所筑，非旧臣所宜居，即移住于杨州，自号松山，后来这里形成松山里。[1] 肃宗时乡人在沙川为南乙珍和赵狷建立祠宇，仁祖时曾因御史李挺瞥的启请而决定为南乙珍、赵狷祠院赐额，后因战事发生而未及举行。正祖八年（1784）京畿生员郑东羽等人再次联名上疏请求朝廷赐额，因此朝廷赐额"旌节"。[2]

在丽鲜交替之际，还有一些为高丽守节者也像南乙珍、赵狷这样，以伯夷、叔齐为楷模。罗继从（1339—1415）在高丽灭亡之后隐居罗州东三坊石涧洞，号竹轩居士。权近（1352—1409）劝他出仕，罗继从说："人见各不同，昔太公、伯夷，同归于周，其终亦同志乎？伯夷饿死，无损于周德，惟公善为辞焉。死于病，死于义，莫非命也，第当顺受，而只恨不死于王氏之世。"[3] 太宗十一年（1411）冬，还有一位名王敬德的浙江人漂到罗州，前往拜访，为他画了一幅《伯夷采薇首阳山图》，下书《伯夷颂》。[4] 申珪等七十二人在高丽灭亡之后，隐居开城东南不朝岘杜门洞，世称"杜门洞七十二贤"。七十二贤之一的蔡贵河后来从杜门洞迁居平山牡丹山多义岘，在那里建造多义堂，每日观采薇图以自警。正祖七年，开城留守徐有防请求为"杜门洞七十二贤"建祠，

---

[1] 《承政院日记》，正祖八年闰三月初一日丙辰。
[2] 《正祖实录》卷十七，正祖八年闰三月初一日丙辰；李敏辅：《丰墅集》卷六《南、赵两公事迹序》，丛刊（232），民族文化推进会，1999，第412b页。
[3] 吉再：《行状》，载罗继从《竹轩先生遗集》（下），续刊（1），民族文化推进会，2005，第37c—37d页。
[4] 吉再：《行状》，载罗继从《竹轩先生遗集》（下），续刊（1），第38c页。

也得到了朝廷的允许。林昌泽（1682—1723）所作《请旌杜门洞书》，亦强调"窃惟此都之所谓杜门洞，乃伯夷之首阳也"。[1] 卞钟运（1790—1866）咏杜门洞诗亦云："杜门洞里草芊芊，西风残照一怆然。当时同归七十士，孤节景仰五百年。假使夷齐遗子孙，未必世世采薇首阳颠〔巅〕。"[2]

高丽灭亡后为高丽守节之人还有不少，《九贞忠录》所列为全五伦、金自粹、申晏、李行、李思敬、李遂生、高天祐、裴尚志、郑熙良等九人。其中全五伦在高丽灭亡之后辞官归隐家乡旌善，"追伯夷之节，采薇于山，朔望具朝服，望松京痛哭"。[3] 对于这样的人物，朝廷对于他们的狷介之行也给予宽宥。朝鲜朝初期徐甄作诗怀念旧朝，朝中诸臣请定其罪，而太宗认为徐甄是伯夷、叔齐式的人物，反而加以褒扬。[4]

在世祖逼端宗让位过程中，又有不少朝臣为端宗守节，有"死六臣"和"生六臣"之说。"死六臣"之一的成三问（1418—1456）生前曾有题夷齐庙诗云："当年叩马敢言非，大义堂堂日月辉。草木亦沾周雨露，愧君犹食首阳薇。"[5] 据说中国人据此即相信他会为端宗守节。[6] 朴彭年在世祖即位之后，在忠清道监司任上，状启不书臣字，效法伯夷、叔齐义不食周粟，受禄不食，封闭库中。[7] 朴审问当时以质正使到明朝，回到义州听说"死六臣"已殉节，不愿独活，"是夜三鼓，麾左右悉去，独留所信军官某告曰：'我昔与六君子有约，今皆死，我如独生，何面目拜先王于地下乎？今日意已决，上毋负皇天，下同夷齐归。若持此书

---

1 林昌泽：《崧岳集》卷二《请旌杜门洞书》，丛刊（202），民族文化推进会，1998，第513b页。
2 卞钟运：《啸斋集》诗钞卷一《杜门洞》，丛刊（303），民族文化推进会，2003，第12c页。
3 李行：《骑牛先生文集》卷二《附录·九贞忠录》，丛刊（7），民族文化推进会，1990，第367c页。
4 《太宗实录》卷二十三，太宗十二年五月十七日庚子。
5 成三问：《成谨甫先生集》卷一《前后朝天·滦河祠》，丛刊（10），第188d页。
6 《承政院日记》，英祖三十四年一月十八日乙巳。
7 权鳖：《海东杂录·一·本朝·朴彭年》，《大东野乘》卷十九，第3册，第466页。

第六章　夷齐庙：使途游览与精神追求

戒儿曹，必以幼主时官，题我墓道。我官礼曹正郎也。'出一封书赠之。嘱毕，仰药而卒"。[1]

"生六臣"之一的金时习（1435—1493）也以伯夷、叔齐自比，后人也称其为海东伯夷。金时习有《题渭川垂钓图》诗，亦名《嘲二钓叟》，其中嘲姜太公诗云："风雨萧萧拂钓矶，渭川鱼鸟识忘机。如何老作鹰扬将，空使夷齐饿采薇？"[2]金时习认为"太公之佐周室，功则大矣。以商世观之，义不能侔西山"，"太公，一商民也，可忍佐异姓诛其君乎？"[3]因此在咏伯夷、叔齐诗中说："纷纷汤武后来多，想得夷齐先见何。纵救生民涂炭里，细论功过已相差。"[4]申翼相（1634—1697）也称赞金时习说："梅月吾东是伯夷，清风能继首阳薇。楚骚吟里中宵泪，无限人间节士悲。"[5]赵旅（1420—1489）在端宗禅位后隐居咸安院北洞，自号渔溪处士，也有伯夷、叔齐遁世自晦之志。成文濬（1559—1626）作《渔溪先生传》，称赵旅之心即西山采薇之心。[6]于是后人即称咸安西山为伯夷山。肃宗朝，岭南儒生上疏请建赵旅书院，并祀"生六臣"，得到朝廷的允许，并赐额"西山书院"。[7]柳自湄（？—1462）也"媲节墨胎"，在端宗让位之后一度遁入空门，最初隐居在海州首阳山神光寺，晚年又隐居杨州西山。虽然杨州西山非首阳山，但他仍以西山自号，奇宇万（1846—1916）觉得亦无妨，不管山名如何，志向是一样的。他说："吾未知西山之巅，是夷齐之所登，而所采之薇，亦夷齐之所食欤？所登也是人，所采也是人，则山与薇之是不是，不必论也。先生之后，

---

1 金祖淳：《枫皋集》卷十二《礼曹正郎朴公行状》，丛刊（289），第283b—283c页。
2 金时习：《梅月堂诗集》卷二，《咏史·嘲二钓叟》，丛刊（13），民族文化推进会，1988，第109页。鹰扬，一作风雨。
3 金时习：《梅月堂诗集》卷二，《咏史·嘲二钓叟》，丛刊（13），第109a—109b页。
4 金时习：《梅月堂诗集》卷二，《咏史·夷齐》，丛刊（13），第111b页。
5 申翼相：《醒斋遗稿》册三《有感》，丛刊（146），民族文化推进会，1995，第87d页。
6 赵任道：《涧松先生文集》卷四《渔溪先生传后跋·附渔溪先生传》，丛刊（89），民族文化推进会，1992，第88b—89b页。
7 洪重圣：《芸窗先生文集》卷十《生六臣事迹考》，续刊（129），韩国古典翻译院，2008，第367a—367d页。

西山依旧,而薇亦无恙耶。"[1]

为端宗殉节的金正权山海(1403—1456),幼时跟从祖父权轸读《伯夷列传》,再三感叹说:"微斯人,何以扶万古纲常?"所以,李献庆(1719—1791)说权山海能够殉节,就是受《伯夷列传》影响,幼时已有伯夷之心,后来终成伯夷之节。[2] 端宗死后,帮助宁越郡吏严兴道收葬端宗的李种,八岁时读史书,读到伯夷、叔齐《采薇歌》,掩卷而叹,有诗曰:"使吾生此时,同采西山薇。"[3] 可见伯夷、叔齐的故事,确实有鼓舞忠臣义士立节的作用。

到朝鲜朝中期,士祸多发,一些士林派人士退隐山林,也以伯夷、叔齐自况。如仁宗元年(1545)"乙巳士祸"之后,处士金继(1528—1565)放弃科举,专心为学,常揭西山采薇图于座旁,以寓其志。[4] 柳梦寅在光海君时因反对大北势力废除仁穆大妃而辞职隐居,"仁祖反正"后也不愿出仕,在从金刚山表训寺返回杨州西山路上,途经铁原宝盖山寺时,题诗寺壁以明志,亦名《孀妇叹》,俗称"孀妇诗"或"寡妇诗",诗云:

> 七十老孀妇,单居守空壶。
> 惯读女史诗,颇知妊姒训。
> 傍人劝之嫁,善男颜如槿。
> 白首作春容,宁不愧脂粉。[5]

---

1 奇宇万:《松沙先生文集》卷二十二《西山实纪跋》,丛刊(345),民族文化推进会,2005,第523b页。
2 李献庆:《艮翁先生文集》卷二十一《竹林节士传》,丛刊(234),民族文化推进会,1999,第448a—449a页。
3 许愈:《后山先生文集》卷十八《德恩监李公行状》,丛刊(327),民族文化推进会,2004,第391a页。
4 金楺:《俭斋集》卷二十三《高王考处士赠执义府君墓志铭(乙未)》,续刊(50),第477b页;金楺:《俭斋集》卷二十三《高王考处士赠执义府君墓表(丙申)》,丛刊(50),第480b页。
5 柳梦寅《於于集》卷二《金刚录·题宝盖山寺壁(癸亥)》,《丛刊》(63),第344d页。

第六章　夷齐庙：使途游览与精神追求

李梦寅于仁祖元年（1623）八月被处死。所以，后来李瀷评论说：

> 柳梦寅，光海之遗臣也。以《孀妇诗》诛死。……其意盖效胡元杨廉夫老客妇谣而为之也。明高皇帝征廉夫修元史，欲官之，廉夫作此诗，示不屈，乃放之归。惜乎二人志同而死异也。明文皇靖难之后，齐黄练方之徒，皆罹赤族之祸，有建文遗臣题蛾眉亭云："一个忠臣九族殃，全身远害亦天常；夷齐死后君臣薄，力为君王固首阳。"语更凄切，令人泪下。[1]

柳梦寅其实是因受其子柳瀹参与拥戴光海君复位事件牵连而被赐死的，然而后世之人皆相信他因作《孀妇诗》而取祸，将他与金时习相提并论，认为他们都是伯夷、叔齐式的人物。正祖对他的诗文和节概也给予很高评价。正祖十八年（1794）为其赠职，并赐谥号义贞。正祖在教书中说："若使当时掌狱之臣，体圣朝宽大之辞教，置梦寅于勿问之科，任其所之，则决知其采西山之蕨，饮西山之水，以终其身，如时习之不受点瑕，毕命水落之为矣。时习、梦寅，彼二人者所慕者夷齐也，一生一死之不同，特迹耳、时耳。腔子里从容取义之赤血丹忱，百载相照，无丝毫之出入，则朝家之所已施于时习者，可不施于梦寅乎？"[2]然而成海应则认为柳梦寅在"仁祖反正"后不入城中，直返杨州西山，并作《孀妇诗》以取祸，"盖其心非敢薄汤武也，直以臣事昏朝之故，欲为之守志。然世道更化，朝著清明，而独自讴吟紊欷。去就之分，为人所疑，宁不取祸乎？然其心切可悲也。夫西山，即柳氏坟墓之乡也。特以其名偶同于伯夷采薇之山，而谓之有伯夷不食周粟

---

[1] 李瀷著，安鼎福编《星湖僿说类选》下辑卷十下《诗文篇·论文门·孀妇诗》，明文堂，1982，第439—440页。
[2]《正祖实录》卷四十一，正祖十八年九月三十日甲寅；正祖（李祘）:《弘斋全书》卷三十四《故参判柳梦寅赠职赐谥教》，丛刊（262），第576a页。

之志者，宁不过乎？"[1]

总之，自高丽后期以来，性理学的传入导致伯夷、叔齐更受推崇，既鼓励臣子无条件为君王尽忠，也鼓励郑梦周、吉再这样为高丽守节，不愿与新王朝合作的人。虽然朝鲜王朝历时很长，五百年间士大夫无须面对易姓革命时的选择难题，但是朝鲜王朝的王统也几次发生变化，同样会面临出处进退的重大选择。正如金时习、柳梦寅等人所表现的那样，还是有不少士大夫以伯夷、叔齐为榜样，选择退隐。甚至英祖在私邸时，也以"孤竹清风"四字书诸壁上，以表明自己无意取代多病的景宗而即王位。[2]

另一方面，夷齐论虽然强调臣子无条件为君王守节，似乎对王家有利，但是也会给政变上台的新王带来困扰。"仁祖反正"之后，在有关"反正"名分和政权正统性的论争中，也有人引伯夷"以暴易暴"之说来议论仁祖反正的性质，于是引起更为激烈的争论。司宪府持平任叔英曾对李贵（1557—1633）说，伯夷之论不必深究，将仁祖比作周武王也无妨。李贵回答说："昔伯夷采薇饿死，故千载之后，惟一伯夷而已。今则以持平而为伯夷，何难为伯夷？纣恶若如光海，则伯夷必不叩马矣。"[3]

"仁祖反正"以后逆狱不断。因此，仁祖二年（1624），大司谏郑蕴在启辞中说："若不问义理之当否，形迹之虚实，而一以贼招而已乎，则逆狱之兴，殆无虚岁。仁城虽除，岂无仁城？先王之子，噫！尽之矣。若然则伦纪之斁，孰与曩时？君德之失，孰与曩时？伦纪明则宗社安，君德得则宗社安。不然，而败伦失德，则宗社危亡可立而待，臣实未知三司所谓为宗社大计者何谓耶"[4] 郑蕴似乎也持以暴易暴之论。他

---

[1] 成海应：《研经斋全集》续集册十七《题柳於于寡妇诗后》，丛刊（279），第459b—459c页。
[2] 《英祖实录》卷二，英祖即位年十一月初八日戊申。
[3] 安邦俊：《默斋日记》一《治逆论辨》，《大东野乘》卷六十，第10册，第574页。
[4] 郑蕴：《桐溪先生文集》卷三《甲子启辞（大司谏时）》，丛刊（75），民族文化推进会，1991，第207d—208a页。

的这篇启辞也被人理解为他认为仁祖"不可一日居此位",因此李贵主张治郑蕴侮辱君上之罪。[1]直到仁祖十二年十一月,司宪府掌令姜鹤年在上书中仍引伯夷叩马而谏的故事,暗喻"仁祖反正"是以暴易暴,又引起朝野上下一番争论,不少人上书批驳姜鹤年,并要求治其无君不道之罪。反对姜鹤年的正言沈之源说:"夫伯夷易暴之说,乃西山采薇之后,若或一食周粟,则必不以此为言也明矣。"[2]他们这样批评姜鹤年,大概以为姜鹤年已为仁祖之臣,没有资格效仿伯夷来讥讽"仁祖反正"这一中兴大业。掌令金霱更认为姜鹤年非山林高士,人品也不足以与伯夷相提并论。[3]

在丙子之役后,朝鲜士人不再纠结于仁祖反正是否为以暴易暴,而将其与尊明排清的尊周大义联系起来。乱后,金尚宪曾从南汉山城回到故乡安东鹤驾山西薇洞木石居隐居。英祖十四年(1738),州人姜元一、安宅骏、申思国为金尚宪建造祠宇,但被不逞之徒破坏。数年后又在木石居旧址重建祠宇。正祖十年(1786),朝廷应庆尚道儒生的请求正式允许建院,并赐额"西涧祠"。祠前建有一楼,取名咏薇楼,也寓有西山采薇之意。宋时烈的五代孙宋焕箕(1728—1807)在《咏薇楼记》中说:"登斯楼者必多感慨于中,而吟哦之间,倘亦慕古人之喜使薇蕨字也,未知志士之能有下泉苞稂之思,而旷感于楼下老柏之咏者,复几人哉!"[4]像金尚宪这样在丙子之役之后隐居山林的士人还有不少。如朴性阳(1809—1890)所撰《星山裵氏族谱序》中提到,星山裵氏一族中,即有"遁庵公大氓值丙乱,隐居伯夷山,自号大明处士。晦峰公后度亦深怀下城之耻,悲愤慷慨,作《义士歌》,废举而终"。[5]

---

1 安邦俊:《墨斋日记》(一),《大东野乘》卷六十,第10册,第574页。
2 《承政院日记》,仁祖十二年十一月初七日己未。
3 《承政院日记》,仁祖十二年十一月十二日甲子。
4 宋焕箕:《性潭先生集》卷十四《咏薇楼记》,丛刊(244),民族文化推进会,2000,第303a页。
5 朴性阳:《芸窗先生文集》卷十《星山裵氏族谱序》,续刊(129),韩国古典翻译院,2011,第371b页。

朴趾源讲过这样一个故事，说他住在汉城西门外时，英祖四十年（1764）农历三月十九日，即崇祯皇帝殉社纪念日，乡先生与数十学童一起到汉城西门外宋时烈借住过的房屋，瞻拜宋时烈遗像，有人拿出当年孝宗送给宋时烈的貂裘，睹物思人，有人感动得潸然泪下。回到城中，众人扼腕，向西而大呼"胡"，以表达对清朝的愤慨。然而，等到大家一起坐下来饮酒时，却不断有人发出怪论，引得大家哄堂大笑。当时因朝廷下令禁酒，只能用蜜水代酒，用薇蕨做下酒菜。装蜜水的瓷盆上写有"大明成化年制"的款识，每人喝蜜水前要低头看一下款识，以表示不忘春秋大义，然后赋诗。其中一童子作诗曰："武王若败崩，千载为纣贼。望乃扶夷去，何不为护逆。今日春秋义，胡看为胡贼。"引得满座大笑。乡先生感叹说："儿不可使不早读春秋，惟其不早辨，故乃为怪谈也。"又有一童子说："采薇不真饱，伯夷终饿死。蜜水甘过酒，饮此亡则冤。"乡先生皱眉说："又一怪谈。"大家又皆大笑。[1] 如此进行尊周大义教育，虽然有点可笑，也说明伯夷、叔齐的故事为学童所熟知，食薇也成为一种文化符号，是节义的象征。

到了近代，出处之节也因世道混乱而再次受到重视，伯夷、叔齐也被重新提起。如许薰（1836—1907）在高宗三十一年（1894）东学起义之后认为处乱世当重视气节，"时诵'平生风雨夜，卧念名节难'之句"以自警。[2] 又作《首阳山辨》和《西山采薇义》两文，认为海州就是孤竹国所在地，而《采薇歌》中"采其薇矣"只是诗歌比兴的手法，而伯夷、叔齐并非真的只是采薇而食，"盖二子为万世君臣大防，已判一死于登西山之初，则采薇将何为乎？抑欲将死而犹食薇，姑延几日缕命，谓与食周粟有异，则是岂二子之所可为乎？"[3] 也正因为有如此境界，所以高宗三十二年（1895）其弟许芴发动义兵起义时，许

---

1 朴趾源：《燕岩集》卷十二《热河日记·关内程史·射虎石记》，丛刊（252），第193d—194a页。
2 许薰：《舫山先生文集》卷二十三《家状》，丛刊（328），民族文化推进会，2004，第217c页。
3 许薰：《舫山先生文集》卷十三《西山采薇义》，丛刊（328），第211b—211c页。

第六章　夷齐庙：使途游览与精神追求　　•173•

薰遂卖掉3000余斗落田地，以供军费。高宗三十三年，许薰也被推举为义兵将。起义失败后，许薰游历各地，还特意去瞻拜了六臣祠，凭吊"死六臣"。

小　结

朝鲜半岛自古崇尚节义，所以很早即接受了伯夷、叔齐的节义形象，许多忠臣义士也以伯夷、叔齐为榜样，在朝代鼎革之际隐居山林。然而伯夷、叔齐形象在朝鲜半岛的意义是多层次的，而且每一层次的意义又都有正反两方面。其一，从君臣大义上说，伯夷、叔齐是忠臣的象征。但是伯夷、叔齐忠于商纣王这样的旧君，是不是合理的选择，不同的人自然有不同的看法。其二，从君子出处之道来说，伯夷、叔齐又是隐遁者的代表。君子之出处应该根据世道和君主做出判断，然而君子之出处不仅为个人人生之大节，也关乎世运，所以个人的选择也不是完全自由的，因此李荇很早即强调君子在任何时候都要抱着积极的入世态度，不应该对现实绝望。因此，在这点上，伯夷、叔齐的隐逸态度也有讨论的余地。其三，伯夷、叔齐为圣之清者，孟子已经指出其偏于一边，容易有末流之弊，但是毕竟为圣人，为百世之师，帝王也应该重用这样难进易退的人才。正因为伯夷、叔齐形象如此复杂，所以在朝鲜后期崇尚节义的时代气氛中，关于伯夷、叔齐的争论也就非常多。一派将伯夷、叔齐的节义精神绝对化，实际上是强调君臣大义的绝对性。而另一派则更愿意接受王安石的观点，将节义精神相对化，认为君臣大义也要根据现实做出合理的调整。这种认识的分歧与朝代兴替、王位更迭以及清朝入主中原后东亚整体局势变化紧密相关。如果沿着当时的争论再发展一步，则可以对君臣关系做出新的解释，可惜受时代条件的限制，并没有走出这一步。

第七章　野坂亭与朝鲜馆：使行与历史记忆

朝鲜仁祖十四年（1636），清军攻入朝鲜，迫使仁祖接受城下之盟，结束对明"事大"关系，而开始对清"事大"，昭显世子、凤林大君和部分朝中大臣之子被迫到沈阳（盛京）[1]为人质。虽然昭显世子和凤林大君等人于仁祖二十三年回到朝鲜，结束了人质生活，但是这段经历不仅对凤林大君，也就是后来的孝宗个人有很大影响，也因后来经过沈阳的朝鲜燕行人员常常触景生情，不断提及此事，其也成为朝鲜后期有关丙子之役的历史记忆的重要组成部分。不过随着时间的推移，不仅对这段历史关注的程度会有所变化，对其解释也会有所不同。本章即根据不同时期朝鲜使行人员留下的燕行录，分析他们对孝宗遗迹野坂

---

[1] 虽然清于天聪八年（1634）已改沈阳为盛京，但是朝鲜人在燕行录等文献中仍坚持称之为沈阳，这里为了叙事方便，也多沿用沈阳旧称。

第七章　野坂亭与朝鲜馆：使行与历史记忆　　　● 175 ●

亭[1]和沈阳朝鲜馆的记述和感怀，以及对沈阳入城仪式的解释，从一个侧面展现燕行对朝鲜时代历史记忆生产、延续和改造的影响，揭示历史记忆与使行往来的互动关系，以及历史记忆塑造者的心理状态。

一　野坂亭

在清代，朝鲜使行在进入沈阳前一般会在十里河堡住一夜，第二天再从十里河堡到沈阳。早上从十里河堡出发，赶到白塔堡吃午饭，然后再从白塔堡出发，渡过浑河，就来到了沈阳城外。沈阳城外有一块土地，据说是昭显世子和孝宗在沈阳做人质时种菜的地方。根据《昭显沈阳日记》记载，为了解决朝鲜质子馆员役的蔬菜和肉食供应问题，清人曾主动提出拨给一块土地，供朝鲜质子馆种植蔬菜、水果和饲养牲畜，并设置亭榭，为郁郁久居的朝鲜世子提供游赏之所，但是朝鲜质子馆一开始没有答应，直到仁祖十九年（1641）才迫于压力答应了。拨给的菜田位于浑江岸边，面积为一月耕，朝鲜人将这里称为野坂。[2]传说凤林大君，即孝宗曾在野坂修建一亭子，即野坂亭。因此，后来朝鲜使行在渡浑河时，自然会想起这段往事，不少燕行录中都有关于野坂和野坂亭的记载。

不过，关于野坂和野坂亭的记载，似乎越往后代越多。肃宗二十一年（1695），洪受畴以冬至副使赴燕。他的《燕行录》中尚没有咏浑河野坂亭的诗，说明他不知道或不重视这个故事。[3]到肃宗三十八年十二月初六日，朝鲜冬至使一行渡浑河时，随行的金昌业则提到"世传孝庙在沈馆时，作亭于此云"，并说根据《侍讲院日记》记载，清人曾将这

---

[1] 在各家燕行录中，有的写作"野坂"，有的写作"野阪"或"野板"，这里统一写作"野坂"。至于孝宗在浑河边所建亭子的名称，姜时永《辅轩续录》等记载为野坂亭。
[2] 《昭显沈阳日记》，辛巳年二月二十九日甲戌。
[3] 洪受畴:《壶隐集》卷二《燕行录》，续刊（46），民族文化推进会，2007，第239a—246c页；洪受畴:《燕行录》，林基中编《燕行录全集》（28），第274—304页。

里的野坂田授给昭显世子种菜。[1]此后,这一故事代代相传,即使一般使团成员不知道此事,每当他们渡浑河时,译官辈往往也会提醒他们。所以柳得恭《孟永光百童图歌》说他过去经过沈阳时,"老译指点耶里水,野坂亭前春草香"。[2]正祖二十一年(1797)十一月三十日渡浑河的朝鲜冬至使书状官徐有闻也说:"浑河水出长白山,西南入辽河。孝庙在沈阳时筑室于此水边。"并注明:"近处有田数十日耕,献于世子以供菜蔬之费云。"[3]这里将孝宗修建野坂亭记载成了修筑房屋,不过后来的人一般仍说是亭子。纯祖十二年(1812)七月,以奏请使书状官赴燕的申纬,在其《奏请行卷》中有咏浑河诗:"耶里江源纳绿来,盛京形胜夕阳开。挹娄故地君休问,圣迹红亭亦草莱。"并注释说:"浑河,《一统志》称挹娄故地。江上旧有孝宗沈邸时亭址。"[4]纯祖二十八年十二月初五日,朝鲜冬至使渡浑河时,随行的朴思浩也想起了这一故事。他说:"浑河,在沈阳九里。世传孝庙在沈时作亭于其上,而胡人以野坂田,授世子种菜,载在《侍讲院日记》。"[5]纯祖二十九年七月,朴来谦作为问安使书状官赴沈阳。八月二十九日,渡浑河,进入沈阳城。他在《沈槎日记》中写道:"曾闻孝庙在沈阳时作亭于此地,《春坊日记》记载昭显世子种菜于此地云。"[6]几年之后,纯祖三十二年十一月三十日,朝鲜冬至使一行渡浑河时,书状官金景善在他的《燕辕直指》中也有同样的记载。他说:"世传我孝庙在沈阳时,作亭于此,而其遗墟,今不可知。《侍讲院日记》清人以野畈田授世子种菜,亦其地也云。"[7]由此可知,大家并不知道野坂和野坂亭的准确位置。虽然以前的燕行录中也没有关于野坂亭遗址之所在的记载,此后仍有不少人相信遗址是确实存在的,只

---

1 金昌业:《老稼斋燕行日记》卷二,林基中编《燕行录全集》(32),第402页。
2 柳得恭:《泠斋集》卷五《孟永光百童图歌》,丛刊(260),第79a页。
3 徐有闻:《戊午燕录》,林基中编《燕行录全集》(62),第165页。
4 申纬:《奏请行卷·浑河》,林基中编《燕行录全集》(67),第69页。
5 朴思浩:《燕蓟纪程》,林基中编《燕行录全集》(85),第262页。
6 朴来谦:《沈槎日记》,林基中编《燕行录全集》(69),第59页。
7 金景善:《燕辕直指》卷一《出疆录·浑河记》,林基中编《燕行录全集》(70),第405页。

第七章 野坂亭与朝鲜馆：使行与历史记忆

是朝鲜人已经不知道遗址的准确位置而已。

当提到野坂时，常想到昭显世子在此种菜和孝宗修建野坂亭两件事情，可是也有一些《燕行录》只提到孝宗，而不提昭显世子。正祖二年（1778），李德懋跟随谢恩兼陈奏使到中国，其《浑河》诗云："耶里水寒马骨伤，飞沙混与塞云黄。生憎万里连天草，遮断王孙望故乡。"并注释说："浑河，在沈阳，一名耶里江。江上有孝庙筑亭之墟云。"[1] 这里不但没有提到昭显世子，而且将野坂亭描写成一个望乡台，以突出孝宗当年的思国思乡之情。正祖十五年十二月初三日，跟随朝鲜冬至兼谢恩使到中国的金正中，在渡浑河时也想到了孝宗曾在此建了一个亭子，而没有提到昭显世子。[2] 纯祖元年（1801），李基宪以朝鲜冬至兼陈奏使书状官赴燕。这年十二月初五日渡浑河时李基宪也仅想到孝宗，说："世传孝庙在沈馆时作亭于此云。"[3] 纯祖二十二年十二月初四日，朝鲜冬至兼谢恩使一行渡过浑河，进入沈阳城，书状官徐有素在他的《燕行录》中也仅提到："浑河，一名耶里江，甚广阔，设木桥。孝庙留沈时作亭于此云。"[4]

这个故事传到后来，还发生了更加有利于孝宗的变化。纯祖二十九年十二月初三日，姜时永作为进贺兼谢恩使书状官出使中国，他在《辀轩续录》中对浑河加以说明时提到，"尝闻孝庙在沈时，清人进一区菜田，在河边建亭，名之曰野坂，今不知其处。"[5] 完全没有提及昭显世子。哲宗六年（1855）十一月初七日，跟随朝鲜进香陈慰使到中国的徐庆淳，也完全沿袭了姜时永的说法。[6] 姜时永和徐庆淳不仅完全没有提到昭显世子，似乎认为野坂也是清人为孝宗所设，而与昭显世子无关。

---

1 李德懋：《青庄馆全书》卷十一《雅亭遗稿·三·浑河》，丛刊（257），第196d—197a页。
2 金士龙（金正中）：《燕行日记》，林基中编《燕行录全集》（74），第20页；金正中：《燕行录·奇游录》，林基中编《燕行录全集》（74），第126页。
3 李基宪：《燕行日记》（上），林基中编《燕行录全集》（65），第56页。
4 徐有素：《燕行录·燕行内篇·日记》，林基中编《燕行录全集》（80），第449页。
5 姜时永：《辀轩续录》卷一，林基中编《燕行录全集》（73），第61页。
6 徐庆淳：《梦经堂日史》编一，林基中编《燕行录全集》（94），第210页。

毕竟昭显世子后来没有继承王位，结束人质生活回国后不久就生病死了，而凤林大君被立为世子，后来继承了王位，是为孝宗，而且孝宗更因试图推行"北伐"大计而备受推崇。所以，后代使行人员在到沈阳的路上，自然常想起孝宗，而昭显世子反而处于非常次要的地位，甚至被遗忘或有意回避掉。肃宗二十三年（1697）春，世子册封奏请副使崔奎瑞从白塔堡赶往沈阳途中，想起这一天正是孝宗的忌辰，一种悲愤之情油然而生，因此有诗云：

> 圣祖宾天日，孤臣出塞时。
> 道途还此夕，辽沈又深悲。
> 漠漠乾坤暮，悠悠岁月驰。
> 匣中雄剑在，唯尔独心知。[1]

在这种心情之下，孝宗的八年人质生活也逐渐被神化。在孝宗薨逝后，宋时烈为孝宗所撰墓志，即形容孝宗在入质沈阳期间，"既而西至于蒙古界，南至于山海关，又南至于锦州卫、松山堡，见诸将败降。又东至于铁岭卫、开元卫。又东北至如奚部，凿玄冰丈余而饮其水。二十六岁，而居北八年始得东还，未数月旋入燕山，见京邑灰烬"。[2] 还有记载说孝宗在丙子之役之后就誓雪国耻，在沈阳时还让画师画出勾践栖会稽故事，每天观赏这幅画，鼓励自己发扬勾践卧薪尝胆的精神。[3] 更传说孝宗仪表非常，甚至引起清帝的忌恨，几次欲加害孝宗而没有成功。清军外出打仗时，也让昭显世子和孝宗"随行矢石之间，危若万状"，然而孝宗每次都能逢凶化吉，似有神助，甚至说孝宗在北京时，

---

1 崔奎瑞：《艮斋集》卷一《白塔堡途中，逢宁陵忌辰有感，是日入沈》，丛刊（161），民族文化推进会，1996，第23a页。
2 宋时烈：《宋子大全》卷一百八十一《宁陵志文》，丛刊（114），民族文化推进会，1993，第162c页。
3 成海应：《研经斋全集》外集卷三十六《尊攘类·风泉杂志》，丛刊（277），第76a页。

第七章　野坂亭与朝鲜馆：使行与历史记忆

五彩盈室，神龟出见。[1] 所以，八年的人质生活是上天有意对孝宗的一种磨炼，只能用孟子"天将降大任于是人也，必先苦其心志，劳其筋骨，饿其体肤，空乏其身"来解释。

实际上孝宗的人质生活并不像大家所想象的那样，走南闯北，意气风发，豪情万丈，有时也是相当消沉的。孝宗在沈阳时，仁祖十九年（1641）十月二十七日，书赠仁兴君李瑛诗曰：

> 为客关河久闭关，望乡空自泪潸潸。
> 阴云惨惨迷江树，广野茫茫接塞山。
> 愁里厌看清海月，梦中欣逐紫宸班。
> 明年倘遂东归计，樽酒华筵得再攀。[2]

并在信中说明自己当时的心情是："边秋摇落，絷客多事，况缠疾病，愁苦连绵，无意于世事者久矣。"[3] 八年的人质生活，对孝宗来说也是一种惨痛的经历。

从当时孝宗所用的"霜天雪月"和"万叶吟秋"两个闲章，也能够多少体会出他当时孤寂、凄凉的心境。也正因为如此，这一段历史也就具有了双重性质。这既是孝宗的苦难史，也是孝宗的发迹史。在这种情况下，将在浑河边种菜也归于孝宗，大概对表现孝宗卧薪尝胆的精神有所裨益。据说孝宗在沈馆时，见到有人用水车引水浇地，回国后即让户曹仿制，准备在朝鲜各道推广，可惜未能如愿，在肃宗和英祖时又有人试图推广，均不成功。[4] 这说明孝宗在沈馆时也确实就已经是一个励精图治的有心人。

---

1 宋时烈：《宋子大全》卷一百八十一《宁陵志文》，丛刊（114），民族文化推进会，1993，第165c页；成海应：《研经斋全集》外集卷三十六《尊攘类·风泉杂志》，丛刊（277），第77c—77d页。
2 洪敬谟：《冠岩全书》册二十五《列圣朝御笔帖》，续刊（113），第77b页。
3 洪敬谟：《冠岩全书》册二十五《列圣朝御笔帖》，续刊（113），第77c页。
4 《英祖实录》卷五十二，英祖十六年十一月二十日丁亥。

当然，即使到19世纪后半期，仍有人在燕行录中提到昭显世子，能够比较完整地表述这段历史。如高宗十三年（1876）六月二十日过浑河的朝鲜陈贺兼谢恩副使林翰洙就记载说："孝庙御沈阳时作亭于此，彼人以野田一坂授世子种菜云。"[1] 其实还有很多燕行录根本没有提到昭显世子在浑河边种菜和孝宗在此建亭的故事，说明他们在渡浑河的时候根本没有想到这点。宪宗十四年（1848）十二月初一日，朝鲜冬至使一行渡浑河到沈阳，李有骏在他的《梦游燕行录》中不仅没有提到昭显世子和孝宗，反而把这里想象成清人奴役朝鲜俘虏的地方。他说："在昔丙子我国被掳男女皆住此处，为彼人役使，受无限侮辱，呼以加吾里帮子。"[2] 在做如此想象之后，李有骏非常痛愤，遂题一绝曰：

沈河难洗丙子羞，尚忆新亭泣楚囚。
二百年来皮币路，更无人说读春秋。[3]

在李有骏之前，纯祖三十一年（1831）郑元容作为冬至正使出使中国，这年十一月二十九日渡浑河而入沈阳，但是他在自己的《燕槎录》中也根本没有记录与野坂和野坂亭有关的内容。[4] 高宗三年五月十七日，跟随朝鲜奏请使渡浑河进入沈阳的正使随从，他的《燕行日记》也同样没有提到孝宗修筑野坂亭的故事。[5]

二　入城式

在清朝入关以后，朝鲜有时仍派遣沈阳问安使，而且到北京的使行团也要经过沈阳。朝鲜使团在进入沈阳城时，一直有一种比较固定的入

1　林翰洙：《燕行录》，林基中编《燕行录全集》（78），第144页。
2　李遇骏（李有骏）：《梦游燕行录》，林基中编《燕行录全集》（76），第429页。
3　李遇骏（李有骏）：《梦游燕行录》，林基中编《燕行录全集》（76），第430页。
4　郑元容：《燕槎录》，林基中编《燕行录续集》（131），第398—399页。
5　未详：《燕行日记》，林基中编《燕行录全集》（75），第320—323页。作者，原署柳厚祚，有误。

第七章　野坂亭与朝鲜馆：使行与历史记忆　　• 181 •

城仪式。

　　沈阳在明朝时为沈阳中卫城，后金于明天启五年（1625）从辽阳迁都于此。韩德厚在他的《燕行日录》中还说，后金迁都沈阳，是朝鲜降将姜弘立献的计策。姜弘立建议后金先夺沈阳，然后再进占中原。[1] 天聪初年，后金在沈阳原有城墙基础上将其改筑为砖石结构，并从四个门增加到八个门，每个方向开两个城门——一个大门和一个小门。[2] 不过，纯祖二十八年（1828）留下来的《赴燕日记》仍载"（沈阳）周以方城，城无睥睨。四门，起三层楼"，[3] 大概未将小门计算在内。正祖元年（1777）十二月初七日抵达沈阳的进贺谢恩陈奏兼冬至副使李坤则说沈阳"内城则四面各有二门，门皆三层也。城则以甓筑成，涂以白灰，高为数十丈许，而皆设女城。其上甚广，堞堞皆有炮穴，直通于城底，势如建瓶〔瓴〕"。[4]

　　清康熙十九年（1680），又在城外筑关墙，为土城，也称外墙，设八个关门。朝鲜人金锺正（1722—1787）在《沈阳日录》中说："沈阳外城土筑，周三十余里。"[5] 李坤《燕行记事》则载，"自外城至内城可为数里，内城之内又为三里。外城则四方各有一门，门皆一层"。[6] 又过了七十多年，到哲宗六年（1855），跟随朝鲜进香陈慰使到沈阳的徐庆淳在他的《梦经堂日史》中记载说："到沈阳城外门。门如里门，环以土城。从者曰：自年前南匪以后，始筑土城云。城如我国闾家之土垣，不可久完。以大国而有此姑息苟且之事乎？"[7] 这大概反映了不久之前外城重修之后的情况。

1　韩德厚：《燕行日录》，林基中编《燕行录全集》（49），第351页。
2　沈阳内城有八门，南之左曰德盛（大南门），右曰天佑（小南门）；北之左曰福胜（大北门），右曰地载（小北门）；东之南曰抚近（大东门），北曰内治（小东门）；西之南曰怀远（大西门），北曰外攘（小西门）。
3　李在洽：《赴燕日记·历览诸处·沈阳》，林基中编《燕行录全集》（85），第110页。
4　李坤：《燕行记事》，林基中编《燕行录全集》（52），第357页。
5　金锺正：《云溪漫稿》卷八《沈阳日录》，续刊（86），韩国古典翻译院，2009，第188a页。
6　李坤：《燕行记事》，林基中编《燕行录全集》（52），第357页。
7　徐庆淳：《梦经堂日史》编一，林基中编《燕行录全集》（94），第210—211页。

朝鲜使团进入沈阳，通常从内城大南门，即德盛门入城。有时也从内城大东门，即抚近门入城。哲宗六年（1855）十一月初七日，朝鲜进香陈慰使到沈阳，即进抚近门，住在城南间家。而出城时通常从小西门，即外攘门出城。

在沈阳修筑了关城以后，朝鲜使团大多从外城南门进入外城。英祖八年（1732）九月十七日到沈阳的朝鲜陈贺兼谢恩使就是从外城南门入城的。[1]正祖元年（1777）十二月初七日抵达沈阳的进贺谢恩陈奏兼冬至使也是先到外城外面的一个小寺庙稍事休息，然后由外城南门入城。[2]有时也从外城东门或西门入城。如景宗元年（1721）四月初十日抵达沈阳的朝鲜谢恩副使李正臣就说他们是先入外城东门，然后入内城南门，到内城南门，即德盛门内不远处，投宿于大路东边的一家馆舍，这里也是朝鲜使臣常用的馆舍。[3]朝鲜馆就位于德盛门内右边第一个胡同里。有时甚至不进入内城，就住在外城。纯祖二十九年（1829）朝鲜问安使到沈阳后，就没有进入内城，而是住在内城东门外的三义庙。书状官朴来谦还说这里"盖自前沈阳使所住接处也"。[4]可见过去朝鲜使团到了沈阳，住在这里的次数应该不少。

当朝鲜使臣到了沈阳内城南门外，一般要先到南门外关帝庙内稍事休息。正祖二年四月二十一日，李德懋跟随朝鲜谢恩兼陈奏使一行来到沈阳。他在《入燕记》中说："沈阳南门外有关侯庙，三使各乘马入南城门。"[5]金景善在《沈阳关庙记》中更说明朝鲜使团入城前，要到这里改换服装，然后排队入城，这是惯例。他说："庙在沈城南门外，我国使到此，例为易服之所。入门内僧寮少坐，正副使继至，守僧进茶，持一纸请丸扇，盖课岁阅历我人，有如我国行下之规，好笑。茶罢，各

1　韩德厚：《燕行日录》，林基中编《燕行录全集》（49），第351页。
2　李押：《燕行记事》，林基中编《燕行录全集》（52），第357页。
3　李正臣：《栎翁遗稿》卷七《燕行录》，续刊（53），韩国古典翻译院，2008，第106a页；李正臣：《燕行录》，林基中编《燕行录全集》（34），第228页。
4　朴来谦：《沈槎日记》，林基中编《燕行录全集》（69），第60—61页。
5　李德懋：《入燕记》，林基中编《燕行录全集》（57），第230页。

第七章　野坂亭与朝鲜馆：使行与历史记忆　　　　　　　　　• 183 •

赏数丸。入见正殿。外扁〔匾〕书'万古英风'，内扁〔匾〕书'忠贯日月'，又一扁〔匾〕书'义贯古今'。塑像前，整排床卓〔桌〕器玩，一尘不留。还至俄坐处，遂改服入城。"[1]

三使臣在关帝庙要改穿青色道袍，头戴黑笠，脚穿黑靴，舍轿骑马，卷起日伞，排队而行。前陪军官也退到后面，而由正使陪表咨文走在最前面，副使和书状官跟在正使后面，其余陪同医官、译官和军官等排成东西两队，穿戎服者在东边，穿战服者在西边，排队入城，就这样一直走到投宿的客馆。[2]

直到19世纪，这种入城仪式仍会举行。如纯祖二十八年（1828）十二月初五日，朝鲜冬至使一行抵达沈阳城外后，即"入关帝庙少憩，三使改服，骑马陪表，成班而行。裨译分东西两行，入自德盛门，即沈之南门也"。[3] 纯祖三十二年十一月初三日，朝鲜冬至使一行来到沈阳，"至南门外，入关帝庙周览。坐外炕，与正副使改服，着青袍黑带，骑鞍马，陪表咨文，骑马前行。一行亦皆乘马，分左右文武，成班入城"。[4] 不过，也有不在关帝庙，而在别的寺庙改换服装的情况，如正祖十四年（1790）六月二十八日到沈阳的朝鲜进贺使，就是先到城南的药王庙稍事休息，然后在这里易服。[5] 次年十二月初三日到沈阳的朝鲜冬至兼谢恩使是从外城东边关门进入外城的，然后在内城外一古寺易服成班。金正中记载说："三使星入城外古寺，寺僧进西瓜子、梨、栗之属，此例规也。仍舍轿上马，诸军官及医译一行人马各作队左右，随后入城。"[6] 正祖十七年（1793）十二月初三日到沈阳的朝鲜冬至使则是在东门外一寺庙改换服装，然后从南门入城。李在学记载说："东城外有寺，

---

[1] 金景善：《燕辕直指》卷一《出疆录·沈阳关庙记》，林基中编《燕行录全集》(70)，第407页。
[2] 李正臣：《燕行录》，林基中编《燕行录全集》(34)，第228页。
[3] 朴思浩：《燕蓟纪程》，林基中编《燕行录全集》(85)，第262页。
[4] 金景善：《燕辕直指》卷一《出疆录》，林基中编《燕行录全集》(70)，第404页。
[5] 徐浩修：《燕行记》，林基中编《燕行录全集》(50)，第438页。
[6] 金正中：《燕行录·奇游录》，林基中编《燕行录全集》(74)，第126页。

在道傍〔旁〕。三使入憩，具袍笠，骑马而入德盛门"，"正使陪表咨文居前，两使次之，从官以战服帖里分班而随"。[1] 金正中和李在学都没有说明朝鲜使臣具体在哪座寺庙易服。

也有燕行录说这种入城仪式从外城就开始了。如肃宗三十八年（1712）十二月初六日朝鲜冬至使到达沈阳时，"至土城外，三使臣皆下轿骑马而行。入土城二里许，至内城"。[2] 正祖元年（1777）十一月二十六日，朝鲜进贺谢恩兼冬至使"行到城外小寺，三使俱以青袍，舍轿乘马，由外城南门入，上使陪咨文，副使、书状次之，一行分东西班，戎服者居东，战服者居西"。[3] 这里也没有说明小寺的名称。清代盛京城周围有上百座寺庙，仅关帝庙就有五十多座，位于八关之内的关帝庙也有十余处，[4] 八关之外更多。纯祖二十二年（1822）十二月初四日，朝鲜冬至兼谢恩使来到沈阳时，就是在关墙以外的一座关帝庙改换服装的。据书状官徐有素记载，"至城一里许有关帝庙，一行皆入憩"，"自此舍车骑马而进，三使以笠、道袍，骑马入城。表咨文在前，三使次之。译员以笠、天翼进，号曰东班。军官以下以戎服进，号曰西班。分班成列而行，盖旧例也"。从这座关帝庙出发，走不了多远，就可以进入外城，也就是关城了。[5]

盛京城四面距边门数里处还各有一座有白色喇嘛塔的寺庙。外城南边的广慈寺和东边的永光寺也是朝鲜使团入城前的临时休息和易服之所。纯祖元年（1801）十二月初五日到沈阳的朝鲜冬至兼陈奏使到沈阳时，即先入路旁广慈寺小憩，在这里改换服装，然后三使舍车乘马，亦不张伞，分成两队，"入土城二里许，至内城"，[6] "历两门，抵城内民村

---

1 李在学：《燕行日记》（上），林基中编《燕行录全集》（58），第49页。
2 金昌业：《老稼斋燕行日记》卷二，林基中编《燕行录全集》（32），第403页。
3 李坤：《燕行记事》，林基中编《燕行录全集》（52），第357页。
4 佟悦：《清代盛京城》，辽宁民族出版社，2009，第152页。
5 徐有素：《燕行录·燕行内篇·日记》，林基中编《燕行录全集》（80），第450—451页。
6 李基宪：《燕行日记》（上），林基中编《燕行录全集》（65），第56页。

止宿"。[1] 书状官李基宪并说："此例也。"[2] 可见从外城开始即易服成班也成了惯例。纯祖二十九年十一月初三日，朝鲜进贺兼谢恩使入沈阳时，也经三义庙到广慈寺，三使入寺改换服装后，舍车乘马，张伞而行，由抚近门进入内城，住在城南闾家。[3] 哲宗四年（1853）五月二十八日，姜时永以进贺兼谢恩正使到沈阳时，也是冒雨赶到沈阳城外黄慈庙稍憩，然后陪表咨文，与副使和书状官去日伞，雇乘太平车由南门入城，抵丰隆店李姓人家下宿。[4] 这里所说的黄慈庙，应是广慈寺之误。

即使从关墙外即排队成班入城，进外城和进内城情况也有所不同。进入内城时，要更加庄重肃穆，连赶马的声音也要停下来。正祖元年（1777）十二月初七日朝鲜进贺谢恩兼冬至使入城时，及"至内城，止劝马声"。[5] 这种规矩也一直延续到19世纪。纯宗二十八年（1828）十二月初五日入沈阳的朝鲜冬至使一行，在进入内城德盛门时，也是要撤去日伞，停劝马声。[6]

此外，从上述各家对入城仪式的描述中还可以看出，他们在具体做法上也稍有不同，有的是收起日伞，而有的则张伞而行。三使入城时大多是由乘轿改为骑马，但是也有乘太平车入城的情况。哲宗四年（1853）五月二十八日到沈阳的进贺兼谢恩使便是乘太平车入城的。[7] 此前，哲宗二年二月二十六日到沈阳的朝鲜陈奏兼谢恩使入城时，也是表咨文先行，三使乘车，其他人或乘车，或骑马，以次入城。[8] 此后，哲宗十一年五月初四日朝鲜进贺兼谢恩使到沈阳时，三使也是先到东门外关帝庙稍憩，然后大家都改穿道袍，乘车，陪表咨文，次第而行，副

1　李基宪：《燕行日记启本》，林基中编《燕行录全集》（65），第289页。
2　李基宪：《燕行日记启本》，林基中编《燕行录全集》（65），第289页。
3　姜时永：《輶轩续录》卷一，林基中编《燕行录全集》（73），第62页。
4　姜时永：《輶轩三录》卷一，林基中编《燕行录全集》（73），第377页。
5　李押：《燕行记事》，林基中编《燕行录全集》（52），第357页。
6　朴思浩：《燕蓟纪程》，林基中编《燕行录全集》（85），第263页。
7　姜时永：《輶轩三录》，林基中编《燕行录全集》（73），第377页。
8　金景善：《出疆录》，林基中编《燕行录全集》（72），第446页。

使朴齐寅还强调此"即使行入沈之旧例然也"。[1]然而,哲宗二年二月二十六日到沈阳的朝鲜陈奏兼谢恩使虽然也是乘车入城的,但正使金景善又说"近例,无易服成班之节"。[2]这说明朝鲜使行的沈阳入城仪式到这时已经相当松懈了。

除了乘车入城的情况外,还有继续乘轿入城的。英祖三十六年(1760)八月二十日朝鲜陈奏兼谢恩使入城时,正副使都是乘轿入城,只是将所乘轿子的前、左、右三面窗子都打开,并除去前陪军官,以表咨文先行,三使随后而已。进入南门后,来到门内左边笔帖式吴姓人家下宿。[3]哲宗六年(1855)十一月初七日到沈阳的朝鲜进香陈慰使,虽然也由三使陪着表咨文,以次入城,但是他们到投宿的城南闾家稍事休息后,才改穿道袍,为的是到太学参观。[4]这说明他们也没有遵守易服成班之仪节。从这些细节差异中可以推知,沈阳入城仪式并不是需要严格遵守的仪节,或者说无论是朝鲜还是清朝,似乎都没有对其入城仪式做过明文规定。

那么,朝鲜使团为何要举行入城仪式呢?在燕行录中可以找到的解释,一般认为是出于对孝宗入质沈阳这段历史的缅怀。使团到了沈阳,自然会想起孝宗。肃宗二十三年(1697),奏请副使崔奎瑞到了沈阳,顿时百感交集。他在诗中这样写道:

    才入沈阳百感生,新亭感泣晋公卿。
    先王淹恤八年地,石老纲常千古名。
    日月重回丁丑岁,山河犹拥赫连城。
    天涯极目腥尘暗,何处神州觅帝京。[5]

---

1 朴齐寅:《燕行日记》卷一,林基中编《燕行录全集》(76),第73—74页。
2 金景善:《出疆录》(下),林基中编《燕行录全集》(72),第446—447页。
3 徐命臣:《庚辰燕行录》,林基中编《燕行录全集》(62),第65页。
4 徐庆淳:《梦经堂日史》编一,林基中编《燕行录全集》(94),第211页。
5 崔奎瑞:《艮斋集》卷一《次韵书状沈阳有感》,丛刊(161),第23a页。

第七章　野坂亭与朝鲜馆：使行与历史记忆

所以，大家很自然地将这样做的意义归结到对孝宗的缅怀上。

纯祖三年（1803）作为冬至使书状官徐长辅的伴倘来到沈阳的李海应，也说这种入城仪式具有深意。他说："此地以孝庙留馆之处，故东使之入沈，尚有追慕之心，不以年久而敬弛也。"因此，李海应还在诗中说："为是先王居馆地，行人不改汉衣冠。"[1] 纯祖二十八年，跟随朝鲜冬至使到中国的朴思浩也认为这样做的原因是，"盖孝庙留馆之地，故东使敬慕之心，年久而不弛也"。[2] 直到近代，高宗十三年（1876）五月十八日到沈阳的朝鲜陈贺兼谢恩副使林翰洙也说："沈阳城，孝庙留馆之所，故东使有追慕之心。城内奉清祖御碑。入城停吹叭，有仪节。"[3]

但是，林翰洙在这里似乎提出了两个原因：一是因为这里是孝宗留馆之所，二是因为城内有清祖御碑。第二个原因也不是无稽之谈，因为朝鲜使团在进入北京城时，也有类似的仪式，而完全是出于对皇都的尊重。在进入北京城之前，三使臣要在北京城朝阳门外东岳庙改换服装，然后改为骑马，陪表咨文，以次入城。李喆辅（1691—1770）先后于英祖十三年（1737）以王世子册封奏请使书状官，英祖二十三年以冬至使副使两次出使中国。李喆辅第一次出使中国时留下的《丁巳燕行日记》记载：

> （闰九月）初七日，晴，晨发出（通州）城。城外有康熙赈政碑，以金填字。古今天下，安有天子善赈碑乎？可笑！朝饭于大王庄。到东岳庙少憩，具官服，骑马，去伞，由朝阳门而入。迤过十字街，栖息于所谓智化寺。[4]

---

[1] 李海应：《蓟山纪程》卷二《渡湾》，林基中编《燕行录全集》（66），第117—118页。
[2] 朴思浩：《心田稿》一《燕蓟纪程》，林基中编《燕行录全集》（85），第263页。
[3] 林翰洙：《燕行录》，林基中编《燕行录全集》（78），第144页。
[4] 李喆辅：《止庵遗稿》册八《丁巳燕行日记》，续刊（71），韩国古典翻译院，2009，第212c页。

而且，李喆辅所记《自鸭绿江至燕京纪行联句》中还解释了这样做的原因。他在诗中说：

> 大王庄暂歇，东岳庙仍披。[1]
> 殿俨黄神像，楼森玉帝仪。
> 冥机纷报应，鬼神列盱睢。
> 匝地甍垂凤，环庭石负龟。
> 经营元太感，颠覆佛何资。
> 将拟皇城入，还要礼貌卑。
> 换衣惟听译，去伞只遵规。[2]
> 乍拂朝阳策，聊依智化缁。[3]

从李喆辅的观察来看，易服是译官们的要求，去伞也是应该遵守的规矩。闵鼎重《燕行日记》也记载，"到朝阳门外，牙译等迎候于东岳庙，请改着帽带而后入"，因此"暂憩庙中"。[4]

正祖二年（1778），蔡济恭以谢恩兼陈奏使来到中国。五月十五日进入北京城时，也是"纵观东岳庙，冠带始入城"。[5] 柳尚运《燕行录》中有《八里庄戏占赠行台》诗，其中一句也是"东岳庙里衣冠去，玉河馆中甘苦同"。[6] 权时亨《石湍燕记》记载，道光三十年（1850）十二月二十三日三使臣到朝阳门外东岳庙会齐，"三使臣观光出来，自礼部送通官前导，首译禀入城，三使臣并乘车，班行，一行次第随后，由西牌

---

1 原注："大王庄即昼店，东岳庙在城外。"
2 原注："城外改着冠服，骑马去伞。"
3 李喆辅：《止庵遗稿》册一《自鸭绿江至燕京纪行联句》，续刊（71），第28b页。原注："由朝阳门而入，住智化寺。"
4 闵鼎重：《老峰先生文集》卷十《燕行日记》，丛刊（129），民族文化推进会，1994，第235d页。
5 蔡济恭：《樊岩先生集》卷十三《含忍录》上《入皇城》，丛刊（235），第251d页。
6 柳尚运：《约斋集》册二《燕行录·八里庄戏占赠行台》，续刊（42），民族文化推进会，2007，第454b页。

第七章　野坂亭与朝鲜馆：使行与历史记忆

楼将向朝阳门"。[1]这里没有提到三使臣是否要在东岳庙改换服装。十年后，咸丰十年（1860）以谢恩兼冬至正使到北京的申锡愚，在其《东岳庙记》中明确记载了北京入城式的变化。他说："东使将入朝阳门，先抵东岳庙，改具公服，整班乘马以入，例也。近岁则不乘马，只乘车，不具公服，只整其次而入。"申锡愚他们就是乘车从朝阳门入城的。[2]出城时，也会在东岳庙改换服装。李宜显《庚子燕行杂识》记载："出朝阳门，行里许，入东岳庙，改着素服。"[3]

盛京是留都，有皇帝行宫及户、礼、兵、刑、工五部在，所以入城时也不可太随意。况且朝鲜使团入城，会有很多中国人围观，如果衣冠不整，队伍混乱，也关乎朝鲜的体面。金正中即形容正祖十五年（1791）十二月初三日朝鲜冬至兼谢恩使排班入城时，"威容井井，观者盈街"。[4]高宗三年（1866）五月十七日，朝鲜奏请使一行入沈阳时，也有同样的效果，著者不详的《燕行日记》记载说，"一行入城，观者盈街，威容井井"。[5]对于纯祖二十八年（1828）十二月初五日朝鲜冬至使入城时的情形，朴思浩也形容说："观者如堵，指我国贴里者曰文的，狭袖者曰武的云。"[6]

在当时，虽然很多人愿意从追慕孝宗的角度来解释易服成班入城的理由，但也并不是所有人都不明白这种入城仪式其实与孝宗无关，而起源于对帝都的尊重。李坤就曾解释说："盖此有行宫故也。"[7]做出这种解释的还不止李坤一人。在李坤之前，英祖三十一年（1755）十二月初九日到沈阳的朝鲜冬至副使郑光忠已经说过，他们这样做，"盖沈阳有

1　权时亨：《石湍燕记》（地），林基中编《燕行录全集》（91），第26页。
2　申锡愚：《海藏集》卷十六《入燕记》下《东岳庙记》，续刊（127），第585d页。
3　李宜显：《陶谷集》卷二十九《庚子燕行杂识》（上），丛刊（181），第486c页。
4　金士龙（金正中）：《燕行日记》，林基中编《燕行录全集》（74），第20页。
5　未详：《燕行日记》，林基中编《燕行录全集》（75），第321页。
6　朴思浩：《心田稿》一《燕蓟纪程》，林基中编《燕行录全集》（85），第262—263页。
7　李坤：《燕行记事》，林基中编《燕行录全集》（52），第357页。

行宫、各衙门，故称之曰盛京，而将军乃其都统帅也"。[1] 在李坤之后，正祖十七年（1793）十月初三日以冬至副使到沈阳的李在学（1745—1806）也说，朝鲜使团在进入沈阳时有易服排班等仪式，是因为沈阳有行宫。[2] 李肇源（1758—1832）在诗中形容沈阳时，也说："八旗诸部落，都统列衙门。谓以王基肇，有同帝里尊。"[3]

还有不少燕行录仅仅将这种入城仪式作为一种惯例看待，并没有去追究其背后是否含有深意。如《燕行录》中颇负盛名的金昌业的《老稼斋燕行日记》，就没有提到这种入城仪式的意义何在。英祖三十六年（1760）八月二十日到沈阳的朝鲜陈奏兼谢恩副使徐命臣，在其《庚辰燕行录》中也没有深究入城仪式的意义。纯祖元年（1801）以冬至兼陈奏使书状官赴燕的李基宪对入城仪式的意义也未深究，只是说"臣等舍轿乘马，从官分东西成班入城，此例也"。[4]

三　朝鲜馆

仁祖十五年（1637）昭显世子和凤林大君等入质沈阳后，就住在沈阳城德盛门内一处院落，朝鲜史书称之为沈馆。在昭显世子和凤林大君回国后，这里成为辽阳州察院所在地，也是接待朝鲜使团的客馆，所以也被称为朝鲜馆。肃宗八年（1682）三月初二日，朝鲜问安使到沈阳时，就住在察院，他们也知道"察院，即旧时质子馆也"。[5] 肃宗十二年（1686）十二月，朝鲜谢恩兼冬至使过沈阳时，也住在这里。[6] 不过，后来朝鲜使臣几乎都不住在这里，只有都卜马头率夫马住在这里。肃宗二十五年（1699）十二月初五日到沈阳的朝鲜冬至使因盛京礼部的要

1　郑光忠:《燕行日录》，林基中编《燕行录全集》(61)，第22页。
2　李在学:《燕行日记》(上)，林基中编《燕行录全集》(58)，第49页。
3　李肇源:《黄梁〔梁〕吟》中《沈阳》，林基中编《燕行录全集》(61)，第285页。
4　李基宪:《燕行日记启本》，林基中编《燕行录全集》(65)，第289页。
5　未详:《燕中闻见》，林基中编《燕行录全集》(96)，第331页。
6　未详:《燕中闻见》，林基中编《燕行录全集》(96)，第313页。

第七章　野坂亭与朝鲜馆：使行与历史记忆

求，很不情愿地住到了察院。副使姜铣解释说："盖自礼部近来申饬朝鲜使价之留宿察院，不许下处故也。"[1] 当盛京礼部不再这样要求时，朝鲜使臣还是更愿意自己选择客店或民家住宿。

虽然如此，朝鲜馆对朝鲜人来说仍是重要的历史遗迹。朝鲜人到了这里，自然会想起孝宗，并认为孝宗正发迹于此，连英祖都在颁赐文中亦称："王若曰：猗欤！圣祖沈馆开业，继继承承，於千万亿。"[2] 英祖三十六年（1760）十一月初二日，朝鲜冬至使辞陛时，英祖还命令正使洪启禧一定要将沈阳朝鲜馆中昭显世子、凤林大君居住过的地方，以及显宗诞生的地方画成图画带回。[3] 这次燕行使团所画的《沈阳馆图贴〔帖〕》至今尚存，[4] 第一幅即《沈阳馆旧址图》。此时距离昭显世子和孝宗当年入质沈阳已经过去了一百多年，孝宗等人曾经居住的馆舍实已不存，所以《沈阳馆旧址图》实际上画的就是察院。正使洪启禧在《沈阳馆图帖》跋文中解释说："臣于辞陛之日，伏承沈馆旧址审察之命。臣去来之路，留心访问，而天星累周，栋宇累易，百年往事，漠然无征，而以诸译所传揆之，则要不出于见〔现〕今本国使行所留察院之址也。……闻察院之重修，在十数年前，见〔现〕存屋制，虽无关于故迹，而其坐地，既系旧馆所在，故谨画察院一本以进。"[5] 洪启禧并因此感慨："仍伏念我孝庙淹恤于斯，险阻艰难亦既备，尝我显庙诞降于斯，灵光休瑞若有不偶，而先王之志事未遂，人间之岁月频更，顾臣等于百二十年之后，乃以辛巳二月复过此地，俯仰歔欷，百感交集，不知所以为怀也。"[6]

1　姜铣:《燕行录》，林基中编《燕行录全集》（29），第505页。
2　《英祖实录》卷一百一十九，英祖四十八年十一月十八日己酉。
3　《承政院日记》，英祖三十六年十一月初二日壬寅。
4　《沈阳馆图贴〔帖〕》现藏于韩国明知大学校LG燕岩文库。有关此图帖的研究，可参见鄭恩主「1760年 庚辰冬至燕行과《瀋陽館圖貼》」『明清史研究』第25輯，2006，97—138쪽。
5　转引自鄭恩主「1760年 庚辰冬至燕行과《瀋陽館圖貼》」『明清史研究』第25輯，2006，107—108쪽。
6　转引自鄭恩主「1760年 庚辰冬至燕行과《瀋陽館圖貼》」『明清史研究』第25輯，2006，108쪽。

其实，作为察院的朝鲜馆也很快就荒废了。当正祖元年（1777）十二月初八日，进贺谢恩陈奏兼冬至副使李坤到沈阳时，见到颓废殆尽的朝鲜馆，就感慨说："昔我孝庙之来质于此馆者，莫非天运所使。其时清阴与三学士之贞忠大节，必不与此馆而俱颓，百岁之下，不胜击节而起感也。"[1] 他的《沈阳》诗亦曰：

> 久矣神州厄运遭，衣冠文物入腥臊。
> 城池执壮千家辟，棨戟风生六部高。
> 牌字耀金奇货物，车轮转碧老茴豪。
> 清阴逞迹谁能记，独把雄心视宝刀。[2]

甚至有人将孝宗质留朝鲜馆比拟于周文王被囚羑里，也将其与勾践卧薪尝胆相提并论。洪奭周即有诗云：

> 沈阳馆里涨黄尘，恭忆殷忧启圣人。
> 破壁疑藏羑里易，荒庭虚积会稽薪。
> 当时鹃血悲贞魄，他日貂裘泣老臣。
> 二百年间皮币路，行经此地独伤神。[3]

在不少朝鲜人心中，孝宗能继承王位，也许与他在沈阳的历练有关。宋时烈在《宁陵志文》中总结了孝宗于丙子之役以后二十多年的经历后说，"前后二十余年之间，天之忧戚玉成者，靡所不至。遂由次适而升储位，由监抚而履至尊。王心知天意之有在，不敢自暇逸"。[4] 后来

---

1 李坤：《燕行记事》，林基中编《燕行录全集》（52），第358—359页。
2 李坤：《燕行记事》附诗《沈阳》，林基中编《燕行录全集》（53），第245页。
3 洪奭周：《渊泉先生文集》卷四《沈阳朝鲜馆，即我孝庙入质时所居地》，丛刊（293），民族文化推进会，2002，第106c页。原注："三学士及郑忠愍殉身，皆在沈中，故第五句及之。"
4 宋时烈：《宋子大全》卷一百八十一《宁陵志文》，丛刊（114），第162c页。

第七章　野坂亭与朝鲜馆：使行与历史记忆

洪敬谟也说："前后二十余年之间，天之忧戚玉成者，靡所不至，遂升储位而履至尊，临御十年，克念克勤，其正大宏远之规，日星乎中天，以基我万亿年无疆之业。"[1] 为了将孝宗入质沈阳的这段历史神化，朝鲜人还附会出不少神话传说。如传说孝宗自沈阳回国时，清朝皇帝送给他一匹马，说是朝鲜江都府镇江山南的镇江场出产的。孝宗骑着这马往回走，到了鸭绿江边，将要渡江时，这匹马忽然飞过了江，不知去向，孝宗才意识到这也许是一匹神马，是上天派来接他返国的。[2] 蔡济恭也因此在其《朝鲜馆》诗中说："莫道思归公子恨，那知佳气暗相随。神龙有翼东飞去，惟有祥云千古垂。"[3]

出于对孝宗的追慕之情，朝鲜使团到沈阳后，如果不住在朝鲜馆（察院），还是有很多人会打听朝鲜馆之所在，然后去凭吊一番。肃宗三十八年（1712）十二月初六日，朝鲜冬至使到了沈阳，即从察院前经过。金昌业记载："入城数百步，东入小巷，密〔察〕院在焉。有东西廊屋，而庭湫隘。闻译辈言，通官金四杰之母，曾居此屋。常言此乃丁丑后朝鲜质子人等所接之家。世子馆，则今衙门是其地云。曾王考所拘之处，即北馆，而今无知者矣。"[4] 英祖元年（1725），金兴庆以冬至使赴燕，路过沈阳时，大概也见过朝鲜馆，他在《沈阳》诗中说："城南驻马徘徊久，旧馆荒凉败壁空。"[5] 可见这时，作为察院的朝鲜馆也已相当破败。

然而，英祖八年九月十七日，朝鲜进贺兼谢恩使到沈阳后仍住在察院，可是书状官韩德厚仍要打听孝宗在沈阳时居住的地方，有人说在察院后不远的地方，现在已经成为民房，找不到了，也有人说就是现在察院所在地，让韩德厚觉得往事渺茫，莫衷一是。可见，到这时期，朝鲜

---

[1] 洪敬谟：《冠岩全书》册二十五《列圣朝御笔帖》，续刊（113），第77d—78a页。
[2] 成海应：《研经斋全集》外集卷三十六《尊攘类·风泉杂志》，丛刊（277），第78c页。
[3] 蔡济恭：《樊岩先生集》卷十三《含忍录》上《朝鲜馆》，丛刊（235），第244a页。
[4] 金昌业：《老稼斋燕行日记》卷二，林基中编《燕行录全集》(32)，第404页。
[5] 金兴庆：《燕行诗赠季君·沈阳》，林基中编《燕行录全集》(65)，第396—397页。

人对于沈阳朝鲜馆的记忆已相当模糊。尽管如此,韩德厚不仅想起了孝宗,"仍想三学士、郑文学之殒身,清阴金先生之雪窖全节,俱在是地,追思往事,徒有感愤涕而已"。[1] 到了英祖三十六年(1760)九月二十日,朝鲜进贺兼谢恩使到了沈阳,没有住在察院,而是住在南门内左边任笔帖式的吴姓人家。他们虽然因为等待运输方物、干粮的车马,在沈阳多待了一天,九月二十二日三使还在一起整天闲聊,也没有去寻访朝鲜馆,在副使徐命臣的《庚辰燕行录》中甚至根本没有提到孝宗和朝鲜馆。[2] 可见,一旦不住在朝鲜馆,并不是所有人都会去寻访朝鲜馆。也许正因为朝鲜人对这段历史日渐忘却,所以英祖才让这年的冬至使去寻访孝宗当年在沈阳的住所,以及显宗诞生的地方,将这些地方画下来带回朝鲜。

再过十几年,到正祖元年(1777)十二月初七日,朝鲜进贺谢恩陈奏兼冬至使抵达沈阳后也没有住在察院,而是住在一户文姓人家。他们发现沈阳城内的朝鲜馆"今几颓尽矣"。[3] 次年四月二十一日,跟随谢恩兼陈奏使过沈阳的李德懋,肯定朝鲜馆就在察院衙门所在地,第二天早上特意去看了看,发现那里"只余破屋十楹"而已,让他在那里"彷徨踯躅,不胜悲愤"。[4] 正使蔡济恭在这一天应该也去参观了朝鲜馆,他在咏朝鲜馆诗中也说:"伤心朝鲜馆,蔓草生离离。下马一徘徊,悲歌忆往时。"[5] 回程时,这年闰六月初五日,他们回到沈阳。第二天早上一行离开沈阳之前,李德懋再次去游览了朝鲜馆,仍见"败垣荒庭,有阁岿然。缅忆昔日,不禁南冠之悲"。[6] 其实,直到正祖八年(1784)年八月,金熤以谢恩兼陈奏使经过沈阳时,也许门前尚悬有写着"朝鲜馆"字样的匾额,因为他在诗中写道:

1　韩德厚:《燕行日录》,林基中编《燕行录全集》(49),第352页。
2　徐命臣:《庚辰燕行录》,林基中编《燕行录全集》(62),第64—66页。
3　李坤:《燕行记事》,林基中编《燕行录全集》(52),第358页。
4　李德懋:《入燕记》,林基中编《燕行录全集》(57),第230—231页。
5　蔡济恭:《樊岩先生集》卷十三《含忍录》上《朝鲜馆》,丛刊(235),第244a页。
6　李德懋:《青庄馆全书》卷六十七《入燕记》(下),丛刊(259),第234d页。

第七章　野坂亭与朝鲜馆：使行与历史记忆

> 忍过沈阳馆，朝鲜扁〔匾〕尚悬。
> 无忘当日恨，犹戴百年天。
> 越胆方深痛，轩弓又遽捐。
> 悲歌谁与语，中夜泣龙泉。[1]

正祖十五年（1791）十二月初四日，跟随冬至兼谢恩使行来到沈阳的金正中来到朝鲜馆，景况令其颇感失望。他说："早饭后陪使家向朝鲜馆，丁丑秋我国人被拘之所也。庭宇室堂荒废无可观，转向行宫。"[2] 而朝鲜馆的这种凄凉景象，也更能激起朝鲜士大夫的沧桑之感。所以，正祖十六年以冬至兼谢恩使书状官赴燕的金祖淳，在其咏沈阳诗中说："临歧莫说兴亡事，天意沉沉未可量。"[3] 正祖二十三年，进贺兼谢恩副使徐滢修在诗中也说："朝鲜馆下久徘徊，为涤烦襟倒小杯。圣祖当年经验险，只今志士掩兰台。"[4]

到了纯祖三年（1803）十二月初五日，李海应跟随朝鲜冬至使书状官徐长辅来到这里，但见"房屋荒落，埃土委积于阶础。门扁〔匾〕旧有'朝鲜馆'三字，今不可见"。因此，李海应有诗云：

> 荒秋古巷雨如烟，列祖忠臣滞几年。
> 落日悲风空踯躅，馆门犹记揭朝鲜。[5]

纯祖五年（1805），告讣使书状官姜浚钦来到朝鲜馆，也说"只

1　金熤：《竹下集》卷四《朝鲜馆》，丛刊（240），民族文化推进会，1999，第291d页。
2　金正中：《燕行录·奇游录》，林基中编《燕行录全集》（74），第82页。
3　金祖淳：《枫皋集》卷一《沈阳》，丛刊（289），民族文化推进会，2002，第18b页。
4　徐滢修：《明皋全集》卷二《沈阳》七首之三，丛刊（261），民族文化推进会，2001，第53a—53b页。
5　李海应：《蓟山纪程》卷二《渡湾·朝鲜馆》，林基中编《燕行录全集》（66），第121页。

今草没朝鲜馆，欲说当时泪已横"。¹二十多年后，纯祖二十八年（1828）十二月初五日，跟随朝鲜冬至使到沈阳的朴思浩也说："朝鲜馆在东边小胡同，窗楹房闼荒颓。一半时，草树夕阳，惹人悲愤。徘徊想像，不觉凝涕。门扁〔匾〕旧有'朝鲜馆'三字，今无之。"²次年八月二十九日，朴来谦作为沈阳问安使来到沈阳，在沈阳活动了很长时间。九月初三日，他们去参观太学和沈阳书院时，也顺便参观了朝鲜馆。从太学"循城而南，入朝鲜馆，墙壁颓毁，蓬蒿芜没，即地怀古，殆难定情"。³

直到这时，朝鲜馆虽然已经荒废了，但是并没有与朝鲜使行脱离关系。纯祖二十九年十二月初三日，姜时永以进贺兼谢恩使书状官经过沈阳。他在《𫐈轩续录》中提到，"盖朝鲜馆今皆颓废，只首译及夫马入处云"。⁴虽然使臣已不住在这里，使行团中还是有部分人员住在这里。哲宗二年（1851）二月二十六日来到沈阳的朝鲜陈奏兼谢恩使金景善也说朝鲜馆当时的情况是："盖旧以此馆为三使下处，近因修理之难，每赁私家，而此馆为都卜所接。非徒此处，沿路诸站并有察院，为待我国使价之设，而过辄空废，留接之便不如店舍，且距大路多迂回处，今皆不入，便以为例。"⁵

其实，虽然我们能够找到很多提到过朝鲜馆的燕行录，也同样可以找到没有提到朝鲜馆的燕行录。如纯祖二十八年五月十八日跟随进贺兼谢恩使到沈阳的正使医官兼裨将李在洽，在其《赴燕日记》中即根本没有提及朝鲜馆。纯祖三十一年十二月到沈阳的冬至使郑元容，在其《燕行日录》中也同样根本没有提到朝鲜馆。纯祖三十二年十一月三十日到沈阳的冬至兼谢恩使书状官金景善，也是一到客馆之后就邀正使和副使

---

1 姜浚钦:《三溟诗集》编三《燕行录·朝鲜馆》，续刊（110），第207c页。
2 朴思浩:《燕蓟纪程》，林基中编《燕行录全集》(85)，第264页。
3 朴来谦:《沈槎日记》，林基中编《燕行录全集》(69)，第69页。
4 姜时永:《𫐈轩续录》卷一，林基中编《燕行录全集》(73)，第62页。
5 金景善:《出疆录》，林基中编《燕行录全集》(72)，第446、449页。

第七章 野坂亭与朝鲜馆：使行与历史记忆

一同前往太学参观，然后转往行宫。虽然没有能够进行宫参观，但也没有去寻找朝鲜馆，就直接回客馆歇息了。[1]

而且，正如我们从韩德厚那里看到的那样，朝鲜人到了沈阳，不仅会想起孝宗，也会想起在沈阳被杀的洪翼汉、尹集和吴达济三学士及郑雷卿，还有曾经羁留沈阳的金尚宪等人。正祖十四年（1790）六月二十八日来到沈阳的朝鲜进贺副使徐浩修，虽然也想起"城内东南有朝鲜馆，即我孝宗寓邸，而显宗诞降之所"，但并没有去凭吊，也没有发表任何感慨，反而对三学士说了这样一段话："自外攘门外至西关门内通衢左右皆市廛，此即洪学士翼汉、尹学士集、吴学士达济丁丑成仁处，凭式过之，愀然起敬。黄石斋所谓纲常万古，节义千秋，天地知我家人无忧者，三学士有之，时讳严密，踪迹茫昧，以亭林、榕村诸先辈之好奖节义，亦不曾语到三学士事，悲哉！"[2] 正祖十七年十一月二十二日，以冬至兼谢恩副使路过沈阳的李在学不仅由朝鲜馆而想起了孝宗和显宗，也联想到了金尚宪，虽然金尚宪曾居北馆而非此处。他说："南城下有朝鲜馆，昔我孝庙来质、显祖诞降之所也。尚想清阴诸公楚囚孤忠，凛然如生，今见颓垣废宇，徒洒志士之泪也。"[3] 李在学还有《过古南馆[4]有感》诗云：

> 城南古馆雪封庭，往事伤心岁丙丁。
> 瑞霭至今留败壁，寒风何意打虚扃。
> 扶持两圣惟天地，炳烺三忠若日星。
> 域外孤臣今夜泪，宁陵松柏梦中青。[5]

纯祖元年（1801）十二月初五日来到沈阳的朝鲜冬至兼陈奏使书状

---

1 金景善：《燕辕直指》卷一《出疆录》，林基中编《燕行录全集》（70），第404页。
2 徐浩修：《燕行记》，林基中编《燕行录全集》（50），第440、446页。
3 李在学：《燕行日记》（上），林基中编《燕行录全集》（58），第51—52页。
4 原注："馆在南城内，孝宗旧馆。"
5 李在学：《癸丑燕行诗》，林基中编《燕行录全集》（57），第476页。

官李基宪，在其《次正使沈阳韵》诗中则只提到金尚宪等人。他说：

> 晦老清翁昔此关，三年不变汉衣冠。
> 春王大义悬星日，雪窖高名重斗山。
> 才过寿村谈绮皓，又从仁里想曾颜。
> 后人衔命徒增感，小子何由见一斑。[1]

这里所说的晦老即晦谷曹汉英（1608—1670）。李基宪之所以在这里要提及曹汉英，是因为这次的正使曹允大乃曹汉英之后孙。纯祖二十九年九月初十日，沈阳问安使朴来谦等人出外攘门，前往老边城接驾。因想起"外攘门外通衢即三学士丁丑成仁处也，即地怀古，不觉裂眦"。[2]

不过，随着时间的推移，朝鲜士大夫对丙子之役那段历史日渐淡忘了，对尊周大义也日益松懈，但是使行往来经过沈阳，还是会唤起他们有关孝宗入质沈阳、三学士在沈阳就义以及金尚宪羁留沈阳等往事的记忆，并激发无限感慨。正如李肇源《沈阳》诗中所说的那样："西场那忍思，南馆欲无言。是竟谁家物，空销过客魂。"[3] 哲宗六年（1855）十一月初七日，朝鲜陈慰进香兼谢恩使来到沈阳，投宿于城南间家。在间家稍憩后，三使臣即改穿道袍，去参观太学和行宫。从行宫走到西街，想到这里"即三学士成仁之所也"，因此"追念当日，犹不禁志士扼腕慷慨之怀也"。并由此想起了朝鲜馆，说："朝鲜馆在东门之内。馆中有封锁处，即昭显世子、孝宗大王所御之室。今为都卜马头率夫马留接之处。"[4] 上使伴倘徐庆淳还因此想起了他从《海东琐语》中看到的孝宗与侠女的故事，因此咏诗志感，诗曰：

---

1 李基宪：《燕行诗轴·次正使沈阳韵》，林基中编《燕行录全集》（64），第397—398页。
2 朴来谦：《沈槎日记》，林基中编《燕行录全集》（69），第76页。
3 李肇源：《黄梁〔粱〕吟》中《沈阳》，林基中编《燕行录全集》（61），第286页。
4 徐庆淳：《梦经堂日史》编一，林基中编《燕行录全集》（94），第213—214页。

第七章　野坂亭与朝鲜馆：使行与历史记忆

设险苍茫野，沈阳知在斯。
行人今日泪，东国百年悲。
学士成仁处，先王滞馆时。
不才身已老，把酒漫吟诗。[1]

高宗十三年（1876）十二月初九日，朝鲜谢恩兼冬至使来到沈阳，副使李容学在其《燕蓟纪略》中也提到："德盛门内有朝鲜馆，即我孝庙朝入质之所也。外攘门外有杀人场，即我朝之三学士并命之所也云。"[2] 高宗二十四年五月初六日，朝鲜进贺兼谢恩使赶到白塔堡住宿，而没有住在十里河堡，所以五月初七日只是从沈阳经过，赶到永安桥住宿，但是他们还是抽空去参观了朝鲜馆。正使李承五在其《燕槎日记》说："抵朝鲜馆，缅忆丙丁往事，不胜伤感，为赋一篇长歌。"[3] 李承五在诗中说："忍说当年三仁事，小馆城南满庭蓬。东隅一坛风泉感，宸衷可质彼苍穹。不须相诘旧臣义，安知后不比而隆。而今无复论尝胆，三百年间云水空。"[4]

这种情绪也一直延续到大韩帝国灭亡之后。1913年12月28日，流亡中国东北的韩国儒学者李承熙（1847—1916）从安东县沙河镇乘火车来到沈阳，也立即想到了孝宗和三学士。他说："追想我孝庙被质，三学士殉死，不觉悲愤填臆。"但是时代环境已经变了，朝鲜半岛已沦为日本的殖民地，而清王朝也已经被推翻，所谓南汉下城之耻也无法再提起，所以李承熙在他的《沈阳城》诗中也写道："过境恩仇无处说，吾人到此若为情。"[5] 1914年3月11日到过沈阳的韩国儒学者李炳宪（1870—1940），首先想到沈阳是个战略要地，也想到了甲

1　徐庆淳：《梦经堂日史》编一，林基中编《燕行录全集》（94），第219页。
2　李容学：《燕蓟纪略》，林基中编《燕行录全集》（98），第42页。
3　李承五：《燕槎日记》，林基中编《燕行录全集》（86），第133页。
4　李承五：《观华志》卷九《到沈阳》，林基中编《燕行录续集》（141），第529页。
5　李承熙：《韩溪遗稿》（一），国史编纂委员会，1976，第134页。

午中日战争以来在沈阳发生的战事,然后想到三学士。他说:"又念洪(翼汉)、吴(达济)、尹(集)三学士之孤魂,当沉郁于泉下,而无地可酹,徒使故国遗民益添旷世之感而已。"[1] 但是他对清朝的感情已经与李承熙有很大不同,因为他的思想已经发生了很大变化,与一般韩国儒学者大不相同。他认为朝鲜民族和满族同族同源,清不当攻打朝鲜,朝鲜也大可不必尊明排清。况今世界大局已变,更应当"祖檀宗箕,提汉挈满,为周全合同之计"。[2] 在这种思想支配之下,李炳宪在诗中说:

> 沈阳正在大辽原,杰榭层楼盛且繁。
> 北麓余寒含冻雪,西郊斜照入黄昏。
> 尘中已锁金銮殿,泉下难招学士魂。
> 寄语满城诸父老,大东民族总同源。[3]

小　结

使行途中记事,多道听途说,所以穿凿附会的地方必然有很多。在清代,朝鲜使行人员走到沈阳,自然会想到孝宗入质沈阳这一段往事,并常到朝鲜馆游览。并因尊慕孝宗,历史记忆和历史认识也主要以孝宗为中心展开,昭显世子几乎被孝宗的光辉所遮掩,只有金尚宪,以及在沈阳被杀的三学士能分得孝宗的部分光辉。这些历史记忆虽然也会随着时间的流逝而被淡忘,但是朝鲜使行人员不断经过沈阳本身又会让他们不断想起这段历史。而且在"北伐"大义论的影响下,这种历史认识更加受到重视,甚至成为维系民族认同和民族精神的一个重要因子。也正

---

1 《李炳宪全集》上《中华游记》,亚细亚文化社,1989,第531页。
2 《李炳宪全集》上《中华游记》,第533页。
3 《李炳宪全集》上《中华游记》,第531页。

因为如此，到了近代，李炳宪才需要通过改造朝鲜民族上古史来对这段历史做出新的解释。但是李炳宪的解释过于离奇，也难以为受过新式教育的朝鲜新知识分子所接受，反映了近代民族主义形成过程中，朝鲜知识分子在历史认识上的过渡性质。

第八章　西山园林：觇国与想象

　　北京西郊海淀一带自辽金以来即为名胜之区，明代开始在这里造园，到清代集中了静明园、畅春园、圆明园、静宜园和清漪园等皇家园林，加上清漪园所在的万寿山、静宜园所在的香山，以及静明园所在的玉泉山，形成"三山五园"的山水园林格局。全盛时期海淀一带园林绵延二十余里，蔚为壮观。

　　海淀一带的皇家园林和私家园林对清代朝鲜使行人员充满了吸引力，游览西山园林成为他们到北京后的例行活动。但是朝鲜使行人员有机会游览的园林不多。道光八年（1828）到中国的李在洽虽然游览了清漪园，仍为不能历览海淀一带所有园林而感到惋惜。他说，"而若海甸等处，引水为沼，或桥或舟，凿石为山，为庵为台，闻极可异，而末由窥见。又是西山一面，即此昆池所望，可以领略其万一，而其他则都在

第八章　西山园林：觇国与想象

树木隐映之间。弥望平地，石路四出，诚莫测其壮丽幽邃之境矣"。[1]

而且，朝鲜使行人员的游览目的并不止于赏景，这也是觇国的一个途径。了解中国情况本来就是朝鲜使行的任务之一，而宫室园池历来是帝王贤愚、朝代兴衰的表征。所以朝鲜人往往从尊明排清意识出发，将西山园林与清朝的运数结合起来，既希望从中找出清朝兴盛的原因，也希望从中找出清朝衰落的征兆。因此，西山园林既可以成为"胡运不过百年"的佐证，也可以从中发现"胡运能过百年"的原因，西山园林成为朝鲜人思考清朝盛衰的重要参照物。所以，成海应说，对于清朝，"有志乎苞桑之戒者，不当漫置而不之知耳。且宫室园池雕峻之役，器玩书画珍异之品，僧道寺刹怪诞之状，其余土俗之细琐，与夫外夷之征伐，皆足以观其政令之所存"。[2] 朝鲜使行人员对西山园林的观感，往往与这种思想背景和认识出发点密切相关。

一　西山原在缥缈间

燕京八景中有"西山霁雪"，而燕京八景在明代已经远播朝鲜，在现存明代《朝天录》中即有一些朝鲜人留下的咏燕京八景诗，如明末金尚宪的《朝天录》即如此，其中咏"西山霁雪"诗的前四句云：

雪后艅艎晓日生，皓然西望玉峥嵘。
诸天宝界魂先冷，瘦石危岩骨尽清。[3]

所以北京西山在朝鲜文人中也早已成为名山。

然而在明清时期，朝鲜使臣并不能随意到西山一带游览，连香山、

---

[1] 李在洽：《赴燕日记·往还日记》，林基中编《燕行录全集》(85)，第56—57页。
[2] 成海应：《研经斋全集》外集卷六十五《杂缀类·燕中杂录》，丛刊 (278)，第206a—206b页。
[3] 金尚宪：《清阴先生集》卷九《朝天录·燕都八景》，丛刊 (77)，民族文化推进会，1991，第136c页。

玉泉山也没有登临的机会。虽然朝鲜冬至使到北京是在冬季，对于"西山霁雪"也只能像金尚宪那样"皓然西望"而已。至于立有乾隆皇帝御笔"西山晴雪"碑的香山香雾窟一带的雪景，更是无缘踏访。康熙五十二年（1713）正月十九日，跟随他作为冬至兼谢恩正使的哥哥金昌集来到北京的金昌业，登上了安定门城楼，从这里眺望西山。他虽然没有看到西山的雪景，还是想到燕京八景中有"西山霁雪"，相信自己看到的西山也就是"西山霁雪"之所指，因此说："燕都八景中，西山霁雪，即是也。"[1] 金昌业之所以对"西山霁雪"念念不忘，是因为来北京之前对燕京八景已有很多想象。金昌业的弟弟金昌翕在为他送行时，也提到燕京八景，其中一句是："西山霁雪白峨峨，影射芦沟月漾波。"[2] 康熙五十九年，以告讣使到北京的李颐命（1658—1722）根本没见过西山雪景，因为这一年"客岁三冬暖，新春大地干。岩峦犹黑色，涧谷但轻寒"，但是他仍想象"燕山多积雪，霁景画应难"。[3] 同年以冬至正使到北京的李宜显虽然作有《咏燕都八景十五叠》，但是他其实一处也没有见过，所以在诗中又说：

嗟余一莫赏，锁馆符堕瓮。
郁郁气未展，岑岑头欲痛。
但解作诗歌，长吟错短讽。[4]

金昌业从安定门城楼眺望西山，虽然不一定能看到西山的雪景，但是也是一种难得的经历。也许因为朝鲜使行人员不常这样做，同行的译官有些胆怯，金昌业自己也心有不安，所以在城墙上只走了一百多步，

---

1 金昌业：《老稼斋燕行日记》卷四，林基中编《燕行录全集》（33），第 82 页。
2 金昌翕：《三渊集》卷十一《送大有随伯氏赴燕》其四十六，丛刊（165），第 233c—233d 页。
3 李颐命：《疏斋集》卷一《燕京，次杜工部秦州杂诗》其八，丛刊（172），民族文化推进会，1989，第 67b 页。
4 李宜显：《陶谷集》卷三《咏燕都八景十五叠》，丛刊（180），第 387a 页。

第八章　西山园林：觇国与想象

就匆忙下来回去了。

在清初，朝鲜使行人员在进入北京城之后，很少有出城的机会，从城楼远望西山，看到的风景也足以使其想象"西山霁雪"的美景。康熙五十二年（1713）正月初六日，与金昌业同行的朝鲜医官金德三到畅春园给康熙皇帝第七子胤祐看病，他坐在车里，前面有赶车人挡住了视线，不能尽情欣赏沿路风景。快到畅春园时，又遮上了帐幕，什么也看不到了，让他颇感遗憾，甚至怀疑中国人是有意不让他观察沿途形胜。[1]其实是金德三自己多心了。正月二十五日，金昌业跟随去畅春园表演射箭的三名朝鲜军官，从德胜门出城前往畅春园，一路上就可以随便观赏，自然也可以看到西山，只是因风沙弥漫而影响观感。他说："在路上见西山甚迩，而适风埃，未能快睹。"[2] 到19世纪，朝鲜使行人员甚至可以随意租车出城游览。道光三年（1823）正月初二日，权复仁等人出德胜门去海淀游玩，遇到好天气，远望西山宛若"紫翠一堆，涌出车前"，令人心目朗然。[3]

虽然金昌业最初只能从北京城楼上眺望西山，但他最终还是有了到城外欣赏西山雪景的机会。康熙五十二年二月初六日，金昌业再次陪使臣到畅春园领取康熙皇帝赏赐给朝鲜的图书，在清梵寺外见到了西山和玉泉山。他说，"自此见西山益近，西山少东，又有小山"，有一中国人告诉他这就是玉泉山。[4] 正好前一天早上刚下过雪，这一天又是晴天，所以玉泉山后，远峰叠见，雪色浩然，不仅看到了西山霁雪的景致，金昌业还相信他看到了居庸关，过去认为燕京八景中加入"居庸叠翠"，未免取景太远，当时觉得居庸关距离北京城其实也很近。[5]

朝鲜使行人员往往能够近距离观望的也就是香山、玉泉山和万寿

1　金昌业：《老稼斋燕行日记》卷四，林基中编《燕行录全集》（33），第40—41页。
2　金昌业：《老稼斋燕行日记》卷四，林基中编《燕行录全集》（33），第119页。
3　权复仁：《天游稿燕行诗·西山记》，林基中编《燕行录全集》（94），第30页。
4　金昌业：《老稼斋燕行日记》卷五，林基中编《燕行录全集》（33），第195页。
5　金昌业：《老稼斋燕行日记》卷五，林基中编《燕行录全集》（33），第196页。

山，甚至因此认为所谓西山其实指的就是其中的一座山。早在明弘治元年（1488），崔溥在他的《漂海录》中即将西山与金山、觉山、仰山、香山、玉泉山等并列。[1] 但崔溥的身份是漂人而不是使节，到了北京以后不能随意出入玉河馆，他自己也说"就与盲聋同类"，[2] 所以无法弄清西山之所指。清初先后九次到过北京的麟坪大君李㴭认为西山就是香山。他说："西山，妙香山古名，燕京西距三十里，有碧云寺及龙湫。"所以，他在咏"西山霁雪"诗中说："雪霁空山留素华，妙香无处不飞花。"[3] 乾隆三十年（1765）到中国的洪大容则认为西山"在玉泉、万寿之间"，[4] 让人不知所指。不过他又说，西山"高不过数十仞，前有湖曰西湖"，[5] 应该指的就是现在颐和园里面的万寿山。道光八年（1828）跟随冬至兼谢恩使到中国的朴思浩也认为西山就是万寿山，不过他又将万寿山与玉泉山混为一谈。他在《西山记》中说："西山，太行余麓也，名曰万寿山，亦曰玉泉山。"[6]

可是，朝鲜英祖五十一年（1775）三月二十九日洪大容在与朝鲜世孙，即后来的正祖讨论西山皇家园林时，又说："（圆明园比畅春园）宏侈奢华，不啻百倍，若西山则又十倍于圆明。"[7] 这里所说的西山应该指的是清漪园，即后来的颐和园。嘉庆九年（1804）正月十六日到清漪园游览过的李海应也说："此为西山之址。"[8] 徐庆淳也于咸丰四年（1854）十二月十七日到清漪园游览过，他更加肯定地说，清漪园"一曰海甸，俗称西山"。[9] 而在徐庆淳之前，道光十二年以冬至兼谢恩使书状官到北京的金景善，在其《圆明园记》中又说："园在西山之下，故或称西山，

---

1 崔溥：《锦南先生集》卷五《漂海录》（三），丛刊（16），民族文化推进会，1988，第486b页。
2 崔溥：《锦南先生集》卷五《漂海录》（三），丛刊（16），第487a页。
3 麟坪大君李㴭：《松溪集》卷三《燕京八景》，续刊（35），第230a页。
4 洪大容：《湛轩书》外集卷九《燕记·西山》，丛刊（248），第295b页。
5 洪大容：《湛轩书》外集卷九《燕记·西山》，丛刊（248），第295b页。
6 朴思浩：《心田稿》二《留馆杂录·西山记》，林基中编《燕行录全集》（85），第481页。
7 洪大容：《湛轩书》内集卷二《桂坊日记》，丛刊（248），第54a页。
8 李海应：《蓟山纪程》卷三《留馆·西山》，林基中编《燕行录全集》（66），第307页。
9 徐庆淳：《梦经堂日史》编四《紫禁琐述》，林基中编《燕行录全集》（94），第404页。

是雍正皇帝离宫也。"[1]说明朝鲜人有时也把圆明园称为西山。道光八年（1828）六月初十日，李在洽跟随朝鲜进贺兼谢恩使一行到海淀迎驾。当时道光皇帝在西山避暑，而太后在圆明园，道光皇帝要去圆明园拜见太后，所以朝鲜使臣才照例前往海淀迎驾。他说："海甸在西山之东，圆明园又在海甸之东，曰园曰甸，一是西山也。"[2]由此可见，西山也可以用来指代整个"三山五园"皇家园林。

其实朝鲜早已有人了解中国人所说的北京西山的含义。乾隆五十五年（1790）到北京的徐浩修即说："西山，在宛平县西三十里，一名小清凉，太行山别阜也。巍峨秀拔，为京师右臂。香山、瓮山、玉泉山、翠微山、聚宝山，皆冈麓连接，总名曰西山。"[3]但是这种地理知识似乎并没有得到普及，而且对他们也没有实质意义，毕竟所能见到的只是从西直门或德胜门到海淀沿路所能望见的一部分，所以他们的注意力始终集中在香山、玉泉山和万寿山，以及附近的清漪园、畅春园和圆明园上。道光二年跟随朝鲜谢恩副使权丕应到中国的权复仁说，西山的南面为香山，香山附近有玉泉山。又说："玉泉、香山、西山，一冈而异名。"[4]前后矛盾，不知所指。道光十二年金景善在其《西山记》中专门对这一问题有所辨析，否定了洪大容西山在玉泉山和万寿山之间的说法，认识到西山并不专指万寿山或玉泉山，而是一条大山脉，"西山山脉，分于医山，逶迤数千里，至此始脱劫，缥缈连绵，殊可爱。燕都八景，西山霁雪居其一"。[5]虽然认识到西山是一条山脉，但是似乎又将其作为燕山的分支，而不是太行山的。

对于清代朝鲜使行人员来说，西山的意义毕竟主要集中在"西山霁雪"和畅春园、清漪园、圆明园等皇家园林。而位于香山的静宜园和位

---

[1] 金景善：《燕辕直指》卷五《留馆录》下《圆明园记》，林基中编《燕行录全集》（72），第20页。
[2] 李在洽：《赴燕日记·往还日记》，林基中编《燕行录全集》（85），第53页。
[3] 徐浩修：《燕行纪》卷三，林基中编《燕行录全集》（51），第113页。
[4] 权复仁：《天游稿燕行诗·西山记》，林基中编《燕行录全集》（94），第27页。
[5] 金景善：《燕辕直指》卷五《留馆录》下《西山记》，林基中编《燕行录全集》（72），第42页。

于玉泉山的静明园,是他们没有机会去游览的地方。光绪元年(1875)到中国的李裕元曾乘车来到玉泉山下,但是发现这里守卫甚严,不让他们进去,只得坐在车上从墙外眺望一番。即便如此,已足以让他感叹:"嗟乎,不见西山玉泉寺,何足谓以观于燕!"[1] "三山五园"之中,朝鲜使行人员有机会游览的主要是畅春园、圆明园和万寿山清漪园(颐和园)。

二 亦真亦幻畅春园

康熙皇帝自康熙二十六年(1687)起常住在畅春园,所以康熙五十一年到北京的朝鲜陈奏兼谢恩使觉得城内的皇宫反而显得很冷清,空空荡荡的没有什么人。[2] 既然皇帝常住在畅春园,朝鲜使行人员自然就有去畅春园的机会。从康熙五十二年春朝鲜冬至兼谢恩使一行到畅春园的情况来看,多属于临时性质,还没有成为定例。给七皇子看病的朝鲜御医金德三和参加演射朝鲜片箭的三名朝鲜军官得以进入畅春园,而其他人则没有进入畅春园的机会。康熙五十二年正月二十五日金昌业虽然陪同表演射箭的金锡保等三名军官到了畅春园,但是不能进去,只能在北门门房与守门的宦官闲聊。[3] 二月初六日,朝鲜使臣到畅春园领取皇帝赏赐的图书时,也只是在畅春园外清梵寺等候,没有人进入畅春园,金昌业只得在寺外一小丘向园内张望,看到的情况与金德三所描述的七皇子居所相似。

金德三觉得七皇子的住处很普通,与平常人家的房屋没有什么不同,瓦也用的是很普通的瓦,不设丹雘。内部陈设也很简单,没有什么奇珍异宝,与一般富裕人家没有什么区别。[4] 不光七皇子的住处如此,

---

1 李裕元:《嘉梧稿略》册二《玉泉寺》,丛刊(315),第60c—60d页。
2 《肃宗实录》卷五十一,肃宗三十八年四月初四日丙辰。
3 金昌业:《老稼斋燕行日记》卷四,林基中编《燕行录全集》(33),第122—127页。
4 金昌业:《老稼斋燕行日记》卷四,林基中编《燕行录全集》(33),第40页。

他觉得整个畅春园都非常简朴,大门和围墙也都很朴实无华,与一般村庄差不多。只是有一件事情让三名朝鲜军官感到很奇怪,就是畅春园内地势明显北高南低,而水却从南向北流,还有人乘小船顺流而下,他们觉得这是非常怪异的设计。[1]

康熙皇帝不住在紫禁城,而常住在畅春园,难免让朝鲜人感到很奇怪,因此在朝鲜人中间也有很多传闻。朝鲜人认为康熙皇帝是一个喜欢巡游的皇帝,他不住在皇宫而住在畅春园,大概与此有关。[2] 既然康熙皇帝喜欢住在畅春园,而不愿住在紫禁城,大家自然认为畅春园比紫禁城更奢华。金昌业说他到中国之前,曾听说"皇帝于畅春苑,作离宫十五处,贮以北京及十四省美女,宫室制度及衣服饮食器皿,皆从其地风俗,而皇帝沉湎其中"。[3]

当时的朝鲜人,是很愿意对清朝皇帝做如此想象的,朝鲜国内也确实始终流传着种种关于清朝皇帝和满洲人的负面传闻。朴齐家就曾经指出,当时朝鲜人宁愿相信这些荒诞不经的谣言,也不愿意接受任何对清朝和满洲人的正面描述。如果从中国回去的人说清朝如何如何好,他们不仅茫然不信,而且会感到很失望,并反过来批评这人不守"华夷之辨"。如果说清朝如何如何不好,他们则喜不自胜,到处传播。[4] 正因为朝鲜国内士人普遍有如此心理,甚至连多次到过中国的朝鲜使臣和译官也会刻意寻找清朝的弊端,从而做出否定的评价,甚至想从中寻找出清朝衰亡的征兆,以满足大家"胡无百年之运"的期待。康熙三十五年(1696),距离丙子之役已过去了一甲子,李颐命在送其堂兄以书状官出使中国时,还对他说:"腥膻宁有百年期,觇国要能识盛衰。"[5] 其实,觇国一直是朝鲜使臣的任务之一,他们回去后都要向国王报告中国情

---

1 金昌业:《老稼斋燕行日记》卷四,林基中编《燕行录全集》(33),第130—131页。
2 《肃宗实录》卷五十一,肃宗三十八年四月初四日丙辰。
3 金昌业:《老稼斋燕行日记》卷五,林基中编《燕行录全集》(33),第205页。
4 朴齐家:《北学议·外篇·北学辨》,《贞蕤阁全集》(下),骊江出版社,1986,第441—443页。
5 李颐命:《疏斋集》卷一《送从兄以书状官赴燕(丙子)》其一,丛刊(172),第61d页。

况，国王常打听的一个问题也是清朝的统治是否稳固。

这种刻意寻找清朝衰亡征兆的认识倾向，在后金刚刚兴起时就已经出现了。明天启七年，朝鲜仁祖五年（1627），后金第一次征伐朝鲜，强迫朝鲜与其结为兄弟之国。第二年郑文翼（1571—1639）作为回答使出使后金，虽然觉得皇太极"真是虏中之雄，而不可以禽兽视之"，但还是认为皇太极穷奢极侈，刻薄无礼，并因此相信后金不出十年必生变乱，从而建议朝鲜暂且采取羁縻政策，"以待胡运之自衰"。[1] 像郑文翼这样，在希望清朝尽快衰亡的心理驱动下，朝鲜士人往往会夸大清朝统治下的种种弊端，从而得出清朝不久将亡的结论。麟坪大君李㴭在清朝入关前后先后十二次到过中国。顺治十三年（1656）第十一次到中国时，他听说清廷在选秀女，总数达三千人，于是便认为顺治皇帝是个荒淫的皇帝。他说：

> 自广宁抵丰润，依山际野，间多丘陵。自丰润到燕京，所经平陆，周道如砥。闻见则关内饥荒，草寇窃发。自渔阳东界，至皇城东门，坊坊曲曲，官军伏路，刀枪弓炮，相望于道。畿辅州府，方抄选良家美女，以充后庭。厥额三千，计数分定，高揭榜文，人民愁叹。清主之荒淫，概可想矣。[2]

康熙皇帝建造畅春园，自然也会引起朝鲜人的议论，而且经常到北京的朝鲜译官，也会有意无意引导参与使团的朝鲜士人形成对清朝皇帝的负面认识。康熙六十年（1721），李正臣以谢恩副使到中国时，译官就告诉他康熙皇帝热衷田猎，不理朝政，使他对康熙皇帝有了成见，因此他将畅春园描写成骄奢淫逸之所。他形容说，畅春园内多石造的假山，假山上还种植了许多奇花异草，莲塘和后园里还饲养了很

---

[1] 赵庆男：《乱中杂录》七《戊辰下一》，《大东野乘》卷三十二，第 5 册，第 668—669 页；郑时弘：《家状》，载郑文翼《松竹堂文集》卷四，续刊（17），第 194b 页。

[2] 麟坪大君李㴭：《松溪集》卷六《燕途纪行》中《日录》，续刊（35），第 282a—282b 页。

第八章 西山园林：觇国与想象

多珍禽异兽，行官别殿，金碧辉煌，与此前金昌业、崔德中等人的观感完全相反。[1]

不仅朝鲜译官有时故意用一些奇谈怪论来糊弄不懂中国语的朝鲜使行人员，中国人有时也会误导他们。崔德中曾向一位姓周的中国人打听康熙皇帝不住在皇宫而住在畅春园的原因，周说是因为住在畅春园便于行乐。崔德中一开始还有点半信半疑，但是在他看到畅春园里面的情况之后，就彻底不信了。在他看来，"传言行乐游宴，故多在畅春者，不知本意也。若以景侈言之，则西湖五龙亭、玉河楼，绝胜绝胜，岂有舍此而常居畅春也，决知其不思之言"。[2] 金昌业也是这样想的：如果康熙皇帝追求享乐，在城内即可满足，完全没有必要跑到城外简朴的畅春园。[3]

金昌业等人反对朝鲜人这种主观的对清认识倾向，至少对于康熙皇帝和畅春园，希望朝鲜人能够实事求是，做出比较客观的判断。金昌业甚至相信康熙皇帝住在畅春园实有深意，因为这里"与西山、玉泉相近，山水之景，田野之趣兼焉，似爱此而来耳"。[4] 不仅如此，因到畅春园里表演射箭的三名军官发现园内有跑马的痕迹，[5] 再联想到康熙皇帝召诸王、侍臣和朝鲜军官表演射箭，崔德中于是推测康熙皇帝住在畅春园也许是为了便于骑马射箭。他说："第宫城内无驰马场，畅园亦便驰射，而逐日与诸王、侍臣习射，无乃习劳而然欤？"[6]

崔德中和金昌业还都注意到畅春园外没有设官署，百官每天往返二十五里，奔走于城内与畅春园之间，到了畅春园也只能在园外寺庙栖身，伙食供应也采取行军制度，认为这都是清廷有意为之，目的是以此

---

1 李正臣：《栎翁遗稿》卷八《燕行录》，续刊（53），第138b页。
2 崔德中：《燕行录·日记》，林基中编《燕行录全集》（40），第86页。
3 金昌业：《老稼斋燕行日记》卷五，林基中编《燕行录全集》（33），第205页。
4 金昌业：《老稼斋燕行日记》卷五，林基中编《燕行录全集》（33），第205—206页。
5 金昌业：《老稼斋燕行日记》卷四，林基中编《燕行录全集》（33），第130页。
6 崔德中：《燕行录·日记》，林基中编《燕行录全集》（40），第86页。

来维持满洲人善骑射、耐饥寒的本性。[1]至于康熙皇帝去热河避暑,到霸州观鱼,金昌业也推测同样含有深意。[2]

以这种思维方式去观察和思考康熙皇帝的为人和施政,自然不可从华夷之辨出发将其一概否定,所以金昌业说:"且建夷,东夷之种性本仁弱,不嗜杀人,而以康熙之俭约,守汗[3]宽简之规模,抑商贾以劝农,节财用以爱民,其享五十年太平宜矣。"[4]崔德中也说:"此时虽变改风俗,上下无别,赋税有定,民安其业,吏乐其职,出〔黜〕陟分明,政不烦苛","且无役民之事,亦无别赋之规,民皆怡安,恐失其君",清朝统治之稳固由此可知。[5]

虽然"北伐"大义论从朝鲜孝宗朝开始深深影响了朝鲜士人的对清认识,但是金昌业作为金尚宪的后孙,出身于老论名门,仍能比较自由地结交中国文人,并对清朝皇帝做出正面评论,本应对后人产生很大影响。但是在此后的五六十年里,防禁甚严,朝鲜使行人员反而很少与中国文人交往。所以李德懋曾在给赵衍龟的信中感叹说:

> 我国自罗丽以来,至于百余年前,往往交结中国人士,书札频繁,情意恳款,此昭代盛事也。今则防禁至严,不可以外交也。六十年来,金稼斋、李一庵以后,无多闻焉。走何尝与中国人,有书牍相酬之事也,此欲为而不敢为者也。传者之不审也。[6]

其实在此之前,乾隆三十年(1765)到中国的洪大容结交了潘庭筠、严诚、陆飞三位从杭州到北京参加科举考试的举人,并有书信往来,在朝鲜传为佳话。李德懋在给赵衍龟的信中也表示出艳羡之情,

---

1 金昌业:《老稼斋燕行日记》卷五,林基中编《燕行录全集》(33),第206页。
2 金昌业:《老稼斋燕行日记》卷五,林基中编《燕行录全集》(33),第206页。
3 原文如此。
4 金昌业:《老稼斋燕行日记》卷五,林基中编《燕行录全集》(33),第206—207页。
5 崔德中:《燕行录·日记》,林基中编《燕行录全集》(40),第34页。
6 李德懋:《青庄馆全书》卷十九《雅亭遗稿》十一《赵敬庵衍龟》,丛刊(257),第257c页。

他说：

> 然尝闻钱塘有严诚，字力暗，号铁桥先生者，文章道学，绰有规范。立志坚固，见道通透。年未四十，不幸而卒。其同乡有吴西林先生者，丧礼遵明制，经明行修，至老而孝不衰。著《吹豳[1]录》八十卷，《说文理董》四十卷，盖卓立之士也。今天下如此者，不知其几辈。东国人无挟自恃，动必曰中国无人，何其眼孔之如豆也？[2]

对于洪大容的行为，金锺厚曾指责他不守华夷之辨，认为朝鲜人应该将清朝统治下的中国视为腥秽仇域，到了中国自应"深存'忍痛含冤'之意，惟卫父兄、广见闻以外，凡有毫毛干丑房事者，若无睹耳"。[3] 所以在对清认识上，洪大容在那个时代算是特立独行之人，而继承了几十年前金昌业的传统。在对畅春园的认识上，洪大容与金昌业也有着惊人的相似。

洪大容到北京时，畅春园已经成为孝圣皇太后的园居之所，所以把守甚严，洪大容只能从墙外和门口观其大概，他也觉得畅春园"其法制之简质可知"。[4] 他甚至认为康熙皇帝之所以不喜欢住在皇宫，正是因为明朝将皇宫建造得过于奢华，所以康熙皇帝宁愿住简朴的畅春园，并称赞说："殆同甘棠之芟舍，其去欲示俭，终始治安，可为后王之法矣。"[5] 这里引用了召伯筑舍甘棠之下的典故，其推崇康熙皇帝之心溢于言表。虽然洪大容并没有看到康熙时期百官往来于北京城和畅春园之间的情景，但是他仍评论说："且千官自京城，每日晓出暮归，使肉食绮

---

1 原注：豳似幽。而《吹豳录》无误，为清人吴颖芳所著。
2 李德懋：《青庄馆全书》卷十九《雅亭遗稿》十一《赵敬庵衍龟》，丛刊（257），第257c—257d页。
3 金锺厚：《本庵集》卷三《答洪德保》，丛刊（237），民族文化推进会，1999，第380b页。
4 洪大容：《湛轩书》外集卷九《燕记·畅春园》，丛刊（248），第294d页。
5 洪大容：《湛轩书》外集卷九《燕记·畅春园》，丛刊（248），第295a页。

纨之子，习劳鞍马，无敢逸豫。其旗下诸官，自大臣以下，又不得以车轿自安，此其制未必为先王良法，而其安不忘危，亦可谓伯主之远略矣。"[1] 由此可见，洪大容也认为这种安排是为了培养八旗子弟吃苦耐劳的精神。

当时正值乾隆朝中期，清朝尚处于鼎盛时期。洪大容认为清朝的兴盛正是康熙皇帝的功劳，仅从畅春园即可看出康熙皇帝乃一代圣君。他说："六十年天下之奉，宫室之俭如此，宜其威服海内，恩浃华夷，至于今称其圣也。"[2] 十年后，洪大容又对朝鲜世孙（正祖）说："臣见畅春园，而知康熙真近古英杰之君也。其享六十年太平，有以也。"世孙问其故，洪大容解释说："畅春园墙高不过二丈，循墙而行，不见峻甍，当门窥望，制度极其陋朴。夫舍皇城壮丽之居，而逊处于荒野之中，宫室之卑隘如此，民到于今称以圣君，可知其为英杰也。"[3]

然而，金昌业和洪大容的认识在朝鲜国内很难流传开来，大多数朝鲜士人在"北伐"论和尊周大义论的影响下，仍对清朝的一切都持否定态度。他们不但不会将畅春园想象成召伯的棠下草舍，还会坚持将其想象为皇帝的游乐场。金昌业的弟弟金昌翕在给金昌业的送行诗中也说："新添花石畅春苑，不识朵颐有西邻。"[4] 还想象清朝君臣："哦诗皇极殿，把酒畅春园。"并因此相信清朝"徒夸文治盛，不复霸心存"。[5] 乾隆四年（1739），李天辅为以陈慰兼谢恩使书状官到中国的李德重送行时，也在送行诗中也想象："暇日胡酋多乐事，畅春园里有莺声。"[6]

进入19世纪，北学派衰落，而畅春园自乾隆四十二年孝圣皇太后去世后一直空着，到这时已呈一派衰败景象。道光皇帝即位后，已觉得这里年久失修，不堪为皇太后御园，只得将皇太后移往绮春园奉养，任

1　洪大容：《湛轩书》外集卷九《燕记·畅春园》，丛刊（248），第295a页。
2　洪大容：《湛轩书》外集卷九《燕记·畅春园》，丛刊（248），第294d页。
3　洪大容：《湛轩书》内集卷二《桂坊日记》，丛刊（248），第54a页。
4　金昌翕：《三渊集》卷十一《送大有随伯氏赴燕》其四十，丛刊（165），第233a页。
5　金昌翕：《三渊集》卷十五《葛驿杂咏》其四十三，丛刊（165），第312a页。
6　李天辅：《晋庵集》卷二《送李书状子彝德重赴燕》其三，丛刊（218），第143a—143b页。

由畅春园继续荒废下去。但是畅春园并没有从朝鲜人的记忆中消失。道光十三年（1833）正月十六日，朝鲜冬至兼谢恩使一行虽然知道这里已经荒废了，还是来到畅春园外，只是满山的树木挡住了他们的视线，看不到里面究竟怎样了。[1]

三 圆明灯火转时烬

从乾隆时期开始，直到咸丰十年（1860）圆明园被英法联军烧毁，每年正月元宵节前后，朝鲜使臣都要到圆明园参加一些礼仪活动，其他人员也会跟随前往，逐渐成为常例。而且与过去到畅春园时不同，他们可以住在圆明园附近的民宅或寺庙里，连续多日出入圆明园。

一般情况下，从正月十三日或正月十四日下午起，朝鲜使臣白天要到圆明园内山高水长阁观看歌舞和杂戏表演，晚上观看灯会和焰火表演（燕行录中多称为灯戏和火戏）。元宵节当天上午，首先到正大光明殿参加放生宴，下午仍到山高水长阁看戏，晚上观看灯戏和火戏。这期间皇帝往往还会作诗求和，朝鲜使臣也要制诗以进。道光十六年正月十九日，经历了这一过程的朝鲜冬至副使赵斗淳（1796—1870）形容说："缀得珠玑灯万点，千官簇立奏新诗。"[2] 乾隆四十七年（1782），朝鲜冬至兼谢恩副使洪秀辅的圆明园进制诗更是"汉满公卿及诸国使，一时传诵，赍币求诗文者踵至"。[3] 正月十六日早上，朝鲜使臣还要到圆明园内领赏，早饭后即可启程，回到城内玉河馆。

自乾隆朝起，朝鲜使行人员常到圆明园，对海淀一带皇家园林也更加熟悉。洪大容形容圆明园外"凡公私宅舍，丹腹瑰焕如新，京城

---

1 金景善《燕辕直指》卷五《留馆录·下·畅春园记》，林基中编《燕行录全集》（72），第44—46页。
2 赵斗淳：《心庵遗稿》卷四《十九日游西山》其四，丛刊（307），民族文化推进会，2003，第99b—99c页。
3 李晚秀：《屐园遗稿》卷十《玉局集·奉朝贺洪公谥状》，丛刊（268），民族文化推进会，2001，第452a—452b页。

所未见",由此推测园内更加富丽堂皇,所以他说:"园内台榭之宏奢,可想也。"¹ 咸丰四年(1855)十二月十七日,徐庆淳来到海淀,也发现这里"第宅园林,绣户朱门,真一洞天仙府也"。² 赵斗淳也形容海淀别有洞天,"尘埃市郭无多里,奇绝人间小有天"。³ 乾隆五十五年(1790),这里因庆祝乾隆皇帝八旬万寿节而装点得更加繁丽,令人陶醉。柳得恭有诗形容说:"十里兰风麝雾飘,钿车辘辘上红桥。痴人每说销魂好,试向西山处处销。"⁴

对于圆明园的形制,朴思浩描述说,圆明园"周围十里,东西长,南北短,林木葱蔚"。⁵ 道光十一年(1831),跟随父亲郑元容到过中国的郑基世更认为圆明园内完全是一派江南风光。⁶ 咸丰五年(1855),徐庆淳在游览了海淀皇家园林之后,曾与安徽人方朔⁷讨论过中朝两国园林之高下。方朔说:"朝鲜宫阙城池,皆依山而居,溪山之胜,皆坐而有之,真是好些。天子游宴之所,不过大内之景山、五龙亭,海甸之畅春、圆明苑,皆是人造,岂若东国王宫之天作溪山,取诸宫中者乎?"而徐庆淳却回答说:"日昨往见海淀,真是佳丽之地,人造反胜于天作。"⁸ 赵斗淳也感叹:"岂有模山兼写水,眼前如许使人惊。"⁹ 即使没有到过中国的人,对圆明园内的景色也抱有强烈的好奇心。成海应没有到过中国,只有其从子成祐到过中国,成海应撰有《燕中杂录》,其中还描绘了圆明园四十景,说圆明园"有四十景,皆取四字为题,一轩一峰,具〔俱〕有幽致"。¹⁰

---

1 洪大容:《湛轩书》外集卷九《燕记·圆明园》,丛刊(248),第295b页。
2 徐庆淳:《梦经堂日史》编四《紫禁琐述》,林基中编《燕行录全集》(94),第407页。
3 赵斗淳:《心庵遗稿》卷四《十九日游西山》其二,丛刊(307),第99b页。
4 柳得恭:《泠斋集》卷四《热河纪行诗·西直门外》,丛刊(260),第75d页。
5 朴思浩:《心田稿》二《留馆杂录·圆明园记》,林基中《燕行录全集》(85),第486页。
6 《承政院日记》,高宗五年八月二十九日癸酉。
7 方朔,号小东,安徽怀宁人,到北京参加科举考试,因事留在北京,当时住在怀宁会馆。
8 徐庆淳:《梦经堂日史》编四《紫禁琐述》,林基中编《燕行录全集》(94),第418—419页。
9 赵斗淳:《心庵遗稿》卷四《十九日游西山》其十,丛刊(307),第99d—100a页。
10 成海应:《研经斋全集》外集卷六十五《杂缀类·燕中杂录·宫室·圆明园》,丛刊(278),第211b页。

第八章　西山园林：觇国与想象

对于他们常去的园内建筑正大光明殿和山高水长阁，朝鲜人反而描述得不多。朴思浩说正大光明殿"二层，殿敞豁，丹臒璀璨"。至于山高水长阁，"阁凡十二楹，二层，皆以沉香设栏，庭中亦设栏，如翠屏状"。[1] 乾隆五十五年（1790），朝鲜进贺使在圆明园活动了二十来天，到过圆明园内更多的地方。他们在天香斋附近的清音阁听完了整部《升平宝筏》，因此柳得恭说："一句演出《西游记》，完了《升平宝筏》筵。"[2]

他们每天从圆明园南边旁门入园，过勤政殿南门，然后乘船经过藏舟坞，穿过金鳌玉蝀桥，直到天香斋前下船，沿途"阜陵周遭，松杉葱郁，彩亭雕榭，曲曲隐映，以佳丽之境，兼萧〔潇〕洒之趣，真是仙区也"。天香斋前面和左右各有朝房，还设有营舍、酒楼、茶铺，"宛如一都市"。[3]

观戏殿在天香斋东北面。他们是先到承德，然后再到北京的，所以觉得这里与承德避暑山庄内的观戏殿相同，"正殿二层，东西五间，下层正中一间为御座，左右各二间皆嵌琉璃窗，妃嫔观光于窗内，太监供给于窗外。东西序各数十间，宗室、诸王、贝勒、阁部大臣坐于东序，重行西向北上；蒙古、回部诸王、贝勒，安南王，朝鲜、安南、南掌、缅甸使，台湾生番坐于西序，重行东向北上"。观戏殿的南面即为三层高的戏楼清音阁，清音阁与观戏殿之间的"殿庭排列奇花异草，升沉香烟，亦如热河"。[4]

这年八月初五日，大家看完戏，乾隆皇帝还让阿桂、和珅、福康安和福长安率领蒙古王公、安南国王，以及朝鲜和安南进贺使游览福海。他们在天香斋前上船，来到福海，但见"环绕海岸，累土为阜陵峰峦，榆柳松杉，苍翠葱郁，琼楼华表，重重隐映"。再来到万邦安和景点，徐

1　朴思浩：《心田稿》二《留馆杂录·圆明园记》，林基中编《燕行录全集》（85），第486页。
2　柳得恭：《泠斋集》卷四《热河纪行诗·圆明园扮戏》，丛刊（260），第75c页。
3　徐浩修：《燕行纪》卷三，林基中编《燕行录全集》（51），第131—132页。
4　徐浩修：《燕行纪》卷三，林基中编《燕行录全集》（51），第132—133页。

浩修不由得感叹这里"真天下壮观"。和珅问徐浩修:"贵邦亦有如此景胜乎?"徐浩修回答说:"小邦安有如此神巧之制作?今日身到十洲三岛之仙境,是岂平生梦想之所及,莫非皇恩,第切感祝。"[1]

徐浩修的感叹可能主要不是来自圆明园建筑的宏伟华侈,更多是来自圆明园的景致。但是,在圆明园观看的灯戏和火戏确实给他们留下了奢华的印象。正祖五年(1781)四月十八日,朝鲜冬至使书状官林济远向朝鲜国王报告说,乾隆皇帝在圆明园观看灯戏和火戏,所花费的白银达十万两。[2] 李海应也做了相似的估计,他说:"盖计其糜费,非但十万为计。"[3] 对于朝鲜这样的小国来说,如此花费太过浪费,更何况火药还是重要军事物资,因此金景善认为应该停办。他说:"此亦可已而不已者耶!且焇药,即兵之利器,而糜费无节,至于此甚,吾不知其可也。"[4] 李海应将灯戏和火戏表演视为中国皇帝的夸耀之举,所以他和嘉庆皇帝御制诗说:"空使胡皇夸富贵,万方金帛率来宾。"[5] 郑元容也说:"故应夸耀皇威远,统管蛮夷叹汉京。"所以,他也认为这样做很不值得,并说:"何苦片时供眼目,千金枉费许多工。"[6]

不管怎样,灯戏和火戏所表现出的高超技艺和壮观景象还是让人叹为观止。李海应也承认:"虽有千万之费,不可学得者,其奇技妙法也。"[7] 虽然赵秀三也认为皇帝这样"竭天下力奉一人"[8]很不应该,但是于乾隆五十五年(1790)在圆明园观看了灯戏和火戏表演之后,念念不忘。十三年后,回想起当年的经历,还感叹:

汉文千载称明贤,奈何以无用之戏,易竭恩靡费者?饮食若

1　徐浩修:《燕行纪》卷三,林基中编《燕行录全集》(51),第148—152页。
2　《日省录》,正祖五年四月十八日辛酉。
3　李海应:《蓟山纪程》卷三《灯戏》,林基中编《燕行录全集》(66),第303页。
4　金景善:《燕辕直指》卷五《留馆录》下《纸炮记》,林基中编《燕行录全集》(72),第27页。
5　李海应:《蓟山纪程》卷三《次韵嘉陵御制诗》,林基中编《燕行录全集》(66),第304页。
6　郑元𡧼:《经山集》卷二《圆明园灯戏》,丛刊(300),第51c页。
7　李海应:《蓟山纪程》卷三《灯戏》,林基中编《燕行录全集》(66),第303页。
8　赵秀三:《秋斋集》卷一《忆昔行》,丛刊(271),第365d页。

第八章　西山园林：觇国与想象

流金钱如泉。虽然此事不关我,但幸生来壮观开蒙颟。获睹耳目不睹记,直穷意想难穷研。屈指东归十三载,每逢元宵还可怜。眼前只有一书灯,稚儿拙妻抵足眠。出门仰天天苍苍,万里无云月如烟。"[1]

即使没有到过中国的人,也对圆明园的灯戏和火戏充满想象。南公辙(1760—1840)在送闵君宪入燕诗中说:"闻说圆明园里戏,九枝灯火壮皇州。"[2]高宗五年(1868)八月二十九日,郑基世还向高宗介绍说,过去圆明园山高水长阁前的灯戏非常壮观,可惜圆明园被西洋人烧毁了。高宗听后,也为咸丰十年(1860)以后的朝鲜使节无缘见到圆明园盛时的景象而感到惋惜。[3]

对圆明园的奢华印象使圆明园与简朴的畅春园形成鲜明对比,并进而成为比较康熙皇帝与乾隆皇帝的一个依据。洪大容就是从这种逻辑来评论这两座园林和两位皇帝的。他说:"康熙帝御天下六十年,俭约以没身,即畅春园可见矣。嗣君不能遵守矩度,创立别园,已失先皇本意。制作之侈大,又不啻十倍,而今皇益加增饰,佳丽反胜于都宫,康熙帝崇俭居野之义安在哉?"[4]由此批评乾隆皇帝说:"竭生民之膏血,惟供无益之玩戏,敛怨于当时,贻笑于后世,可为千古之鉴戒。"[5]道光十一年(1831),洪奭周第二次出使中国,站在圆明园外眺望玉泉山,于是从"三山五园"联想到"秦皇苑囿跨甘泉,复道直抵终南巅。关内离宫三百余,千门万户皆相连",[6]直接把清朝皇帝比作大兴土木、滥用民力的秦始皇。不过咸丰十一年以问安副使到中国的朴珪寿见到被烧毁

1　赵秀三:《秋斋集》卷一《忆昔行》,丛刊(271),民族文化推进会,2001,第365d页。
2　南公辙:《金陵集》卷二《送君宪入燕京》,丛刊(272),第28d页。
3　《承政院日记》,高宗五年八月二十九日癸酉。
4　洪大容:《湛轩书》外集卷九《燕记·圆明园》,丛刊(248),第295a页。
5　洪大容:《湛轩书》内集卷二《桂坊日记》,丛刊(248),第54a页。
6　洪奭周:《渊泉先生文集》卷二《又申追赋之令,皆用七言古诗,副使命韵》八首之四,丛刊(293),第51c页。

后的圆明园，无论如何也想象不出洪奭周等人所形容的奢华景象，觉得他们的说法或许言过其实。所以他在给南秉哲的信中说："然又有一案可疑，向观圆明、畅春诸处，虽败砾残砖，无可领略旧观，而若以拟之于建章之门千户万，则恐有不俟。岂措大眼孔，太迂阔欤？又呵又呵！"[1]

虽然洪大容到北京时还正当康乾盛世，但是他似乎从圆明园与畅春园的对比中，已经看出了清朝走向衰亡的征兆。不过并不是所有人都有这样的大眼光。在洪大容之前，英祖二十四年（1748）年四月回国的朝鲜冬至使报告说，虽然乾隆皇帝喜欢巡游，但是清朝上无苛政，下无怨言，还看不出有危亡的征兆。[2]乾隆四十三年（1778），蔡济恭以谢恩兼陈奏使来到中国，仍然只看到一派繁荣景象，有诗云：

> 万里来游还一奇，雄都不似小高丽。
> 军容尽日层城护，宝气中宵列肆知。
> 回纥新妆谁得似，西洋异谱自然吹。
> 腐儒何与兴亡事，醉上西台涕泗垂。[3]

乾隆皇帝给蔡济恭的印象也是雄才大略、身体强壮，还能亲手猎杀数百斤重的大熊。蔡济恭亲眼看到被晒干的大熊放在别馆，令人望而却步。蔡济恭在诗中说：

> 日照红兜似血鲜，金川扫灭勇无前。
> 城隅气肃悬熊馆，闸口波腾浴象川。
> 弱国可怜长事葛，悲歌不信古称燕。

---

1 朴珪寿：《瓛斋先生集》卷九《与南子明》，丛刊（312），第471c页。
2 《英祖实录》卷六十七，英祖二十四年四月二十九日壬午。
3 蔡济恭：《樊岩先生集》卷十三《含忍录》上《燕京杂咏》其八，丛刊（235），第253c页。原注："回纥女方为清皇宠姬。篇内云。"

玄机窈宵凭谁测,东海归人夜看天。"[1]

如果清朝继续这样强盛下去,朝鲜自然也就没有"北伐"的机会。也正因为如此,成海应承认清朝已经打破了"胡无百年之运"的说法,"今乃混一天下,享国之久,几及乎汉唐之盛"。[2] 但是他仍然相信清朝不可能长治久安,专门作《夏雪议》,强调:"虏岂能久于中国乎?"[3] 成海应在《燕中杂录》中不仅强调西山园林其实很简朴,而且指出"三山五园"各有其功能,清漪园"敦朴袪藻饰,一如圆明园旧制。畅春园太后所居,圆明以恒莅政,清漪、静明,一水可通,以为清暇澄怀之所"。[4] 然而他在《复雪议》中又将西山园林作为清朝统治者穷奢极侈的象征,反而说:"园〔圆〕明、畅春之园,静宜、静明之景,皆丹碧雕巧,架壑划壁。引金水灌玉泉,垂虹驾湖,蜿蜒百尺。榱桷户牖,玲珑华丽,秀削缥缈。树珍异之木,罗希有之禽。宫室之盛,秦隋之所不及也。"[5] 他在《送从子祐曾入燕序》中也说:"余闻圆明、畅春之园,静宜、静明之景,皆丹碧雕巧,玲珑华丽,其宫室之盛,秦隋之所未有也。"[6] 他要以此证明清朝会因皇帝的骄奢淫逸而府库空虚,从而得出满洲人不可能长期占据中原的结论。

四 清漪铜牛问九天

在清代,朝鲜使臣很少有正式去清漪园参加礼仪活动的机会。乾隆

---

[1] 蔡济恭:《樊岩先生集》卷十三《含忍录》上《燕京杂咏》其四,丛刊(235),第253a页。原注:"清帝猎毕以归,重累百斤,全体曝干,蹲置别馆,见者皆却立。第三云。"
[2] 成海应:《研经斋全集》卷十三《送从子祐曾入燕序》,丛刊(273),第300a页。
[3] 成海应:《研经斋全集》卷三十二《风泉录》二《复雪议》,丛刊(274),第215c页。
[4] 成海应:《研经斋全集》外集卷六十五《杂缀类·燕中杂录·园池·清漪园》,丛刊(278),第221d页。
[5] 成海应:《研经斋全集》卷三十二《风泉录》二《复雪议》,丛刊(274),第216a页。
[6] 成海应:《研经斋全集》卷十三《送从子祐曾入燕序》,丛刊(273),第300a—300b页。

五十五年（1790）八月初九日，乾隆皇帝让朝鲜进贺使等各国使臣随驾来到清漪园，不仅随乾隆皇帝、王公大臣乘龙船游览了昆明湖，还游览了延寿寺，最后从北宫门出来，返回圆明园附近的住处，这是一次非常难得的经历。

在湖上，乾隆皇帝让和珅给各国使臣做导游，告诉他们哪里是万寿山，哪里是玉泉山，哪里是香山。和珅还问朝鲜使臣观感如何，副使徐浩修回答说："湖如磨镜，山似削玉，三秋桂子，十里荷花，必不能过是。偏邦蝼蚁之踪，幸值千一之会，身登御舟，衣惹天香，纵观蓬壶之仙区，又荷珍果之宠赐，从古未闻如此恩数，第切感祝而已。"[1] 徐浩修他们登上众香界，向南北望去，但见：

> 南临昆明湖，绿波千顷，平野百里。天末遥环之峰嶂，点点如翠眉；水边交荫之杨柳，垂垂若锦帐。田畴纵横，黄云弥漫。凤凰墩，绣漪桥，斜峙东南，维影倒湖心，混漾万态。北瞰村间，酒旗茶旌，错综于街巷，药圃菜畦，连布于阡陌，宛然以都市而兼郊墅。舒啸移时，已觉心凝形释，与万化冥合。[2]

对于一般朝鲜使行人员来说，很少有这样泛舟昆明湖，游览万寿山的机会，但是清漪园还是必到的好去处。他们或是在从圆明园回城途中绕道去清漪园，或专程出城去清漪园游览。但是在后一种情况下，圆明园是不能随便进去的，也只能到清漪园一游。道光二年（1822）十月初二日，权复仁等人专门租车到海淀一带游览。他们首先来到圆明园，见宫门紧闭，于是转往清漪园。[3] 在此之前，乾隆三十一年（1766）二月二十日，洪大容等人在从圆明园去清漪园的路上，远远就能看到万寿山上佛香阁直插云霄，满山楼观的彩色琉璃瓦在阳光下熠熠生辉。他形容

---

1 徐浩修：《燕行纪》卷三，林基中编《燕行录全集》(51)，第159页。
2 徐浩修：《燕行纪》卷三，林基中编《燕行录全集》(51)，第160页。
3 权复仁：《天游稿燕行诗·西山记》，林基中编《燕行录全集》(94)，第30—31页。

第八章 西山园林：觇国与想象

说："一山杂彩耀日，如被异锦。"[1] 其实从北京城出来，才走几里地也就能看到清漪园万寿山上的建筑。咸丰五年（1855）十二月十七日，徐庆淳等人从西直门出城，"未及十里，忽见珠宫贝阙，渺茫于绛霄红云之际"，于是感叹："吾今升天乎？玉京十二，胡为乎来在咫尺！"[2]

朝鲜使行人员私自游览清漪园，只能涉足昆明湖东岸一部分地方。乾隆三十一年（1766）二月二十日，洪大容等人来到清漪园，发现"未至宫数百步，甲军布列，禁不得近"。[3] 六十多年后，道光八年（1828）六月十一日到清漪园游览的李在洽也说，"凡自池边，尽是禁地，西北一步，欲前不得，若得披见里面，则必有难言奇观"。[4] 然而清漪园里面的景观可望而不可即。至于整个西山园林，更是无缘历览，"其纡回辽邈，幽深陡绝之地，不可躧及，只以昆明一池，涵虚一亭，可以历略其范围。而西山一曲，露头藏面，隐映灿烨，奇奇诡诡者，亦不在历观可悉也"。[5]

李在洽等人不仅游览了昆明湖东岸一带，还上了南湖岛。他们沿昆明湖东堤往南，在廊如亭稍作休息之后，经十七孔桥来到涵虚堂，"坐涵虚后栏，西北望之，西山全面，都在眼中"。从这里望去，"北之陆为数马之场，岩石之上，林木之间，水边山曲，尽是珠楼彩阁，四层五层之榭，或方或圆之台，殊形诡制，触目奇怪。粉墙叠城，依山临水，照耀数十里。映发水底，不似人间"。[6] 再向北边远方望去，"尽是无限瑰观，而北京之胜，此可以第一矣。凡池外西北，都是画中"。[7] 李在洽相信，"涵虚所望，不过豹文一斑，而犹如是，其外未窥者，都在默会也"。[8]

在李在洽等人之前，道光二年（1822）权复仁等人到清漪园游览时，也经十七孔桥来到南湖岛游览，"方其渡十七孔桥时，侧见西山宫

---

1 洪大容：《湛轩书》外集卷九《燕记·西山》，丛刊（248），第295c页。
2 徐庆淳：《梦经堂日史》编四《紫禁琐述》，林基中《燕行录全集》（94），第404页。
3 洪大容：《湛轩书》外集卷九《燕记·西山》，丛刊（248），第295c页。
4 李在洽：《赴燕日记·往还日记》，林基中编《燕行录全集》（85），第56页。
5 李在洽：《赴燕日记·历览诸处》，林基中编《燕行录全集》（85），第126页。
6 李在洽：《赴燕日记·往还日记》，林基中编《燕行录全集》（85），第56页。
7 李在洽：《赴燕日记·历览诸处》，林基中编《燕行录全集》（85），第128页。
8 李在洽：《赴燕日记·历览诸处》，林基中编《燕行录全集》（85），第128页。

殿才露一半，驻桥上不忍移步，后者促之始能前"。¹再登上南湖岛上的洞庭阁，一览清漪园全景，眼前的景色更是令人陶醉。道光九年正月二十日，朴思浩跟随朝鲜冬至兼谢恩使一行游览清漪园时，也上了南湖岛，还登上龙王庙，遥望万寿山，但见"山之上下左右，绮榭琼楼，璧房玉塔，错落高明，不可殚状"，"环湖数十里，楼台掩映，桥塔缥缈，皆跨山驾海，琼瑶锦绣，五彩玲珑，隐然若蓬莱仙府，尽是北京名山，天下之大铺叙也"。²权复仁曾专门向龚自珍、周达打听江南园林的情况，询问清漪园与江南园林相比哪个更美？龚、周二人都说，"山水，江南无对，楼观之饰，西山为最。"权复仁没到过苏州，对他们二人的话深信不疑，因为实在想象不出比西山园林更美的人文景观了，所以他感慨而系之曰："生外国，不见燕京不能以尽其大，游燕京不见西山不足以尽其美，斯言信矣乎。"³然而徐庆淳相信杭州西湖更美，西山园林只是依样画葫芦而已。他说："西湖临安，余未见其真面，海淀一区，不过是依样葫芦，而见此已觉心荡神迷。宋自南渡以后，不念兴复，固其宜也。"⁴

即使不上南湖岛，仅在昆明湖东岸所见风景已足以让人叹为观止。嘉庆九年（1804）正月十六日，朝鲜冬至使一行从神佑门入园，经阅武楼，穿涵虚掩秀牌坊，就看到了长廊后面的昆明湖。从昆明湖东岸向北望去，只见山麓上彩亭耸出，宛若万朵红莲，不禁惊叹"真妙制也"。沿湖往南走，远见西山从山顶到山脚皆琼树琦楼，高低错落，疏洁明丽，万类不同，让人不禁"从湖边步步回首，愈出而愈奇"。⁵但是当他们来到十七孔桥头，桥头有人把守，不让他们上去，他们只好站在桥头四处张望，但见楼台掩映，白塔挺出，亦如在画图中，不由得感叹："虽非天作之，尽然而以人力言之，天下大铺叙也。"⁶李海应因此有诗云：

---

1 权复仁：《天游稿燕行诗·西山记》，林基中编《燕行录全集》（94），第34页。
2 朴思浩：《心田稿》二《留馆杂录·西山记》，林基中编《燕行录全集》（85），第481—482页。
3 权复仁：《天游稿燕行诗·游西山记》，林基中编《燕行录全集》（94），第40—41页。
4 徐庆淳：《梦经堂日史》编四《紫禁琐述》，林基中编《燕行录全集》（94），第406页。
5 李海应：《蓟山纪程》卷三《西山》，林基中编《燕行录全集》（66），第307—308页。
6 李海应：《蓟山纪程》卷三《西山》，林基中编《燕行录全集》（66），第308页。

第八章　西山园林：胡国与想象

> 燕都名胜尽山西，湖水无风散鹭鹭。
> 浩渺玉泉桥上路，龙王亭子与云齐。[1]

咸丰五年（1855）十二月十七日，徐庆淳等人来到清漪园，看见"琼岛玉屿，泛泛水中。飞甍浮栏，罗络相连，朱栏文砌，参差交映者，不知几许所"，于是也感叹，"虽使工画者绘素作图，无以尽之"。[2]

眼前美景让历次朝鲜使团成员流连忘返。李在洽等人坐在昆明湖边，眼前景色令他们"如痴如醉，坐而忘起，恨不与东方诸益，谈畅赋诗于此矣"。[3]权复仁他们还带了酒肉，就坐在湖边边欣赏风景，边饮酒赋诗，不愿返回城里。见有人撑着一艘小船划了过来，他们让译官前去交涉，想借来泛舟湖上，结果遭到拒绝。他们就这样在清漪园逗留了一整天，到傍晚才因担心城门关闭，匆忙往城里赶，回到城里已是灯火辉煌。[4]

坐在昆明湖边，联想到这一带在明朝时已是都人游览之所，难免勾起朝鲜人对皇明的思慕之情，倍增沧桑之感。权复仁在游览清漪园时说："回思皇明时都人士女踏青泛舟于烟水洲渚之间，能无匪风黍离之感乎？"[5]朴思浩也强调清漪园为"元、明创开，清人贲饰"，[6]因此他也像权复仁一样想到了明朝，还想起建文帝陵传说也在玉泉山附近。朴思浩向建文帝陵之所在望去，"遥瞻断云残雨之间，林木扶疏"，让他这位"海外陪臣"，"益觉风泉之思"。[7]

1　李海应：《蓟山纪程》卷三《西山》，林基中编《燕行录全集》（66），第309页。
2　徐庆淳：《梦经堂日史》编四《紫禁琐述》，林基中编《燕行录全集》（94），第406页。
3　李在洽：《赴燕日记·历览诸处》，林基中编《燕行录全集》（85），第128页。
4　权复仁：《天游稿燕行诗·西山记》，林基中编《燕行录全集》（94），第36页。
5　权复仁：《天游稿燕行诗·西山记》，林基中编《燕行录全集》（94），第39页。
6　朴思浩：《心田稿》二《留馆杂录·西山记》，林基中编《燕行录全集》（85），第481页。
7　朴思浩：《心田稿》二《留馆杂录·西山记》，林基中编《燕行录全集》（85），第485—496页。

于是由明亡清兴想到大兴土木与朝代兴亡的关系。李在洽指出，海淀一带，"而自古燕都帝王之所娱心怡神者，必不出乎这间。游骋弋猎之场，清暑赏雪之所，靡所不用其极诡极奇，则凡楼观陂池，木石鱼鸟，尽是绝等玩好"。[1] 朴思浩游览清漪园后，也认为："汉之昆明，唐之太液，隋之西园，宋之艮岳，无以加此。"[2] 他甚至认为明朝的灭亡也是由于大兴土木，而且就是因为建造了西山园林。他说："世传皇明时，竭天下之财，浪费于西山土木之役，而海内虚耗，仍而不振。呜呼，惜哉！"[3] 其实西山园林主要还是在清朝修建的。那么，西山园林与清朝的运数之间又是什么关系呢？

在朝鲜人的燕行录中，有好几部都记载了清漪园铜牛入湖则清朝气数尽的传说，他们似乎对这种传说特别感兴趣。嘉庆九年（1804），李海应在介绍铜牛时即提到这个传说，说牛跃入湖则清运始讫。于是他感慨："古闻泥马渡水，今谓铁牛泛湖乎？"[4] 李在洽《赴燕日记》也记载了这个传说，说："俗云水过牛背，燕运当尽。"[5] 朴思浩《西山记》也载："俗称牛入湖，则清运始讫云。泥马渡江，铁牛入湖，亦系运数耶。"[6]

其实在明朝时就流传过万寿山石瓮与明朝命数相关的传说。万寿山在元代名瓮山，说是因一老人在山麓发现了藏有宝物的石瓮而得名。老人拿走了宝物，把石瓮移到山的南面，并在石瓮上刻了"石瓮徙，贫帝里"六字。到嘉靖初年，石瓮忽然不见了，明朝从此物力渐衰。[7] 过去石瓮与明朝运数相关，现在铜牛又与清朝运数相关，看来人们总是喜欢将清漪园与明清两朝的运数联系起来。不过这只是一个传说，很难让人

1　李在洽：《赴燕日记·历览诸处》，林基中编《燕行录全集》（85），第126页。
2　朴思浩：《心田稿》二《留馆杂录·西山记》，林基中编《燕行录全集》（85），第481页。
3　朴思浩：《心田稿》二《留馆杂录·西山记》，林基中编《燕行录全集》（85），第485页。
4　李海应：《蓟山纪程》卷三《铁牛》，林基中编《燕行录全集》（66），第309页。
5　李在洽：《赴燕日记·历览诸处》，林基中编《燕行录全集》（85），第127页。
6　朴思浩：《心田稿》二《留馆杂录·西山记》，林基中编《燕行录全集》（85），第483页。
7　刘侗、于奕正：《帝京景物略》卷七《西山》下《瓮山》，孙小力校注，上海古籍出版社，2001，第446页。

信服。道光十三年（1833）正月十六日，金景善也游览了清漪园，他不仅抄录了乾隆皇帝的铜牛铭文，还说："或曰湖水频决，铸铁牛以压之，此皆傅会之说。而汉时，杭之西湖，有金牛见于湖中，人言明圣之瑞，遂称西湖为明圣湖，铸此以象金牛云者，最近之。"[1] 金景善反而将铜牛作为祥瑞之兆。徐庆淳也不相信这些传说，他说："或云牛跃入湖清运始讫，或云镇压湖水，俱是吊诡，不可信也。"[2]

即使不相信铜牛与清朝运数相关，从历史经验来说，大兴土木往往是王朝衰亡的原因之一。但是从西山园林来看，这似乎并不适用于清朝。虽然西山园林之盛前所未有，而清朝不但没有因此衰亡，反而出现康乾盛世，打破了"胡无百年之运"的宿命，令有"北伐"之志的朝鲜士人感到英雄气短。洪大容曾经评论说："盖历代楼台之奢滥，莫盛于秦汉陈隋。观此规制，其伟壮或不及于阿房、建章，而巧妙过之。康熙之政，几乎息矣。虽然，民不苦役，田不加赋，华夷豫安，关东数千里，无愁怨之声，其立国简俭之制，固非历朝之所及，而今皇之才略，亦必有大过人者也。"[3]

权复仁没有赶上乾隆盛世，所以没有将清朝享国长久归因于康熙和乾隆皇帝的雄才大略，反而怀疑天意人心古今有异。他说："窃怪夫阿房、柏梁、迷楼、艮岳，有一于此，危亡随至。今西山一局，兼有之矣。海内晏如，丰豫三世，岂天意人心与古昔异，宫室之琼瑶，墙宇之雕峻，狃以为常而无害欤？"[4] 朴思浩也对西山园林对明清两朝的影响不同而感到困惑。

不管西山园林的影响如何，清朝也很快由盛转衰。在权复仁、朴思浩游览清漪园后三十多年，英法联军就把这座园林焚毁了，清朝也已走上衰亡之路。不过这时朝鲜的处境也发生了变化，认识到清朝衰亡绝

---

1 金景善：《燕辕直指》卷五《留馆录》下《铁牛记》，林基中编《燕行录全集》（72），第50页。
2 徐庆淳：《梦经堂日史》编四《紫禁琐述》，林基中编《燕行录全集》（94），第406页。
3 洪大容：《湛轩书》外集卷九《燕记·西山》，丛刊（248），第295c—295d页。
4 权复仁：《天游稿燕行诗·西山记》，林基中编《燕行录全集》（94），第38页。

非朝鲜之福，西山园林的毁坏也只能勾起他们的惋惜之情。咸丰十年（1860），申锡愚以冬至兼谢恩正使来到北京，见到被烧毁的圆明园等西山园林，感触颇深，有诗曰：

> 离宫楼殿劫灰翻，满目黟阶照赭垣。
> 细柳新蒲春溅泪，江头犹见锁千门。[1]

在给朝鲜国内的报告中，申锡愚也说："以实际证见言之，则离宫楼殿，果被烧烬，黟圮赭壁，满目愁惨。"[2]

同治元年（1862）跟随冬至兼谢恩使到北京的李恒亿也于次年正月二十六日陪同三使臣游览了西山，他所说的西山大概就是清漪园，以及在昆明湖边看到的西山风景。他说，西山乃"余在我京城时艳闻者也"。[3]他们乘车从安定门出城，先游览了大钟寺，然后乘车直向清漪园。他描写了当时看到的情景：

> 大抵平野之旷有此山，因山筑墙起楼，斲石为栏，铺石为路，皆白玉石，作一别乾坤也。引通州之水，为洞庭湖。湖之大与我富春府三日湖同焉。湖之中有奇巧缥缈之高楼，而禁不得往见。湖之南有岳阳楼，年前洋匪之难烧毁，只有遗墟，而墙壁门扃，间间有之，可以默想其奇丽轩爽矣。因坐遗墟败墙上，望见北岸相距为七里许，限以洞庭湖，而层楼画阁，或在山腰，或在山头，石栏森立，百态献媚，万像交映。山高水长之阁，亦在灰烬中云。皆是禁中，不得造观，但为远望，最是可恨。洞庭桥之东，有水

---

1 申锡愚：《海藏集》卷十五《入燕记》上《韩使吟卷·西山圆明园海淀，被洋夷烧烬，往见感题》，续刊（127），第558a页。

2 申锡愚：《海藏集》卷十五《入燕记》上《书牍·与本国庙堂书（入燕时）》，续刊（127），第571d页。

3 李恒亿：《燕行日记》，林基中编《燕行录全集》（93），第139页。

第八章　西山园林：觇国与想象

田四五顷。催车东归，……乘昏归馆。西山常在，目无乃未得详览而然耶。[1]

其实，单凭上面一段论述，仅能猜测他们只游览了清漪园，这里大概将清漪园佛香阁误作圆明园的山高水长阁。同治八年（1869）跟随冬至兼谢恩使到北京的成仁镐，在其《游燕录》中也是这样写的，但是他提到阁前有"众香界"匾额。他们得以游览万寿山，成仁镐对他们的西山之游是这样描述的：

> （同治九年正月）二十六日，晴，早食后与三使臣及行中诸人往游西山，去路先入大钟寺。……遂往西山。丹雘之壮丽，经营之雄伟，不可形言矣。入其门。门外有一双鸟，铜狮子，其形有若吃人焉。山顶有一彩阁，望之若天上，左右以五色瓦作层层行。阁而太半为洋人所烧，满地瓦砾，可惜也。稍稍攀附而上，阁以全玉构之，匾以"众香界"三字，此所谓山高水长阁也。前有一河，不知其几里，广乃数里许也。河之两傍〔旁〕遮以石栏，周回不知其几里，而皆白玉石也。东边有一石船，其大殆若我东之漕运船也。西边又有石桥，以白玉石为之，而其高不知几丈矣。桥有十七水门，大如城门，左右有石栏，栏柱凡六十三也。桥长几为数弓之地，穹隆与长虹。其桥头有一彩阁，阁后有石假山，其奇怪巧奢不可形言矣。河边又有一楼阁，而以其潴洳，不能往见，还可叹息也。[2]

成仁镐等人回城途中又游览了万寿寺和五塔寺，也是傍晚才回到玉河馆，其咏西山诗曰：

1　李恒亿:《燕行日记》，林基中编《燕行录全集》（93），第140—141页。
2　成仁镐:《游燕录》，林基中编《燕行录全集》（78），第78—80页。

白玉高桥十里河，葱葱佳气百年多。
迷茫野色和烟雾，窈窕山光被绮罗。
丹䑋犹惊余殿阁，繁华缅忆古笙歌。
无端一炬灰强半，盛极必衰天道何？

又曰：

削玉镕金何壮哉，人间初见此楼台。
奢华纵欲皇威重，谩费当年天下财。[1]

余 论

　　北京西郊皇家园林虽被英法联军破坏，在朝鲜人心目中的地位却一时尚未消退。高宗五年（1868）四月二十八日，高宗问讲官赵声教西山园林还在不在，赵声教说被洋夷军队烧毁了，没有什么值得看的了。[2] 这年八月二十九日，高宗与郑基世再次谈到西山园林，说明年轻的高宗已经对西山园林充满好奇，念念不忘。[3] 高宗十年四月初九日，高宗又问刚回国的冬至使，皇帝是否住在西山，正使金寿铉告诉他西山园林已经被烧毁了，没有剩下什么了。[4] 但是高宗听说西山殿阁中尚有一处建筑幸存，所以这年八月十三日又向回国的进贺使确认，正使李根弼告诉高宗，海淀殿阁，皆被洋夷烧毁，唯山高水长阁岿然独存，他们还去游览过。副使韩敬源也说，他们去海淀看了，果真都成了废墟，只剩下这一处，看了让人非常痛心。[5]

---

[1] 成仁镐：《游燕录》，林基中编《燕行录全集》(78)，第81页。
[2] 《承政院日记》，高宗五年四月二十八日丙午。
[3] 《承政院日记》，高宗五年八月二十九日癸酉。
[4] 《承政院日记》，高宗十年四月初九日丁巳。
[5] 《承政院日记》，高宗十年八月十三日己丑。

第八章 西山园林：觇国与想象

高宗十一年三月三十日，高宗又向回国的冬至兼谢恩使打听清朝打算从这一年开始重修清漪园和圆明园，是否属实，正使郑健朝说他们去看过了，还没有动工。高宗在与郑健朝等人谈话过程中还提到清漪园的十七孔桥和众香界，可见高宗对清漪园也有相当多的了解。郑健朝还告诉高宗，清漪园虽然被毁，而铜牛犹存。高宗也听说过铜驼兆国运的传说，因此问郑健朝此事是否真有其事。郑健朝回答说，不是铜驼而是铜牛，在清漪园昆明湖岸边。民间有铜牛入水能预示清朝运数衰落的传说，不过郑健朝告诉高宗，这其实毫无根据。郑健朝解释说，所谓铜牛入水，大概指的是北京如果发洪水，洪水淹没铜牛，就会造成严重的水灾。[1] 郑健朝的这种解释有一定道理，因为昆明湖地势比故宫地基还要高出十来米，如果洪水淹没铜牛，故宫也有被洪水淹没的危险。

此后高宗也一直关注圆明园、清漪园的重建问题。高宗十二年（1875）四月十二日，高宗又问从中国回去的冬至兼谢恩使，海淀的园林是否已修复，正使李会正说他们去游览过，很久以前就被烧毁了，看了让人伤心。清廷想重建，积攒了一些木材和石料，但是还没有开工。[2] 到高宗二十五年四月，回国的朝鲜冬至使告诉高宗，清漪园重建工程即将竣工，改名颐和园，听说慈禧太后要搬到颐和园去颐养天年。[3] 高宗二十七年三月十六日，高宗又问回国的冬至使西山园林重建工程进展如何，正使李敦夏告诉他，听说已经快要完工了。高宗又问他们是否去游览过，书状官尹始荣回答说，"留馆时，别无出门，未得见之矣"。[4] 接着高宗又问重建工程进展如何，李敦夏告诉他，听说快要完工了。[5]

光绪二十六年（1900），西山园林再次遭到八国联军的破坏，此后清廷彻底放弃修复圆明园的打算，只有颐和园基本上得到重建。这时清

---

1 《承政院日记》，高宗十一年三月三十日壬申。
2 《承政院日记》，高宗十二年四月十二日戊寅。
3 《承政院日记》，高宗二十五年四月初三日戊子。
4 《承政院日记》，高宗二十七年三月十六日乙酉。
5 《承政院日记》，高宗二十七年三月十六日乙酉。

韩宗藩关系早已彻底结束，朝鲜改为大韩帝国，后来还与清朝建立了平等的外交关系。高宗四十一年，朴齐纯向高宗报告说，他曾作为大韩帝国驻华公使，参加清政府在颐和园仁寿殿举行的宴会。[1] 但是这时两个王朝都已进入衰亡的最后阶段。不几年，朝鲜半岛沦为日本的殖民地，清朝也因辛亥革命爆发而灭亡，清朝的运数还没有能够等到铜牛入水的那一天也就尽了。

---

1 《承政院日记》，高宗四十一年二月初十日己未。

第九章　文徵明：书画流通与艺术鉴赏

朝鲜王朝是一个儒教国家，文人以研究性理学为最高追求，但诗书画也是文人分内事。而且，在与中国文人的交往中，交流诗书画比探讨学问更加方便。众所周知，与朝鲜崇尚朱子学不同的是，中国在明清时期盛行心学和考据学，两国文人的学术追求很不相同，朝鲜文人更对中国学风多持贬抑态度。所以，与学问相比，诗书画的交流，更有利于培养两国文人大体相同的情怀和趣味。所以，要讨论明清时期中国与朝鲜文人之间的交游和情感互动，考察诗书画的交流比考察性理学的交流更有效，近些年学术界对这方面的研究也日益增多。这里以文徵明（1470—1559）为中心，考察其书画作品流入朝鲜的情况，以及他的书法对朝鲜后期书法风格的影响。

一　文徵明作品流入朝鲜之始

文徵明诗书画三绝，在世时已名噪海外，然世传文徵明作诗画有三戒：一不为阉宦作，二不为诸侯王作，三不为外夷作。[1] 马宗霍《书林纪事》也说文徵明"致仕后，四方乞诗文书画者，接踵于道，而富贵人不易得片楮，尤不肯与王府及中人，曰：'此法所禁也。'周、徽诸王以宝玩为赠，不启封而还之。外国使者道吴门，望里肃拜，以不获见为恨。然文笔遍天下，门下士赝作者颇多，徵明亦不禁也"。[2] 所以，文徵明当也不为朝鲜使者作诗文、书画。不过，后代朝鲜文人并没有因此而排斥他，反而更佩服文徵明的气节。如金尚宪曾称赞说："文衡山世称三绝，名擅海内，平生不苟荣利，超然远引于江湖之上以终老，出处进退如此，技艺乃其余事，可尚也夫。"[3] 尹愭（1741—1826）曾在《峡里闲话》中叙及文徵明不结交宦官和权贵，更感叹道："顾今之世，弃礼义捐廉耻久矣，其或有如文徵仲者，而又有作五七九传者否，未可知也。"[4]

虽然文徵明不为外夷人作诗文和书画，但文徵明的书画作品还是通过使行往来传到朝鲜，不过具体何年传到朝鲜，难以定论。与文徵明同时代的唐寅（1470—1524），其画作大约在16世纪中期就已经传到了朝鲜。尹根寿（1537—1616）提到他的丈人赵安国（1501—1573）藏有唐寅的《美人图》。[5] 这时期文徵明的书画作品传入朝鲜，也是可能的。

可以确定的是，壬辰倭乱，即万历援朝战争期间，两国人员交往空

1　谢肇淛：《五杂俎》（二）卷十五《事部三》，郭熙途校点，辽宁教育出版社，2001，第331页。
2　马宗霍：《书林纪事》卷二《文徵明》，商务印书馆，1935，第71—72页。
3　金尚宪：《清阴先生集》卷十三《雪窖别集·题崔秀才后亮所蓄文徵明画》，丛刊（77），第187c页。
4　尹愭：《无名子集》文稿册十三《峡里闲话》，丛刊（256），第535c页。
5　尹根寿：《月汀先生集》别集卷四《漫录》，丛刊（47），民族文化推进会，1989，第368d—369a页。

前扩大，文徵明的书画作品也在这时期传入朝鲜。在《朝鲜王朝实录》中，比较早的关于文徵明书画的记事就发生在乱后的万历二十八年，朝鲜宣祖三十三年（1600）。起因是议政府右议政金命元（1534—1602）将其所得的一幅文徵明书法作品呈送给宣祖，于是在这年十二月初一日宣祖以备忘记传于金命元说："前见文徵明书，深喜。兹以毛毡用表予意。勿谢。"[1] 此事在朝中引起议论，《宣祖实录》中也以"史臣曰"评论说："以图书册进者多矣，曰可嘉，曰深喜，除官赐物者踵相蹑也，无一人以进言受赏者，亦无一人进言者，岂世无其人耶？抑上之好恶使然也？吁可叹哉！"[2]

此事之所以引起非议，是因为毛毡在朝鲜是稀罕物，朝鲜语叫阿多介，常用来赏赐政院（承政院）、玉堂（弘文馆）近侍之臣，或兵曹、都总府之重臣，有时也赏给赐暇读书的文臣，以及应制、命试的第一名，所以国王赏赐毛毡也有特殊的政治意涵。正因为如此，金命元在收到毛毡之后，也心有不安，所以第二天启曰："小臣前日上进文徵明书帖者，以其得于天朝之人，且闻其墨妙为一世之最，不敢掩以为私藏，拟为燕闲中一览之资。而其时旧闻，今见良喜之教，已出于意望之外，岂料今日又赐毛毡，继以云云之教乎？闻命震越，无所容措。"金命元请宣祖收回赏赐给他的毛毡，于是宣祖安慰他说："久闻其名而未见，适得而见之，以此为喜，非喜其笔也。乱后无阿多介，顷于名日适平安道进之。近日气寒，以此偶为送之，或作毛浮，此是予意，岂敢赏之云乎哉？宜安心勿辞。"[3]

由此可知，朝鲜宣祖早已闻文徵明之名，但是在万历二十八年以前尚未见过文徵明的书画作品。既然国王都未见到文徵明的作品，那么之前文徵明作品即使已经传到朝鲜，数量也应该非常少，极为罕见。金命元说他所藏文徵明书帖是从明朝人那里得到的，具体何人，无从知晓。

---

1 《宣祖实录》卷一百三十二，宣祖三十三年十二月初一日庚午。
2 《宣祖实录》卷一百三十二，宣祖三十三年十二月初一日庚午。
3 《宣祖实录》卷一百三十二，宣祖三十三年十二月初二日辛未。

金命元作为朝中大臣，与明朝敕使接触的机会比较多。在此事发生之前的十一月十三日，因宫中有时疫发生，宣祖还让右议政金命元代行陈谢拜表礼于南别宫。[1]

除了作品外，朝鲜文人也可以通过画谱来了解包括文徵明在内的中国历代书画家的生平和艺术风格。李晬光在《芝峰类说》卷十八《技艺部》中对中国历代书法家的了解主要来自王世贞，只提到宋以前的书法家，没有提到明代的文徵明等人。但是在介绍画家时，提到了文徵明等明代画家。他说："按画谱，六朝时顾恺之、陆探微、张僧繇、顾野王，唐阎立德、阎立本、吴道玄、郑虔、李思训、李昭道、王维、韩干、戴嵩，五代关仝、黄筌，宋仁宗、高宗、李公麟、郭忠恕、范宽、李成、郭熙、赵昌、苏轼、米芾、赵伯驹、僧巨然、米友仁、刘松年、马远、马麟，元赵孟頫、管夫人、柯九思、黄公望、倪瓒、方方壶，皇明戴进、夏昶、林良、杜堇、文徵明和莫云卿，余不可悉记。如唐周昉，宋徽宗、文与可，元夔夔等，不入于谱中，何也？管夫人，按李齐贤诗注，赵孟頫夫人管氏亦工书云，盖此也。"[2]

将李晬光所提人名与顾炳的《顾氏画谱》比对，可知李晬光所提到的"画谱"，指的就是《顾氏画谱》。《顾氏画谱》原名《历代名公画谱》，万历三十一年（1603）由虎林（今浙江杭州）双桂堂刻印。朝鲜人也比较早就注意到这部画谱。万历三十六年李好闵（1553—1634）以告讣使来到北京，见到了《顾氏画谱》，爱不释手，但因价格太高而未能购买，于是让李彦华抄录了文字部分，并写上了黄公望的《写山水诀》，使之成为一册，取名《画谱诀》。他在《画谱诀跋》中说："戊申岁，在玉河馆见顾炳所为画谱，心乐之，而无金不能得也。炳于各画下，贴画者姓名、乡贯，所传授颇详，派借一时名人笔书之，而其叙事亦精简有法，未知其叙并出于笔之者之手乎。倩李堂彦华，移之别册，

---

[1]《宣祖实录》卷一百三十一，宣祖三十三年十一月十三日癸丑。
[2] 李晬光：《芝峰类说》卷十八《技艺部·画》下册，第76页。

并书黄子久所为写诀,则画虽无,而画者之姓名与法存焉。将持向吾东诸老师,追前人而作之,其山水、花卉、禽鸟、林木,唯我所命而乐之者,以为山林终老之一玩耳。"[1]

李好闵的《画谱诀》是否促进了朝鲜文人对《顾氏画谱》的重视,不得而知,但《顾氏画谱》还是很快就传入了朝鲜。柳潚(1564—1636)说他叔父柳梦寅得到一部四卷本古画帖,柳梦寅就画谱中每幅画题诗一首,并让洪庆臣、洪瑞凤、洪命元、河憕、金铼及柳潚等各唱和一首。[2] 这部古画帖应该就是《顾氏画谱》。柳潚说柳梦寅所得古画帖第四卷第二十七帖为文徵明的山水人物画,画的是"木老枝损,苔藓满身,有人独坐路上,嗒然似丧其耦者",[3] 与《顾氏画谱》所摹文徵明山水人物画帖相符,证明柳梦寅所得古画帖就是《顾氏画谱》。柳梦寅曾于万历三十七年(1609)以圣节兼谢恩使到北京,《顾氏画谱》也许就是这时购置的。

洪瑞凤(1572—1645)《鹤谷集》中有《题顾氏画谱》一百零八首,[4] 洪命元《海峰集》中也有《题顾氏画谱》一百零七首,[5] 应该都是与柳梦寅的唱和之作。对于《顾氏画谱》中所收文徵明山水人物帖,洪瑞凤、洪命元和柳潚的和诗都留了下来,其中洪瑞凤诗云:"苔藓盘陁石,坐来如匡床。寄形古木下,游神何有乡?"[6] 洪命元题诗云:"树古古苔积,山深溪水碧。中有貌古人,颓然坐忘夕。"[7] 柳潚诗云:"翛然坐苔石,忘往亦忘还。古木此身似,问年相对闲。"[8]

---

1 李好闵:《五峰先生集》卷八《画谱诀跋》,丛刊(59),民族文化推进会,1990,第438d页。
2 柳潚:《醉吃集》卷一《题古画帖》,丛刊(71),民族文化推进会,1991,第7a页。
3 柳潚:《醉吃集》卷一《题古画帖》,丛刊(71),第11d页。
4 洪瑞凤:《鹤谷集》卷一《题顾氏画谱》,丛刊(79),民族文化推进会,1991,第445c—451a页。
5 洪命元:《海峰集》卷一《题顾氏画谱》,丛刊(82),民族文化推进会,1992,第159a—167d页。
6 洪瑞凤:《鹤谷集》卷一《题顾氏画谱》,丛刊(79),第450b页。
7 洪命元:《海峰集》卷一《题顾氏画谱》,丛刊(82),第166d页。
8 柳潚:《醉吃集》卷一《题古画帖》,丛刊(71),第11d页。

二 朝鲜文人对文徵明作品的喜好

《顾氏画谱》和《芥子园画谱》等明清时期中国刊印的各种画谱传入朝鲜半岛，促进了朝鲜文人画的兴盛。在这一过程中，明代沈周、文徵明等吴门画派的画风在朝鲜广为流传，受到朝鲜文人的推崇。[1]对于大多数朝鲜文人来说，能得到文徵明等的书画真品，是梦寐以求的事情。而且，在明清交替之际，中国公私所藏书画珍品大量流出，常见于市面，也为朝鲜人购置文徵明等中国历代书画名家的作品提供了方便。

朝鲜仁祖十八年（1640）朝鲜被迫应清的要求将主战的金尚宪押到盛京（沈阳），他于次年十二月回到义州，仁祖二十一年一月再次被押到盛京，在质馆隐居，直到仁祖二十三年二月才与世子一起回到朝鲜。在盛京逗留期间，金尚宪见过文徵明的画作，为崔后亮（1616—1693）所收藏的文徵明画帖。崔后亮，字汉卿，号静修斋，本贯全州，为吏曹判书崔惠吉之子，过继给领议政崔鸣吉为子。后来崔鸣吉的夫人许氏生了两个儿子，长崔后尚，次早夭，而崔鸣吉仍坚持以崔后亮为长子。"既立后而生子者，世多罢继而立己子。公（崔鸣吉）以为父子之伦，不可既继而还罢，请于朝，因以后亮为长子。朝廷著为令，自公始。"[2]崔后亮眼睛有病，[3]性格恬静，喜欢收藏古书和字画，人称其"清明逊悌嗜书人"。[4]许穆（1595—1682）为其所撰《静修斋记》写道："前东宫左侍直崔汉卿，性好恬静，无所事于外物者。不肯以名利自累，安居而

---

1 黄戈、金宝敬:《〈芥子园画传〉在朝鲜后期的传播与影响》，中共兰溪市委宣传部编《〈芥子园画谱〉与中国画》，西泠印社出版社，2018，第184—185页。
2 李敏叙:《西河集》卷十六《领议政完城府院君崔公谥状》，丛刊（144），民族文化推进会，1995，第298a页。
3 《承政院日记》，仁祖十五年四月十八日丁亥。
4 金尚宪:《清阴先生集》卷十三《雪窖别集·青门歌，赠崔生后亮并引》，丛刊（77），第199a页。

第九章　文徵明：书画流通与艺术鉴赏

守道。尝筑室于园林之奥，为室，冬取温，夏取凉。居其室，无他事，端坐日阅古人书，有得则乐而忘寝食，书其楣曰静修斋云。"[1]

崔鸣吉被押往盛京时，崔后亮也跟随陪侍，其所藏文徵明画帖即为此时购得。金尚宪不仅喜欢文徵明的诗文和书画，也敬佩文徵明的人品。金尚宪见到崔后亮所藏文徵明画帖之后，非常激动，遂赋诗五首：

>闻道桃源里，仙家不禁春。渔舟本无意，多事种花人。
>水风徐袅袅，山翠远依依。欲向江南去，孤帆何日归。
>江南有野老，江北有山人。相望不相见，江花空自春。
>秋日萧萧晚，江村人迹稀。清尊不可负，坐待钓船归。
>古径青苔没，疏林红叶飞。仙家何处在，深锁白云扉。[2]

同在沈馆的崔鸣吉也有《次文徵明画帖韵》诗五首：

>玉洞清幽不染尘，扁舟催泊暮江春。分明两岸桃千树，应有秦时避世人。
>疏林远树乱参差，断岸崩沙浸绿漪。未许着人知有意，待吾乘兴赏秋时。
>雨余檐滴响潺潺，烟际才堪辨远山。浅渚潮生连岸阔，渔人独自刺船还。
>林深隐屋才分一，山断归帆忽作双。对立桥头两无语，夕阳秋色满前江。
>乱壑层冈深复深，边江一树着花新。孤筇落日归何处，岩下

---

[1] 许穆：《记言》别集卷九《静修斋记》，丛刊（99），民族文化推进会，1992，第79c—79d页。
[2] 金尚宪：《清阴先生集》卷十三《雪窖别集·题崔秀才后亮所蓄文徵明画》，丛刊（77），第187c—187d页。

松扉有主人。[1]

  由此可见，崔后亮所藏文徵明画帖共有五幅画作。孝宗八年（1757）夏，许穆到汉城，与崔后亮讨论书画，崔后亮将其所藏古画拿出来给许穆欣赏，许穆看到了文徵明的三绝帖。这个三绝帖应该就是当初在盛京购得的那本文徵明画帖，因为上面还有金尚宪题的五首诗。许穆之所以称之为"三绝帖"，是因为此画帖上有文徵明题诗，所以诗、书、画三绝齐备。许穆在《衡山三绝贴〔帖〕跋》中说："丁酉夏，余到城中，与崔汉卿侍直论书画。崔子为余出其藏中古画，得衡山三绝，盖衡山文徵明作之天启中。余尝得《顾氏画谱》，始见衡山笔妙，其诗、书、画皆奇绝可玩。其后经乱失之已数十年。衡山之画，盖不多传于东方，恨无由得复见也，今于崔子处见之。崔子知书画，非绝笔不留之。今吾老多病，于人事且疏绝，况求书画乎？不见崔子，其何以得此？因窃叹物之佳玩，一得一失，一过眼亦数耶。略识所感于清阴五贴〔帖〕诗下。"[2]

  虽然像许穆所说的那样，中国古代名人书画流入朝鲜的数量不会太多，但是入清以后文徵明等人作品流入朝鲜者还是明显增多了。[3] 顺治十三年，朝鲜孝宗七年（1656），文徵明书、仇英画《上林赋》传入朝鲜。对于《上林赋》流入朝鲜的经过，李敏求（1589—1670）在《上林赋，文徵明书，仇十洲画后序》中说："右司马相如《上林赋》，文太史徵明书，仇十洲实父画。旧为王司寇元美藏，中属边帅德符所、董学士其昌，已不知所由流传，而称为东南之美云。至壬午关外之变，又遭

---

[1] 崔鸣吉：《迟川先生集》卷四《北扉酬唱录续稿·次文徵明画帖韵》，丛刊（89），民族文化推进会，1992，第327d—328a页。
[2] 许穆：《记言》别集卷十《衡山三绝贴〔帖〕跋》，丛刊（99），第96d—97a页。
[3] 参见정은주「燕行에서 書畫 求得 및 聞見 사례 연구」『美術史學』26，2012，329—362쪽；鄭恩主「燕行에서 中國 書畫 流入 경로」『明清史研究』第38輯，2012，319—352쪽。

放佚，为吾甥申君仲悦所得。"[1] 申仲悦，即申昇（1610—1644），字仲悦，号春洲散人，本贯平山，东阳驸马都尉申翊圣（1588—1644）之子。申翊圣，字君奭，号乐全堂、东淮居士、青白道人，父申钦官至领议政，也是朝鲜有名的文学家，外祖父李济臣也擅长诗文和书法，所以申翊圣及其子申昇皆以书法闻名于世。

这幅作品虽然在申昇手上，其实是其父申翊圣从盛京购得的。对于《上林赋》落入朝鲜申翊圣手中，金鎏（1571—1648）《题东阳都尉上林赋图轴小序》感叹说："驸马都尉东阳申公，文章笔翰皆古也，故所好亦古也。偶得上林图一轴于沈中，属余以款识。长卿尚矣亡论，太史笔、十洲画，固已殊绝矣。而又是元美之藏，则益可贵重矣。噫！通达之国，裨海之外，区以别者凡几许，而由上国到沈阳，入我东，终归于公，物之归，其亦择所归而归欤！"[2] 金鎏因赋诗一首曰：

> 紫阁昆明一掌中，武皇车马若雷风。
> 六丁有力抛天外，三绝无端落海东。
> 去赵尚为和氏璧，输韩亦是楚人弓。
> 独怜上苑犹秦地，谁继襄公赋小戎。[3]

金尚宪也次韵赋诗云：

> 天府山川落砚中，白云黄叶起秋风。
> 旌旗缭绕长杨下，城阙参差渭水东。
> 司马文章驰赤管，嫖姚勋伐照彤弓。

---

1 李敏求:《东州先生集》文集卷二《上林赋，文徵明书，仇十洲画后序》，丛刊（94），第279b页。

2 金鎏:《北渚先生集》卷三《题东阳都尉上林赋图轴小序》，丛刊（79），民族文化推进会，1991，第40b页。

3 金鎏:《北渚先生集》卷三《题东阳都尉上林赋图轴小序》，丛刊（79），第40b—40c页。

今周倘再逢元狩，不遣骊宫有犬戎。[1]

成浑（1535—1598）的门人赵纬韩（1567—1649）也欣赏过《上林赋》，有《题上林赋图》诗云："相如词赋雄天下，武帝旌旗在眼中。千载纵观阿堵里，文书仇笔妙难穷。"并在小注中说："司马相如赋、文徵明八分书、仇英画，三绝，天下至宝。"[2]

除了《上林赋》外，这时期也还有一些有名的中国书画作品流入朝鲜。永安都尉洪柱元从仁祖二十五年（1647）到显宗二年（1661）间，先后四次出使中国。洪柱元喜欢收藏书画，就利用使行的机会在中国购买一些名人书画作品带回朝鲜，如仁祖二十五年谢恩使行时在永平府购买了王维《辋川图》摹本。[3] 据洪柱元后孙洪乐绥[4]所言，洪柱元所藏书画后来一部分流入宫中，一部分被亲友借去，洪家所存不足十分之一二。[5] 南公辙的父亲南有容（1698—1773）晚年闲居时，有人将洪柱元所藏部分书画拿来给南有容鉴赏，数月之后才拿走。南公辙那时虽然尚年幼，也很喜欢，就将书画目录记录了下来。二十年后，翻出当年所记目录，于是作《洪氏宝藏斋画轴》，提到当年所见有"山水三轴，李伯时、钱舜举、文徵明笔"。[6]

朗善君李俣（1637—1693）字硕卿，号观澜亭、观澜散人，又号尚谷斋，本贯全州，是朝鲜后期著名书画家。李俣也喜欢收藏古书和中国历代书画、印章及金石拓片。显宗四年，李俣以陈慰兼进香正使出使

---

1 金尚宪：《清阴先生集》卷六《次北渚题上林羽猎图韵》，丛刊（77），第98c页。
2 赵纬韩：《玄谷集》卷九《题上林赋图》，丛刊（73），第267c页。
3 洪柱元：《无何堂遗稿》卷七《燕行录·永平府买得〈辋川图〉，口占一绝，拟赠曹郎》，续刊（30），民族文化推进会，2006，第559a页。
4 洪乐绥（1746—1805），后改名洪羲绥，字仁叟、履之，本贯丰山，洪柱元之五世孙。曾任穆陵参奉、宜宁县监、训局从事官等职。
5 南公辙：《金陵集》卷二十三《洪氏宝藏斋画轴》其一，丛刊（272），民族文化推进会，2001，第446a页。
6 南公辙：《金陵集》卷二十三《洪氏宝藏斋画轴》其一，丛刊（272），第445d页。

中国，走到三河县，购得黄庭坚及文徵明画轴。[1]

中国商人因深知朝鲜文人喜欢中国古今名人书画，所以一旦有朝鲜使团来到中国，沿途都有商人向他们兜售。康熙五十九年，朝鲜肃宗四十六年（1720），李颐命以告讣正使到了北京，其子李器之随行。在北京期间，随行御医金德三即拿来文徵明书画，向李器之推销，为"扇一面书《醉翁亭记》，一面仍画其事，画则未能辨，而细字严整劲健，其为徵明笔无疑，但价极高，而不能买"。[2]同年（1720），李宜显也以冬至正使来到中国，他大概利用这次机会购买了文徵明的书画作品。英祖三年（1727）七月朝中发生换局，李宜显被罢职，退居杨山陶山旧居。这时李宜显还写信给他儿子李普文，说"《石滩集》、文徵明书，想已稳完，须即推来"。[3]

李正臣的《燕行录》很好地记载了朝鲜使行人员在北京留馆期间，大量接触中国历代名人书画作品的情况。康熙六十年（1721）五月，户曹参判李正臣以谢恩副使出使中国。到北京后，在留馆期间，中国商人送来许多书画，李正臣处就有数百件。李正臣说，书法作品大多是赝品，而画则有比较好的，只是一幅就索价数十两白银，买不起。最后只买了文徵明书前后《赤壁赋》二帖，画则一幅也没有买。书状官梁圣揆也看中三帖书法作品，包括文徵明的作品，但是也因为缺钱而最后不得不放弃。正使赵泰采处也有人送来三本书帖，因为上面有赵孟頫的笔迹，所以赵泰采想买下来，拿来让李正臣鉴定真伪，李正臣说："书画皆奇妙，而至于赵子昂手迹，则决非也。"赵泰采说："非子昂，谁能如此写出乎？"赵泰采还是买了下来，因此李正臣用带有嘲讽的口吻说："眼昏大臣能爱此，诚贵矣。"赵泰采解释说，"于我实为僧梳，欲给小子谦彬买去矣云"。[4]

---

1 李俣:《朗善君癸卯燕京录》卷二十四，林基中编《燕行录全集》（24），第414页。
2 李器之:《一庵燕记》，林基中编《燕行录续集》（111），第413页。
3 李宜显:《陶谷集》卷三十一《与普文》，丛刊（181），第528b页。
4 李正臣:《栎翁遗稿》卷八《燕行录》，续刊（53），第141d—142b页。

李正臣再来到书状官梁圣揆那里，梁圣揆也拿出三本书帖让李正臣帮忙看看，李正臣看到上面有钟繇、二王、怀素、虞世南、褚遂良、柳公权、颜真卿、米芾、苏东坡、赵孟頫、文徵明等代表性书法家的手迹，就劝梁圣揆买下来，但是梁圣揆最终也因盘缠紧张而放弃了。回程路上，李正臣问及此事，梁圣揆说："无价奈何。"因此，李正臣感叹："书状橐物本贫，终至还给，见可恨也。"[1]

朝鲜使行人员对中国历代名人书画的收购，一直延续到 19 世纪。嘉庆九年（1805）十二月十八日晚，朝鲜冬至使一行走到丰润县，有很多中国人来兜售书画，其中就有文徵明的作品。正使金思穆的伴倘金善民（1772—1813）在其《观燕录》中说："夕后见有卖书画者，其一董其昌，其一文徵明，一则赵松雪画焉，俱以文缎妆轴，而但索价过当矣。"[2] 权敦仁（1783—1859）收藏有文徵明的西苑画轴，大概是他嘉庆二十四年（1819）以冬至使书状官到中国时购入的。金正喜看了这幅作品后，觉得笔法与文徵明不符，可能为赝品，但是也非普通人所仿。这幅作品的轴纸尽处还有沈延芳小印，以为是沈延芳旧藏，而"沈是覃翁（翁方纲）之前辈，风流文彩，照映一时，覃之所深重，必无收藏赝本之理耳"，所以又觉得此画轴或为真品。[3]

南公辙自幼爱好书画，尤其喜欢文徵明的山水画，所以收藏有多幅文徵明的作品，如《石湖秋霁图》（立轴纸本）和《溪山茅屋图》（横轴绡本）。对于《石湖秋霁图》，南公辙评论说："文徵仲，文雅擅海内，虽丹青一纸，购者重若玙璠。此画以元章淋漓之趣，兼子昂秀润之色，真颖端有化工者也。余尝爱范成大《石湖记》，及读宋元诸子游山题咏，每以石湖为绝胜名区，欲飘然一往而不可得也。今得此轴，以藏于家。每遇秋雨初霁，兴想陶陶，挂之壁上，以资卧游云尔。"[4] 又说："刘少府

---

[1] 李正臣:《柸翁遗稿》卷八《燕行录》，续刊（53），第 142b 页。
[2] 金善民《观燕录》卷上，纯祖四年十二月十八日。
[3] 金正喜:《阮堂先生全集》卷三《与权彝斋》（二十六），丛刊（301），第 64c 页。
[4] 南公辙:《金陵集》卷二十三《文待诏石湖秋霁图立轴纸本》，丛刊（272），第 446b—446c 页。

画障歌曰:'堂上不合生枫树,怪底江山起烟雾。'言画至于夺造化也。近年病脚,不能恣意于山水之游,又石湖远在万里之外,此生不可见矣。而今幸得之于堂上壁间,尤知太史奇笔也。"[1]对于《溪山茅屋图》,南公辙也评论说:"徵仲晚年山水,益趋平淡。观此图,七分用墨,三分设色,笔意绝类辋川。盖其志品不俗,故虽于游戏翰墨之中,能得天然自得之趣如此。"[2]

虽然到19世纪,文徵明等人作品在中国人那里也弥足珍贵,但光绪元年(1875)曾以奏请正使到过中国的李裕元还能从中国人那里获赠文徵明书帖一本。他在《林下笔记》中介绍说:"中朝人遗余一帖,即文徵明书,而录其奏对语者也。细字如缕,妍美可爱,尾有亲王评题。"[3]后来李裕元又得到一枚水晶图章,篆刻剥蚀,字迹缺落,而字体苍健,一看就是上百年的老物件。经过对比,与文徵明书帖中所盖图章一致,于是认出所刻为"玉磬楼"三字,遂"留作书橱之珍玩"。[4]再后来又有人送一幅文徵明小楷作品给李裕元,"蝇头细字,尽是奏御文字目录者也,似是草稿之潢册,复妆为帖。下有图章数十诸人之名,而最大者成亲王也。诸相公会时以此视之,皆艳羡之"。[5]李裕元还见过文徵明的《溪上横琴图》,此画是李裕元的表叔朴绮寿从中国带回朝鲜的。[6]嘉庆二十一年(1816),朴绮寿曾以冬至使书状官到中国。[7]

文徵明生前不为外夷之人作,而死后作品却流入朝鲜,所以李敏求也感叹说:"自太史嘉靖丙辰年书,距今九十二年,十洲画计当在其前矣。经阅几人鉴定,更历几种变故,不为兵燹所毁、戎羯所取,卒归之文献之邦、翰墨之家,意者六丁真官阴呵默护,今完于劫烬之余,

---

[1] 南公辙:《金陵集》卷二十三《文待诏石湖秋霁图立轴纸本》,丛刊(272),第446c页。
[2] 南公辙:《金陵集》卷二十四《文徵明溪山茅屋图横轴绢本》,丛刊(272),第467d页。
[3] 李裕元:《林下笔记》卷三十《春明逸史·衡山书帖》,第748页。
[4] 李裕元:《林下笔记》卷三十《春明逸史·衡山书帖》,第748页。
[5] 李裕元:《林下笔记》卷三十四《华东玉糁编·文衡山细楷帖》,第855页。
[6] 李裕元:《林下笔记》卷三十四《华东玉糁编·文衡山溪上横琴图》,第855页。
[7] 《纯祖实录》卷十九,纯祖十六年十月二十四日己亥。

以付其人欤？不然，岂智数可及，势力可致哉？视靖康时御府图书数十万卷悉辇输以北，沦于沙漠，沉而为粪土，荡而为灰尘，幸不幸何如也？"[1] 赵龟命（1693—1737）认为，这不仅不违背文徵明之本意，反而更含有深意。他说："弇州称文太史不为人作书画者三，诸王、中贵人及外夷也。今其遗墨流布于海外者甚多，得无乖于平生之守欤？余谓率公之义，今天下盖无片土可以安公之书画者。不左衽而诵大明，惟我东其庶焉。公而有知，当驱六丁，收遍天下所珍藏而归之而后已也。"[2] 尽管流传到朝鲜的文徵明等人书画作品多真伪难辨，朝鲜文人推崇文徵明等人的心情则是真实的。

三 文徵明对朝鲜书风的影响

根据洪万熙《海东名迹》，从统一新罗时期到 18 世纪前期，朝鲜半岛的书法家先后为"第一金生，其次李杏村嵒，其次安平大君、成听松守琛、黄孤山耆老、金自庵絿、宋颐庵寅、杨蓬莱士彦、白玉峰光勋、韩石峰濩、金南窗玄成，凡十有一人"。[3]

这 11 人中，金生为统一新罗时代人，在书体上学王羲之。郑斗卿《海东名迹序》载，"宋人见其书，大惊曰不图今日复见王右军笔迹，尚矣哉，无可论者"。[4] 李嵒（1297—1364），字古云，号杏村，为高丽时代人，则擅长松雪体，所以也被称为东国赵子昂（赵孟頫）。赵孟頫的书画作品自高丽末期开始传入朝鲜半岛者颇多，文人争相临摹，所以松雪体在朝鲜前期大为流行。因此，金正喜说："吾东书法，罗丽二时，

---

1 李敏求：《东州先生集》文集卷二《上林赋，文徵明书，仇十洲画后序》，丛刊（94），第 279b—279c 页。
2 赵龟命：《东溪集》卷六《题文徵明书帖》，丛刊（215），民族文化推进会，1998，第 129c 页。
3 郑斗卿：《东溟先生集》卷十一《海东名迹序》，日本大阪府立中之岛图书馆藏重刊本，第 9b 页。
4 郑斗卿：《东溟先生集》卷十一《海东名迹序》，第 9b—10a 页。

专习欧体，今存旧碑，尚可溯得其一二。自本朝来，皆趋松雪一路。"[1]

安平大君李瑢（1418—1453），字清之，号匪懈堂、琅玕居士、梅竹轩，为世宗第三子，诗书画三绝，在书法上也学赵孟頫，但也形成了自己的风格，在朝鲜前期有很大影响。许穆《朗善君书帖跋》称："匪懈堂书，学子昂，变化入神。"[2]李瑢不仅擅长书画，也喜欢收藏历代书画作品，申叔舟（1417—1475）说"匪懈堂爱书画，闻人有尺笺片素，必厚购之。择其善者，妆潢而藏之"，所以李瑢收藏了很多名人书画作品。申叔舟曾专门作《画记》，介绍李瑢所收藏的书画作品。在总共222件作品中，除了安坚的作品外，其余皆为中国书画家的作品，而赵孟頫的作品有28幅之多，包括行书26幅，墨竹2幅。[3]

到16世纪后期，南彦纪（1534—?）、白光勋（1537—1582）、崔庆昌（1539—1583）和韩濩（1543—1605）又转而学王羲之。李瀷曾为南彦纪作传，称："我国自高丽忠宣王入元，得与赵子昂交欢，多携其书至，邦俗遂变，晋法几熄。至先生（南彦纪）与崔庆昌、白光勋三人，锐意复之，蔚然并称也。"[4]韩濩，字景洪，号石峰，又号清沙，是朝鲜中期最具代表性的书法家。在明宗朝进士试合格以后，因擅长书法而长期担任写字官，朝廷外交文书多由其书写，故其书体也被称为写字官体。朴溁（1592—1645）《丙子乱后，集旧藏屏障记》中形容韩濩书法作品当时受欢迎程度说："嗟呼！宣庙朝以来，滩隐竹外，若韩石峰濩书、竹林[5]禽鸟，俱称神妙品。当其在时，求者嗔咽户外，屡至不能容，一不得则叱詈随之，士夫间不啻人盈篋而家满架矣。"[6]

1　金正喜：《阮堂先生全集》卷八《杂识》，丛刊（301），民族文化推进会，2003，第153a页。
2　许穆：《记言》别集卷十《朗善君书帖跋》，丛刊（99），第98b页。
3　申叔舟：《保闲斋集》卷十四《画记》，丛刊（10），第107c—109c页。
4　李瀷：《星湖先生全集》卷六十八《考槃南先生小传》，丛刊（200），第174b页。
5　竹林，指的是李英胤（1561—?），又名李喜胤，字嘉吉，王族后裔，青城君李杰之子，曾被授予竹林守的官职。李英胤与其兄鹤林正李庆胤（1545—1611）皆擅长绘画，为朝鲜著名画家。
6　朴溁：《汾西集》卷十一《丙子乱后，集旧藏屏障记》其五，续刊（25），民族文化推进会，2006，第106d页。

韩濩虽学王羲之，但其所临摹之《乐毅论》、《东方朔画像赞》和《黄庭经》等非真品，所以难得晋人和唐人书法之气韵，而仍有松雪体的影子，所以金正喜说："东人之以不知来历之《阁帖》《兰亭》《乐毅》，欲直溯山阴正脉者，是三家冬烘，欲以高头讲章，傲召陵北海耳。"[1] 不过，对于韩濩的书法，金正喜仍认为"虽有松雪气味，亦恪遵古式"。[2] 在鉴赏了沈熙淳所藏韩濩书帖后，金正喜又评论说："可惜大概此书有极高处，又有极俗处。其工到力到，可以摧山倒海，犹不及董香光绵绵若存。此等境地，不可与不知者言耳。以其工力，何不屈膝于衡山、枝指，嵲然作直接山阴之妄想耶，亦东人空然贡高之习气。无论文章书画，先祛此习气，然后乃可门径之不趋魔耳。"[3] 在金正喜看来，韩濩与其学王羲之，倒不如学文徵明和祝允明。

松雪体虽然直到17世纪前半期仍很盛行，但影响力已大不如以前。李宜显说："我朝明庙以前，如成、姜、二金、听松、自庵、蓬来诸公，各自有疏劲意致，虽专于学赵（赵孟頫）者，亦不无可观。至宣庙以后，古意尽丧，肥皮厚肉，入眼皆俗。由赵体大行，渐趋卑下而然也。"[4] 与韩濩同时代的金玄成（1542—1621）和崔岦皆仍以擅长松雪体而闻名于世。金玄成，字余庆，号南窗。李德泂《竹窗闲话》载："南窗孝友出天，笔迹逼松雪体，公私碑碣屏簇皆出其手。又能诗，接待华使多有唱酬。"[5] 然而，根据朴渌的说法，这一情况是在韩濩去世之后才出现的。他说："宣庙服膺子昂、清之二大家勤至，每以《兰亭》若《东方朔赞》，最易误后生，申诫不啻丁宁，而犹然以南窗若李斯文莹，笔画不能遒劲，甚少视之。尝于诏使之来，侯臣有辟两公以备觚翰之用，宣庙教以李莹、金玄成拙笔也，不必带去。惟南窗以能诗许随行。然议

---

1 金正喜：《阮堂先生全集》卷八《杂识》，丛刊（301），第155a—155b页。
2 金正喜：《阮堂先生全集》卷八《杂识》，丛刊（301），第153a页。
3 金正喜：《阮堂先生全集》卷四《与沈桐庵》（四），丛刊（301），第76b—76c页。
4 李宜显：《陶谷集》卷二十七《云阳漫录》，丛刊（181），第430c—430d页。
5 李德泂：《竹窗闲话》，《大东野乘》卷七十一，第12册，第355页。

第九章 文徵明：书画流通与艺术鉴赏

者不敢从。而自石峰圽，一时公私金石书，皆出南窗，览者当自得之，姑俟论定。"[1]

随着松雪体的衰落，学王羲之者日益增多。李观命（1661—1733）晚年对于自己学习书法的经历这样总结说："余也常慕右军临池之趣，从事于斯者亦有年矣。中岁为便于流俗之用，崎岖驰逐于琅邪、吴兴之场，失其旧步，匍匐以归，则年衰而才全谢矣。握管数岁，终不得其点画，而心乎爱之，亦不忍舍之，未尝不惕然悔之，而亦或有迨然自笑也。非敢欲寿其传，附诸阿儿，使见余平昔有志，白首无成，知所以为鉴焉。"[2] 可见李观命早年学王羲之，中年以后从流俗而学颜真卿和赵孟頫，晚年又回到学王羲之。

在回到学王羲之的过程中，文徵明和董其昌的书法在朝鲜文人中的影响也越来越大。尹斗寿（1533—1601）也是与韩濩人体处在同一时代的朝鲜著名书法家，即擅长文徵明体。推崇王羲之者对文徵明的影响扩大深感担忧。李溆即感叹道："呜呼！世降俗末，正法泯而权诈行，欺世惑民，无所不至。古今天下，皆滔滔趋于邪法。故曹操，罗朝崔孤云，宋之苏东坡、米元章，元之赵子昂，明之张弼、文徵明，我朝之黄耆老之法盛行。张芝与右军之正法，泯然无传。其间或有一二效则者，或失其心法而流于异端，或有依样而不得其奥旨，可胜惜哉。我先私亲六寓堂公，愤然有志于右军，末年尤专心于正字与行书、小草之法，深造精微，享年不遐，未及浑化，呜呼痛哉！"[3] 李溆在父亲李夏镇（1628—1682）死于流配地后，即放弃科举，专心钻研学问和书法，成为东国真体的创始人。

但是朝鲜后期最有名的书法家尹淳（1680—1741）还是学习文徵明，只是不明说而已。尹淳，字仲和，号白下，本贯海平，所以人称"尹海平"。尹淳是尹斗寿的第五代孙，曾任吏曹判书、平安道监司等

1　朴潚：《汾西集》卷十一《丙子乱后，集旧藏屏障记》其六，续刊（25），第107b—107c页。
2　李观命：《屏山集》卷八《书数纸授稚子》，丛刊（177），第169a页。
3　李溆：《弘道先生遗稿》卷十二下《笔诀·论经权》，续刊（54），第455c—455d页。

职。尹淳擅长书法,融合王羲之、米芾、董其昌、文徵明等各家之长,形成自己的风格,在行书上造诣尤深。不过在金正喜看来,尹淳的书法主要出自文徵明。他说:"白下书出于文衡山,世皆不知,且白下亦不自言。文书小楷《赤壁赋》墨拓一本东出,白下专心学之。其短竖之上丰下杀处,即其所得法。而文书清婉劲利,白下微钝差肥。且文之结构,皆合于欧、褚、颜、柳相传之旧式,白下皆漫书之。一字之内,逐其横竖点捺砌凑之。然其天品甚异,加之人工,终成一家数者,以其不以衡山卑近而俯首学习,不以骛远自大,如后来妄称钟、王也。"[1] 金允植也同意金正喜的看法。他在《题白下书轴后》中说:"白下书,世称名家,然不知从文衡山来,又不知衡山楷法深得晋人之妙,此皆笔家之秘诠,而作者不肯自言,故世人莫之知也。得阮堂法眼,勘破源流,始得定评。而观此书瘦劲隽逸,铺置有法,可知其远接二王之遗意也。太史公曰:岩穴之士,非附青云之士,恶能施于后世。如阮堂公,岂非青云之士哉!"[2]

尹淳培养了一些弟子,对后世影响较大。尹淳的弟子中,最有名者为李匡师(1705—1777)。李匡师,字道甫,号圆峤、寿北,为礼曹判书李真俭之子。英祖即位后,少论失势,所以李匡师未能出仕。英祖三十一年(1755)因受少论一派的谋逆事件牵连,被流配富宁,不久移配到薪智岛,在那里度过余生。李匡师也是诗书画三绝,其书法被称为圆峤体,受到朝鲜文人的推崇。李匡吕称李匡师之书法"横绝前后,书道之中兴,于是为盛"。[3] 李匡师自称早年学尹淳,"自年三十余,始专法古人",[4] 推崇王羲之而贬斥苏东坡、黄庭坚。李匡吕说:"公临池之学,度越宋唐,力追魏晋,真草篆隶,异体而一贯,数百千年以来,发

---

[1] 金正喜:《阮堂全集》卷八《杂识》,丛刊(301),第153c页。
[2] 金允植:《云养集》续集卷三《书后题辞·题白下书轴后》,丛刊(328),民族文化推进会,2004,第599a—599b页。
[3] 李匡吕:《李参奉集》卷三《员峤先生墓志》,丛刊(237),民族文化推进会,1999,第286a页。
[4] 李匡师:《圆峤集选》卷十《书诀》,丛刊(221),民族文化推进会,1999,第558c—558d页。

之自员峤公。世或谓员峤公篆隶远过真草。公之留心篆隶,众碑学习,亦在四十以后。盖书道益进而问学益近古也。述《书诀》五六千言,发明王、卫意旨,又有《后编》以广之。"[1] 李匡师对于自己的书法成就也颇为自信,他在《书诀》中提到,尹淳"晚年常语人曰某(指李匡师)书不第东方数千年来所无,虽在中国,当拟魏晋,非唐以来可伦",并在六十岁时说"白下没时余年三十七,若令见近所书,其论未知何如也"。[2]

但是,金正喜对李匡师的书法评价不高,认为李匡师自比于中国魏晋书家,有点狂妄自大。他说:"概论之,东人无处不妄自尊大。如圆峤直欲超越唐宋六朝,径阔山阴棐几,是不知屋外有青天耳。圆峤十驾不及石峰、安平,石峰、安平又十驾不及董玄宰,玄宰又当十驾不及于东坡、山谷,顾何以妄论山谷邪?圆峤书,何尝有山谷一波折之法耶?若云圆峤不知波折,人必大骇,而实不知波折之五停古法耳。"[3]

李匡师之所以如此,在金正喜看来大概是因为他不知其师尹淳其实小楷学的是文徵明,而大楷之金石碑版前面字则专法苏东坡表忠碑,半草则以米芾为依归,所以金正喜说:"其门下得髓,以圆峤为第一。圆峤初年所作楷字,即与师门无少异,如一手,实不知,但从师门所书学之,曾不一叩师门之所出,又何哉?师门亦不告其所出,又何哉?抑或师道甚严,不敢妄请欤?师门之不以告者,即又不示璞之义欤?白下用羊毫笔,徐丹阳尝云见师门所书中国大毫白如雪,竟不知为何笔,亦不敢请。盖古人师道之严亦可见。"[4] 李匡吕所撰《员峤先生墓志》也说道:"自员峤公在时,世争得员峤公一字以为宝,若是者,以其书而已。夫墨迹在纸,得人人见之,人人贵重之,而今之人竟未有真知员峤公书

---

1 李匡师:《圆峤集选》卷十《书诀》,丛刊(221),第558d页。
2 李匡师:《圆峤集选》卷十《书诀》,丛刊(221),民族文化推进会,1999,第558d页。
3 金正喜:《阮堂全集》卷八《杂识》,丛刊(301),第152d页。
4 金正喜:《阮堂全集》卷八《杂识》,丛刊(301),第153c—153d页。

者。"[1] 金正喜是否真知李匡师，亦可另当别论。

总之，自尹淳、李匡师以后，朝鲜文人更加崇尚王羲之，但因喜欢行草，所以很快就从王羲之过渡到文徵明、祝允明。对于此股潮流的影响，柳寿垣（1694—?）批评说："所谓笔翰，亦自尹海平初尚晋笔以后，始知《淳化阁》《太清楼》之为胜于《笔阵图》《七月篇》，而径习行草，法度欠整，徒悦姿媚，遽流文、祝，腕力工夫，日就萧索矣。"[2]

在18世纪后半期，朝鲜文人中仍有人学习文徵明的书法。孙锡辉在学书法时曾临摹过从柳公权到文徵明各中国书法名家的作品，尤其喜欢学习米芾和黄庭坚的笔体，能做到"尤极有似，并有骨力，其精神运用为难及"。[3] 孙锡辉也学文徵明。姜世晃（1713—1791）曾评论说："双川翁（孙锡辉）喜临米南宫书，今览其临文衡山书，亦得其笔意。第令中华人见之，必将摹勒上石，以瞒后人也。"[4] 并针对孙锡辉所书《仿文徵明祥光帖》评论说："使衡山见此，必曰此子掩吾名，如卫夫人之见右军书也。"[5] 以诗书画三绝闻名于世的申纬在书法上也学文徵明和董其昌，所以徐荣辅（1759—1816）在《官园水阁，与诸君赋》中有"秀标曾许董文间，朽质邻居谬往还"[6] 之句。这里"秀标"指的是申纬，而"董文"指的就是董其昌和文徵明。

徐荣辅虽然喜欢申纬的书法作品，但是他更推崇王羲之、王献之的书风。纯宗三年（1803）李晚秀（1751—1820）被任命为谢恩正使，徐荣辅为其作《送屦翁赴燕序》，即希望李晚秀多买一些好的王羲之、王献之书帖摹本回来。徐荣辅在诗中说："文董岂不佳，书道亦少变。

1　李匡吕：《李参奉集》卷三《员峤先生墓志》，丛刊（237），第285d页。
2　柳寿垣：《迂书》卷十《论变通规制利害》，首尔大学校古典刊行会，1971，第183页。
3　姜世晃：《豹庵稿》卷五《题批双川翁临帖》，续刊（80），韩国古典翻译院，2009，第399d页。
4　姜世晃：《豹庵稿》卷五《仿文徵明汲泉帖》，续刊（80），第401c页。
5　姜世晃：《豹庵稿》卷五《仿文徵明祥光帖》，续刊（80），第401b页。
6　徐荣辅：《竹石馆遗集》册一《官园水阁，与诸君赋》，丛刊（269），民族文化推进会，2001，第336b页。

吾侪师羲献，镂塌讹屡转。岂无天下士，仿临淳化卷。以此访其人，墨本致余见。"[1] 而对于文徵明和董其昌的书风，徐荣辅多有微词，认为申纬不当学这二人。徐荣辅曾在给申纬的信中直言不讳地说："余尝谓笔法，至于文、董而极巧，亦至于文、董而遂衰。何者？雕刻已甚，机巧毕出，而法意无复之耳，殆亦运气使然也。我东之有古法，则白下（尹淳）当为馨宗，比诸中州，仅当李、蔡之间。而近世二三大家若李公道甫（李匡师），吾从祖[2]与致章[3]妇翁[4]，亦皆步骤钟、张，则吾与子下，犹不失为王谢时耳。东国文气，殆晚开后衰，而方来者未已也。今致章乃俯就文、董门户，趣窍书家之浑沌，何哉？"[5]

不过，徐荣辅尽管反对申纬学文徵明和董其昌，但是又对申纬的书法作品爱不释手，连他自己都觉得有点好笑。他说："吾既知其然矣，及见致章之书，则又爱之重之而不忍舍，何哉？犀有通，石有晕，以取妍于人者，皆其病也。人之好之者，殆亦病也。然则致章之为此书，乃致章之病，而吾之见而好之者，又吾之病也，不亦惑欤？无已则胶庆世之目，攫致章之指，而为伯牙、子期于无成亏之琴乎？想致章见此失笑，喷饭满案也。"[6]

然而这时期在中国文人中又有一种风气，在书法上不仅排斥文徵明、董其昌，甚至贬斥王羲之、王献之，独尊欧阳询。这种风气也影响到朝鲜。在《次韵答赵兰畦云周见赠》诗中，申纬也说："北军近日变旌旗，驰突羲之与献之。愧我用兵无所讲，略知笔阵外何知？"并在注释中说："近有一种风气，论书以昌黎诗'羲之俗书趁姿媚'一句，借

---

[1] 徐荣辅:《竹石馆遗集》册二《送屐翁赴燕序》，丛刊（269），第365d页。
[2] 徐荣辅的从祖，即徐懋修（1716—1785），字勤之，号秀轩，本贯达城，曾任敦宁府参奉、掌乐院主簿、南原府使等职。幼年曾从尹淳学习书法，崇尚晋体，以半行书闻名于世。
[3] 致章，依题书以"汉叟"，即申纬。
[4] 这里指的是申纬的岳父曹允亨（1725—1799），字稺行、时中，号松下翁，本贯昌宁，官至户曹参判、同知敦宁府事等职，擅长书法，曾任写字官。
[5] 徐荣辅:《竹石馆遗集》册三《论笔法与申汉叟书》，丛刊（269），第420a页。
[6] 徐荣辅:《竹石馆遗集》册三《论笔法与申汉叟书》，丛刊（269），第420a—420b页。

为口实，毁右军父子，而自虞、褚以至米、赵、文、董，一切归之俗书，唯一欧率更，推以为汉隶金石刻之嫡传。盖书家有南北之异，此其北派之论也，吾未知其为公耳。吾所学者，儿时从俗，所谓右军笔阵图始也，故云。"[1] 这段话也被李裕元以《论书》为题，录入《林下笔记·华东玉糁编》，[2] 表明李裕元也赞同申纬的这种说法。申纬针对各家诗风之异同，也有诗云："风骚递降宋三唐，多事门墙互短长。一性情为千百体，况吾生在海东乡。"[3] 对于书法风格之争，大概也持这种态度。

小　结

在朝鲜时代，士大夫读中国之书，自然也连带喜欢中国文人书画，文徵明书画，尤其是其书法是朝鲜文人推崇的对象之一。根据现有史料记载，最迟在宣祖三十三年（1600）文徵明的书法作品即已传入朝鲜。最初可能是中国人带到朝鲜半岛的，而随后朝鲜文人便不断通过使行往来从中国购入文徵明等人的书画作品。使行过程中与中国文人的交流，以及《顾氏画谱》等的传入，对推动朝鲜文人的这股慕尚之风也起到了很大作用。在明亡清兴之后，生前誓不为外夷作的文徵明，其作品大量流入朝鲜，朝鲜文人甚至将这种现象与尊周大义论结合起来，认为其背后也含有深意。尽管如此，朝鲜文人崇尚的书法风格仍不能不受清代中国文人风尚的影响。

朝鲜半岛文人在统一新罗时代和高丽前期推崇王羲之和欧阳询的书法，而到了高丽后期则受赵孟頫的影响很大，所以直到朝鲜前期皆流行松雪体。到16世纪后期，韩濩等人开始学王羲之。文徵明和祝允明对

1　申纬：《警修堂全稿》册二十七《覆瓿集》六《次韵答赵兰畦云周见赠》二首之二，丛刊（291），第605a—605b页。
2　李裕元：《林下笔记》卷三十四《华东玉糁编·论书》，第850页。
3　申纬：《警修堂全稿》册二十七《覆瓿集》六《次韵答赵兰畦云周见赠》二首之一，丛刊（291），第605a页。

朝鲜书法的影响，正是在这股学习王羲之的风气下形成的，甚至有盖过王羲之的势头，引起部分朝鲜文人的担忧，于是他们主张回到王羲之。然而，这时期中国文人又有一股风气，推崇欧阳询而贬低文徵明、董其昌，甚至也贬低王羲之和王献之，也令不少朝鲜文人陷入迷茫。虽然书法风格变化不像歌曲那么迅速，使行往来中中朝艺术风气的互动关系，亦可于此略见一斑。

第十章　清钱：朝贡贸易与货币流通

滨下武志认为，在传统时代，以中国为中心的朝贡贸易体系形成了一个"亚洲经济圈"。[1] 针对滨下武志的"朝贡贸易体系"论，也有学者提出了"互市贸易体系"论。[2] 不管怎样，这些观点都说明国际贸易的发展使亚洲市场在近代以前即具有整体性特征，其中一个重要指标就是白银的流通。明清时期，白银流通体系的形成推动了东亚乃至全球贸易的发展，中国输出商品，而美洲和日本的白银大量流入中国，东亚交易体系因此发生很大变化。到19世纪上半叶，白银

---

[1] 滨下武志：《近代中国的国际契机——朝贡贸易体系与近代亚洲经济圈》"中文版前言"，朱荫贵、欧阳菲译，中国社会科学出版社，1999，第4—7页。

[2] 参见陈尚胜《东亚贸易体系形成与封贡体制衰落——以唐后期登州港为中心》，《清华大学学报》（哲学社会科学版）2012年第4期。

第十章　清钱：朝贡贸易与货币流通

外流而导致的白银价格上涨，则进一步引起中国整体秩序的变动。[1] 白银价格上涨会引起银钱比价的变化，导致银贵钱贱。其实，在白银流通的同时，也存在着铜和铜钱的国际流通。银钱比价的变化在某种程度上说也是白银（银元）和铜（铜钱）流通不均衡所引起的。然而，目前学术界对于铜，尤其是铜钱的国际流通关注相对较少。日本、安南、琉球等地铜钱也曾在中国部分地区流通，中国和朝鲜铜钱也流通到日本。但是铜和铜钱在国际流通上的规模和作用远不及白银和银元。铜和铜钱在国际流通上所遇到的阻碍，除其自身价值不及白银和银元外，也是由于铜钱由官府铸造，而银锭和银元则可以来自民间。那么，明清时期中国和周边国家如何看待铜钱铸造权，以及如何看待铜钱的国际流通是一个值得探究的问题。朝鲜一直被视为中华秩序下最典型的藩属国，朝鲜也认为明清两朝皆将其视同内服。从17世纪后期开始，朝鲜一直有人主张通用中国铜钱，并曾先后两次正式移咨清朝礼部，请求清朝允许朝鲜输入和流通中国铜钱，但是没有得到清朝的准许。最后在兴宣大院君执政时期，朝鲜在没有得到清朝正式允准的情况下，大量输入和流通中国铜钱。所以，朝鲜的清钱请贸与流通，为今人观察朝贡贸易体系下宗藩之间的经济关系，以及当时两国人的认识提供了一个很好的样本。

一　朝鲜行钱的波折与倭铜问题

朝鲜半岛在高丽时期主要以米布为媒介进行商品交换，尤其是布发挥着货币的功能，但是很不方便。高丽后期也曾铸造铜钱，但由于铜的来源问题未能解决，不成功。还曾铸造铁钱和银瓶，亦皆不成功。所以《万机要览》云："我国罕铜产，不便于用钱。高丽时或用铁钱，或用银瓶，或用蒙元所颁宝钞（至元宝钞、中统宝钞），或用楮币。"[2]

---

[1] 林满红：《银线：十九世纪的世界与中国》"自序"，林满红、詹庆华等译，台湾大学出版中心，2014，第9页。
[2] 徐荣辅、沈象奎编《万机要览·财用篇》四《钱货》，第463页。

到了朝鲜朝初期，又有人提出铸钱问题，但是太宗未加采纳，而是根据河崙的建议实行钞法，然而这次实行的钞法也不成功。太宗十五年（1415）一度铸造铜钱，不久即因发生旱灾，民心动摇而停铸。世宗即位后，一方面积极维持楮货的流通，另一方面也在考虑恢复布币或铸造铜钱问题。世宗六年（1424）曾铸造朝鲜通宝，次年开始行用，初与楮货兼行，不久废除楮货，专用钱币。但是民众不习惯于用钱，钱币通行不久即严重贬值，因此又有人主张废除钱法。世宗二十七年又恢复楮货，铜钱遂逐渐退出市场。恢复楮货之后，楮货仍难以流通，到成宗时期（1470—1494），除了都城之外几乎见不到楮货在市场流通，甚至京中诸司征赎也不收楮货而收布物。到中宗时期（1506—1544），楮货已废，专用布币。而布的质量越来越差，徒费女工，毫无所用，因此又有人主张恢复钞法或钱法。中宗十年决定恢复楮货，可是到中宗十五年又几乎不用了。此后，朝鲜朝中大臣们的主张仍难以统一，有的主张用常布（三升布），有的主张恢复楮货，也有人主张铸钱。

朝鲜之所以迟迟未能通用铜钱，原因之一是百姓不习惯用钱，铜钱难以在短时期内流通到全国各地市场。宣祖时期，当有人主张铸钱时，户曹判书成泳等认为"即山铸钱为富国第一件事"。[1] 然而，宣祖即对此仍颇为担忧，他曾向主张铸钱者反问道："设或铸成，车载斗量，不可胜数矣，其能流行于民间乎？今以一钱铜欲买卖于村落，其谁肯之？必未免于掉头之归矣，其势决不能行。"[2] 主张铸钱者往往以中国为例来说明通用铜钱的可能性，甚至以朝鲜于衣食之外别无钱货为国家贫弱之原因。宣祖时期，右议政柳永庆曾提出："钱之为货，上自夏商，下至于今，历代无不通行之，惟我国独不用钱货，所以衣食者米布，所以行货者亦米布，此我国最贫于天下者也。"[3]

这时期，因"壬辰倭乱"和"丁酉再乱"期间明朝军队和商人在

---

[1] 《宣祖实录》卷一百六十二，宣祖三十六年五月二十三日戊寅。
[2] 《宣祖实录》卷九十九，宣祖三十一年四月初七日辛酉。
[3] 《宣祖实录》卷一百六十二，宣祖三十六年五月二十三日戊寅。

朝鲜的活动，白银在市场流通日广，主张行钱者信心大增，以为朝鲜人既然能习惯于用银，自然也能习惯于用钱。宣祖三十一年（1598）四月初八日户曹启曰："近日酒肉、豆泡、盐酱、柴草小小之价，皆用银子，中外居民，赖此资生。初则试用于唐兵买卖之间，行之既久，习俗已成，卖酒、卖柴之人，如遇买之者，必先问银子有无。此无他，知其利之所在而然也。若造万历通宝，与唐人买卖，通其有无，则人人愿换，安知不如银子之乐用乎？"[1]

然而，反对铸钱者则以华夷风俗不同来加以辩驳。宣祖朝，尽管有钦差经理朝鲜军务都察院右佥都御史杨镐的督促，宣祖仍坚决反对铸钱，其反对的理由之一依然是华夷风俗不同。他说："千百里间，风俗不同。华夷之地，土产亦自异。今效中国之所为，强以行之，恐终无所益，而徒增一场骚扰耳。"[2] 在户曹拟定流通之策后，宣祖仍说："今欲如是磨练，冀其或行，恐近于迂。此事予知必不能行，生一事不如减一事。更议于备边司。"[3] 在"倭乱"彻底结束之后，面对民困国贫的局面，宣祖三十六年领议政李德馨等人极力主张铸钱，而判中枢府事李元翼仍说："中国于衣食之外，别用钱货，古今通行，而我国独不然，其无乃我国之习俗异于中国，行之不能耐久，弊生而止也。祖宗朝亦尝试之而停之云。作事之始，不可不慎。"[4] 宣祖也说："用钱一事，予居常以为我国必不可行，盖缘人情习俗有所不同，犹鲁之章甫不可用于越也。强而效之，后必有悔。"[5]

风俗不同的说法虽然有一定说服力，但风俗并不是固定不变的，而且在东亚除中国之外，其他国家也有铸钱行钱者。对于朝鲜来说，更为现实的问题是难以获得数量充分且价格合理的铜等原料。所以，宣祖

---

1 《宣祖实录》卷九十九，宣祖三十一年四月初八日壬戌。
2 《宣祖实录》卷九十九，宣祖三十一年四月初七日辛酉。
3 《宣祖实录》卷九十九，宣祖三十一年四月初八日壬戌。
4 《宣祖实录》卷一百六十二，宣祖三十六年五月二十三日戊寅。
5 《宣祖实录》卷一百六十二，宣祖三十六年五月二十三日戊寅。

三十一年（1598），当经理杨镐建议朝鲜铸钱时，宣祖即提出铜的来源问题。他说："铸钱事利害难易，予固不能知之，但以意斟酌，则勿论他余曲折，未审方内有邓通之山乎？将以何铜铸之耶？"[1] 对此，户曹也说："铜铁初非本国所产，今欲铸钱累千万贯，则必费许多功力，果无即山之利。"[2] 为解决铜的来源问题，户曹建议收集朝鲜国内铜钟和寺庙铜器，但是此举必然扰及民间，所以宣祖也反对这样做。宣祖三十六年朝鲜朝廷再次讨论铸钱问题时，左议政尹承勋算了一个账。以过去朝鲜铸钱重八分计算，则铜铁1000斤可铸钱200贯，1万斤可铸钱2000贯。这2000贯钱币显然不足以满足市场需要，但更为严峻的问题是朝鲜朝廷连这1万斤铜铁也拿不出，这是铸钱面临的最大困难。[3] 右议政柳永庆也以为铜非朝鲜所产，铸钱难以进行，民众也必不喜欢用钱，于是宣祖采纳了柳永庆的意见。此后，宣祖也始终认为"我国铸钱，决不可为"。[4]

朝鲜国内所需要的铜，长期以来主要依靠从日本进口。《万机要览》云："我东亦自产铜，而不知吹炼之法，公私所需，全用倭铜。"[5]《五洲衍文长笺散稿》亦云："中原则铜山甚多，而《山海经》所言四百六十七所，而我东则只记数十处而已。倭国铜则人多棋置，赤铜至贱，故流派我东，而不至竭焉。我人专赖倭铜，更不用力于本国所产之铜，使无限铜矿，弃以不用，可胜叹哉！非徒细民之无术，为民者不导其可用之策，故如是蔑裂也。苟欲教民必用之道，重货诱倭，得其采炼铸之巧，则古称不可用者，期于可用矣。"[6]

但是，日本铜输入朝鲜，不仅数量不稳定，价格也比较高。朝鲜在与日本的公贸易中，主要以棉布换取铜铁。朝鲜人将棉布称为木，所

---

[1]《宣祖实录》卷九十九，宣祖三十一年四月初七日辛酉。
[2]《宣祖实录》卷九十九，宣祖三十一年四月初八日壬戌。
[3]《宣祖实录》卷一百六十三，宣祖三十六年六月二十四日己酉。
[4]《宣祖实录》卷一百六十九，宣祖三十九年二月十二日辛亥。
[5] 徐荣辅、沈象奎编《万机要览·财用篇》四《金银铜铅》，第478页。
[6] 李圭景：《五洲衍文长笺散稿》（上册）卷三十《金银铜矿辨证说》，第871页。

第十章　清钱：朝贡贸易与货币流通

以日本人以铜铁所换取之朝鲜棉布，称为公贸木。世宗三十年（1448）时，公贸易铜10斤即可换细布1匹，而私贸易中铜价更高，铜五六斤就能换细布1匹。[1] 15世纪末，日本铜输入朝鲜的数量增多，主要用来生产铜器。中宗五年（1510）"三浦倭乱"发生后，朝日贸易一度受到影响，导致铜价暴涨。[2] 因此，中宗二十年司谏韩承贞在提到地方守令奢侈之风日盛的同时，也注意到"市井富居者必欲多蓄鍮器，争相夸耀"，他认为这是造成"倭使铜铁之价日益倍蓰"的主要原因，因此建议"一切禁断可也"。[3] 虽然每年自日本输入朝鲜的铜铁不下数万斤，但因朝鲜国内流行使用铜器，铜的需求量大，铜价仍不断上涨。

17世纪初朝日国交再开时，根据光海君元年（1609）缔结的"己酉约条"，铜100斤折合公贸木60匹，鑞1斤折合公贸木2匹。[4] 到光海君六年，每铜铁1斤，准折细布半匹。[5] 显宗即位年（1659）七月，对马岛提出将公贸木1200同（朝鲜以50匹为1同）中的300同换成米，而朝鲜方面只同意换200同，以1匹布10斗米定价，而实际上当时布1匹值米1石（朝鲜以15斗为1石）。[6] 由此推测，1斤铜铁值半石米，可见其价格之高。铜价过高，导致朝鲜铸钱几乎无利可图，自然就失去铸钱的动力。

二　从中国输入铜钱问题的提出

自16世纪中期开始，由于日本与中国之间的直接贸易日益兴起，对马岛的中介贸易开始衰落，日本白银输入朝鲜的数量减少，朝鲜国内白银储量减少，不仅朝贡贸易难以进行，国家财政也陷入困境。到仁

---

[1]　《世宗实录》卷一百一十九，世宗三十年三月十二日丁酉。
[2]　《中宗实录》卷二十一，中宗九年十一月初十日戊辰。
[3]　《中宗实录》卷五十四，中宗二十年五月二十一日己卯。
[4]　金指南：《通文馆志》卷五《交邻·年例送使》。
[5]　《光海君日记》卷二十九，光海君六年（1614）七月十四日甲子。
[6]　《显宗实录》卷一，显宗即位年（1659）七月十八日丁丑。

祖三年（1625），户曹判书金荩国向仁祖形容当时朝鲜财政之窘况时说："当今国储荡竭，经用无制，各司艰一日之供，大仓无数月之需，而督府彩段之价及诸处赊用之物，略计不下五六万银。譬如贫窭之家，朝不及夕，而执契券，诛求宿债者踵门而盈室，其何以堪之哉？"[1] 为了解决财政危机，这年十月金荩国提出"制国用"、"造钱币"和"收海利"三大主张。[2] 铸钱问题提出后，经议政府讨论，最后决定铸钱。户曹开始设厅铸钱，但由于工匠人数较少，所铸不多，中间又因户曹忙于其他事务而停废数月，到仁祖四年闰六月才又重新开始铸造。[3] 而且，为了使民众习惯于用钱，还根据金荩国的建议，仿照高丽命各州县出米谷开设酒食店之旧例，"于景福宫前路左右行廊前，募人设店，官给酒食之需，使之排办，以待饥渴之人，而一边散给钱文于料布应受之辈，听其入店换吃，明有定价，仍饬店主，勿受他货，只以钱文交易，还输本钱于官府，而食其羡余，以为尝试使钱之地"。[4]

虽然如此，由于已铸成铜钱不多，一时难以广泛通用。仁祖四年（1626）八月初二日，户曹启曰："用钱之法，必有国家收捧之规，然后可以通行于公私。今者所铸无多，若广开责纳之路，则齐民无处觅得，而其弊必至于盗铸。今姑令刑曹、汉城府、司宪府征赎衙门，依《大明律》赎铜钱之规捧用宜当。且铜钱之价古今有异，若依律文之数，则纳赎者必有怨苦之患。依当今折价钱一文准米一升，令刑曹参酌改磨炼，定式收捧事，捧承传施行。"[5] 由此可见，由于不能大规模铸钱，朝廷赋税收取一时难以用钱币计算，所铸铜钱更不能充分满足市场需要。

然而，这次铸钱之举也因李适之乱而中断。乱后恢复铸造，仁祖也决定自仁祖五年起全面通用铜钱，但几个月后又因后金攻入，再次停止

---

[1]《仁祖实录》卷十，仁祖三年十月二十七日壬寅。
[2]《仁祖实录》卷十，仁祖三年十月二十七日壬寅。
[3]《仁祖实录》卷十三，仁祖四年闰六月十八日戊午。
[4]《仁祖实录》卷十三，仁祖四年闰六月十八日戊午。
[5]《仁祖实录》卷十四，仁祖四年八月初二日辛丑。

第十章　清钱：朝贡贸易与货币流通

铸造钱币。

虽然经历了两次战乱之冲击，金荩国等人仍认为用钱为解决朝鲜财政危机的唯一出路。仁祖五年（1627）四月二十日，仁祖引见兼兵曹判书李廷龟、完丰府院君李曙和户曹判书金荩国。仁祖问金荩国："户曹一年经费，常患不足，何以则庶有赢余，而可支军饷乎？"金荩国回答说："若只倚岁入之谷，则决难支过，必以他道生财，然后乃可。臣意莫如用钱，民情亦多有愿用者矣。"[1]

金堉也是积极主张通用铜钱的官员之一。仁祖五年五月，金堉以接伴使从事官到甑山，见沿路各邑因李适之乱而损失严重，"海西则延白一半独完，关西则三县仅免。而使命之行，络绎不绝，夫马供亿之费，独自当之，不过数月，此亦有溃散之形，况黄（州）、凤（山）、瑞（兴）、平（山），被掠尤甚，比之于此，则万分悬绝"，因此于这年六月上疏请用铜钱。他说："我国物产不多，不通诸国之货，只用米布，更无游行之货，公私俱乏者，诚以此也。顷者欲用铜钱，而因乱中止，诚可惜也。"[2] 仁祖六年七月十四日，南以恭也主张恢复用钱之法，因此户曹启曰："用钱利害，臣等实无定见，然铸钱甚多，使货泉流行，官家凡百所捧，皆以钱代之，然后可以通行。即今所存只一千百余贯，欲加铸，则物力不逮。当此斗米千钱之时，饥不得食，猝难行之，请姑待丰年。"[3]

仁祖同意了户曹等到丰年再加铸铜钱的主张，但是户曹却一拖数年，迟迟未重新开始铸钱。到仁祖十一年十月户曹金起宗又启曰："窃念钱币之行，上自少昊之世，下至汉唐宋元，通用不废，式至于今。其货甚轻，其用甚广，流行中国，与菽粟同其功。独我国尚不能用，岂非生财之一大欠乎？丙寅年间本曹设厅铸钱，行之才数月，而因丁卯之

1　《仁祖实录》卷十六，仁祖五年四月二十日丙辰。
2　金堉：《潜谷先生遗稿》卷四《论两西事宜疏（丁卯六月）》，丛刊（86），民族文化推进会，1992，第74c页。
3　《仁祖实录》卷十九，仁祖六年七月十四日癸酉。

乱,遽尔停废。今其所铸,尚有余储,且倭贡铜钱[1],岁不下数万斤。若以常平厅所储米布,添补加铸,可以由小至多,自内及外,家财可足,国储可裕。请令庙堂,商榷便否,如其不可,则置而不用,事如可为,则断然行之,俾无旋设旋废之患。"备边司也认为"宜从户曹陈启,以为久远流行之地",于是也得到仁祖的裁可。[2]

于是户曹又设厅铸钱,"但行钱,患在于不得多铸",所以有人主张直接从中国输入铜钱,通用中国铜钱,而户曹认为可以"通用中原之钱,则译官辈必多贸来,厥价与本国钱价同用为当",然而此项建议被仁祖否决了,仁祖认为不可通用中原钱文。[3]

在铸钱行钱遇到许多困难之后,金荩国仍坚信必可行,而沈悦以为必不可行,金时让则不置可否,于是崔鸣吉建议先在开城试用,然后逐渐扩展到全国。[4]李弘胄也说:"臣为开城留守时,以用钱之利言于民,则民皆便好,而所谓士大夫则不悦。盖松京本用铜铁,此地用钱颇易矣。"[5]仁祖十二年(1634)十一月初一日,朝鲜开始通用铜钱,但"钱货不得流行,虽有用钱之名,而无用钱之实",[6]很快又放弃了。

仁祖二十一年,金堉护送元孙到盛京(沈阳),次年八月在《辞辅养官东还后加资疏》中请于使行往来时用车,并请先行在两西地区用钱,又请派人用白银在北京购钱,以保证有足够数量的铜钱投入市场流通。[7]他说:"且令沿路各官,设店用钱,奉命使臣之外,其余医译、禁军,持草料而往来者,并令就食于店中,官给钱以偿店主,而又令民米布柴草纳官之物,或代以钱,则民必买之于诸店,而公行如此,则私者亦效之矣。我国曾欲用钱而不得行者,以其欲尽用于国中,故深僻之

---

1 铜钱,应为铜铁之误。
2 《仁祖实录》卷二十八,仁祖十一年十月十五日甲戌。
3 《仁祖实录》卷二十八,仁祖十一年十一月初四日壬辰。
4 《仁祖实录》卷三十,仁祖十二年九月二十九日壬午。
5 《仁祖实录》卷三十,仁祖十二年十月初十日癸巳。
6 《仁祖实录》卷三十,仁祖十二年十一月初一日癸丑。
7 徐荣辅、沈象奎编《万机要览·财用篇》四《钱货》,第463页。

第十章　清钱：朝贡贸易与货币流通

地，或不知其为便。且铸钱不易，不得行也。今若只行于两西一路，行旅络绎之地，则必可行矣。臣窃闻户曹尚多所铸之钱，请罄其所储，分送两西，而令饷臣以银买钱于北京而继之，则千百万贯之钱，可以即致于西路矣。松京则方用钱如中国，若使海西效之，关西又效之，则岂有难行之理哉？行旅便其不赍粮，店主喜其多得钱，农民乐其不费米，计莫善于此也。"[1]

实际上，这时期清钱已开始在两西部分地方流通。仁祖二十五年（1647）金堉出任开城留守，"见民之用钱与中国无异，大而田宅、藏获，小而柴草、菜果，皆以钱买"，而且铜钱流通范围已经从开城扩展到附近的江华、乔桐、丰湍、延白等地，"虽不能遍行国中，用之于两西，则两西之民，必有所利益，而行旅不赍粮矣"，因此更加相信铜钱可以在朝鲜通行，所以又于这年十二月再次上疏请允许在两西地区通用铜钱。他认为："今使两西监、兵使，先出营储，设冶铸钱，各以意见，方便设策，散之民间，或罚征赎锾，或代纳租赋，则不烦号令，而钱自行矣。两西道臣，皆年富才谞，锐意国事之人也。过去之时，臣与之言此事，皆以为可行，惟在国家许令为之而已。方今公私虚竭，民力已尽，凶年则不免死亡，乐岁则浪费米布，此乃无游货之所致也。昔宋臣张载，欲买田一区，以试井田之法。本府用钱，实已试之井田也。三代以下久废之井田，尚欲行之，天下通行九府之法，岂独难行于我国哉？臣受恩深厚，无所报效，便民益国之事，百尔思量，敢以一得之愚，再申前说，伏惟圣明垂察。"[2]

到孝宗元年（1650）三月，金堉以陈慰进香正使出使中国。在这次使行中，金堉用剩余的盘缠在中国购买了15万文铜钱。回到义州，听说孝宗已经决定用钱，所以就上疏请求朝廷允许将这15万文中国铜钱

---

[1] 金堉：《潜谷先生遗稿》卷四《辞辅养官东还后加资疏（甲申八月）》，丛刊（86），第79d—80a页。
[2] 金堉：《潜谷先生遗稿》卷四《两西请用钱疏（丁亥十二月开城留守时）》，丛刊（86），第81b—81c页。

分发给平壤、安州等地试用，此事得到孝宗的许可。这可以说是朝鲜正式通用清钱之始。[1] 孝宗二年，金堉升任领议政，不久改任左议政，在许积和李时昉的协助下，正式开始铸造常平通宝，并允许私人铸钱。孝宗三年（1652）因正言李万雄、安邦俊等人攻击大同法，金堉辞去左议政之职，铸钱之事也受到影响，如岭南地区随即停止铸钱。孝宗五年，金堉再次升任领议政，遂决定在京中通用铜钱，并鼓励各处搜集民间破铜，或筹集资金购铜铸钱。金堉认为，只要公私一同铸钱，则"辽沈之贸，亦不必为也"。[2]

但是，这次铸钱行钱的努力也不成功。为了促进铜钱在西路的流通，金堉曾下令将常平厅和宣惠厅所存铜钱 70 贯和白银 2000 两交给吏胥郑文豪、李承训两人去转贩取利，而京畿监司则要将他们治罪。孝宗七年十月，金堉上疏为其陈冤，并引咎请辞领敦宁府事之职。金堉在其辞职疏中申辩说："详究其本，罪实在臣。臣若不差遣，罪从何出？臣知有国，不知有身。知有古，不知有今。徒欲国家之安，而不知一身之危。徒欲古道之行，而不知今世之难。大同、行钱，动辄得谤，事垂成而反败，功未就而罪重矣。"[3] 虽然郑文豪等之罪得免，铜钱铸造也随之停废，孝宗以行钱六年成效甚微而下令停办。因此，金堉有《罢钱》诗云："孤忠许国出于天，独夜忧深泪迸泉。终始陷民皆我罪，只当缄口不言钱。"[4]

三 朝鲜的清钱通用奏请

直到肃宗初年，开城一直用钱，不仅市上买卖用钱支付，应徭役也以缴纳钱文代替，开城附近八九邑村名也是如此。[5] 医学教授刘得良认

---

1 《孝宗实录》卷四，孝宗元年六月二十五日丁未。
2 金堉：《潜谷先生遗稿》卷五《请令湖西山邑铸钱札（甲午）》，丛刊（86），第105c—105d 页。
3 《孝宗实录》卷十六，孝宗七年四月十二日庚申。
4 金堉：《潜谷先生遗稿》卷二《罢钱》，丛刊（86），第 45b 页。
5 《承政院日记》，肃宗元年四月十七日乙巳。

第十章　清钱：朝贡贸易与货币流通

为京中市民和两西商人都渴望用钱，因此应旨上疏建议用钱。[1] 备边司当时也正在考虑此事。为了能尽快获得大量铜钱，朝鲜还曾于肃宗元年（1675）正式向清朝奏请允许朝鲜从中国输入铜钱。根据禹夏永《千一录》记载，当时朝鲜方面在咨文中说"本国地硗，银锡无产，民无所资，公私匮乏，若用钱货，可以小纾，许令贸钱，俾成恒例"，但是清朝礼部回咨称"会典载，如将铜铁等物卖与夷人图利者，依军器出境者，枭首示众，拟定在案，今所请贸钱不便准行"。[2]

此事在《肃宗实录》中未见记载，但是《通文馆志》也提到此事，说朝鲜方面"将本国地硗，银锡无产，民无所资，公私匮乏，若用钱货，可以小纾，许令贸钱，俾成恒例等由，专差行司正安日新咨请礼部。回咨内本部题，会典开载，如将铜钱等物卖与夷人图利者，依将军器出境因而走泄事情者，枭首示众，拟定在案，今所请贸钱，不便准行，奉旨依议"。[3] 由此可见，禹夏永《千一录》所载内容应该亦来自《通文馆志》。

此次奏请贸钱失败之后，朝鲜也未做进一步的努力。肃宗元年十月到北京的谢恩使昌城君李佖等人，以及十二月二十一日到北京的冬至兼谢恩使权大运等人都未再提出类似请求。[4] 不过，这次虽然没有成功，也为后来提出类似的请求提供了先例。

在清朝拒绝朝鲜从中国输入铜钱的请求之后，朝鲜即决定自己铸钱。肃宗四年正月二十三日，肃宗引见大臣、备局诸臣，商议用钱事。大臣许积、权大运等人都主张用钱，群臣入侍者也皆认为用钱为便，于是肃宗命令户曹、常平厅、赈恤厅、御营厅、司仆寺、训练都监共同铸造常平通宝。[5] 而这时期正值日本铜输入朝鲜的全盛时期，也为朝鲜大量铸钱提供了可能。17世纪初，因"壬辰倭乱"和"丁酉再乱"而

1　《承政院日记》，肃宗元年四月十七日乙巳。
2　禹夏永：《千一录》下《钱货·国朝货制》，比峰出版社，1982，第79页。
3　金指南：《通文馆志》卷九《纪年》，肃宗大王元年乙卯。
4　《肃宗实录》卷五，肃宗二年二月二十日壬申。
5　《肃宗实录》卷七，肃宗四年正月二十三日乙未。

中断的朝日贸易得以再开。此后的朝日贸易由公贸易、倭馆开市（私贸易）和潜商从事的非法的密贸易三部分组成。在公贸易中，铜和镴（锡铅合金）是日本输入朝鲜的主要商品。在 18 世纪中叶以前，朝鲜每年通过公贸易大约可以获得 2.8 万斤的铜。[1] 英祖二十六年（1750）对马岛提出以银 1561 两 3 钱 5 分取代镴，英祖四十五年又代以铜 6500 斤，所以公贸易中铜的比重进一步提高，此后直到 19 世纪，朝鲜每年大约通过公贸易进口 3.4 万斤到 3.7 万斤的铜。[2] 与公贸易相比，私贸易中输入的铜更多。在 17 世纪后期的十几年是朝鲜通过私贸易输入铜的全盛期，每年输入数十万斤，最多的肃宗二十三年（1697）达 143.6 万斤。[3]

肃宗时期下定决心铸钱，并让多家铸钱所同时铸钱，跟当时日本铜大量输入朝鲜有很大关系。但是，从肃宗二十四年起，由于日本幕府开始对铜的出口加以统制，从日本输入朝鲜的铜的数量急剧减少。在从肃宗二十七年到正祖十七年（1793）的 90 多年间，有不少年份朝鲜不能通过私贸易获得日本铜，能够进口铜的年份，平均每年也只能获得 77889 斤铜。[4]

日本铜输入数量的减少，导致铜价上涨，铸钱利润下降，甚至不能弥补购铜的花费，所以铸钱数量减少。由于不能稳定地铸造铜钱，加上商品经济发展导致市场对货币需求量增大，所以到肃宗朝后期市面上已经感到铜钱流通数量不足，铜钱价格日益上涨，几乎与银价持平，钱荒问题逐渐浮出水面。肃宗四十二年十二月领议政金昌集在向肃宗建议加铸铜钱时说："市肆之间银钱几乎相埒。若以钱为有弊，而停罢不用则已，若仍行用，则必须加铸可资用度。"[5] 然而诸宰以铜价太高，铸钱得

---

[1] 김영록「17~18세기 대일銅무역과 정부의 주전사업」『지역과 역사』43호，2018，230쪽．

[2] 정성일「朝鮮後期 對日貿易의 展開過程과 그 性格에 관한 研究—1790 년대 ~1870 년대를 중심으로—」전남대학교 대학원 경제학과 박사학위논문，1991，198—199 쪽．

[3] 김영록「17~18세기 대일銅무역과 정부의 주전사업」『지역과 역사』43호，2018，217쪽．

[4] 김영록「17~18 세기 대일銅무역과 정부의 주전사업」『지역과 역사』43 호，2018，227—228 쪽．

[5] 《国朝宝鉴》卷五十五《肃宗朝》（十五），韩国国立中央图书馆藏木版本，1909，第 15b 页。

不偿失为由反对加铸。

　　钱荒引起社会动荡,废钱之论再起,甚至连肃宗也认为"钱货自古有弊,即今民间盗贼肆行,而富益富贫益贫,皆由于行钱之弊"。[1] 英祖即位后,对钱荒问题非常重视,甚至将钱货问题与朋党问题并列,视为亡国之端。[2] 英祖倾向于停止用钱,但是也一时下不了决心。英祖十年(1734)十月,英祖就是否停止用钱问题征求儒臣金圣铎的意见,金圣铎认为钱货之弊在于"钱日贵谷日贱",而百姓缴纳赋税皆以钱计算,导致百姓吃亏甚巨,"虽以数年凶歉之余,而谷石不直〔值〕一两钱,以此当赋税酬纳之际,贫民往往有倾财破产而不能给者。以此一端言之,钱货之弊亦可谓极矣"。但是,金圣铎并不主张停用钱币,因为在他看来,"钱之有弊,非钱之罪,乃用钱者之失其道耳。今若废钱而或行银货,或行楮币,则末流之弊恐亦不异于钱"。所以,金圣铎说:"臣以为虽用钱货,而国家用钱得其轻重低仰之宜,则其弊或可救矣。"[3]

　　要解决钱贵谷贱的问题,就需要增加铜钱的投入,以降低铜钱价格,而铸钱又面临原料不足和可能亏损的问题。所以,英祖一时也对加铸铜钱持消极态度。英祖三年左议政洪致中反对用钱,称"财竭民穷,专由于钱货日贵",从而建议"大同军布及奴婢贡木皆以纯木手捧,市上小小买卖只许行钱,而国家经用勿许用钱"。对此,英祖说:"息重则知铸钱之弊必倍钱贵之时。予意则非徒不欲加铸,必欲无其物。无其物然后人心淑而巧伪息矣。即今虽以钱乏为言,钱乃是不食不衣之物,而亦不通于南北,且无舡运沉没之事,则似无减少之理。而以至于乏少者,以富益富、贫益贫然也。今虽加铸,四五年间未必无减缩之事,而未满十余年又必有加铸之议。予意则知罢钱之为好,而罢钱后未知救弊之道矣。今者大臣所达与予意相同,市上买卖虽不可禁,京与外方公

1　《国朝宝鉴》卷五十五,肃宗朝十五,丙申四十二年十二月。
2　金圣铎:《霁山先生文集》卷四《甲寅奏对》,丛刊(206),民族文化推进会,1998,第280d 页。
3　金圣铎:《霁山先生文集》卷四《甲寅奏对》,丛刊(206),第280d—281a 页。

用则勿令用钱,而试之一二年则可知其有效与否。"[1]

也正是在这种背景下,为解决钱荒问题,英祖时期又有大臣建议通用清钱。英祖十七年(1741)朝鲜西北关东地区发生大饥荒,饥民聚集到汉阳,朝廷派艺文馆提学闵应洙监管赈济。为了筹集经费,于是又有人主张铸钱,灵城君朴文秀还主张输入清钱,与朝鲜叶钱并行。英祖十八年四月十七日,在昼讲席上,特进官朴文秀极言钱贵之害,他援引肃宗朝故事,建议移咨清朝礼部,请求清朝允许朝鲜输入中国铜钱。[2] 他后来在为自己的主张辩护时又说:"肃庙初年,名臣硕辅岂不若今朝,而皆以贸用燕钱,至于移咨,此非臣创出之言也。"[3]

朴文秀不仅建议输入清钱,也主张加铸铜钱,建议禁止朝鲜国内臣民使用铜器,收集国内铜器用于铸钱。英祖答应就此事与大臣商议是否可行。[4]

但是朝中大臣大多持反对态度,领议政金在鲁也是反对者之一。当英祖就此事征求朝中和地方重要官员的意见时,金在鲁说:"朴文秀请得燕钱,欲与我国钱并行,而若以彼钱合铸,则此无异潜商。又令并行,则愚民何以知彼我之分乎?必易生事矣。若禁我国钱而专用彼钱,则货权在彼,初虽设行,未必有弊。臣与诸宰商议,则皆以为难矣。"英祖大体上也同意他的看法,认为"钱权有二,则有大弊矣"。[5] 负责赈济饥民的闵应洙也持反对态度。闵应洙认为,"我国自有钱币,未尝沾溉于他国。皇朝虽处以内服,曾未有此议,况今欲禀命于彼乎?"[6] 很明显,闵应洙强调钱币的国家属性,认为朝鲜作为藩属国也不应该流通宗主国的钱币,应该维持独立的货币体系,而且这种态度不完全是受朝鲜

---

1 徐荣辅、沈象奎编《万机要览·财用篇》四《钱货·用钱之制限》,第466—467页。
2 《承政院日记》,英祖十八年四月十七日丙午。
3 《英祖实录》卷五十五,英祖十八年六月初四日辛卯。
4 《英祖实录》卷五十五,英祖十八年四月二十三日壬子。
5 《英祖实录》卷五十五,英祖十八年六月初四日辛卯。
6 洪直弼:《梅山先生文集》卷三十三《右议政谥文献闵公神道碑铭并序》,丛刊(296),第153b页。

第十章 清钱：朝贡贸易与货币流通

国内流行的尊明排清意识的影响，只是觉得对于清更不应该如此而已。洪直弼在为闵应洙作神道碑铭时，强调闵应洙的态度对英祖有很大影响力，英祖正是根据闵应洙的意见而决定不通用清钱的。[1] 英祖还曾令汉城府判尹赵尚䌖征求京城五部坊民的意见。英祖十八年（1742）六月十六日，赵尚䌖报告说："臣招集坊民，反复问之，皆以为大、小钱不可互用，燕钱、新钱亦不宜参错。众口一谈，牢不可破矣。"[2] 这里所说的燕钱，即清钱。于是，英祖以顺应民情为由，不同意输入清钱。

为了解决铜的供应问题，朝鲜自英祖十七年开始开采遂安和宁越两地铜矿，其后又开采报恩和安边等地铜矿，但是由于冶炼方法落后，所产之铜始终不如日本铜质量好，用处不大。所以，李瀷感叹说："铜亦国产，往往出山棋布，无冶炼之术，必仰资异域，若以千金求之如洴澼絖，宁有不得之理？顾鲁莽如此。"[3] 直到正祖九年（1785），户曹才在铸钱时开始参用安边之永丰铜。

虽然从英祖朝到正祖朝的四五十年间朝鲜累计铸钱数百万两，但随着朝鲜国内商品经济的发展，以及物价的上涨，仍远远不能满足市场流通的需要。到18世纪末，钱荒现象日益严重。在这种情况下，正祖十六年朝鲜再次正式移咨清朝礼部请求准许朝鲜从中国输入铜钱。推动这次奏请贸钱的主力与此前有所不同，译官们成为主要推动者，而译官提出这样的要求又与朝贡贸易的变化有关。

朝鲜朝初期，禁用银货。译官随使臣出使中国时，如果携带白银渡鸭绿江，罪至于死。"壬辰倭乱"时，中国军队在朝鲜的军粮、军赏皆使用白银，因此白银开始在朝鲜流通。[4] 朝鲜与日本讲和，倭馆重新开市之后，中国货物流通到东莱府，与日本商人交易，故日本丁银输入朝鲜者极多，公私所需皆以此为用，各衙门亦多购置丁银，而使行、敕行

---

1 洪直弼：《梅山先生文集》卷三十三《右议政谥文献闵公神道碑铭并序》，丛刊（296），第153b页。
2 《英祖实录》卷五十五，英祖十八年六月十六日癸卯。
3 李瀷：《星湖僿说》（第3册）卷八《生财》，民族文化推进会，1979，第62页。
4 沈象奎、徐荣辅编《万机要览·财用篇》四《金银铜铅》，第474页。

则禁止使用朝鲜自己出产的矿银，专用丁银。但是到了英祖时期，因中国商人直接到日本长崎贸易，朝鲜在中国与日本之间的中介贸易日益衰退，日本丁银输入朝鲜的数量也逐渐减少。一开始各衙门尚有存银，每当接待敕使时，户曹仍可申请用于支敕、赠给物种折银，如丁银不足，也参用矿银。其实，朝鲜自己所产的矿银的数量也在减少。朝鲜与中国的朝贡贸易主要以白银结算。按照惯例，译官赴燕可带包银，堂上官3000两，堂下官2000两。如果译官自己不能筹集到这么多包银，则可以招揽商贾出银，译官取一成之利，以为盘缠、交易之资。朝鲜国内白银减少，则会导致燕行商人亦无法筹集到足够的包银，只能以杂货折银充包，而筹集到足够多的货物也不容易。商人筹集不到足够多的货物，燕行贸易难以维持，译官大受损失，甚至连生计也受到威胁，有的甚至因此转了行。

在这种情况下，译官们请求允许他们输入清钱，让清钱在朝鲜国内与朝鲜自己铸造的叶钱（常平通宝）一同通用。译官主张输入清钱，是因为输入清钱可以获得巨额利润。据朴趾源估算，在中国关外，纹银一两可兑换的清钱，合朝鲜叶钱11两4钱1文，所以输入清钱可获十倍之利，除去运输等费用，也有五六倍的利润。[1] 正因为利润丰厚，所以几十年来译官们一直希望朝鲜通用清钱。

正祖十六年（1792）的冬至兼谢恩正使朴宗岳、副使徐龙辅和书状官金祖淳以及备边司堂上、司译院提调曾商议此事，但未有定论。十月初六日，正祖又征求司译院提调徐有防，还有译官李洙、张濂、金伦瑞、金在和等人的意见。李洙极力主张输入清钱，张濂也同意输入清钱，同时还主张岁币作贡，以为输入清钱与岁币作贡两便。张濂提出的岁币作贡办法是："至若岁币，则元贡绵布三千零匹价米，共六千余石。就将四千余石，属本廛人，使之措备应支，其余一千八百石，以八百石渐次报本，以一千石作馆生（医、译等杂歧未出身而供该衙门役

---

[1] 朴趾源：《燕岩集》卷二《烟湘阁选本·贺金右相履素书》，丛刊（252），第31a—31b页。

事者之通称）聊赖之资，则本院有均被之惠，市民无失业之叹，岁币作贡便。"[1] 正祖反对岁币作贡，认为岁币之贡久属厘民，不可勒夺，还是输入清钱比较可行。正祖又命令议政府讨论此事，议政府也认为输入清钱可行。于是正祖下令准备咨文，交给冬至使朴宗岳等人带到北京，正式向清朝礼部请求允许朝鲜输入清钱。同时，由司译院拟定贸钱节目，计划每年利用节使、历行机会，分两次输入铜钱10万两，各衙门如有额外需求，还可以自该衙门筵禀或状闻后，代为购置。清钱既已输入朝鲜，则不得重新带到中国，否则依朝鲜钱潜越之律，处以极刑。[2]

这份咨文是南公辙起草的。为了能让清朝允准朝鲜的购钱请求，除了程式化地颂扬清朝皇帝的柔远之泽、字小之仁外，也从货币理论上论述宗主国与藩属国之间货币可以通用。咨文说："盖此钱币之为物，自是天下泉流之货，而其制则揭以年号，其义则著于通宝，凡在奉正朔、执壤仪之伦者，固宜遍蒙厚生之利，咸奏贸迁之效。"[3] 甚至认为两国之间各种货物都可以贸易，白银也可以随便交易，而唯独铜钱不能通用，反而是一种不正常的现象。所以咨文还说："况念小邦幸厕岁贡之列，民生日用，皆资上国，通其有无，罔遗巨细，以至服饰、器物、药饵、畜产，许以关市，换以土宜，无不旁达而毕臻，独此钱货之尚未通行于车书混一之世者，不但小邦之向隅，岂非昭代之阙典乎？且夫银货之于钱币，彼此轻重，不啻相悬，而银货无滞于交易，钱币犹阻于流行。贱价朝京之时，虽有通用之例，只行于在途留馆之日，莫需于出关归国之后，乃以均被雨露之地，若有皇服内外之限，一国臣庶，用是为郁，咸愿闻于皇上，行之国中。"[4]

正祖的决定也受到一些官员的反对。反对派分为两类：一类从义理出发，坚持尊周大义论，因排斥清朝而反对输入清钱，其代表人物是朴

---

[1]《正祖实录》卷三十六，正祖十六年十月初六日辛未。
[2]《正祖实录》卷三十六，正祖十六年十月初六日辛未。
[3]《正祖实录》卷三十六，正祖十六年十月初六日辛未。
[4]《正祖实录》卷三十六，正祖十六年十月初六日辛未。

允默。朴允默在担任奎章阁校正时，受到正祖的赏识和信任，"以常服，但着巾，出入卧内，每朝代书诸阁臣答封书"，[1]所以他的意见影响较大。朴允默在给冬至兼谢恩副使徐龙辅的送行诗中写道："礼义遗风最我东，清钱何事欲相通？纵云丑物能饶国，泾渭千年奈混同。"[2]另一类则是从国家立场或经贸关系出发考虑这一问题。值得注意的是，这一派恰恰是由当时的北学派代表人物构成的，洪良浩、朴趾源都是输入清钱的坚决反对者。时任平安道监司的洪良浩听说朝廷决定输入清钱，十月十九日上疏表示反对，认为输入清钱会导致朝鲜失去货币控制权。他说："夫钱者，有国之宝源，生民之命脉。上操其权而下受其利，既不可以假人，亦不可以求假于人也。"[3]所以，洪良浩不能认同南公辙在咨文中所阐述的观点，认为藩属国不能通用宗主国的货币，朝鲜应该通用自己的铜钱。他强调："夫我国所用通宝，自是一王之制，如衣冠、物采，各有典章，不可与他国相混也。"[4]

有意思的是，清朝也没有认真考虑藩属国是否应该通用中国铜钱的问题。其实中国境内曾经也有日本、安南等国铜钱在沿海地区流通。乾隆十四年（1749）方观承奏请查禁，因当时正赶上银贱钱贵，朝廷未加深究，于是宽永钱流通日多，江淮以南米市盐场行用宽永钱甚多，每银一两所易制钱内，其中掺杂的宽永钱往往几乎达到一半。到乾隆十七年七月方才下令查禁。当时乾隆皇帝对日本铜钱上铸有"宽永"年号也很介意，说："夫制钱国宝，且系纪元年号，即或私铸小钱搀和行使，其罪止于私铸，若别有宽永通宝钱文，则其由来不可不严为查究。"[5]而中国铜钱在藩属国流行，则没有这样的问题，反而可以增强宗主国与藩属国的整体性，可是当时的中国人，对于朝鲜请贸中国铜钱问题，既没有

---

1 李裕元：《林下笔记》卷二十六《春明逸史》二《存斋》，第665页。
2 朴允默：《存斋集》卷一《奉呈阁学士徐公副价之行》，丛刊（292），第11c页。
3 《正祖实录》卷三十六，正祖十六年十月十九日甲申。
4 《正祖实录》卷三十六，正祖十六年十月十九日甲申。
5 王先谦、朱寿朋：《东华录 东华续录》第4册，上海古籍出版社，2008，第397页。

第十章 清钱：朝贡贸易与货币流通

从经济上思考这一问题，也没有从政治上思考这一问题，根本没有认真思考藩属国是否应该通用中国货币的问题。

朴宗岳等人辞陛启程前，正祖十六年（1792）十月二十一日，正祖召见备边司堂上及三使臣，对朴宗岳说："唐钱事，曾有所教，依此观势善处，而彼人若问我国行钱之事，则不必隐讳，以自箕子时行钱，至今仍用，据实直言可也。"[1] 朴宗岳等人于十二月二十二日抵达北京，随即将请贸清钱的咨文递交给了清朝礼部。据朴宗岳等人给朝鲜国内的报告，他们在递交咨文以后，多方打探消息，次年正月十八日在圆明园得知，清朝朝廷内部意见不统一，总理礼部的内阁学士王杰将朝鲜的请求上奏，结果遭到呵责。听到这一消息后，他们觉得此事可能不成，赶紧写了一份呈文送到王杰处。正月十九日回到玉河馆后，又送交礼部一份。正月二十四日到礼部领宴，朴宗岳等人见到了王杰和礼部尚书常青、纪昀以及侍郎铁保、僧保住等人，在与他们的谈话中认识到清朝显然不愿意同意朝鲜输入清钱。朴宗岳等人这时感到绝望，觉得此事已无可挽回，也就不再继续努力。二月初一日，朴宗岳等人正式收到礼部的回咨，其中果然拒绝了朝鲜的请求，而且告诫朝鲜不要再直接上表提出这样的请求，到时候即使皇帝降旨交礼部议处，礼部也会加以驳斥。[2]

清朝这次拒绝的理由，还是援引《大清会典》有关禁止铜铁出口的规定。另外还提到，《大清会典》还规定，洋船换买铜钱数目过多，恐有贩销之弊，令守口官弁，严加稽察，如有奸商图利，多载钱出洋者，即拿治罪。所以清朝担心一旦允许朝鲜购置铜钱，则他国亦将仿效。由于国际贸易的发展，清朝已不能仅从与朝鲜一国的关系来考虑问题，但是也反映清朝始终没有将铜和铜钱与白银和银元同样看待，既然白银和银元可以在国际流通，铜和铜钱应该也可以。而且在这种逻辑中，将朝鲜与其他国家同等看待，如何处理宗藩体制内部的问题，没有被单独提

---

1 《正祖实录》卷三十六，正祖十六年十月二十一日丙戌。
2 《正祖实录》卷三十七，正祖十七年二月二十二日乙酉。

出来思考。清朝礼部不仅对朝鲜与其他国家一视同仁，还对朝鲜移咨请贸铜钱有责备之词，因为在告诫朝鲜不要再径直上表请贸铜钱后，还说到时候"不但不能允从，且该国王冒昧陈请，天朝法制森严，并恐因而获咎"，并进而劝告"该国王嗣后务宜谨遵定制，毋得恃恩妄有渎陈，自干未便也"。[1]

朴宗岳接到清朝礼部的回咨后，对回咨中有这种责备朝鲜国王之词深感不安，呈文礼部，表示他们不敢将这样的回咨带回国，请求礼部加以修改，但是经过多次交涉也没有结果。最后礼部侍郎铁保私下劝朴宗岳等人不要再争执了，他向朴宗岳等人透露："此岂在下之人如是遣辞，直由于万不获已之致，有所受辞而然，实非本部所敢擅改。"[2] 这大概是说礼部如此行文，是上级甚至皇帝的决定，所以礼部也无权修改。在这种情况下，朴宗岳等人只好放弃努力，接受了回咨。二月二十二日，他们在北京向国内报告此事时，对未能促使清朝接受朝鲜的请求，反而导致国王受到责备，深感内疚。他们说："臣等诚不足以感动人心，知不足以斡运事机，毕竟咨事来〔未〕得承准，回咨辞意，又如彼乖常，莫非不能事事之致，惶陨恧蹙，无地自容。"[3]

此事在朝鲜国内确实也引起了风波。朴宗岳等人虽然还在北京就修改回咨与礼部交涉，但已经将礼部回咨原文送回朝鲜国内。朝鲜收到清朝礼部的回咨后，二月二十二日，正祖询问大臣、诸宰是否需要回咨礼部称谢，左议政金履素、知中枢府事李命植、左参赞郑民始等以为礼部咨文不过提醒朝鲜国王遵守清朝法禁，并非接到皇旨，所以不必再移咨称谢，而判中枢府事蔡济恭、金钟秀等认为不可无称谢咨文，最终正祖还是接受了蔡济恭、金钟秀等人的意见，命令撰写回咨，对礼部的劝诫表示感谢。

但是此事并没有到此完结，朝鲜朝野上下仍议论纷纷。二月三十

---

[1] 《正祖实录》卷三十七，正祖十七年二月二十二日乙酉。
[2] 《正祖实录》卷三十七，正祖十七年二月二十二日乙酉。
[3] 《正祖实录》卷三十七，正祖十七年二月二十二日乙酉。

日，右议政金履素在次对时曾就此事发表意见，他没有责怪朴宗岳等使臣，而是将责任推到译官身上，埋怨译官们不善于周旋，没有在呈递咨文之前先探明情况，导致使臣贸然呈递咨文，结果陷入如此尴尬的境地。[1] 当初正祖同意请贸清钱，也只是抱着试试看的心态。[2] 而且，主张移咨礼部请贸清钱者虽然援引肃宗朝之先例，但是肃宗朝毕竟也没有成功，所以这次清朝拒绝朝鲜的请求，正祖也不感到意外，反而对清朝固守《大清会典》的做法持赞赏态度。在听了金履素的一番议论之后，正祖替使臣和译官辩解说："伊时出于为译辈救弊之计，而已料其见格矣。大抵恩数自恩数，纪纲自纪纲，一边施恩于赐酒之际，一边防塞于请钱之事，可见彼中纪纲矣。"[3] 正祖很愿意接受礼部的意见，认为朝鲜没有必要再直接上表请贸清钱，他希望给礼部的回咨好好写，解释一下朝鲜请贸清钱一事的由来，以说明朝鲜并不是贸然行事。[4]

四　清钱的流通与革罢

清钱真正在朝鲜半岛广泛流通是在 19 世纪 60—70 年代兴宣大院君执政时期。关于清钱流通的决策，目前能够找到的只有几条内容相似的史料，见于《高宗实录》，也见于《日省录》《箕营关牒》《黄阁考事》《龙湖闲录》等。[5] 根据《高宗实录》的记载，高宗四年（1867）六月初三日，议政府启曰："当百钱向既撤铸矣，新旧参互，见方流布。而即闻小钱之积置市肆者，由来甚多云。虽未知缘何流出，而以其法禁所在，徒归吹炼铸器之资者，还涉无谓。今若一体通用，则公私去来之

1　《正祖实录》卷三十七，正祖十七年二月三十日癸巳。
2　《正祖实录》卷三十六，正祖十六年十月十九日甲申。
3　《正祖实录》卷三十七，正祖十七年二月三十日癸巳。
4　《正祖实录》卷三十七，正祖十七年二月三十日癸巳。
5　元裕漢「李朝後期 清錢의 輸入・流通에 대하여」『史學研究・金聲均教授華甲紀念論文集』21 호, 1969, 155 쪽.

际，亦有纾力之方。以此意知悉中外，俾得从便行用何如？"[1] 结果议政府的这一建议得到高宗和大院君的许可，清钱从此在朝鲜境内开始作为货币流通。从议政府的启请中也可以看出，当时朝鲜国内已经积存了不少清钱。议政府说他们不知道是如何从中国输入朝鲜的，而一般研究者则认为是译官输入的。[2] 然而，此事虽应与使行贸易有关，但是否为译官所输入，也没有直接史料来证明。纯祖七年（1807）曾发现有私商从中国输入铜钱。[3] 此后也一直有朝鲜商人私自输入清钱，不过不是作为货币使用，而是熔化为铜，以铸造铜器。朝鲜市场所积存的中国铜钱，大概就是这样来的。

韩国学者一般认为，这时期允许清钱通用，是为了弥补"当百钱"停用所带来的财政损失。最早提出这一观点的也许是元裕汉。他在20世纪60年代发表的几篇论文都持这种观点，如1967年发表的《当五钱考》一文就有非常明确的表述，认为大院君允许清钱通用的动机与铸造"当百钱"相同，要用廉价的清钱来弥补"当百钱"停用所带来的损失。[4] 但是，允许清钱流通在"当百钱"停铸之后、停用之前，所以很难说是为了弥补"当百钱"停用所带来的财政损失，顶多可以说是为了弥补"当百钱"停铸所带来的铸钱利润损失。而从议政府的启文来看，已经输入朝鲜的清钱掌握在私商手中，允许清钱流通，对于朝廷来说并不能直接增加收入，只是有助于缓解钱荒。在允许清钱通用之后新输入的铜钱，才有可能使朝廷获利，但是具体情况如何，也不清楚。当时人们的解释也比较含糊。高宗后来在宣布清钱停用的教书中，也只是说："清钱之当初通用，是不得不然之事。"[5] 朴

---

[1] 《高宗实录》卷四，高宗四年六月初四日丙戌，国史编纂委员会编《高宗纯宗实录》（上），探求堂，1970，第266页。

[2] 元裕漢「李朝後期 清錢의 輸入・流通에 대하여」『史學研究・金聲均教授華甲紀念論文集』21호，1969，155쪽。

[3] 《备边司謄录》第198册《丁卯謄录》（全），纯祖七年八月十八日。

[4] 元裕漢「當五錢攷」『歷史學報』第35・36合輯，1967，316쪽。

[5] 《高宗实录》卷十一，高宗十一年正月初六日庚午，《高宗纯宗实录》（上），第437页。

第十章　清钱：朝贡贸易与货币流通

珪寿也说："清钱通用，盖出一时权宜。"[1] 从当时情况来看，清钱通用，也许确实只是为了缓解钱荒问题。

另外，元裕汉在论述清钱通用的影响时，特意提到清钱的价值只有朝鲜铜钱的1/2。[2] 又说清钱的实质价值只有朝鲜叶钱的1/3，因此认为清钱是劣币，而朝鲜叶钱为良币，清钱流通导致劣币驱逐良币，因而清钱能够很快流通到朝鲜半岛除了岭南和关北之外的大多数地方。[3] 后来的学者大多沿袭了元裕汉的观点，如安外顺在1997年发表的论文《大院君的经济政策——有关财政确保》仍沿袭了元裕汉的观点，说清钱的金属价值不到朝鲜叶钱的一半。[4] 但是无论是元裕汉，还是后来的学者，都没有做具体分析。清代中国制钱的重量为1钱2分，[5] 朝鲜叶钱的重量，肃宗时规定为2钱5分，英祖十八年（1742）改为2钱，二十八年改为1钱7分，三十三年改为1钱2分。所以到英祖三十三年以后，朝鲜叶钱与清朝制钱的重量其实是一样的。而且，此后铸造的朝鲜叶钱其实多不遵守1钱2分的规定，有的只有数分，重量比清钱更小，所以俗称"小泉"。

再从铜钱的金属成分来看，清朝制钱在康熙时期是铜六铅四，乾隆五年（1740）年以后加锡2%，大体上仍维持了铜六铅四的比例。如嘉庆四年（1799）铸钱用铜52%，白铅41.5%，黑铅6.5%。嘉庆年间铸钱大体上维持了这一定例，只有嘉庆十年改为铜54%，黑铅8%，白铅36.5%，高锡1.5%。[6] 朝鲜叶钱金属成分构成是生铜73%，锡13.5%，常

1　朴珪寿：《瓛斋先生集》卷六《清钱革罢后，措划救弊议》，丛刊（312），第402c页。
2　元裕漢「李朝後期 清錢의 輸入・流通에 대하여」『史學研究・金聲均教授華甲紀念論文集』21 호, 1969, 155 쪽.
3　元裕漢「當五錢攷」『歷史學報』第 35·36 合輯, 1967, 316 쪽.
4　안외순「大院君의 經濟政策—財政確保와 關聯하여—」『東洋古典研究』第 8 輯, 1997, 406 쪽.
5　清代制钱重量多有变化，顺治元年（1644）定为每文1钱，二年改为1钱2分，八年改为1钱2分5厘，十四年改为1钱4分，康熙二十三年改为1钱，四十一年改为1钱4分，雍正十一年改为1钱2分。参见彭信威《中国货币史》，上海人民出版社，1958，第522—524页。
6　彭信威：《中国货币史》，第525页。

镤 13.5%。常镤为锡和铅的合金。虽然朝鲜叶钱中铜和锡的含量比清朝制钱要高,但是用的是生铜。即使不考虑这一情况,也很明显,不能说明清朝制钱的金属价值只有朝鲜叶钱的一半都不到。而且,朝鲜叶钱的金属成分比例也不一定始终能得到遵守,有的叶钱是用未经精炼的赤铜铸造的,含砂率较高,铸造时还加了很多铅,又脆又薄,很容易破碎,质量反而比清钱差多了。

其实,两国铜钱的价格差异主要是银钱比价不同造成的。钱银比价在清朝大体上是稳定的,嘉庆以前是钱贵银贱,嘉庆以后由于白银外流,出现银贵钱贱。清初白银一两可兑换制钱七八百文。而朝鲜在肃宗四年(1678)开始铸造常平通宝时,定以钱 400 文值银 1 两。[1] 由于这时期常平通宝的重量是清朝制钱的两倍,所以银钱比价与中国的水平大致相当。但是在朝鲜发行铜钱初期,流通面不广,大量铜钱集聚京城,导致铜钱价格下降,市价只有官定价格的一半,1 两白银可以兑换 800 文铜钱。[2] 而到铜钱流通开来以后,钱价又逐渐上涨。到肃宗朝(1675—1720)后期,由于钱荒现象已经十分严重,铜钱价格几乎与白银相当。[3] 清朝嘉庆年间(1796—1820),白银 1 两在中国大约可兑换铜钱 1000 文。依照前面提到的朴趾源的估计,如果朝鲜叶钱与中国制钱以相同的价格流通的话,则用朝鲜叶钱兑换白银,再拿白银到中国关外兑换清钱,将清钱运回朝鲜,与朝鲜叶钱以相同币值流通,可获十倍的毛利,去掉运费等支出,也有五六倍的利润。这种现象,在高宗朝决定通用清钱时仍然存在,只是没有那么悬殊而已。同治九年(1870)至十一年白银 1 两在中国约合制钱 1856 文,以后略有下降。[4] 光绪八年(1882),银 1 两在中国可兑换制钱 1600 文,而在朝鲜只能兑换叶钱 750 文。[5]

---

1 《肃宗实录》卷七,肃宗四年正月二十三日乙未。
2 《肃宗实录》卷九,肃宗六年二月初三日癸亥。
3 《肃宗实录》卷五十八,肃宗四十二年十月二十七日癸丑。
4 彭信威:《中国货币史》,第 587 页。
5 金昌熙:《石菱集》卷三《书钱银流通议后》,续刊(149),韩国古典翻译院,2012,第 293c—293d 页。

正因为从银钱比价上看，两国铜钱价格悬殊，所以朝鲜如果通用清钱，输入清钱才有暴利可图。当年朴趾源就针对译官们主张通用清钱一事说，"彼象译辈徒知目前之利，而不识经远之谟。数十年来，日夜所愿，惟在通用。是何异于随矢立的，溲足救冻哉？"[1]从这种意义上来说，清钱能在七八年间流通到朝鲜的大部分地方，不能完全用劣币驱逐良币来解释。清钱流通期间，朝鲜物价上涨，也同样不完全是通用清钱的结果。

而且，输入朝鲜的铜钱也不都是译官们利用使行机会输入的，应该也有人通过走私贸易直接输入铜钱。朝鲜通用清钱以后，中国商人可以直接用铜钱与朝鲜商民进行交易，因此私越国境而从事走私贸易的商民也有所增多，其中有朝鲜商人，也有中国商人。朝鲜高宗十一年（1874）正月二十八日，义州府尹黄钟显说："潜商之弊，前亦有之，而不至如此之多者，以物易物，卖买之际，自有难便之端，故有所顾忌，不敢狼藉矣。近日钱货通用之后，潜商辈以物直卖，而受钱直用，故潜商尤多，而莫可禁止。"[2]

从朝鲜国内反对清钱通用的舆论来看，也没有人因清钱是劣币而加以反对。反对最激烈的人仍是从义理出发，而不是从经济出发来看待这一问题。固守尊周大义论的朝鲜士大夫，将清钱称为胡钱，并因此而反对通用清钱。高宗四年，任宪晦听说朝廷决定通用清钱，遂感叹道："不惟不能攘，是自率而入于夷也。"[3]针对李宪植来信提到的清钱盛行情况，任宪晦引用肃宗朝为救荒而从中国输入粮食却引起朝野震动的往事，说明输入清钱也于义理不合，也会受到抵制。他说："昔崔锡鼎首论请彼谷，以致辱君杀民，海州士人全万举有诗曰：'闻道燕山粟，东输五万斛。莫馈海西民，首阳薇蕨绿。'时人义之。知乎此，则可知用

---

[1] 朴趾源：《燕岩集》卷二《烟湘阁选本·贺金右相履素书》，丛刊（252），第31b页。
[2] 《承政院日记》，高宗十一年正月二十八日壬申。
[3] 申箕善：《阳园遗集》卷十五《师友问答》，丛刊（348），民族文化推进会，2005，第319d页。

不用之孰为得之也！"¹任宪晦的儿子艮得当时只有五岁，也知道从义理上抵制清钱，不愿用手触碰清钱，即使别人强行将清钱塞到他手上，他也会将清钱扔到地上，哭着跑开。艮得因此受到在野儒生们的普遍赞誉，被称为"大明处士"，艮得也愿意以此自处。²这虽然是一个极端的例子，但是也说明儒生们对清钱的抵制态度造成很大的社会影响。

在从尊周大义论出发反对通用清钱的朝鲜士大夫中，宋秉璿的考虑既有政治性，也带有经济性。他担心清钱流通会导致朝鲜与中国的交往扩大，从而损害朝鲜的独立性，并导致财富外流。他说："钱者，所以通有无，出变化之物。钱之所往，人必随至，亦理也。从此各国殊俗接踵并至，而国液内渴，民力外殚，势将至末如之何矣。"³不过，高宗十年（1873）崔益铉等人要求废除清钱时，仍主要是从义理角度论述其理由的。这年十月十六日，崔益铉上疏攻击大院君的执政政策，并没有提到清钱。⁴十月二十九日，掌令洪时衡上疏声援崔益铉，才明确提出清钱革罢问题。十一月初三日，户曹参判崔益铉再次上疏，方根据金平默的建议，明确提出应该废除清钱。⁵除了说清钱流通导致百物尽竭之外，也主要是从尊周大义论来立论的，他将清钱称为"胡钱"，宣称"胡钱之用，华夷之别乱矣"。⁶他还进一步强调："臣窃惟严华夷之辨，守忍痛含冤之意，是孝庙及宋先正传授心法，与孔朱同功者也。观先正禁贸房中物货之事，则今此胡钱之用，亦所以忘会稽臣妾之耻，昧阴阳向背之分，而发政害事，固已甚矣。"⁷

1　任宪晦：《鼓山先生文集》卷六《答李宪植（丁卯）》，丛刊（314），民族文化推进会，2003，第148c页。
2　任宪晦：《鼓山先生文集》卷九《书天地间文字卷后，示艮儿》，丛刊（314），第226d页。
3　宋秉璿：《渊斋先生文集》卷十七《随闻杂识》，丛刊（329），民族文化推进会，2004，第292d—293a页。
4　崔益铉：《勉庵先生集》卷三《掌令时言事疏》，丛刊（325），第59d—61c页。
5　金平默：《重庵先生文集》卷九《答崔用九鸿锡（甲戌十一月）》，丛刊（319），第194b页。
6　崔益铉：《勉庵先生集》卷三《辞户曹参判，兼陈所怀疏（癸酉十一月三日）》，丛刊（325），民族文化推进会，2004，第64c页。
7　崔益铉：《勉庵先生集》卷三《辞户曹参判，兼陈所怀疏（癸酉十一月三日）》，丛刊（325），第67b页。

第十章　清钱：朝贡贸易与货币流通

除了儒生们的抵制外，金泽荣认为清钱得不到民众的信任也是受到"当百钱"的连累，因为大家都认为清钱也许同"当百钱"一样，不会长期流通，不久就会被废除。他说："当百之轻，虽愚者知其必废也。至于清钱之贱而废者，当百之废为之疑阶，此皆已然之效，难平之权。"[1] 所以人们在收到清钱以后不愿久留，不论物货价格高低，都要尽快换成货物，富户则进一步大量储存叶钱，从而导致清钱价格下降，物价相对上涨。[2] 朴珪寿还怀疑这背后可能有商人在捣鬼。因为在哲宗朝曾允许私商铸钱，政府收税，而高宗即位后大院君禁止私铸，私商失去了铸钱之利，希望恢复以前的制度。所以，他们不仅抵制"当百钱"，也反对输入清钱，主张继续加铸叶钱，因而煽动起民众对清钱的不信任情绪。[3] 所以，物价上涨，清钱贬值，与其说是清钱的质量问题，不如说是信任问题。

高宗亲政之后宣布革罢清钱，其实也同恢复万东庙祭享一样，具有政治上的象征意义。所以宋秉珣听说朝廷下令停用清钱，即在诗中称赞说："华夷无别俗相訛，圣化今朝若决河。市客争传米价细，衖儿夸说饧钱多。几家铜臭因风散，余橐鲸文掷地磨。八域交通回旧宝，从兹可喜物情和。"[4] 但是实际上废除清钱并没有带来宋秉珣所期望的效果。清钱革罢导致朝鲜各级官厅所存清钱成为无用之物，带来巨大的财政损失。而且也同样给民众带来危害。虽然高宗说当初下令革罢清钱是为了维护民众的利益，防止物价进一步上涨，结果却正好相反。在清钱革罢之后，物价反而上涨得更厉害，所以高宗也不得不承认清钱"果难禁"。[5] 他说："清钱革罢，出于为民之意，而近闻物价尚尔倍蓰云，甚

1　金泽荣：《合刊韶濩堂集·韶濩堂文集定本》卷七《钱币论》，丛刊（347），民族文化推进会，2005，第308b页。
2　《承政院日记》，高宗十年十一月十四日己未。
3　朴珪寿：《瓛斋先生集》卷六《清钱革罢后，措画救弊议》，丛刊（312），第403a—403b页。
4　宋秉珣：《心石斋先生文集》卷三《闻革破胡钱，漫题一律（甲戌）》，续刊（143），韩国古典翻译院，2012，第61a页。
5　《承政院日记》，高宗十一年九月二十日己未。

为可骇矣。"[1] 朴珪寿也感叹，清钱革罢之后"公货则竟无需用之资，民财则未见流通之利，此为目下切急之忧也"。[2]

关于清钱革罢对朝鲜财政和民生的影响，金成憓已有比较详细的论述。[3] 这里需要补充说明的是，"当百钱"和清钱的先后停用，给朝鲜带来了严重的财政危机，而朝鲜正是在这种情况下迎来开港，因而其给朝鲜应对近代的新局面增加了困难。而且，废除清钱也没有促使朝鲜产生近代国家的货币主权观念。高宗十三年（1876）签订的《朝日修好条规》附录第七条仍允许日本货币在朝鲜通商口岸流通，不仅允许日本商民使用朝鲜叶钱，还允许叶钱出口。[4]

小　结

白银与铜钱在 18—19 世纪的朝鲜发挥了不同的货币功能，白银主要用于国际贸易，而铜钱用于国内赋税征收和市场交易。这种分别，限制了朝鲜市场融入以中国为中心的朝贡贸易体系的程度，也使朝鲜国内的银钱比价较少受到国际银价变动的影响。然而，由于朝鲜产铜有限，其铜钱价格也受到国际铜贸易的数量和价格的影响，导致铜钱价格较高。中国和朝鲜铜钱价格的差异，使朝鲜输入中国铜钱，使之与叶钱并行，成为有利可图的事情。但是，铸造铜钱是重要的获利手段，而且朝鲜士大夫多强调铸钱利权应掌握在官府手中，而从中国输入铜钱则对译官和走私商人有利，利益之争也导致铜钱无法像白银那样主要由民间供给，译官和商人输入中国铜钱的行为受到另一部分士大夫和商人的强烈反对。另外，清钱的输入和流通也受到长期存在的尊明排清意识的影

---

[1] 《承政院日记》，高宗十一年四月二十五日丁酉。
[2] 朴珪寿：《瓛斋先生集》卷六《清钱革罢后，措画救弊议》，丛刊（312），第 402d 页。
[3] 김성혜「고종 친정 직후 清錢 관련 정책과 그 특징」『역사연구』22 호, 2012, 169—202 쪽.
[4] 金玉根『朝鲜王朝财政史研究（近代编）』(Ⅳ) 一潮閣, 1997, 62—63 쪽.

响，意识形态也成为宗藩经济一体化的重要障碍。而且，对于作为宗主国的清朝来说，也没有认真思考如何适应国际形势的变化，重新定位与藩属国朝鲜的经济关系。对朝鲜反复提出的流通中国铜钱问题，清朝皆引用《大清会典》中有关禁止铜铁出口的规定轻率地拒绝了。事实上，中国与朝鲜的朝贡贸易已经相当自由，栅门搜检早已流于形式，大院君执政期清钱的大量输入也说明思想已经落后于形势。所以，有意思的是，朝鲜反对输入清钱的士大夫担心会因此失去货币主导权，而清朝根本就没有掌握朝鲜货币主导权的想法。朝鲜流通和废除中国铜钱，其实都与清朝无关，反而因废除中国铜钱而加剧了自身的财政困难，给朝鲜应对开港后的形势增添了困难。滨下武志说亚洲的"国际契机"不仅存在于"西势东渐"，也存在于中国与亚洲已经建立的各种关系，尤其是朝贡关系和朝贡贸易关系之中。如果说确实存在这种"国际契机"，无论是中国还是朝鲜，当时对于这样的国际契机都是缺乏自觉的。

第十一章　赂银与密赠：使行与辛壬士祸

朝鲜朝历史上的"辛壬士祸"，指的是朝鲜景宗元年辛丑（1721）到景宗二年壬寅，因老论和少论之间的激烈党争而引起的士类惨变，景宗二年三月二十七日睦虎龙告变引起的针对老论势力的大冤狱为其巅峰。但是，老少党争的激化有一个比较长的累积过程，至少应从肃宗四十二年（1716）的"丙申处分"或次年的"丁酉独对"算起。在长达五六年的激烈党争过程中，少论势力频繁弹劾掌权的老论大臣，所提出的问题，有些与朝鲜同清朝之间的使节往来有关，赂银就是其中之一。赂银问题不仅与"辛壬士祸"有关，也部分反映了当时朝鲜对清"事大"关系的本质和意义。所以，本章根据《景宗实录》和《一庵燕记》、《寒圃斋使行日记》等资料，对当时燕行中赂银的规模和使用情况进行

第十一章 赂银与密赠：使行与辛壬士祸

考察，并考察敕使接待过程中的密赠问题，进而理解宗藩关系的性质和意义。

一 使行与赂银

明清时期，朝鲜使行人员在与中国官吏交往过程中往往需要赠送一些礼物，中国官吏也常有索贿行为，但礼部官员以朝鲜奏请事项相要挟，强迫朝鲜使行大规模行贿的事情直到清朝前期还很少发生。在清朝前期，当朝鲜奏请册封孝宗、显宗时，仍能顺利达成。从朝鲜人的观察来看，转折发生在康熙十三年（1674）。当时朝鲜国王显宗薨逝，肃宗即位，而依例派遣到北京的谢恩兼告讣使受到清朝礼部官员的刁难，迫不得已用大量白银来打通关节。[1] 从此形成惯例，只要朝鲜方面有所奏请，礼部官员几乎都要吹毛求疵，借故勒索，朝鲜使行用于贿赂的银两也越来越多。康熙三十五年，朝鲜遣使请求册立世子时，也遇到困难，虽以重金贿赂有关官员，[2] 使事依然未成，三使臣回国后受到惩罚。次年，朝鲜再次遣使奏请，才终于获得成功。

到康熙五十九年肃宗薨逝、景宗即位时，朝鲜依例又要向清朝派遣告讣使。告讣使，依例兼有告讣、请谥、请承袭等多重使命。请承袭即请求清朝承认新王袭爵，并遣敕使册封新王及妃。这次还有一个特殊情况，即景宗在即位前已有两次婚姻，先娶沈浩之女为妻，肃宗四十四年（1718）沈氏去世后，继娶鱼有龟之女为妻，所以这次告讣使不仅请求册封鱼氏为妃，还请求同时追封原配沈氏为妃。考虑到这次使事的复杂性，时任判中枢府事的老论大臣李颐命被任命为告讣正使后，即要求朝廷拨给2万两官银作为赂银。李颐命在第二次上札推辞撰写肃宗墓志铭

---

[1] 《同文汇考》（二）补编卷一《使臣别单》一《甲寅告讣奏请兼谢恩行书状官宋昌闻见事件》，国史编纂委员会，1978，第1581页。
[2] 《同文汇考》（二）补编卷三《使臣别单》三《丙子奏请兼冬至使书状官金弘祯闻见事件》，第1615页。

的任务时,顺便提到"清人索赂日滋,少〔稍〕有所请,则必生事端,如甲寅之抉摘文字、丁丑之援引会典,可见其伎俩矣",因此请求"依丁丑使行所给之例",拨给官银,并允许在规定限度之内可以自由支配,用作赂银。[1]

这里所说的"丁丑使行",指的就是康熙三十六年(1697)朝鲜奏请册封世子的那次。这次奏请使行带了8万两官银,规定其中2万两可作为赂银使用,其余6万两用于贸易,本钱事后要偿还给官府,而所得利润部分可以用作赂银。[2]所以,李颐命援引这次使行为例,希望朝廷也能拨给2万两官银作为赂银。但是,这时期从日本流入朝鲜的白银减少,导致库存官银数量下降,所以朝廷只同意拨给1万两。这年七月初六日,景宗与议政府大臣、备边司堂上官商议此事时,领议政金昌集说:"近岁使行之入去彼中也,虽别无执颐之端,而必为生梗索赂乃已,其习日以益滋,其外常给者,亦每行辄加,岁用几至四五千两矣。今行则以承袭、请谥等两大事入去,彼辈或不无操纵之患,其在备不虞之道,所当优数持入,而近来各军门银货,每行贷去,未及收拾,故全无余储。丁丑年则八万两持去,而今欲依此许给,而万无推移之路矣。别为分排,限万两划送,以备行中需用。若有所余,则还为持来,似好矣。"[3]这一建议得到景宗的认可。

李颐命仍担心区区1万两赂银不够用,因此又请求依据丁丑使行之先例,额外贷给官银四五万两用于贸易,以便可以用部分所得利润补贴使行之需。七月初八日,景宗引见李颐命,李颐命说:"今番使行时,有公货一万两赍送之举,此或可足用于彼中酬应。而臣亦尝往来彼中,彼人以银货多少为接待使行之厚薄,银货若少,则事事全不顾见。即今私货已绝,无路赍去,请得公货之外,更无他道矣。每年使行时,贷出公

---

1 李颐命:《疏斋集》卷八《辞志文撰进札(再札)》,丛刊(172),第206d—207a页。
2 《承政院日记》,景宗即位年七月初六日辛未。还有记载说此行携带白银总量达12万两,参见《承政院日记》,景宗元年十月初二日己未。
3 《承政院日记》,景宗即位年七月初六日辛未。

货,不为还偿,以致各衙门所储,渐渐耗缩,臣亦尝以为不可矣,故以若难准丁酉之例,宁给万余金以为例用及行贩之费矣。即今所划给万两,比丁丑已减其半,若或尽用,则日后有难继之弊。而至于员役公货,至八万两之多。今则员役皆空手而去,如前所划给者不足,则无他取用之处,实为可虑。已划给万两,可用则用之,不然则还为持来,此外虽不及丁丑之数,加给四五万两,事势之不可已也。今行虽曰万无可虑,陈奏奏请,事体重大。彼中有事,则必生梗征索,已成痼弊,亦不可不虑,故如是更陈,亦令庙堂,更为禀处,何如?"[1]景宗也认可了李颐命的想法,最后朝廷同意贷给官银5万两,所以这次告讣使行共动用官银6万两。[2]

不仅这次的告讣使行带了较多白银,次年朝鲜派出的请求册封王世弟的奏请使行也带了很多白银。景宗元年(1721)十月初二日,景宗在进修堂引见请对的左议政李健命和行户曹判书闵镇远,已经被任命为奏请正使的李健命向景宗说明了这次请对的理由:"小臣出疆之日不远,而近来连值事故,次对未易,故敢此请对矣。今番册礼,乃至重至大之事也。曾于丙子年册礼时,初不得请,而丁丑年始为准请矣。此事主管在于礼部,而侍郎罗瞻,向者出来时我国所赠不满渠意,故顷日谢恩使则无他所干,而犹多侵夺之事云。今番则自我所请,事系重大,必多操纵之弊矣。丁丑年银货事,虽无可考文书,而其时三使臣中,惟宋相琦一人在朝,且闻其时译官之言,则国储有裕,故赍去十二万两银货,而彼人如有所索,则其中二万两量入为用之意定夺而去。其时礼部又为防塞,而皇帝特命准许,故所赍银货,无可用之事,还为持来。取考其时日记,则礼部及大通官,别无周旋之事,而只为册礼准请,乃是我国之庆,则不可不志(缺字——引者注),故若干用之矣。今番则与丁丑事有异,而京外各衙门所储荡竭,虽难如前赍去,而二万两依丁丑例量入为用,五万则委诸员役,以为取敛需用之意定夺后,分付于各衙门,何

---

1 《承政院日记》,景宗即位年七月初八日癸酉。
2 《景宗实录》卷二,景宗即位年十二月二十八日庚申。

如？"¹此事得到景宗的许可，所以这次奏请使行比上一年告讣使行多携带了1万两白银，总共动用官银7万两，其中2万两可以直接用作赂银。对此，李健命仍担心不够用，所以这年十月二十五日又与副使尹阳来请对，向景宗请求说："行中所请，得七万两银，限二万取用行赂，既已禀旨，而罗瞻索赂，必将无厌，事或不顺，则请于二万两外，观势加用。"²景宗也同意了。

不过，从肃宗二十三年（1697）奏请使行的情况来看，虽然带去了很多白银，也不一定会大规模行贿。景宗即位年（1720）的告讣使行也是这样。正使李颐命和作为子弟军官跟随李颐命到北京的其子李器之都主张对贿赂清朝礼部官员采取慎重态度。刚到北京时，他们也送给礼部通官等人一些银两和礼物。李颐命在其《燕行杂识》中提到，因通官等的"种种需索及饕取，行中敛银已不赀"，³可见数量也比较可观。但是，他们很快发现通官们对使事达成毫无帮助，也就不愿意轻易送财物给他们了。在李颐命、李器之看来，这次告讣使行所肩负的告讣、请谥、请承袭、请封和请追封等使命，皆为例行事务，不应当行贿。他们更担心"一开此路，凡有事于礼部，必皆用赂，此亦难继之道"。⁴直到礼部官员索贿意图已经非常明显之后，才勉强答应给会同四译馆提督尚崇坦白银1000两，由他去贿赂礼部官员。⁵此外，后来为了能早日启程回国，又答应给白银200两。⁶这时使行中已经没有了现银，只得先让译官郑泰贤垫付，以作为方物带来的白绵纸冲抵，因告讣使行按惯例方物免贡。这次告讣使行所带方物中共有40捆白绵纸，每捆100刀，从朝鲜户曹领出时每捆作价白银40两，在北京可售80两，而李颐命等决定以每捆60两的价格出售给郑泰贤20捆，由郑泰贤负责支付答应给尚崇坦

---

1 《承政院日记》，景宗元年十月初二日己未。
2 《景宗实录》卷五，景宗元年十月二十五日壬午。
3 李颐命：《燕行杂识》，林基中编《燕行录全集》（34），第114页。
4 李器之：《一庵燕记》，林基中编《燕行录续集》（111），第368页。
5 李器之：《一庵燕记》，林基中编《燕行录续集》（111），第392页。
6 李器之：《一庵燕记》，林基中编《燕行录续集》（111），第464—465、480页。

第十一章 赂银与密赠：使行与辛壬士祸

的1200两赂银。剩下的20捆白绵纸，又拿出2捆分给了5位礼部尚书和侍郎[1]，最后还有18捆交给译官们在北京出售，所得已不足偿还户曹，译官们在此项交易中不仅已无利可图，还要亏本。[2]从译官们需要通过出售剩下的18捆白绵纸来向礼曹偿还40捆白绵纸的本钱1600两来看，这次使行行贿并没有动用可以不用偿还的2万两赂银限额。

与这次告讣使行相比，景宗元年（1721）的奏请兼冬至使行实际使用赂银的规模更大。这次奏请兼冬至使行刚于十一月二十六日渡过鸭绿江，十二月初六日司直金一镜等人即上疏抨击包括正使李健命在内的老论四大臣，于是景宗开始罢黜老论，重用少论，朝鲜政局发生重大变化，此番奏请册封王世弟的使命能否达成，对朝鲜未来政治发展至关重要，更关系到老论的命运，李健命等人自然要尽力完成使命。而且，这次使命特殊，不是请求册封王世子，而是要册封王世弟，势必更加困难，所以李健命等才不惜花重金贿赂清朝官员。

康熙六十年（1721）十二月二十八日，朝鲜奏请兼冬至使一行抵达北京，入住什方院，次日到礼部呈递了表咨文。这次使行来时专门给礼部右侍郎罗瞻带了5斤人参，以及壮纸、扇子等礼物。[3]到北京后，除了例行的礼物赠送以及给提供消息的清朝官吏的谢礼外，大的贿赂行为主要有三次。第一次答应给礼部右侍郎罗瞻白银5000两，用作他周旋此事的经费。也许是因为这次朝鲜使行给他带了5斤人参的关系，罗瞻得知朝鲜此次使行有奏请册封王世弟的任务后，主动表示"此事若下礼部，则吾当担当准请，汝等勿忧也"。[4]当康熙六十一年正月十八日传说朝鲜奏本已自内阁送到畅春园，不久当入奏时，罗瞻又通过朝鲜使行医官林大材和译官李硕材向使臣李健命等人提出，他愿意为朝鲜周旋此事，但需要2万两天银来打通内阁的关系。因为按照惯例，奏本送到内

---

1 礼部尚书、左右侍郎满汉各1人，本来共有6人，而1人以拨粮前往口外去了。
2 李器之：《一庵燕记》，林基中编《燕行录续集》（111），第436—437页。
3 《承政院日记》，景宗元年十月初二日己未；李健命：《寒圃斋使行日记》，林基中编《燕行录续集》（112），第198页。
4 李健命：《寒圃斋使行日记》，林基中编《燕行录续集》（112），第277页。

阁之后，首先要征求各位内阁学士的意见，所以在内阁议奏之际，不可无周旋之道。李硕材没有透露这次使行带了2万两白银作为活动经费，反而说没有带可以用于行贿的银子，如果需要银子，只能从贸易所得中抽出一些，但无论如何也不可能拿出2万两之多。[1] 次日，罗瞻主动将赂银数量降到5000两后，李健命等人就答应了他的要求。[2]

朝鲜奏本由内阁上奏后，折留未下，康熙皇帝要向朝鲜使臣询问几个问题。康熙六十一年（1722）正月二十二日，会同四译馆提督奚德慎正式通知朝鲜使臣，第二日内阁学士、礼部堂上将于午门外，向朝鲜使臣询问有关朝鲜国王病症等情况。[3] 第二天一大早，正使李健命、副使尹阳来和书状官俞拓基三人来到午门外，内阁学士等询问了景宗的年纪和病情等，以确认其为何不能生育，同时也询问了要被册封为王世弟的延礽君李昑的一些情况。对于这些问题，三使臣经过商议后，一一作答，但基本上仍不超出奏本所说的范围。正月二十四日，提督奚德慎又补充询问了延礽君的情况。

二月初四日，朝鲜使臣得知奏本下到内阁，内阁交给礼部议奏。这时罗瞻又对译官李硕材说，礼部尚书、侍郎等人数众多，需要比较多的白银和礼物来进行活动，具体数量让朝鲜译官与提督奚德慎商量，而奚德慎则"所索赂物之数极滥"，加上序班也来勒索，让李健命感到"诸胡壑欲难充，极闷极闷"。[4] 李健命怀疑这一切都是罗瞻与奚德慎相互勾结、暗中操纵的结果，目的就是要向朝鲜使行勒索贿赂。二月初十日，从序班那里得知，礼部要驳回朝鲜的请求，让仪制司将议奏做成驳稿，李健命等人一开始还以为礼部要"以作索赂之地，而先唱驳稿之议，以售恐喝之计"。[5] 礼部官员如此欲壑难填，"而议奏事只争赂物之多少，

---

1 李健命：《寒圃斋使行日记》，林基中编《燕行录续集》（112），第220页。
2 李健命：《寒圃斋使行日记》，林基中编《燕行录续集》（112），第221页。
3 李健命：《寒圃斋使行日记》，林基中编《燕行录续集》（112），第223页。
4 李健命：《寒圃斋使行日记》，林基中编《燕行录续集》（112），第234页。
5 李健命：《寒圃斋使行日记》，林基中编《燕行录续集》（112），第236页。

第十一章 赂银与密赠：使行与辛壬士祸

而杳无成就之期"，更令李健命等人感到非常担忧和痛心，但也无可奈何。[1]

二月十二日，朝鲜译官还从序班那里得知，礼部内部意见不一致：一派主张作驳稿，即驳回朝鲜的请求；而一派主张作准稿，即同意朝鲜的请求。这时罗瞻又对李硕材说，提督奚德慎所索要的赂银确有不可不用之处，劝朝鲜使行不要因小失大。在这种情况下，经过朝鲜译官与奚德慎反复讨价还价，李健命等人最后答应事成之后给奚德慎天银5000两（合丁银6000两）。而奚德慎说这只是贿赂礼部尚书、侍郎的部分，还应该再给他个人一些好处，所以李健命等人又答应再给他个人丁银600两（合天银500两）。[2] 这是第二次答应支给大量赂银。

尽管已经答应支付1万多两赂银，罗瞻和奚德慎的活动并没有取得预期效果。而且，本来主张作准稿的礼部满尚书赖都这时反而转变了态度，坚持要作驳稿。这是因为赖都在正月里就听说这次朝鲜使行为周旋此事带了数万两白银，礼部内部仪制司与主客司争执不下，大概也与此有关，因此反而不敢再为朝鲜人说话，担心别人因此怀疑他收了朝鲜使行的赂银。[3] 于是赖都主张在主客司作驳稿，而罗瞻主张在仪制司作准稿，两种意见相持不下，最后罗瞻只好妥协，同意作驳稿。事情发展到如此境地，"准稿之出，万无其望"，李健命等只有"忧闷罔措而已"。[4]

因为礼部最终作了驳稿，罗瞻和奚德慎没有能够兑现承诺，所以朝鲜使行答应给奚德慎的5000两天银也就没有必要支给了。但是，当礼部议奏交到内阁之后，罗瞻又说他要去恳请内阁学士马齐，希望马齐在礼部题本入奏时，能建议皇帝下特旨批准朝鲜的请求，为此他需要活动经费，可以将答应给奚德慎的5000两天银转交给他。[5] 虽然李健命等人

---

[1] 李健命：《寒圃斋使行日记》，林基中编《燕行录续集》（112），第237页。
[2] 李健命：《寒圃斋使行日记》，林基中编《燕行录续集》（112），第239页。
[3] 李健命：《寒圃斋使行日记》，林基中编《燕行录续集》（112），第247—249页。
[4] 李健命：《寒圃斋使行日记》，林基中编《燕行录续集》（112），第247—248页。
[5] 李健命：《寒圃斋使行日记》，林基中编《燕行录续集》（112），第278页。

已经从侍卫常明[1]那里得知马齐为人清廉,不需要用银子去收买,罗瞻显然是借故勒索,但是李健命等人也不敢得罪罗瞻。他们担心,如果拒绝了罗瞻的要求,"则或虑未售笼络之计,反生沮害之谋"。[2]即使罗瞻不坏事,也担心礼部日后生梗,不得已答应了。所以,李健命在其《寒圃斋使行日记》中评论说:"一自事机乖谬之后,顿无声息,今忽有此言,必是探得马阁老之意在于准许,又生白地网利之计,人之无厌,胡至于斯?极可痛恶。然亦可不拒,塞生衅端,故与副使、书状相议,漫应以送。"[3]

除了罗瞻答应去活动内阁学士马齐外,朝鲜使行还找到常明。常明祖上是朝鲜人,与历次朝鲜使行多有联系。在他任山海关税官时,对朝鲜使行也多有照顾。常明已于康熙六十年(1721)冬结束山海关税官之任回到北京,继续担任御前侍卫。常明的同族金震弼也是这次朝鲜奏请兼冬至使行中的湾上军官。一到北京,李健命就让译官金是瑜带着礼物陪同金震弼去拜访常明,以拉近与常明的关系。常明随即来访,并表示愿意出力帮助李健命等完成使命。他认为康熙皇帝曲恤朝鲜,必定会答应朝鲜的请求。[4]当朝鲜的请求在礼部议奏被驳回之后,李健命等人即请常明出面帮助斡旋。常明也表示他与内阁学士马齐关系密切,此事到了内阁,他有办法帮助斡旋。不过,常明也说,虽然马齐清廉,还有其他内阁学士和皇帝近臣需要去活动,他也不能空手去活动。李健命等人虽然无法判断常明所言之虚实,"而切迫之中,犹不无万一侥幸之心,许以四千之数,二匹之马"。[5]二月二十五日,常明又来见李健命等朝鲜使臣,说前日答应给他的4000两银子不够用,要求再加1000两,李健

---

1 有关常明的生平及其与朝鲜人的联系,可参见徐凯、陈昱良《清代金氏常明史事考述》,北京大学韩国学研究中心编《韩国学论文集》第15辑,辽宁民族出版社,2007,第16—24页。
2 李健命:《寒圃斋使行日记》,林基中编《燕行录续集》(112),第278页。
3 李健命:《寒圃斋使行日记》,林基中编《燕行录续集》(112),第254—255页。
4 李健命:《寒圃斋使行日记》,林基中编《燕行录续集》(112),第215—217页。
5 李健命:《寒圃斋使行日记》,林基中编《燕行录续集》(112),第258页。

第十一章　赂银与密赠：使行与辛壬士祸

命等人也答应了。[1] 此为这次朝鲜兼冬至使行的第三次大的行贿行为。

在二月二十四日康熙皇帝决定以特旨批准朝鲜的请求之后，朝鲜使行按照约定向罗瞻和常明支付了白银。这三次大的贿赂行为共花费了 15000 两天银。加上其他公事往来开支和赏给提供消息的中国官吏的支出，原来准备的 2 万两赂银大略用了 16500 两，剩余 3500 两按照康熙三十六年（1697）的做法，分别贷给员译，限一年内将本钱归还给户曹。[2]

二　赂银的性质与争议

怀柔远人仍是明清时期中国发展对外关系的基本方针。外来使节作为皇帝的客人，自然会受到厚待。但是，在实际执行过程中，也会产生一些陋规。根据李器之《一庵燕记》的记载，每次朝鲜使行译官都要给清朝通官朴得仁白银 240 两。此事起源于几十年前，当时因皇太子有病，向朝鲜使行求取人参，于是朝鲜使行将人参 3 斤交给通官朴哥[3] 转呈皇太子。因不敢向皇太子要钱，这次等于白送。但如果仅此一次，似亦无妨，可是却从此形成了惯例，此后每次朝鲜使行到了北京，也都给朴哥 3 斤人参，称为"皇太子人参"。至于朴哥是否转交给了皇太子，朝鲜使行也不过问，即使在皇太子被废之后也没有停止，后来又把 3 斤人参折为白银 240 两。朴哥死后，朴哥的侄子朴得仁继任通官，朝鲜使行又把 240 两白银交给朴得仁，一直延续下来。朝鲜使行译官之所以愿意这样做，并不是出于对皇太子的尊敬，也不是出于朴哥、朴得仁叔侄的胁迫，而是因为朴哥家族多担任方物库库直，所以译官愿意交结朴家，以便使行交纳方物时受其照应，顺利过关。[4]

从"皇太子人参"产生的经纬中也可以看出，一种陋规一旦产生，

1　李健命：《寒圃斋使行日记》，林基中编《燕行录续集》（112），第 261—262 页。
2　李健命：《寒圃斋使行日记》，林基中编《燕行录续集》（112），第 280—281 页。
3　李器之未记其名，也许指的是通官朴万硕，待考。
4　李器之：《一庵燕记》，林基中编《燕行录续集》（111），第 463 页。

往往因双方的需求而相沿成例，很难废除。康熙五十七年（1718）的朝鲜冬至使行在北京逗留的时间比预期多了十余日，正使俞集一因此责备译官，甚至棍杖相加，译官们迫不得已以白银250两贿赂礼部官员，于是礼部官员也"因而为例，每有事，礼部比前多求索云"。[1] 康熙五十九年（1720）告讣使行在北京的留馆时间也比较长，副使李肇和书状官朴圣辂为了能早日启程回国，也让译官以白银200两贿赂礼部官员，结果毫无效果。李器之以为，寻常冬至使行尚且给250两，而这次使行负有奏请封王之重大使命，只给了200两，自然不能满足礼部官员的预期，所以他们不愿意帮忙。[2] 其实此事有多重原因，当时礼部迟迟未入奏颁赏文书，有礼部办事效率低下的缘故，也有礼部官吏希望从朝鲜使行每五日的柴炭馈物供应中克扣银两的缘故。瞿珍即告诉朝鲜译官李枢，朝廷厚待朝鲜使行，每五日供给朝鲜使行一次柴炭馈物等，折合白银300余两，而礼部实际发给朝鲜使行的物资不过约值八九十两，其余被礼部官吏私吞了。所以，朝鲜使行每多逗留五天，礼部官吏就可以多得200余两银子，自然不希望朝鲜使行早日启程回国。[3] 有时还受到一些临时事务的冲击，如十一月初十日，皇帝召俄国人到畅春园表演舞蹈，六部官员也都前往观看，所以不得入奏。十一月十一日六部官员又要去畅春园，颁赏文书还是不能上奏。直到十一月十四日确定礼部右侍郎罗瞻为封王敕使后，颁赏文书才得以上奏，所以朝鲜译官揣测此前颁赏文书不上奏也许与罗瞻有关，"盖罗詹〔瞻〕图为敕使，我国使行发行，则当即出敕使，是以故滞文书，以容渠周旋图嘱，得为敕使而后始奏颁赏文书"。[4]

当然，礼部官吏接待朝鲜使行过程中的陋规或恶习，并非全因朝鲜使行而起，有的也是琉球、安南等国使行先做出来后，礼部官员进而希

---

1 李器之：《一庵燕记》，林基中编《燕行录续集》（111），第464—465页。
2 李器之：《一庵燕记》，林基中编《燕行录续集》（111），第464页。
3 李器之：《一庵燕记》，林基中编《燕行录续集》（111），第440—441页。
4 李器之：《一庵燕记》，林基中编《燕行录续集》（111），第478页。

第十一章 赂银与密赠：使行与辛壬士祸

望朝鲜使行也能如此。礼部官员利用藩属国请封等大事要挟使行行贿，也许就是从琉球、安南等国开始的，李颐命在《燕行杂识》中就是这样认为的。在他看来，安南、琉球如有请封之事，则多贿赂礼部官员，导致礼部官员以为琉球、安南等小国尚且如此，朝鲜应该给得更多，因此对朝鲜使行百般刁难，勒索贿赂，只是李颐命坚持认为，"琉球虽有赂币于封典，我国于应行之典不可开行赂之端也"。[1]

早在康熙三十六年（1697），朝鲜使臣已经对礼部官员的勒索行为做了顽强的抵抗。这年六月二十八日，朝鲜奏请使臣得知礼部议奏草稿中仍以《明会典》为依据，拒绝朝鲜的请求时，他们并没有大规模行贿。他们希望到礼部呈请，可是不被允许出馆，让会同四译馆提督舒图转呈文书也被拒绝，于是三使臣就在玉河馆中门席稿而坐，"以示矜闷之状"。[2] 在中国人往来观瞻之地采取如此行动，自然也有静坐抗议的意味。如此静坐了两天之后，六月三十日康熙皇帝终于在内阁学士伊桑阿的建议下特旨准请。[3] 根据东平君李杭的交代，肃宗十五年（1689）朝鲜派遣谢恩兼陈奏奏请使到北京，奏明废置继妃闵氏于私第，请求册封禧嫔张氏为妃。当时"朝家以银子五千两为彼中行赂之资"。别遣首译张炫是禧嫔张氏的叔父，所以到北京后"主张行赂，而至谓之过万然后可以得成云"。而正使李杭对副使申厚载和书状官权持说："人臣虽不得死争，施赂而得成，不忍为也。"李杭始终不愿支给赂银，所以此行亦无大规模行贿之事。[4]

然而，在康熙五十九年之前，朝鲜使行大肆行贿的事情也确实发生过。肃宗二十七年仁显王后闵氏薨逝后，肃宗又迎娶金柱臣之女为继妃。次年，朝鲜派遣临阳君李桓为奏请正使，李鏊为副使，黄一夏为书状官，到北京请求册封金氏为王妃，此次使行"意外遭逆境，多费赂

---

1 李颐命：《燕行杂识》，林基中编《燕行录全集》（34），第115页。
2 权喜学：《燕行日录》，林基中编《燕行录续集》（109），第103页。
3 权喜学：《燕行日录》，林基中编《燕行录续集》（109），第104—105页。
4 《肃宗实录》卷三十五，肃宗二十七年十月二十二日乙亥。

物，幸得竣事"。[1]一开始被序班王哥勒索赂银50两，后又被通官金士杰（金四杰）勒索白银2800两。因此，《肃宗实录》中以"史臣曰"评论说："人臣奉命出疆，国书之外不敢以一言私自酬酢者，乃所以严其事也。册封之请，名正言顺，万无不可成之虑。设或不幸而自礼部招问，则善为说辞，以图无事可也。今乃不然，一任象舌之所为，唯诺可否，无少留难，遂使四杰撰出议稿，公肆恐喝，轻捐重货，以称壑欲。夫以前后二序班之言见之，从中幻弄之迹，灼然可知，其昏昧不职甚矣。况其草稿所引已巳事，至有臣子不敢闻之语，辱君命亏国体之罪，又可胜道哉？噫，亦痛矣！"[2]

一旦这种借故勒索的事情常发生，像李颐命这样反对以贿赂来达到奏请目的的朝鲜大臣也不得不在出使前请求携带大量赂银备用。但是，在党争背景下，这种不正当行为自然也容易遭到政治反对派的批评。景宗即位年（1720）七月十五日，景宗在挹和堂与大臣、备局堂上商议告讣使李颐命请求拨给官银的事情时，左副承旨宋成明就表示反对。他说："大臣以使行银货事陈达，臣有所怀敢达矣。前后使行，常虑彼中生事，因有赍去银货之事，而至于今番使行，元无他虑，则无大段用货之处，勿许宜矣。"兵曹判书李晚成虽然不否认使行有携带白银以备不虞的必要，但是也认为每次使行皆希望多贷官银，也有译官从中操纵的缘故。他说："各军门及兵、户曹艰辛所聚之物，自十余年前每于使行时，辄许贷去。朝家或不欲多许，则译舌辈利其私用，必以彼中生事之意，多般恐动，期于多数贷去。及其回还之后，抵死不报，公家累万银货，便作渠辈之物，诚极寒心。"[3]

宋成明还对李颐命在上札时援引肃宗二十二年（1696）和肃宗二十三年之事为先例大为不满。他说："丁丑年事虽如此，今番使行何可比同于丁丑年耶？项日大臣札子中丁丑之援引会典之说，以臣观之，

---

[1] 《肃宗实录》卷三十八，肃宗二十九年四月十一日丙戌。
[2] 《肃宗实录》卷三十八，肃宗二十九年四月十一日丙戌。
[3] 《承政院日记》，景宗即位年七月十五日庚辰。

第十一章　赂银与密赠：使行与辛壬士祸

可谓太不衬着矣。使行既无生梗之虑，则公家四五万银货，岂可公然出给乎？臣意则决不当许贷矣。"[1]这年（1720）十一月，同副承旨李真俭上疏论时事，也因李颐命援引此例对他大加攻击。他说："而第大臣之膺命赴燕也，上札请得银货，乃敢以丙子使行时，彼人所引《大明会典》事为言者，实非人臣之所敢言。《会典》事，事在久远，殿下亦何得其详乎？丙子请封储位时，故相臣徐文重膺上介之命，彼中言《会典》中诸侯王年满五十，正室无子孙，然后始许承重为嗣之语，而不许封典。其后再请，而乃得准副。思之至今为东方臣子者，莫不愤惋，而我殿下正位春宫，殆将三十年所，代理万机，屡待北使，则虽彼人必不容他议于其间，而大臣乃敢逆探彼人未萌〔萌〕之心，敢忍援引于今日，以为恐动之计者，此何心也？况其所请于彼者，自是应行常典，虽不费一钱，自可顺成，而六万余银货，其将用之于何处耶？"[2]

虽然从朝鲜人的立场来看，肃宗二十二年（1696）和二十三年在奏请册封世子事情上所遇到的问题毫无道理，甚至引以为耻，但是礼部官员在奏本中驳回朝鲜的请求就一定是吹毛求疵、借故勒索吗？这里也还有进一步讨论的余地。

显宗十五年（1674）肃宗即位后，谢恩兼告讣使奏请册封新王及王妃时，所遇到的问题是礼部官员借口显宗谥状中有肃宗"聘定"金万基女为妻之表述，硬说"聘定"只是议婚，而不能表明已经成婚，所以不同意在封王的同时为王妃封爵。[3]此事在朝鲜人看来是礼部官员故意咬文嚼字，借此勒索贿赂，似乎还比较站得住脚。但是，肃宗二十八年请求册封继妃金氏所遇到的问题，礼部官员提出来的问题似乎也有一些道理。肃宗十五年朝鲜废置原王妃闵氏于私第，并以"母以子贵"为由要求册封禧嫔张氏为妃。肃宗二十年奏请王妃闵氏复位，而将张氏废为后

---

[1]《承政院日记》，景宗即位年七月十五日庚辰。
[2]《景宗实录》卷二，景宗即位年十二月二十八日庚申。
[3]《同文汇考》（二）补编卷一《使臣别单》一《告讣奏请兼谢恩行书状官宋昌闻见事件》，第1581页。

宫，闵氏抚养世子为子。到肃宗二十七年王妃闵氏去世后，禧嫔张氏亦被赐死。随后又奏请册封王妃金氏，则对禧嫔张氏的情况未加声明，清朝对禧嫔张氏之死毫不知情，有所疑问也在情理之中。但是，在朝鲜使臣看来，礼部官员以此为借口，拟在奏本中建议先移咨朝鲜查明情况，似乎也有借此要挟之嫌疑。因为禧嫔张氏既然已降为后宫，在她死后本就无告讣之例。而且，即使礼部官员对禧嫔张氏之死有疑问，也可以直接向朝使臣询问，不应轻易否定朝鲜的请求。朝鲜使臣们的看法也有一定道理。最后，2800两的赂银，正是在这种双方立场和认识差异中产生的。[1]

告讣使本来就肩负多重使命，而康熙五十九年（1720）的朝鲜告讣使行还要再多一重，即要求追封景宗原配沈氏，所以出发前对于此次使事的难度也早有心理准备。果然，他们到北京后，九月二十二日中午礼部员外郎孙洪就和一名笔帖式来到使团下榻的法华寺，代表礼部正堂向朝鲜使臣询问几个问题。因担心通过通官传话说不明白，孙洪就直接将问题写了出来。孙洪提出来的第一个问题是，"前王以承袭为重务，为何竟无遗辞哀吁？"三使臣回答说："此皆据旧例。康熙十三年亦如此矣。先王岂无遗辞，王妃表中乃云托以国事者，正谓此也。"孙洪再问："世子未经奉旨封王，为何以追封、邀封一并遽请？"意思是景宗尚未封王，为何在要求为王妃封爵的同时，还要求追封原配？本来封王和封妃历来都是同时奏请的，顺治六年（1649）、十六年和康熙十三年三次告讣时皆是如此，朝鲜方面就进一步认为追封也可以同时奏请，所以三使臣说，"既请邀封，则追封亦应请"，不认为这与旧例有违。[2] 尽管如此，这次告讣使行要同时完成告讣、请谥、请承袭、邀封、追封五项使命，自然有一定难度，为礼部官员索贿留有空间。

而且，自康熙十三年礼部官员成功勒索朝鲜告讣使行重金行贿之

---

1 《同文汇考》（二）补编卷三《使臣别单》三《奏请兼冬至行书状官黄一夏闻见事件》，第1623—1624页。

2 李器之：《一庵燕记》，林基中编《燕行录续集》（111），第146—147页。

第十一章　赂银与密赠：使行与辛壬士祸

后，"礼部官以此为例，洗痕求瘢，必欲得文书之违格，以为钓银之计"，导致"告讦承袭使行例多用银"。[1] 所以，当李颐命等人到北京后，不仅礼部通官们劝他们多给礼部行贿，礼部笔帖式和序班也反复对朝鲜译官们说："今番五件告讦、请谥、承袭、邀封、追封，条目既多，礼部有难尽准其请，你国不可无行赂。"[2] 而李颐命认为，"甲寅（1674）则以王妃册封之持难，不得不用赂。今则又无事端，尤不可赂矣"。[3] 但使事也没有李颐命想得那么简单，当使事迟延，留馆时日延长之后，副使李肇和书状官朴圣辂皆主张行贿。十月二十三日，四译馆提督尚崇坦派人给朝鲜使臣送来礼部汉侍郎景日昣所起草的礼部覆奏草稿，内以景宗继聘鱼氏不知是已经完姻还是仅系聘定为由，认为不可邀封也不可追封。虽然一时难以判断这一奏稿的真伪，李颐命、李器之也不得不同意向礼部官员行贿。[4] 十一月初三日尚崇坦又送来一份文书草稿，原文主张王妃封典忧喜不可并行，请封王后再议，然后又在上面加以涂改，主张一并封爵。对于礼部官员转变态度的原因及尚崇坦送来此稿的意图，李器之以为："盖礼部之人吹觅积赂，必欲索赂。而提督之持视此草者，欲现初如此，而渠宣力顺成之意也。"[5] 至此，这次告讦使行的目标就基本达成了。

与康熙五十九年（1720）的告讦使行相比，康熙六十年请求册封王世弟的奏请使行更加特殊。景宗自幼身体患有"奇疾"，没有子嗣，且影响到朝政的顺利执行。[6] 老少党争的激化以及"辛壬士祸"的发生，与景宗的身体状况也有一定联系，王世弟册封正是这一过程中的关键事件。景宗即位刚过去一年，景宗元年（1721）八月二十日正言李廷熽即

---

[1] 李器之：《一庵燕记》，林基中编《燕行录续集》(111)，第147页。
[2] 李器之：《一庵燕记》，林基中编《燕行录续集》(111)，第147页。
[3] 李颐命：《燕行杂识》，林基中编《燕行录全集》(34)，第115页。
[4] 李器之：《一庵燕记》，林基中编《燕行录续集》(111)，第426页。
[5] 李器之：《一庵燕记》，林基中编《燕行录续集》(111)，第427页。
[6] 有关景宗的病症状况，参见김동율，김남일，차웅석「『承政院日記』醫案을 통해 살펴본 景宗의 奇疾에 대한 이해」『한국의사학회지』제26권 1호，2013，41—53쪽 등。

上疏提议建储。[1] 景宗将此事交给议政府大臣议处，领议政金昌集和左议政李健命建议召集时原任大臣、六卿和议政府左右参赞、汉城府尹以及义禁府、司谏院和弘文馆负责人共同商定此事，于是连夜牌召相关人员入宫。除行判中枢府事金宇杭、礼曹判书宋相琦、吏曹判书崔锡恒违召不至外，其他重要官员都参加了。在这些朝中重臣的坚持下，景宗同意建储。至于建储人选，金昌集建议援定宗朝先例，交给王大妃定夺，也就是由肃宗继妃金氏来决定，最后王大妃金氏决定以景宗的异母弟延礽君李昑为王世弟。[2]

九月二十六日朝鲜国内举行了王世弟及嫔册礼，并颁教国内宣布此事。[3] 十月初十日，执义赵圣复又上疏请求允许王世弟参与政事，景宗随即下备忘记，以"近日症势，尤为沉痼，酬应亦难，政事多滞"为由，让王世弟代理听政，"大小国事，并令世弟裁断"。[4] 引起更大的政潮，少论由此崛起，而老论开始失势。虽然奏请兼冬至使李健命等人十月二十七日辞陛启程时，景宗已收回让王世弟代理听政之命，而老少党争还是进入了剑拔弩张的阶段。十一月二十六日李健命等人刚渡过鸭绿江，十二月初六日司直金一镜等人即上疏抨击老论四大臣金昌集、李颐命、李健命和赵泰采。[5] 于是景宗重用少论，罢黜老论。在这种情况下，老论只能将东山再起的希望寄托在王世弟延礽君身上，而清朝对王世弟的册封对巩固王世弟的地位至关重要。实际上，景宗二年（1722）三月二十七日少论唆使睦虎龙告变，诬告老论谋逆，要将老论一网打尽，正是在三月二十六日清朝允准册封王世弟的消息传回汉城的第二天。《景宗实录》评论消息传回后的影响时说："翻局以后，东宫所处，极其觖脆，识者凛然寒心，及准请报至，人心赖安。"[6]

---

1 《景宗实录》卷四，景宗元年八月二十日戊寅。
2 《景宗实录》卷四，景宗元年八月二十日戊寅；《承政院日记》，景宗元年八月二十日戊寅。
3 《景宗实录》卷四，景宗元年九月二十六日甲寅。
4 《景宗实录》卷五，景宗元年十月初十日丁卯。
5 《景宗实录》卷五，景宗元年十二月初六日壬戌。
6 《景宗实录》卷六，景宗二年三月二十六日辛亥。

第十一章 赂银与密赠：使行与辛壬士祸

使事重要，而国内政势又很特殊，自然为清朝礼部官员索贿提供了可能。清朝礼部官员在多大程度上了解朝鲜国内的情况，我们很难做出准确的判断。但是，在景宗即位不久，且年龄不大的情况下即要求册封王世弟，本身已足以让礼部官员提出各种疑问。虽然有定宗时的先例，但那还是明朝初年的事情，到这时已经过去了 300 多年。为了说明册封王世弟的必要性，必然要向清朝说明景宗有病，不能生育，而这对朝鲜来说又有损君主尊严，不愿说得过于直白。所以在朝鲜的表奏文上奏后，康熙皇帝让内阁学士会同礼部官员进一步问明景宗和延礽君的情况。但是，朝鲜使臣对于本国国王的病情，虽然回答说"国王自少多病，气甚痿弱，积年医治，广试求嗣之药，而前后两妃，左右媵属，一未有胎孕，此可见嗣续之绝望实状"，[1]但是也表示景宗病情已载于奏本，不敢多言。[2] 所以，礼部有人主张驳回朝鲜的请求也很正常。如前所述，礼部满尚书赖都本来主张接受朝鲜的请求，反而因为听说朝鲜带来数万两白银准备用于贿赂礼部官员，为避嫌而主张驳回。

虽然朝鲜使臣对于本国国王的病情不愿多言，但是在奏本和三使臣回答清朝大臣的询问时承认景宗"气甚痿弱"，并提到"前后两妃"和"左右媵属"皆未有生育，已经为少论抨击李健命等老论大臣提供了把柄。景宗二年（1722）六月，两司（司谏郑楷、持平李巨源）接连合启，六月十九日司谏院又申前启，在启文中说："膺专对之任者，据理陈奏，期于准请，事理当然，而向者咨文撰述之人，敢以'痿弱'二字，肆然加之于圣躬，及其与彼人问答之际，复申痿疾之说，且以'左右媵属'等语，白地妆撰，厚诬君父。此岂为人臣子所敢萌〔萌〕心而发口者哉？噫！以兄与弟，名正言顺，陈请之际，何患无辞，而必以桓温之加于帝奕之痿字，笔之于奏文，申之于问答，至以媵御等说，随意敷衍，以实其诬？噫嘻，痛矣！少有一分顾忌之意，戴天履地，安敢乃

---

[1] 李健命:《寒圃斋使行日记》，林基中编《燕行录续集》（112），第 226 页。
[2] 李健命:《寒圃斋使行日记》，林基中编《燕行录续集》（112），第 226 页。

尔？无君不道，辱国诬上之罪，不可不严加惩讨。请回还奏请副使尹阳来、书状官俞拓基，极边围篱安置。"¹ 在英祖即位后的雍正二年（1724）十一月十日，副司直李明彦继续上疏攻击老论大臣，仍说："臣窃惟殿下于嗣服之时，虽天人咸属，继序当立，而犹且涕泣固让，哀动左右，不以大宝为悦，则岂尝以凶徒之所拥立，有所假贷于此辈，而此辈敢以小人之腹，妄度圣人之心，故为尝试之计，敢以大行大王有倦勤之疾等语，肆然说出，以实健命辈奏文之辞。"²

英祖元年（1725）三月初一日，右议政郑澔上札为在"辛壬士祸"中受难的老论四大臣等申冤，对于奏请册封王世弟时对景宗病情的表述，辩解说："夫四大臣之终不免惨祸者，专出于建储代理事，则如上所陈矣。若其演出新意，构成别案者，则不过宫城扈卫事也，'养'字事也，'痿'字事也。……夫痿字，岂有别样深意者乎？手足之不仁者，亦谓之痿痹，则此一字，何足为贬诬先王之归乎？其必以帝奕比之者，渠辈反不免诬上之罪矣。然李健命之祸，比三臣最酷者，亦有由焉，盖以其自请专对也。殿下其或知之否乎？其所以诬三臣者，不出于此，而此已绽露无余，则其他又何论哉？"³

李观命为李健命之兄，同年四月初八日也曾上疏替李健命伸冤，觉得"扈卫之说，日月差爽，自归诬罔"等罪名皆已有人予以辩明，"而'痿弱'、'两媵'之说，姑不及辨白，故臣不得不略陈焉"。李观命也强调"痿弱"乃"医家恒用之语"，"则伊日奏文中文字，宁有一毫仿佛于凶徒所云云，而乃于许多载籍中，觅出凶贼之言，证成罔极之诬，其设心之阴惨，用意之巧慝，殆有浮于子光之毒手也"。而"至于做出'两媵'之说云者，尤为绝慝。盖臣弟在燕周旋之际，彼人书问先王生育有无，故书对以'前后两妃，左右媵属，一未有胎育'。此载先来状闻中，'左右媵属'之变作'两媵'，已与状闻中文有异。而封典之成否，专

---

1 《景宗实录》卷八，景宗二年六月十九日壬申。
2 《承政院日记》，英祖即位年十一月初十日庚戌。
3 《承政院日记》，英祖元年三月初一日己亥。

第十一章　赂银与密赠：使行与辛壬士祸

系嗣续之有无，则方其书问之时，其势不得不据实直对，盖欲明其嫡庶俱无生育之事而已，非谓真有两个媵妾侍御左右也"。[1]

俞肃基在为李健命撰写行状时，也解释说："所谓'痿弱''两媵'等说者，公之奉使燕京也，彼人问主上有何病，公举奏文中'痿弱'二字为对。彼又问后宫亦无所出否？公又以正宫及左右媵属，俱无生育之事为答。盖'痿弱'二字，即医家恒用语，故奏文撰出时，凶徒之提举槐院者，同与消详，亦无异论。而今乃于千古简册中，觅出桓温之说，以为陷人之资。所谓左右媵属者，亦言其不但正宫也，后宫亦无所出之意，非谓真有两个媵妾列侍左右也。而乃以做出所无之'两媵'为案，当时凶徒之捏造虚无，构成人极罪者，皆此类也。"[2]

三　敕行接待与密赠

康熙五十九年（1720），朝鲜告讣使李颐命等人尚在北京期间，清朝即向朝鲜派遣了吊祭敕使。十月十一日，康熙皇帝得知肃宗李焞去世，"不胜痛恻"，考虑到肃宗"历爵年久，且袭封以来奉藩至为敬谨"，所以决定先遣大臣前往吊唁。从清朝的立场来说，这是皇帝对朝鲜肃宗特有的恩典。因为告讣使也负有请承袭的使命，所以要遣使册封新王，对先王的吊祭也可以由封王敕使合并进行。

虽然清朝单独派遣吊祭敕使是对朝鲜国王的恩典，但是这样一来朝鲜要多接待一次敕使，而接待一次敕使花费不菲，所以朝鲜并不希望清朝这样做。在得知康熙皇帝要专门派遣吊祭敕使后，大通官金士杰就以此向李颐命等朝鲜使臣索贿。康熙五十九年（1720）十月十五日，金士杰找到朝鲜译官李枢，说他能让吊祭敕使和封王敕使合二为一，因为他

---

[1] 李观命：《屏山集》卷五《蒙宥还乡后，辞知敦宁疏》，丛刊（177），第92c—93b页。
[2] 俞肃基：《兼山集》卷十四《左议政寒圃李公行状》，续刊（74），韩国古典翻译院，2009，第458a—458b页。

与内阁学士嵩祝比较熟悉，但要做成此事需要很多银两。¹ 那么，金士杰需要多少银两呢？十月十六日金士杰在路上遇到李器之，对李器之提出的数额是3万两。他说："今番敕行当分为二，吊敕先出，封王敕次第出去，朝鲜供一敕之费，不下十万，今若得三万，则吾可通于阁老，合二敕为一。"² 虽然李器之答应回去后向使臣汇报，朝鲜使臣并没有答应金士杰的要求。

金士杰这样做，当然主要不是为朝鲜考虑，因为按顺序他将跟随吊祭敕使前往朝鲜，就没有机会跟随封王敕使前往朝鲜了。而吊敕远不及封王敕重要，朝鲜接待两次敕使的待遇也会有差别，如果能跟随封王敕使到朝鲜，可以得到更多的礼物。所以当通官们得知要派出吊祭和封王两次敕使之后，按顺序当跟随吊祭敕使赴朝鲜的金士杰有点失望，而按顺序当随封王敕使到朝鲜的大通官洪二哥和文奉先却很兴奋。金士杰希望吊敕与封王敕合并，就是希望自己能随封王敕到朝鲜。

我们不知道金士杰是否真的有让吊敕和封王敕合二为一的能力，朝鲜告讣使行也没有人愿意相信他的话。其实，金士杰也有两手准备。因他将跟随吊祭敕使前往朝鲜，所以从内阁学士嵩祝家抄出皇帝朱批过的朝鲜文书，十月十二日一大早送到法华寺，向朝鲜告讣正使李颐命表功，"且言我则如是为朝鲜宣力，而朝鲜人每多薄待，今番敕行，我当出去，幸嘱于沿路两西方伯及守令善待云"。³ 然而，李颐命则以为"金也出力，先得文书以示，非但为我国，专为我国之善待，欲多得银"。金士杰从朝鲜译官李枢那里得知李颐命这样看自己，不无自嘲地大笑道："孩儿不哭，阿娘岂乳之乎？不得不发口耳。"⁴ 金士杰这样做，是希望李颐命通知朝鲜国内沿途官府，对其加以厚待。十月二十七日，金士杰又请李颐命在交给吊祭敕使带往朝鲜的状启中附带说明他为朝鲜出力

1　李器之：《一庵燕记》，林基中编《燕行录续集》（111），第310—311页。
2　李器之：《一庵燕记》，林基中编《燕行录续集》（111），第312页。
3　李器之：《一庵燕记》，林中基编《燕行录续集》（111），第288页。
4　李器之：《一庵燕记》，林基中编《燕行录续集》（111），第288—289页。

第十一章　赂银与密赠：使行与辛壬士祸　　· 307 ·

很多，请朝鲜方面予以特别照顾。[1]

十月二十日，朝鲜告讣使行得知清廷已决定以内阁学士、礼部侍郎额和纳为吊祭敕使，另一名要从侍卫中选派，尚未决定。[2]第二天才得知已选定头等侍卫、宜都额真德禄。[3]吊祭敕使于十月二十八日从北京启程前往朝鲜。因康熙皇帝要求吊祭敕使兼程赶往朝鲜，按照李颐命等人的估计，吊祭敕使大约在十一月初九日即可赶到凤凰城，十一月十五日抵达汉城。[4]然而，吊祭敕使的行进速度并没有这么快。额和纳和德禄等人进入朝鲜境内后，刚走到安州，额和纳即通过朝鲜译官张文翼转告远接使俞命雄等人，他们离开北京时，康熙皇帝有旨，让他们直接到肃宗陵前举行吊奠之礼，因此希望抵达弘济院后，在弘济院住一宿，第二天前往肃宗陵祭奠。朝鲜方面不愿意让额和纳等人前往肃宗陵墓，所以俞命雄和平安道监司权憬命令译官好言劝阻，而额和纳和德禄固执己见。[5]

在俞命雄等人看来，额和纳等人这样做，只不过是想借此勒索贿赂。顺治六年（1649）到朝鲜吊祭仁祖的敕使也有类似要求，结果被朝鲜方面以事体有别为由劝阻了，所以俞命雄等人相信这次也有机会说服额和纳等人，让译官反复劝阻。朝中大臣们还说，如果译官劝说无效，可以再派朝中重臣前去设法劝阻。[6]所以，朝鲜朝廷对应对此事有相当心理准备。而且，如果敕使坚持称奉有皇旨，执意要去王陵，朝鲜方面也难以一味抗拒。朝鲜之所以不愿意让清朝敕使前去王陵，是因为朝鲜人死后碑铭文字皆仍用崇祯年号，不便让清朝敕使看见，所以闵镇远提出，如果额和纳等人坚持要去肃宗陵，可以事先用板壁将刻有崇祯年号的碑石等遮挡起来。如果敕使问为什么要遮挡，"答以服御物所藏处为

---

[1] 李器之：《一庵燕记》，林基中编《燕行录续集》（111），第391页。
[2] 李器之：《一庵燕记》，林基中编《燕行录续集》（111），第344页。
[3] 李器之：《一庵燕记》，林基中编《燕行录续集》（111），第349页。
[4] 李器之：《一庵燕记》，林基中编《燕行录续集》（111），第377页。
[5] 《景宗实录》卷二，景宗即位年十一月二十日癸未。
[6] 《景宗实录》卷二，景宗即位年十一月二十日癸未。

宜矣"。[1]

直到十一月二十二日，远接使俞命雄和黄海监司金有庆仍向朝廷报告说，"首译金弘祉以往奠山陵既非前例，又无皇旨文字，决难创行，以此缕缕言说"，而额和纳等"则谓有皇命，固持前说"。说："皇帝特遣吾辈，往奠山陵，而又令跪奠哭拜者，皆是无前特恩。俺等往山陵时，尔国主上，亦率百官进诣山陵，以示称谢皇恩之意。"走到凤山时，额和纳等又提出："别有皇旨一度，当于奠陵后，与国王相见时，始当亲传。"[2] 这时，领议政金昌集以为，"敕使必欲直往山陵者，似以彼俗归重山陵而然"，所以认为如果再次劝阻无效，似当答应敕使的要求，但是景宗不能去，只可派大臣陪同前往。因此，他说："彼往山陵时，上虽不得举动，当遣大臣接待，而大臣及都承旨，出往弘济院，仍为偕往宜矣。"[3]

但是，如果敕使去了王陵，似乎不用再到魂殿吊祭，那么景宗接见敕使的环节就难以安排。而且，如果没有了主客吊慰之礼，那么敕使留馆期间，景宗也不便无端往见，而敕使又明确要求会见景宗和其他宗室子侄，这也成为朝鲜朝廷难以应对的一个难题。所以，李健命和闵镇远认为还是要竭力劝阻敕使不前往王陵。李健命说："在彼之道，既承皇帝往唁之言，则来吊魂殿，礼也。必欲邀见陵所者，殊失其体，请令傧臣更为争执。"闵镇远也说："陵所受吊，非礼也。不行吊而参祭，亦非礼也。"于是景宗又接受李健命和闵镇远的建议，坚决不同意敕使前往王陵吊祭。[4]

大概看到朝鲜方面态度坚决，额和纳等人最后还是屈服了。十一月二十五日，敕使额和纳、德禄一行直接来到汉城郊外弘济院，领议政金昌集和礼曹判书李观命前往谒见。金昌集再次向额和纳等人说明，敕使

---

[1]《景宗实录》卷二，景宗即位年十一月二十日癸未。
[2]《景宗实录》卷二，景宗即位年十一月二十二日乙酉。
[3]《景宗实录》卷二，景宗即位年十一月二十二日乙酉。
[4]《景宗实录》卷二，景宗即位年十一月二十二日乙酉。

前往陵所设祭不合朝鲜礼仪。在朝鲜，下葬返虞后更重视魂殿，所以敕使只到魂殿吊祭即可，而额和纳等人仍说中国更重视陵墓，所以皇帝有此特别恩典，让他们亲自到陵前祭奠，如果他们不这样做，未免有违抗皇命之嫌。要是朝鲜方面坚决反对，就请朝鲜大臣写一个文字说明交给他们带回，以便可以向康熙皇帝解释原因。金昌集听到额和纳等人如此说，就当场为额和纳等人写了一个说明。[1]

陵所吊祭问题就这样解决了，于是额和纳等人答应第二天入城，景宗到慕华馆迎接。然而就在这一天，右议政赵泰耇上札，以为敕使额和纳等居心叵测，而金昌集等老论大臣应对失当。赵泰耇略曰："臣自退还乡庐，庙堂凡务，一无来问者，邈然无所闻知。晚始得见北使所谓知会文字誊本，略其大旨，以为例遣大臣致祭之外，特旨拣选近御大臣往唁云云，意欲直往山陵拜奠。其下又有相见世子并弟侄，见后急回，被旨云云。是果真传消息，则其意不可测，岂不惊心，而此若不思防塞，其可谓国有人乎？只以事理言之，上国吊列国之君，而并及弟侄之为陪臣者，古无是焉。上国行之为失礼，陪臣受之为冒嫌。彼虽不可责之以礼义，今日王子、诸宗，岂敢安于此哉？山陵拜奠，争之不得，则犹可勉从。至于此事，决不可听许。伏愿另饬庙堂，与傧接诸臣，使之据例严防焉。其所防之不患无辞也。"景宗"答以令庙堂商榷议施，仍命作速就途"。[2]

由此可见，赵泰耇作为少论领袖，更重视敕使要求见王弟和宗室子侄一事。赵泰耇之所以对此事比较敏感，可能也与景宗的身体状况和王弟延礽君的地位有关。虽然额和纳等人对朝鲜王室内部情况掌握程度不得而知，但是额和纳等人的这种要求难免令人生疑，如果真有皇命，就更加严重了。但是，掌权的老论大臣金昌集等人对此事并未给予高度重视。对于额和纳等人的这种要求，金昌集也主张拒绝。在额和纳等人提

---

[1] 《景宗实录》卷二，景宗即位年十一月二十五日戊子。
[2] 《景宗实录》卷二，景宗即位年十一月二十六日己丑。

出这一要求之后，朝鲜朝廷之所以没有就此事与敕使争执，金昌集的解释是，因敕使尚在路上，通过文书或派人往返争执也难以说清楚。而且，在他看来，这事比较容易应付，"敕使之请见，未知何意，而当以宗室相见，元无前例，据理争执"，必要时还可以用"即今宗室皆是疏远之亲，只有王弟一人，病势甚重，不能出入，今日设奠，亦无强病来参之势"之类的话来加以搪塞。[1] 李健命也认为此事不必多虑，敕使到肃宗魂殿吊祭时如果问及此事，即以除世子（景宗）[2] 外王子只有一人，而因病未能参祭为答即可。如果敕使坚持，届时再据理力争。[3]

实际上，额和纳等人不仅在路上提出过这一要求，到汉城后也多次提出，朝鲜译官们就按照金昌集、李健命等大臣交代的办法进行应对，"以国王姑无储嗣，王弟二人，而一则昨年无子身死，一则疾病沉笃，不得运动，亦姑无子，宗室则元无近属之亲等语，详细言及"。[4] 十一月二十七日，敕使到肃宗魂殿行吊祭之礼。礼毕，敕使又提出邀见王弟及宗室子侄问题，承旨李正臣建议据理防塞，所以朝鲜方面没有答应敕使的要求，李健命建议景宗在便殿接见了敕使额和纳等人。[5]

十一月二十八日，敕使再次提出这一要求，甚至称"王弟虽病，必欲相见"，还要求朝鲜方面列出王弟为哪位妃嫔所出，娶某氏为妻等事项，朝鲜方面也没有答应。[6]

这一天，景宗要在昌德宫熙政堂正式接见敕使。额和纳等人再次要求其他宗亲也要一同出席，陪侍于御座之后。朝鲜译官等以"此是事大以后所无之事，决不可奉行"，[7] 而敕使则提出，如果朝鲜方面认为决不可奉行，则也请领议政经国王同意后出具不能奉行的理由，并以径直返

---

1 《景宗实录》卷二，景宗即位年十一月二十七日庚寅。
2 这里所说的世子，即景宗，因尚未经分封，所以仍称世子。
3 《景宗实录》卷二，景宗即位年十一月二十七日庚寅。
4 《景宗实录》卷二，景宗即位年十一月二十八日辛卯。
5 《景宗实录》卷二，景宗即位年十一月二十七日庚寅。
6 《景宗实录》卷二，景宗即位年十一月二十八日辛卯。
7 《景宗实录》卷二，景宗即位年十一月二十八日辛卯。

程回国相要挟。当时领议政金昌集正要到敕使下榻的馆所去见敕使，接到译官的报告后，即向景宗奏明："敕使必欲持我国文字者，似为归奏之计，不可不依其言书给，故文字构出书入，而王弟某嫔出娶某氏，亦依其言书示为宜。"[1]对此，景宗亦未反对。金昌集见到敕使后，敕使仍坚持在景宗向敕使行问候之礼时，王弟必须一同参加，但是否认有邀见宗室之事。敕使的这番说辞，反而让金昌集感到有点丈二和尚摸不着头脑，只能用"彼人情状倏忽难信"来解释。[2]

对于邀见王弟一事，金昌集仍以王弟病势甚重，不能出入来搪塞。双方争执了很长一段时间之后，敕使又提出："贵国如欲不施，须以王弟病重曲折，书出小纸而赠我，则吾当归奏，而王弟某氏出、娶某氏，亦请书给。"于是金昌集应敕使的要求写下了如下内容："金大人请见国王弟子侄，似因皇旨中均谕之盛恩，而国王时无嗣续，先王有王子二人，一则前冬身死，一则身病方重，不得出入，宗室则先王与先祖王，皆无兄弟，故无强近族属。时存王子，先王嫔崔氏出，妻故郡守徐宗悌之女。"金昌集写好后，把纸条交给敕使，敕使又说内容太涉支繁，要求加以删节。敕使还问到景宗和延礽君年纪多大，有几个子嗣，金昌集也做了回答。双方的问答是通过笔谈的形式进行的，敕使将笔谈内容以满文誊录后，金昌集也将其翻译成训明正音，带回去向景宗报告。金昌集抄录下来的内容是："朝鲜国世子，今年三十三岁，时无子女。世子弟，今年二十七岁，娶郡守徐宗悌女，其母崔氏，时无子女。"景宗看了之后就交给史官，让其记录于史草。[3]

十一月二十九日，景宗到馆所向敕使行问候礼，接着敕使请行茶礼，其间敕使又直接向景宗说道："先王诸子几人？俺等欲与邀见，均谕此意而去。"景宗让通事传话说："王子只有一人，病不能出入。"敕使仍说："此非我心，乃皇帝旨意。不得奉行，则当以此归奏，仔细书

---

[1]《景宗实录》卷二，景宗即位年十一月二十八日辛卯。
[2]《景宗实录》卷二，景宗即位年十一月二十八日辛卯。
[3]《景宗实录》卷二，景宗即位年十一月二十八日辛卯。

给宜矣。"[1]

经历这些曲折之后，十二月初二日，右议政赵泰耇再次上札提出批评，认为朝鲜方面将延礽君的年龄和婚姻等情况写给敕使很不恰当，皇旨中只有"这表章传于朝鲜国王妻、子侄均谕"十四字，并未提及"弟、宗室"，更没有提到王子某嫔出、娶某氏之事，所以朝鲜朝廷完全有理由拒绝。[2]

不过赵泰耇对皇旨的理解并不准确，皇旨中所说的"朝鲜国王"仍指的是肃宗，肃宗的子侄，自然包括景宗的弟及宗室，也很难说敕使完全是假称皇旨。至于敕使询问延礽君生母和娶妻情况，确实不是皇旨中写明的内容，只是敕使口头称有皇旨而已。对此，礼曹参判朴泰恒认为不应采信，所以他也批评金昌集应对有误。他说："客使称以皇旨，说与于任译者，虽未详知，其心所在，极其非常。此乃国朝以来所无之事，则岂可徒以口传之言，终至听信乎？"在他看来，这都是朝鲜译官一开始不敢严词拒绝，致使敕使得寸进尺的结果，必先严惩护行首译，"然后客使之意可回，朝廷之体可尊也"。[3]不过，景宗并没有采纳他的建议。

皇帝遣使吊祭后，依例朝鲜方面遣使谢恩。大概由于担心朝鲜谢恩表咨文的措辞与额和纳等人回去上奏的内容有相互冲突的地方，所以在朝鲜派定谢恩使后，十二月初三日额和纳等人还要求朝鲜方面将谢恩表咨文大意抄录下来，送到馆所给他们看看。朝鲜方面接受了敕使的要求，抄录后让译官送去，但是额和纳等人又提出让左议政或都承旨亲自送去，并要求他们在文书后面签上自己的姓名。议政府经过商议，拒绝了由左议政和都承旨亲自送去的要求。[4]

不管怎样，在朝鲜朝廷内部有不少人认为此事有损国体，所以少论

---

[1]《景宗实录》卷二，景宗即位年十一月二十九日壬辰。
[2]《景宗实录》卷二，景宗即位年十二月初一日癸巳。
[3]《景宗实录》卷二，景宗即位年十二月初二日甲午。
[4]《景宗实录》卷二，景宗即位年十二月初三日乙未。

第十一章 赂银与密赠：使行与辛壬士祸

才借此攻击掌权的老论。后来在《景宗实录》中仍有这样的评论："胡差自称别遣大臣，轻侮嫚弄，无所不至，自中途倡言要见王弟、诸宗，惊惑国人，而昌集等听之寻常，不以为意。及赵泰耈札论后，始为防塞之议。且胡差问上春秋几何，嗣续有无，王弟某嫔出，娶某氏，仍要书给，其为不逊，又莫大焉。彼虽口称皇旨，而敕书既无此言，我若以皇旨中所无语，非使臣所当问，据理严塞，则彼理屈意沮。而昌集不此之为，从其言唯谨，不禀上旨，擅自书给。昌集身为首相，贻辱国家，取侮彼人至此，论以春秋之法，其罪可胜诛哉？"并进而将敕使的这一要求与李颐命的告讣使行联系起来，说："一自丁酉独对以后，李颐命之党阴怀疑贰。及先王大渐时，颐命至请指示可生之道，其意诚叵测。而且或言颐命为使价时，多赍银货，行赂彼国。此虽出于疑阻过虑，而此际胡差假托皇旨，倡说无前之事，人心之惊疑惑，乌得免乎？昌集辈不思言辞峻斥，健命则至请讲定节目举行，是诚何心？其亦无忌惮甚矣！"[1]这是李颐命蒙冤原因之一。所以，景宗元年（1721）十月初八日司谏院司谏鱼有龙、正言慎无逸上疏为李颐命鸣冤时说："李颐命独对之忠，可质神明，而《会典》、银货等说，已归白地做出，殿下复何疑于大臣，而未有一言开释，孤忠郁结，白首栖遑？"[2]

如果说额和纳等人提出邀见王弟的要求是为了要挟朝鲜多给礼物，他们确实也在一定程度上达到了目的。十一月二十八日，金昌集建议景宗于次日对敕使行问候之礼后，对于例行赠送给敕使的礼物，可比一般情况多给一些。[3]十二月初三日，敕使也向朝鲜方面要求在例行赠送的礼物之外，再多赠送一些礼物。议政府经过商议，同意给两位敕使各增加白银500两。敕使还嫌少，对传话的译官说："今番两件事，皆有皇旨，而曲从异国之请，今则吾辈之功归虚矣。国王既赐款待，又有赆物，心甚不安。钱筵时，欲亲还赠单不受。"听到敕使如此说，议政府

---

1 《景宗实录》卷二，景宗即位年十一月二十八日辛卯。
2 《景宗实录》卷五，景宗元年十月初八日乙丑。
3 《景宗实录》卷二，景宗即位年十一月二十八日辛卯。

经请示景宗后，同意再多给一些银子。[1] 十二月初四日，敕使离开汉城。景宗以风寒难出为由拒绝行郊送礼，所以敕使很不高兴，额和纳甚至"多出不顺之语"，而朝中诸臣无可奈何，所以史官又由此感叹："庙堂之无人，识者窃叹。"[2]

吊祭敕使额和纳等人离开汉城后，到了高阳，没有按照朝鲜方面安排好的日程，在高阳住一宿，而是不顾伴送使俞命雄的劝阻，直接去了附近的明陵[3]。虽然也有吊祭敕使在回程途中前往仁祖长陵祭奠的先例，这次敕使未经朝鲜方面同意径直前往明陵祭奠，而且能准确知晓陵号和位置，也让朝鲜方面颇感蹊跷。司宪府掌令朴弼正认为这必定是朝鲜译官及沿途官府所属通事们泄露出去的，要求查出首恶分子，然后加以严惩。[4]

虽然吊祭敕使额和纳等人离开了，但是他们在朝鲜引起的政治纷争仍在发酵。十二月初五日，领议政金昌集和左议政李健命联名上札，对赵泰耇先后两次上札所提出的批评意见加以辩驳，认为陵前祭奠和邀见王弟侄二事虽然皇旨中没有明确说明，但是敕使反复以此为辞，朝鲜朝廷也不便单方面断定为矫命，所以朝鲜方面以不合礼仪来拒绝敕使前往陵墓祭奠的要求，以王弟有病来搪塞邀见王弟侄的要求，也是比较妥当的应对办法。至于为敕使写出王弟延礽君的生母和娶妻等情况，也是因为"皇旨有无之难测，既如所陈，而比诸请见之事，不但无甚关重，而自山陵事以来，节节相争，智力已竭"，别无选择才这样做的。而且，当时敕使坚持朝鲜方面如果不同意就不进宫见景宗，直接返程回国，迎接都监屡次说明国王正在等待接见敕使，催促敕使进宫，而敕使始终坚持，毫无松动的余地，"其为困辱，莫此为甚"，迫不得已才答应了敕使的要求，"而今乃不谅事情之如何，只因末后枝叶，并与其所已弥缝之

---

1 《景宗实录》卷二，景宗即位年十二月初三日乙未。
2 《景宗实录》卷二，景宗即位年十二月初四日丙申。
3 明陵即肃宗陵，位于今韩国高阳市神道邑龙头里。
4 《景宗实录》卷二，景宗即位年十二月初六日戊戌。

第十一章　赂银与密赠：使行与辛壬士祸

本事，而囫囵说出，莫晓其所以也"。[1]

金昌集、李健命辩解之后，十二月十一日赵泰耈再次上疏，依然坚持认为不应该将延礽君的情况写给敕使。[2] 十二月十三日金昌集和李健命也再次上疏辩论。[3] 虽然景宗为金昌集和李健命辩解，并对他们加以安慰，赵泰耈的观点还是得到一些在野儒生的响应，湖西儒生李梦寅等持斧伏阙上疏抨击金昌集等老论大臣，认为老论大臣的罪状之一就是"书给胡差，大贻君父之辱"。[4] 这些儒生甚至持斧负疏，闯入阙门，兵曹派近仗军卒阻止，打开疏函，撕毁疏本后，将他们逐出阙门，并逮捕了李梦寅等三人。

李梦寅等儒生闯宫事件发生后，十二月十六日，领议政金昌集上札请辞，而这时吊祭敕使额和纳等人刚离开朝鲜国境。十二月十九日，朝鲜告讣使行返程途中在通远堡遇到了随同吊祭敕使回国的金士杰，译官洪圣畴去见金士杰，金士杰对他说，"朝鲜无事，善待敕使，杂物皆作银，上副敕皆得三千两，渠亦多得"。因此，金士杰"甚有喜色"。[5] 次日，在八渡河边又遇到另一位清朝通官金三哥，金三哥也说今番敕行朝鲜甚厚待，金士杰所得银两相当于以前的三倍，金三哥所得虽然只相当于金士杰的1/3，也比以前多一倍。金士杰于密赠3000两之外又多得3000两，金三哥甚至担心此后永以为例，为朝鲜因金士杰而开此无前之例而感到惋惜。[6]

尽管如此，金士杰仍不满足。康熙六十年（1721）正月初三日，额和纳等人回到北京。当时朝鲜冬至使李宜显等人尚在北京，一名通官，很可能就是金士杰，对这次冬至使行的首译说，朝鲜"国王特传教，令施格外之恩典。领议政金公申饬黄海、平安二道监、兵营，奈二道不遵

1　《景宗实录》卷二，景宗即位年十二月初五日丁酉。
2　《景宗实录》卷二，景宗即位年十二月十一日癸卯。
3　《景宗实录》卷二，景宗即位年十二月十三日；《承政院日记》，景宗即位年十二月十三日。
4　《景宗实录》卷二，景宗即位年十二月十六日戊申。
5　李器之：《一庵燕记》，林基中编《燕行录续集》（112），第134页。
6　李器之：《一庵燕记》，林基中编《燕行录续集》（112），第136页。

王教,使我有名无实,空手而归,不能沾国王之特恩、领议政金公之美意云云"。[1] 可见,尽管朝鲜多给礼物,这名通官对朝鲜境内沿途黄海、平安两道地方官的接待仍很不满意。

紧接着,又有封王敕使被派往朝鲜。这次,清朝派遣散秩大臣、头等侍卫渣克亶为上敕,礼部侍郎罗瞻为副敕。通官朴得仁和洪二哥跟随敕使前往朝鲜。文奉先本来很想参加这次敕行,与朴得仁争夺这次机会,结果失败了。[2]

当时在朝鲜国内,领议政金昌集已不再过问朝政,判中枢府事李颐命回到汉城后也因遭李真俭疏斥,在郊外待罪,朝中只有左议政李健命一人勉强支撑局面,敕使接待上也面临诸多困难。这次敕使负有致祭、颁谥和册封三大使命,比吊敕更加重要,对朝鲜的勒索也更甚,"贪黩无厌,求索比前倍多"。[3] 朝鲜译官将渣克亶和罗瞻索要的礼物一一记录下来,交给了户曹判书闵镇远。闵镇远不愿按单支给,于是想了一个计策,想借此蒙混过关。他让译官写一个纸条交给敕使,说户曹判书怀疑这个需索物品清单必定不是敕使提出来的,而是译官为中饱私囊而假托敕使名义提出来的。敕使看到后,要与闵镇远当面对质,闵镇远来到馆所西宴厅,而敕使又避而不见,只是让通官来责问闵镇远,闵镇远不知如何回答是好。敕使承认这些物品都是他们索要的,闵镇远也无可奈何,只能无言而退。[4]

这次封王敕之所以比前不久的吊敕更加肆无忌惮,不仅因为封王敕更加重要,也由于这次的副敕罗瞻是礼部侍郎,此后朝鲜使行还要与礼部打交道,所以不敢得罪罗瞻。迎接都监希望给这次敕使的礼物不要超出康熙十四年(1675)册封肃宗时的标准太多,所以就根据《乙卯誊录》,略微增加一些之后,列出赠送给这次敕使的礼单,让译官送给渣

---

1 李宜显:《陶谷集》卷二十九《庚子燕行杂识》(上),丛刊(181),第 147b—147c 页。
2 李器之:《一庵燕记》,林基中编《燕行录续集》(111),第 478—479 页。
3 《景宗实录》卷三,景宗元年二月十四日乙巳。
4 《景宗实录》卷三,景宗元年二月十四日乙巳。

克亶和罗瞻过目,"则两敕使大有不满之色矣",觉得太少。[1]

景宗元年(1721)二月十五日晚上,礼曹郎厅到敕使下榻的馆所传达举行祭仪的日期,两敕使故意生梗,行为异常,还写了一个纸条交给朝鲜译官:"拟于十七日祭祀,十八日起身。闻王驾欲临,断不敢当,即或降临,亦不敢面晤。"[2] 敕使这样说,让迎接都监感到很难办,希望朝廷派大臣前来挽留,于是左议政李健命前来挽留,渣克亶和罗瞻说:"前日馆所之书示小纸,显有轻视之意。"这里所说的"书示小纸",大概是指闵镇远让译官所写的纸条。接着,两位敕使又说:"自有大事之未了者,必得明白之言,可以决定。"朝鲜大臣猜测,这里所说的"大事",大概是想根据前不久吊敕之先例,商定密赠礼物数量。李健命遂"以我国凡事,一遵誊录,今番封典,只用己亥、乙卯誊录而已。至于密赠,乃前例所无,决难变改为答,而终不回听"。[3]

二月十七日,左议政李健命和户曹判书闵镇远请入对,景宗接见了他们。李健命汇报说:"敕使因户曹减除求请而起怒,又欲得别赠,故为生梗。译官辈以应行封典,则不可与己亥、乙卯有所增损为言,敕使转加咆哮。如是之际,为辱莫大。闻副敕每请逾墙潜给赂物,勿令上敕知之,此不可以事体道理责之。宁失若干银货,勿与相争,实为得体矣。"闵镇远也说:"乙卯曾无是例,固宜据理不给,而副敕自以掌我国文书,恐喝索赂,或只给副敕,而作梗不已,则亦将何以处之?"最后景宗同意给上敕和副敕各白银1000两。[4] 对此,《景宗实录》评论说:"(闵)镇远初不能料量,作事龃龉,生出衅端,惟求弥缝,徒费许多公货。虏必谓我国无人,痛矣!"[5]

这次敕使,尤其是副使罗瞻的贪婪让朝鲜人印象深刻,罗瞻临

---

1 《景宗实录》卷三,景宗元年二月十六日丁未。
2 《景宗实录》卷三,景宗元年二月十六日丁未。
3 《景宗实录》卷三,景宗元年二月十六日丁未。
4 《景宗实录》卷三,景宗元年二月十七日戊申。
5 《景宗实录》卷三,景宗元年二月十七日戊申。

走甚至将房间里摆设的物品都收起来带走了。尽管如此，罗瞻仍不满足。他索要清心丸300丸，而户曹判书闵镇远没有给他，因此大怒而归。[1] 据朝鲜方面的观察，罗瞻回国后，曾故意刁难朝鲜使行。英祖七年（1731）四月二十五日，右议政赵文命在朝会上说："罗瞻以不满意之故，故相臣赵泰耇赴燕，至见拘囚矣。"[2] 这里所说的赵泰耇应为赵泰采之误。景宗元年（1721）四月三十日，朝鲜谢恩使赵泰采等人抵达北京。入住兴隆寺刚四日，罗瞻即命人在兴隆寺外贴出告示，禁止朝鲜使行人员随意出入，甚至不许使行军卒外出驮水。而兴隆寺内井水水质不好，导致一行员译以下，直至驿卒，皆因水土不服而生病，马匹也死了12匹之多。[3] 而且，由于罗瞻的操纵，这次谢恩使行在北京逗留时间也比较长，达两个多月，闰六月初八日才启程回国。赵泰采等人在《先来别单》中向朝廷汇报了罗瞻百般刁难的情形，称"其任意操纵之状，尤极痛惋"，担心"此人若久在礼部，则将来使行之受困，亦必如今番，委属可虑"。[4]

不过，像罗瞻这样明目张胆索贿的，朝鲜人反而觉得更好应付。雍正七年（1729）派往朝鲜吊祭世子李𫸩的敕使也是由礼部侍郎充任的，他爱面子，讲规矩，而内心里也想多要礼物，所以一方面向右议政赵文命抱怨"我之向国王，十分之十分，国王之待我，只是七八分。凡系接应之节，皆是文具云矣"；另一方面又反复强调自己"方为礼部侍郎"，让朝鲜人难以把握他的真实想法。所以英祖就觉得这种人更难接待。虽然他不愿直接说出口，朝鲜方面也不得不多给礼物，以免他像罗瞻那样回去后故意刁难朝鲜使行，赵文命也觉得"以前日罗瞻之事观之，不无其虑矣"。于是决定以人参三斤、白绵纸二百卷密赠副敕，以悦其心。[5]

1　李正臣：《栎翁遗稿》卷八《燕行录》，续刊（53），第147a页。
2　《承政院日记》，英祖七年四月二十五日丁巳。
3　李正臣：《栎翁遗稿》卷八《燕行录》，续刊（53），第146d—147b页。
4　李正臣：《栎翁遗稿》卷八《燕行录·前后去来时状启誊本》，续刊（53），第170c—171d页。
5　《承政院日记》，英祖七年四月二十五日丁巳。

而副敕不但需索无厌，而且"凡物所需，皆愿以银代之矣"，英祖国王因此嘲笑道："雍正亦爱银，此辈何足言也？"[1]

景宗二年（1722）五月二十七日，册封王世弟的敕使阿克敦和佛伦到了汉城，已在老少换局之后，掌权的少论势力也同样给敕使很多例外密赠礼物。《景宗实录》记载说："是敕也，户曹密赠银合五千一百两，例赠及他物不与焉。"[2]

小　结

"辛壬士祸"是朝鲜党争史上影响深远的一次士类大惨变。这次惨变是老论和少论围绕政权争夺而展开的，主要是朝鲜国内政治演变的结果。但是，老少党争的激化，以及最后导致惨变的睦虎龙告变，都与朝鲜对清"事大"关系有某种联系。赂银问题成为当时少论攻击老论大臣的一个口实，这从一个侧面反映了宗主国与藩属国的政治演变的相关性。

对于明清时期中国与周边国家的宗藩关系，近代西方殖民主义者多不愿承认其有效性和实质意义，一些学者也认为只是一种礼仪的、形式上的关系。虽然邵循正等学者早已有所论辩，这种观点仍有一定影响力。奏请承袭、册封过程中赂银的存在，说明宗藩关系并不像一般西方学者所想象的那么简单，有时还要付出很大的代价。而藩属国之所以甘愿忍受这种情况，不仅有来自上国、大国的压力，也有本国政治的需要。所以，赂银的存在既是宗藩关系中的一种弊端，也从一个侧面说明我们不能轻易地将宗藩关系定性为形式上的礼仪关系。

从当时朝鲜人的立场来看，赂银的产生主要由于清朝礼部官员个人的贪婪，朝鲜的各种奏请皆为几百年来的惯例，礼部只需认可，然后上

---

[1] 《英祖实录》卷二十九，英祖七年四月二十五日丁巳。
[2] 《景宗实录》卷八，景宗二年六月初四日丁巳。

奏皇帝下旨恩准。如果礼部官员在议奏时对朝鲜的奏本文字或奏请理由提出异议，朝鲜使臣和国内君臣大多以为这是礼部官员在故意刁难，试图借此勒索贿赂。加上使臣奏请失败，回国后有可能受到惩罚，所以也迫使他们遇到困难后只能向礼部官员行贿。但是，无论是康熙三十五年（1696）和三十六年要求册封禧嫔张氏所生子为世子，还是康熙六十年要求册封王弟延礽君李昑为王世弟，情况都比较特殊，礼部官员提出各种问题或直接建议驳回，也很难说毫无道理。虽然朝鲜使行大量使用赂银来贿赂礼部官员，而礼部议奏时仍有可能主张驳回朝鲜的请求，而最后又多以皇帝特旨恩准的形式得以达成使命。礼部议奏驳回而皇帝特旨恩准，似乎成为处理藩属国特殊奏请事项的习惯做法，反映出在宗藩关系中，处事既有原则性，也有灵活性。

第十二章 "事大"与交邻:论赵䌹的"以倭制清论"

在明清交替过程中,后金(清)先后两次出兵攻打朝鲜,即丁卯之役和丙子之役。于是朝鲜国内在对清问题上,也分为主和与斥和两派。韩国学术界有关这时期斥和论的研究,主要集中于以金尚宪为代表的西人,至于西人之外的斥和论者,只有郑蕴和赵䌹等少数人受到较多关注。不过,韩国学者有关赵䌹的研究成果主要集中在文学领域,关注到他的政治活动和斥和论,则主要是进入 21 世纪以后的事情。[1] 在赵䌹的斥和论中,最引人注目的就是他的日本请兵论。不过,虽然日本学者中村荣幸很早即有所提及,[2] 但直到

---

1 有关赵䌹研究的状况,可参见허태구「孝宗 元年(1650) 龍洲 趙䌹의 白馬山城 幽囚」『한국학연구』제 47 집, 2017, 509—533 쪽。
2 中村榮孝『日鮮關係史の研究』下、吉川弘文館、1965、515—518 頁。

21世纪初，韩国学术界才在重新评价光海君的潮流下关注到这一问题；而直到 2017 年，方琪喆还为韩国学术界对赵䌹的这一独特主张关注不够而感到惋惜。[1]

在韩国学术界，韩明基比较早地关注到赵䌹的日本请兵论，并将其定义为"以倭制清论"。虽然韩明基也承认这一主张实行的可能性很小，但又从"以夷制夷"的角度肯定了赵䌹的外交智慧，并进而认为这一主张的提出标志着丙子之役后的朝鲜士人开始将仇恨对象从日本转换为清，于是日本由敌国变为可以联合抗清的"友邦"。[2]闵德基甚至认为，从壬辰倭乱时期起，日本已因其在朝鲜人心目中的"武威"形象而成为朝鲜试图借重和联合的对象。随着女真势力的崛起，在"南倭北虏"的格局中，朝鲜试图借助"南倭"以制衡"北虏"，即"以倭制清"，于是日本在朝鲜半岛历史上第一次成为可以借重、联合的对象。[3]

表面上看来，这种观点与当时东北亚国际局势变化有关。金泰勋（音译）即指出了赵䌹的"以倭制清论"与国际局势变化的对应关系，并进而认为除了以赵䌹为代表的臣僚的"以倭制清"构想之外，还有仁祖的"以清制倭"构想，这时期朝鲜的实际外交政策就是在这两种构想的竞争之下，最后按照仁祖的构想展开的。[4]但是，这种认识框架，不仅将朝鲜的"事大"对象与交邻对象相提并论，而且将朝鲜放在了主导者的立场上，明显与当时朝鲜的处境和东北亚国际局势有所不合。所以，我们不仅要认识到赵䌹"以倭制清论"的不切实际，更要从丙子之役后朝鲜的现实处境出发，分析这种主张的意义，并进而认识朝鲜"事大交邻"外交格局的真实状况。

---

1 방기철「龍州 趙䌹의 대일인식」『韓國思想과 文化』제 89 輯，2017，182—199 쪽．
2 한명기『정묘·병자호란과 동아시아』푸른역사，2009，355—356 쪽．
3 민덕기「임진왜란의'戰後처리'와 동아시아 국제질서의 변동」『韓日關係史研究』36 집，2010，232 쪽．
4 김태훈「17 세기 對日政策 변화 연구」서울대학교 대학원 국사학과 박사 학위논문，2013 년 2 월，225 쪽；김태훈「인조〜효종대 왜정자문（倭情咨文）의 성격」『역사문화논총』제 8 호，2014，67 쪽．

第十二章 "事大"与交邻：论赵䌹的"以倭制清论"

一 赵䌹的"以倭制清论"

赵䌹（1586—1669）是丙子之役前后朝鲜斥和派的代表人物之一。根据现存文献和相关研究，丁卯之役时，赵䌹作为侍讲院司书，在全州陪侍昭显世子，没有直接参与朝廷的战和论争。只是在战事结束之后，作为司宪府持平，给斥和的司谏尹煌以强有力的支持。[1] 丙子之役发生时，赵䌹方退居抱川，也未能陪侍国王到南汉山城。闻讯后，赵䌹试图进入南汉山城而失败，在京畿道一带组织义兵也不成功。所以，这次朝鲜朝廷在南汉山城内展开的战和论争，赵䌹也未能直接参与。不过，赵䌹一直站在"斥和"一边确是事实，其所谓"以倭制清论"，也是他在丙子之役后所提出来的善后策略的一部分。

赵䌹第一次提出"以倭制清论"，是在丙子之役结束一年多之后的仁祖十六年（1638）。赵䌹在丙子之役之后辞官回到居昌，而朝廷屡次征召。仁祖十六年四月初三日，朝廷授予其从三品的司宪府执义之职。[2] 于是赵䌹回到汉阳，求见仁祖。五月十三日，仁祖在昌庆宫文政殿月廊接见了赵䌹，于是赵䌹第一次向仁祖建议向日本请兵。[3] 仁祖答应将他的建议提交大臣们讨论，但是大臣们讨论的结果则是拒绝采纳。所以，后来赵䌹在《辞司谏疏》中说："交邻之说，臣曾忝执义时进陈，而见沮于庙议者也，今愿毕其说焉。"[4]

这封详细阐述其主张的《辞司谏疏》上于仁祖十八年五月初九日。赵䌹在上年三月以母病请辞，再次退居居昌。下乡未及旬日，朝廷征召，再次授以司宪府执义，赵䌹辞而不受。次年四月初四日再授以司谏院司谏。四月初九日，司谏院奏请令赵䌹上京，于是赵䌹上《辞司谏

---

1 許泰玖「龍州 趙䌹의 대외인식과 斥和論」『南冥學研究』제 47 집，2015，99 쪽．
2 《仁祖实录》卷三十六，仁祖十六年四月初三日丙申。
3 《仁祖实录》卷三十六，仁祖十六年五月十三日乙亥。
4 赵䌹:《龙洲先生遗稿》卷六《辞司谏疏》，丛刊（90），民族文化推进会，1992，第103c—103d 页。

疏》。《仁祖实录》记载,"司谏赵絅以母病,召不至,上十条疏,极言时事"。[1]"以倭制清论"是其十条善后主张中的一条。不过,这次上疏的结果,也是"疏入不报",没有得到仁祖的积极响应。[2]

对于赵絅提出"以倭制清论"的背景,韩国学者多认为,在丙子之役之后清取代日本成为朝鲜的主要敌人,朝鲜士人自然会想到联日抗清问题。[3]但是,在赵絅最早提出"以倭制清论"的仁祖十六年(1638),朝清关系其实已趋于稳定,并无再次爆发战端的征兆。只是赵絅对清伪不信任,既担心清再次来攻,也担心清不会放还在盛京做人质的朝鲜世子。所以,在《辞司谏疏》中劝仁祖"无信凶狡之言,以全国本"。[4]

但是,赵絅"以倭制清论"的核心诉求是复仇雪耻,并非全为防御清再次来攻。在第一次面对时,赵絅就对仁祖说,目前摆在朝鲜面前的只有两条路:一是学后晋之石敬瑭,安于对清"事大";一是学越王勾践,卧薪尝胆,发誓复仇雪耻。赵絅当然希望仁祖选择后者,仁祖也未尝不是如此,声称"为宗社生灵,已至于此,予岂乐为之哉?"至于复仇雪耻的方法,赵絅首重人才,以为朝鲜条件不逊于越国,如果仁祖也能得到文种、范蠡这样的人才,自能自强。除自强之外,赵絅也提到邻援问题,并将这一问题也上升到理论高度,以为"自古复仇雪耻,必赖邻援"。[5]他说:"臣历观前古,虽圣人不得不用兵,而其所以复仇雪耻,以弱制强者,非但炼〔练〕兵训卒而已,以其有邻国之助也。"[6]在《辞司谏疏》中,赵絅进一步以中国历史上的逢同、乐毅和李泌三人为例来说明这一道理。他说:"三人皆古之贤智士也,为其君画复仇安国策,不出于此。我国独可不借邻援而能复仇乎?"[7]

---

1 《仁祖实录》卷四十,仁祖十八年五月初九日己丑。
2 《仁祖实录》卷四十,仁祖十八年五月初九日己丑。
3 한명기『정묘・병자호란과 동아시아』푸른역사,2009,341—359 쪽;신로사「1643 년 통신사행과 趙絅의 일본 인식에 관한 소고」『民族文化』第 41 輯,2013,82—86 쪽.
4 赵絅:《龙洲先生遗稿》卷六《辞司谏疏》,丛刊(90),第100d 页。
5 《仁祖实录》卷三十六,仁祖十六年五月十三日乙亥。
6 《承政院日记》,仁祖十六年五月十三日乙亥。
7 赵絅:《龙洲先生遗稿》卷六《辞司谏疏》,丛刊(90),第103d 页。

由上可见，赵䌹强调邻援的重要性，完全是从中国历史经验出发的，不仅简单地将当时朝鲜的处境与春秋时期的越国相比，而且相信朝鲜一定也有文种、范蠡式的人才，以鼓励仁祖的自强信心。另一方面将邻援理想化、绝对化，不仅对中国历史经验缺乏具体分析，更对朝鲜所处国际形势和请求邻援的利害得失缺乏清晰的把握。

受所处地缘政治环境的限制，朝鲜可以请援的邻国只有一个日本，而日本远不是一个理想的请援对象。在几十年前刚爆发了令朝鲜惨遭蹂躏的"壬辰倭乱"，朝鲜人的仇日情绪亦甚浓厚，以为日本之于朝鲜"有万世必报之仇"。[1] 为了缓解朝鲜人的仇日情绪，赵䌹将战争责任归咎于丰臣秀吉个人，将丰臣秀吉与日本分开，从而说明德川幕府治下的日本非朝鲜之仇敌。他在《辞司谏疏》中说："议者曰日本亦我陵寝之仇，言则然矣。当宣庙甲辰年间，家康不曰壬辰我在关东，全不预知兵事云乎？秀吉是我之仇，而源也灭平，则非我敌怨明矣。"[2]

其实，这不仅是当初日本德川幕府请求与朝鲜复交时的说辞，而且也被朝鲜人用来为不得不与日本交往辩护。在赵䌹上《辞司谏疏》之前，仁祖七年（1629）五月李曙在向仁祖建议允许倭使玄方等人上京时也说："日本虽我仇国，仇之者即秀吉，灭秀吉无遗类之源氏，有何可仇之事乎？"[3] 赵䌹也用这种逻辑来自圆其说。不过，李曙这样说，只是不想因拒绝玄方等人上京而与日本交恶而已，所以他又说："若以壬丁之仇言之，虽倾东海之波，沦没日本，无一人孑遗，岂足快于心哉？"[4] 而赵䌹不再强调这一层。其实，赵䌹对日本并无深入研究，亦无好感。仁祖七年被任命为倭使接慰官后，赵䌹上疏请辞，理由之一就是"倭人狡狯反复，虽使老智深计者当之，诚有未易测者"，更非他这种"拙讷

---

[1] 柳成龙：《西厓先生文集》卷八《措置防守事宜启（乙未）》，丛刊（52），第161d页；成浑：《牛溪先生集》卷五《与或人论奏本事别纸（甲午）》，丛刊（43），民族文化推进会，1989，第119d页。
[2] 赵䌹：《龙洲先生遗稿》卷六《辞司谏疏》，丛刊（90），第104a页。
[3] 《承政院日记》，仁祖七年五月初六日庚寅。
[4] 《承政院日记》，仁祖七年五月初六日庚寅。

素著者"所能胜任。[1]而到了建议向日本请援的时候,又说日本也是"信义之国",[2]反而将朝日关系动荡的原因归咎于朝鲜"不以诚信交"。[3]他说:"今我之邻国,犹有日本,而我国不能尽交际之道,又无诚信,将何以得力于缓急之际乎?"[4]但是这样说并不能缓解一般朝鲜士大夫的顾虑,所以在《辞司谏疏》中,赵䌹又说向日本请援与同清议和一样,都出于迫不得已,二者"均出于不得已,则无宁借既和之势,以制敌怨之虏哉"。[5]

可是,赵䌹忽视了的一个事实是,不仅朝鲜与日本"既和",与清也处于"既和"状态,而且实际上这时期朝鲜并不担心清再次来攻,而朝日关系反而进入调整期,很不稳定,联合日本,重启与清之间的战端,对朝鲜是福是祸,难以预料。仁祖二年(1624)为镇压"李适之乱",也有人主张派遣请倭使去向居留东莱倭馆的三千日本人请援,后来因担心日本借机"多发兵马而来,则意外之患,难保其必无"而作罢。[6]当时李袨也是反对者之一,以为此乃误国之计。赵䌹在为李袨撰写神道碑铭时也提到此事,并表示赞赏。[7]在赵䌹上《辞司谏疏》主张交结日本的同时,安邦俊也上《言事疏》,主张改善与日本的关系,不过安邦俊的出发点不是为向日本请援,而是担忧日本以"救中朝、恤邻国"为名出兵朝鲜。[8]赵䌹也不能不面对这种担忧,所以在《辞司谏疏》中,对向日本请兵已不像仁祖十六年(1638)面对时那样信心满满,而

---

[1] 赵䌹:《龙洲先生遗稿》卷六《辞接慰官疏》,丛刊(90),第86c—86d页。
[2] 《承政院日记》,仁祖十六年五月十三日乙亥。
[3] 《仁祖实录》卷三十六,仁祖十六年五月十三日乙亥。
[4] 《承政院日记》,仁祖十六年五月十三日乙亥。
[5] 赵䌹:《龙洲先生遗稿》卷六《辞司谏疏》,丛刊(90),第104a页。
[6] 《仁祖实录》卷四,仁祖二年二月初十日甲午。韩明基在《丁卯胡乱时,朝鲜的对日政策及其历史意义》一文中也提到过此事,并强调此事在对日认识变化上的意义,参见韓明基「丁卯胡亂 무렵, 朝鮮의 對日政策과 그 역사적 의미」『大東文化研究』제54집,2006,233쪽。
[7] 赵䌹:《龙洲先生遗稿》卷二十《赠左参赞延安君李公神道碑铭并序》,丛刊(90),第372b—372c页。
[8] 安邦俊:《隐峰全书》卷二《言事疏(庚辰五月)》,丛刊(80),民族文化推进会,1991,第347c页。

第十二章 "事大"与交邻：论赵䌹的"以倭制清论"

只是说："况臣之计，唯欲借助声势而已，非即日请兵同我前驱也。"[1] 在他看来，清也忌惮日本，如果将这一情况暗中通报给日本，让日本致书于清，谴责清攻打朝鲜，则清认识到朝鲜与日本已有联合之势，自然不敢轻易再出兵朝鲜，于是朝鲜自然能有恃无恐。即使这样，赵䌹也仍担心日本早晚会洞察朝鲜的心机，反而招来祸患。他说："抑臣又有一虑，倭之机警，察人气色，非虏之比，若反憎我之不以诚信向汝，而于虏有如此形势，则必不默然已也。早晚有桀黠者出，持此责我，我将何辞以答？此臣之大忧也。"[2] 由此可见，赵䌹也意识到了他的"以倭制清论"的危险性，这并非万无一失的上上之策，这种主张得不到仁祖和其他大臣的拥护，也在情理之中。

虽然金泰勋认为这时期朝鲜有关外交政策存在着以赵䌹为代表的臣僚的"以倭制清"构想，但是除了赵䌹外，我们找不到当时还有别人提出过类似主张。韩明基提到宋时烈，认为宋时烈也是"以倭制清论"的代表人物，依据是韩元震所撰《尤庵先生书东坡诗跋》。[3] 可是，韩元震只是因当时朝鲜国内有人讥讽宋时烈为"亲倭仇虏者"，而加以辩解而已，虽然说道"此又武侯东结孙权、北征曹操之遗规也"，但并没有明说宋时烈要联合日本来"北伐"。[4]

在丙子之役前，郑忠信已提出这样的问题："若以讲邻之道言之，南倭北狄，有何间焉？"[5] 郑忠信想说的是，朝鲜不应厚待日本而薄待后金。在丙子之役当时，朴元谦兄弟奋勇抗清，也是因为在他们看来，"南倭北胡，种落虽殊，而为我国寇贼则一也。我之复父仇、雪国耻者，于倭于胡，岂有间乎？"[6] 肃宗二十八年（1702），金镇圭在给国王讲《春

---

[1] 赵䌹：《龙洲先生遗稿》卷六《辞司谏疏》，丛刊（90），第104a页。
[2] 赵䌹：《龙洲先生遗稿》卷六《辞司谏疏》，丛刊（90），第104b页。
[3] 韓明基「明清交替 시기 朝中關係의 추이」『東洋史學研究』第140輯, 2017, 75쪽.
[4] 韩元震：《南塘先生文集》卷三十一《尤庵先生书东坡诗跋》，丛刊（202），第178a—178b页。
[5] 郑忠信：《晚云集》卷三《答崔完城书》，丛刊（83），民族文化推进会，1992，第338b页。
[6] 宋焕箕：《性潭先生集》卷十五《书朴参军两世五忠孝录后（丁巳）》，丛刊（244），民族文化推进会，2000，第328c页。

秋》时，仍将南倭和北虏一同作为复仇雪耻的对象。金镇圭向肃宗"极陈春秋之义，莫大于尊攘。复雪我国之耻，俱在于北虏南倭，勉以内修为外攘之基，以待可乘之机"。[1] 宋时烈之所以受"亲倭仇虏"之讥，就是因为他只重"北伐"而不提南伐。

然而，将"壬辰倭乱"归罪于丰臣秀吉一人的做法，也确实让朝鲜人对日本的仇视心理有所减弱，对待南倭和北虏的态度逐渐有了差别。英祖二年（1726）五月，宋时烈再传弟子姜奎焕（1697—1731）就对"有谓南倭北虏，同为百世之仇，壬辰园陵之辱，岂异于丙子城下之耻乎云云"的说法有疑问，因此要向老师韩元震请教。在姜奎焕看来，"壬辰之仇，只在秀吉，不在倭人。而倭人已灭秀吉之种，是正为我邦复仇矣。夫六国只仇吕秦，而不仇亡秦之汉，则今倭人宁复为我仇如北虏也耶？此亦今日大义之所可讲者也"。[2] 因此，他想问仇虏而不仇倭是否符合春秋之义。韩元震在《尤庵先生书东坡诗跋》中要回答的也是这个问题，所以韩元震说："日本之于本朝，虽曰有陵庙之仇，固不可以一国之私而先天下之大义也。况陵庙之仇，本在于平秀吉。秀吉篡源氏，而源氏复灭平族，则我之于源氏，又岂有不可和之义哉？"[3] 由此可知，韩元震只是为宋时烈不提倡南伐而寻找借口而已，并不能因此证明宋时烈有联日计划。

二 赵絅的日本之行

赵絅一直认为朝鲜向日本请援是一件很容易的事情。在仁祖十六年（1638）面对时，他对仁祖说："臣之愚计，则若别送一介文士于日本，以示交邻诚信之意，且陈我国之实状，善谕以缓急相救之义，则彼亦信

---

[1] 李颐命：《疏斋集》卷十七《左参赞竹泉金公行状》，丛刊（172），第423c页。
[2] 姜奎焕：《贲需斋先生文集》卷三《上师门（丙午五月）》，续刊（75），民族文化推进会，2009，第212a—212b页。
[3] 韩元震：《南塘先生文集》卷三十一《尤庵先生书东坡诗跋》，丛刊（202），第178b页。

第十二章 "事大"与交邻：论赵絅的"以倭制清论"

义之国也，他日狼狈之时，庶有得力之路矣。"[1] 两年后，在《辞司谏疏》中，他仍坚持认为："若遣一介行人，明陈吾困于虏之实状，彼之然诺为吾用，将不待辞之毕也。"[2] 凑巧的是，赵絅在仁祖二十一年（1643）曾以通信副使身份出使日本。虽然这次使行没有向日本请援的任务，但是赵絅对此次使行的态度，以及使行过程中的表现，也有助于我们了解他对自己的"以倭制清论"的态度。

这次朝鲜向日本派遣通信使的名义是为庆贺幕府将军德川家光生子。但当仁祖十九年十二月对马岛主平义成（宗义成）派平成幸向朝鲜提出遣使要求时，朝鲜初以无此先例为由拒绝，最后又不得不答应遣使，并于仁祖二十一年正月初六日任命兵曹参议尹顺之为通信正使，典翰赵絅为副使，吏曹正郎申濡为从事官。[3] 不仅朝鲜朝廷这次同意遣使有迫不得已的成分，赵絅也同样抱有此种心情。在釜山候风期间，赵絅有诗云"送使非由我，缓行更在谁"，并说自己的心情是"平生由直道，委曲奉蛮儿"。[4]

对于这次朝鲜通信使行来说，有两个问题令朝鲜感到苦恼。一个是见德川家光之子的礼节问题。日本方面要求行见若君之礼，而朝鲜朝廷之内则对此有争议。赵絅坚决反对让朝鲜使臣拜见幕府将军幼子。在被任命为通信副使之后，备边司问如果遇到这种情况，将如何应对，他回答说："倭人若以非礼强我，我据理拒之，则岂终无动听之理？"议政府右议政沈器远等人又问如果日本方面加以胁迫，又当如何应对？赵絅回答："朝廷分付之外，虽胁之，决不可苟从。"所以，当通信正使尹顺之在朝会上提出这一问题时，沈器远即以赵絅的意见相答。[5] 虽然如此，

---

[1] 《承政院日记》，仁祖十六年五月十三日乙亥。《仁祖实录》的记载大同小异："此时若择有才辩者，而作一介行李，往探情形，谕以我之实状，则彼三十年邻好之国，亦岂无来援之理乎？"（《仁祖实录》卷三十六，仁祖十六年五月十三日乙亥）

[2] 赵絅：《龙洲先生遗稿》卷六《辞司谏疏》，丛刊（90），第104a页。

[3] 《仁祖实录》卷四十四，仁祖二十一年正月初六日辛丑。

[4] 赵絅：《龙洲先生遗稿》卷二十三《东槎录·三月三十日》，丛刊（90），第423b页。

[5] 《仁祖实录》卷四十四，仁祖二十一年正月二十三日戊午。

仁祖和大臣们依然认为通信使在万不得已的情况下，还是应该屈从日本的要求，并让礼曹事先制定仪节，以备届时照行。[1]

尽管国王和大臣已做出让步，而赵絅仍固执己见，向仁祖说明此礼决不可行。仁祖二十一年（1643）二月二十日辞朝时，赵絅又重申："若君处拜礼当否，臣之所见已悉于前日启辞中。若为非礼之礼，反见笑于彼，则是亦辱命之一也。"对此，仁祖宽慰说："彼不出示其子，则幸矣。彼既出示，则虽是襁褓之儿，在我之道，不可无礼而见之。中国之人虽在平交，亦有再拜之礼，不可以小节惹起争端也。"[2]可见，赵絅在处理具体的对日关系上，更重视礼仪而非现实，甚至不惜因礼仪而损害与日本的交邻关系。

另一个令这次通信使行苦恼的问题是如何向日本解释朝清关系实情。领议政李圣求认为，"日本之请使，亦非为通信也，必欲闻清国事情也"。[3]那么，一旦日本人问起此事，使臣当如何回答呢？正使尹顺之在出发之前必欲得到仁祖和朝中大臣的明确指示。仁祖二十一年（1643）正月二十三日，尹顺之向仁祖问道："时事大异于前日，倭人若问沈中之事，则何以为答？"仁祖回答："岂无权辞？熟讲以去。"[4]仁祖让尹顺之等人事先想好应付的办法，以便能含混过去。

到二月二十日辞朝时，尹顺之再次提及这一问题，并具体就世子是否已回国、朝鲜待清之礼等问题向仁祖请求回答办法。仁祖指出对于世子是否已回国问题可以照实回答；而对于朝鲜待清之礼，仁祖仍不愿向日本承认朝鲜已经转而对清行"事大"之礼，所以建议尹顺之用"尔等既皆知之，不须提起"这样的话搪塞过去。尹顺之又进而问道："彼若曰贵国被侵于清国，其在交好之道，义不可恝然。吾将出兵以救之，则又将何辞以答之？"仁祖回答说："尔将应之曰时姑扶持，且无受兵之

---

1 《仁祖实录》卷四十四，仁祖二十一年二月初十日甲戌。
2 《仁祖实录》卷四十四，仁祖二十一年二月二十日甲申。
3 《仁祖实录》卷四十三，仁祖二十年三月初三日壬申。
4 《仁祖实录》卷四十四，仁祖二十一年正月二十三日戊午。

害，不须出兵以救。况清国方强，亦不可轻犯云可也。"[1] 对于这些直接与"以倭制清论"密切相关的问题，赵䌹似乎也未予措意，没有发表任何意见。

在辞朝时，仁祖还叮嘱道："今番之事，虽未必大开衅端，而我之受侮，固已多矣。辞令之间，须十分善为之。"[2] 但是，在抵达日本之后，赵䌹等人对若君前拜礼问题仍持强硬态度。七月十五日，平义成找到朝鲜译官洪喜男和李长生，出示伊豆守小札，询问若君前拜礼问题商议结果如何，洪喜男仍以朝鲜使臣不宜对乳下襁褓之儿行礼为答，朝鲜朝廷只商议了行礼可否问题，别无应行之语，"俺等来，庙堂及礼曹分付，皆不及此，使臣万无听从之理"。平义成让洪喜男再去请示使臣，希望能妥善处理此事。使臣商议结果，也以为"事要当理，礼〔贵〕得中。邻国王子，尚此无拜，况此三岁稚儿，岂有可拜之理乎？"[3]

在这种情况下，平义成只得回去找伊豆守商议办法，当时日本幕府内部也对若君是否参加接见朝鲜使臣存在争议，有人主张必令朝鲜使臣拜见若君，也有人认为大可不必。到第二天夜里，平义成通知朝鲜使臣，经他连日奔走，反复周旋，最终"若君以不出勘定"，[4] 让朝鲜使臣松了一口气。消息传到朝鲜国内，仁祖仍担心因此惹起祸端。十一月初三日仁祖对朝中大员说："关白必欲出示其子，而使臣不见而来，彼无乃以为落莫乎？邻国王子处，虽行拜礼，少无所害，而终不肯相见而归，其固滞甚矣。"右议政金自点也说："恐有失礼之患，不见而归矣，岂至以此生梗乎？"[5] 可见通信使与仁祖和朝廷的态度存在明显差异。

这次通信使在江户逗留期间，也确实有日本人来打听朝清关系有关情况。七月十三日，大学头林道春（林罗山）等人到京本誓寺，向朝

---

[1] 《仁祖实录》卷四十四，仁祖二十一年二月二十日甲申。
[2] 《仁祖实录》卷四十四，仁祖二十一年二月二十日甲申。
[3] 佚名：《癸未东槎日记》，《朝鲜通信使文献选编》第2册，第195—196页。
[4] 佚名：《癸未东槎日记》，《朝鲜通信使文献选编》第2册，第196页。
[5] 《仁祖实录》卷四十四，仁祖二十一年十一月初三日癸巳。

鲜译官洪喜男和李长生打听情况，果然问及朝鲜与清的关系，洪喜男回答说："两国结好相通，无他事矣。"[1] 至于朝鲜使臣，似乎没有遇到有日本人来问这样的问题。所以，出使前担心的两个问题，都顺利应付过去了。

对于这次通信使行，赵絅虽然有《东槎录》，但其主要由诗歌组成，很难全面反映他在日本的活动情况，不过也能看出他与林道春、周长老、洪长老等日本人有交往。林道春甚至称赞说，赵絅出使日本，"诚是十数年之奇也"。[2] 在赠周长老的《大阪行》中，赵絅一方面谴责丰臣秀吉荒淫无度，"射天诳邻"，另一方面称颂"家康功烈民不谖，于今三世仁风掀"，[3] 也表达了劝诫日本与朝鲜和好的意图。在给林道春的信中，批评其作为儒学者而不重视礼，希望林道春效法季札，"于冠婚丧祭之礼，用力时习之功"，以达用夏变夷之效。在这里，赵絅也不忘夸耀自李成桂建立朝鲜以来，"列圣相承，涤濯丽末佞佛之俗，以复箕子之风，真儒辈出"，普及冠婚丧祭之礼于民间，"此则靡独汉唐以下不论，虽比之三代，亦无愧焉"。[4] 由此可见，赵絅仍以夷狄待日本，认为日本与朝鲜"通邻好殆且五十年"，正是日本向朝鲜学习的大好机会，并没有流露出希望日本与朝鲜联合抗清的意思。[5]

赵絅还作有《关白说》一文，有学者给予了比较高的评价，认为赵絅对日本的关白和天皇有比较明确的认识。[6] 虽然赵絅作此文也以其日本见闻为基础，但他在文中所强调的"关白非国王，即山城主，大臣

---

[1] 佚名：《癸未东槎日记》，《朝鲜通信使文献选编》第2册，第194页。
[2] 赵絅：《龙洲先生遗稿》卷二十三《东槎录·重答林道春书 附〈林道春原书〉》，丛刊（90），第417b页。
[3] 赵絅：《龙洲先生遗稿》卷二十三《东槎录·六月初七日到大坂〔阪〕，周老者为俟事来投谒，翌日求诗，作大坂〔阪〕行赠之》，丛刊（90），第428a页。
[4] 赵絅：《龙洲先生遗稿》卷二十三《东槎录·重答林道春书》，丛刊（90），第416c—416d页。
[5] 赵絅：《龙洲先生遗稿》卷二十三《东槎录·重答林道春书》，丛刊（90），第417a页。
[6] 如신로사「1643년 통신사행과 趙絅의 일본 인식에 관한 小考」『民族文化』제41輯，2013，88쪽。

第十二章 "事大"与交邻：论赵绹的"以倭制清论"

之一也"，[1]其实也是朝鲜士大夫早已熟知的常识。宣祖二十三年（1590）的通信使因拜见关白礼仪问题发生争执，副使金诚一即向书状官许筬指出："夫日本者，何等国也？我朝之与国也。关白者，何等官也？伪皇之大臣也。然则主日本者，伪皇也，非关白也。为关白者，相君也，非国也。惟其擅一国之威福，故我朝不知其实，谓之国王，而待以敌体，是降王者之尊，下与邻国之臣为等夷也，不亦辱乎？"[2]姜沆《看羊录》更根据《吾妻镜》说明了关白侵夺天皇之权的过程，"则四百年前所谓倭天皇者，犹不失其威福"，"自关东将军源赖朝以后，政委关白，祭则天皇。及贼魁（指丰臣秀吉——引者注）之代信长，而倒悬极焉。天皇畿县之土，尽为贼魁所占夺"。[3]

赵绹在出使日本途中读过金诚一的《海槎录》。他后来在为金诚一《鹤峰先生集》作序时说："上之二十年春，乏使，不佞以贰价奉使海外，路过岭左，贷《海槎录》于金鹤峰先生后孙所，柂楼上日读数篇，击节愉快，不知舟帆风上下，出没于鲸涛鲛窟之中也。"[4]对于金诚一所提到的朝鲜国王与日本关白平等相交中存在的问题，赵绹也同样感到愤慨。他说："邻国通书，乃以国王书之，以敌礼许之，不以邻国大臣待之，不知此事作俑于何代？不惟邻国为然，虽以中原天子之尊，下玺书称日本国王良怀道义，是举天下陷于狡夷变幻之中，不之觉也，可胜痛哉！"[5]然而，对这一问题的潜在危机和应对策略，赵绹并未虑及。到18世纪，李瀷也关注到这一问题，并进而联想到一旦天皇亲政，将会带来朝鲜难以应对的局面，因此他说："关白于国内只称御所不称王，犹臣于天皇也。安知异时沧桑变易，则威福之必不复

---

1 赵绹：《龙洲先生遗稿》卷二十三《东槎录·关白说》，丛刊（90），第418b页。
2 金诚一：《鹤峰先生文集》卷五《与许书状》，丛刊（48），民族文化推进会，1989，第108d—109a页。
3 姜沆：《睡隐集·看羊录·贼中封疏》，丛刊（73），民族文化推进会，1991，第92c—92d页。
4 赵绹：《龙洲先生遗稿》卷十一《鹤峰先生集序》，丛刊（90），第182d页。
5 赵绹：《龙洲先生遗稿》卷二十三《东槎录·关白说》，丛刊（90），第419c页。

出于天皇耶？此谋国之所当知也。"[1]

赵䌹作《关白说》，也许主要目的不是说明关白非日本国王，而是丑诋丰臣秀吉。黄允吉、金诚一等人见过丰臣秀吉，说他"容貌矮陋，而色黧黑，无异表，但觉目光闪闪射人"。[2] 而赵䌹不仅说丰臣秀吉曾为"田间人奴"，更形容他"长才五尺，貌侵面黑"，"身面酷似猿猴"。[3] 不仅相貌丑陋，在任关白之后，"既得志，淫虐日甚"，[4] 最后落得身死族灭的下场。赵䌹大概是想借丰臣秀吉来告诫日本"后之为关白者，以秀吉为殷鉴，则庶乎长世矣"。[5]

虽然这时期朝鲜多次向日本派遣通信使，但是要想准确把握日本国内情况也不是一件容易的事情。仁祖十五年（1637）三月初九日朝鲜通信使任絖复命时，即感叹"其国令严，使邻国使臣，不得知其事情矣"。[6] 无论是任絖还是尹顺之，都相信日本关白以偃武修文为事，但是也只能用日本国内禁止放枪来证明。[7] 但是，如果相信日本关白不务兵革，自然要改变"壬辰倭乱"以来朝鲜人认为日本拥有天下强兵的认识，与赵䌹的"以倭制清论"也背道而驰。所以，赵䌹仍相信日本是一个武强国家，虽然禁止用枪，但是日本武士依然佩刀，所以他说："观其三四岁儿亦皆佩剑，则不可谓全然偃武矣。"当仁祖问日本在江户驻扎有多少军队时，赵䌹更回答说："关白之兵五十万，诸将之兵八十万云，而闻其给料之数，则几至五六百万矣。"[8] 他相信日本拥有强大的兵力。

不过，赵䌹夸张日本武力，似乎也没有增强朝鲜与日本联合的意

---

1 李瀷著，安鼎福编《星湖僿说类选》下《日本史》，第241页。
2 申炅：《再造藩邦志》卷一，《大东野乘》卷三十五，第6册，第350—351页。
3 赵䌹：《龙洲先生遗稿》卷二十三《东槎录·关白说》，丛刊（90），第419c—420a页。
4 赵䌹：《龙洲先生遗稿》卷二十三《东槎录·关白说》，丛刊（90），第419d页。
5 赵䌹：《龙洲先生遗稿》卷二十三《东槎录·关白说》，丛刊（90），第420a页。
6 《仁祖实录》卷三十四，仁祖十五年三月初九日戊申。
7 《仁祖实录》卷三十四，仁祖十五年三月初九日戊申；《仁祖实录》卷四十四，仁祖二十一年十一月二十一日辛亥。
8 《仁祖实录》卷四十四，仁祖二十一年十一月二十一日辛亥。

图。朝鲜如果要联合日本，处于中介地位的对马岛占据重要地位，而赵绸在这次使行过程中，似乎与对马岛主平义成发生了冲突。赵绸在复命时对平义成多有喷言，对仁祖说："对马岛主世传二十八代，门阀最盛，专掌我国之事，而义成为人狡黠有余，常以恐喝我国、媚悦关白为能事矣。"[1] 平义成也差人送来书契，对赵绸大加诋毁。东莱府使郑维城不肯接受这一书契，该差人还扬言要直接上京呈递。[2]《仁祖实录》虽然记载了此事，但并未提及对马岛书契的内容，所以无法了解对马岛指责赵绸的内容。《龙洲公年谱》载赵绸在使行过程中态度倨傲，所以引起平义成的不悦。[3] 这完全不难想象，因为赵绸一直将朝鲜作为对马岛人的衣食父母。渡海前，赵绸在《望马州》诗中即以教训的口吻对对马岛人说："尔若知衣食之原在吾鲜，莫如祝我君王千万秋。重为告曰，蕞尔马州介在两国间，须用忠信左右百年迎天休。"[4]

赵绸的好友杨万古说赵绸在日本"曳大履蹑锦筵，又令填塞莲池"，"气象可嘉"，所以在诗中有"气压扶桑摇若木，手障东海浸西尘；谁教匹士能光国，要使蛮酋识凤獜"的赞语，[5] 其态度之倨傲于此也可见一斑。在通信使行中，朝鲜使臣与对马岛主发生摩擦也是常有的事情。如这次使行回程时，平义成送狐皮十束给一行员役做耳掩，而使臣拒绝，就让平义成很不高兴，"怒见于色，不悦而罢"。[6] 不过，赵绸与平义成的关系似乎更加紧张。到对马岛后，十月初三日平义成家宴招待朝鲜使臣，正使尹顺之和从事官申濡下船参加，而副使赵绸则以式假为由推辞了。[7] 虽然朝鲜人向来觉得对马岛人"狡黠难待"，而赵绸作为"以倭制清论"的提倡者，亦未表现出更积极地搞好与对马岛关系的愿望和行动。

---

1 《仁祖实录》卷四十四，仁祖二十一年十一月二十一日辛亥。
2 《仁祖实录》卷四十四，仁祖二十一年十二月十日庚午。
3 趙威鳳、趙錫疇『국역 용주연보』정선용譯，용주연구회，2014，95 쪽．
4 赵绸：《龙洲先生遗稿》卷二十三《东槎录·望马州》，丛刊（90），第 423a 页。
5 楊萬古『譯註 鑑湖先生集』（下），홍순석譯，한국문화사，2022，497 쪽．
6 佚名:《癸未东槎日记》,《朝鲜通信使文献选编》第 2 册，第 213 页。
7 不详:《癸未东槎日记》,《朝鲜通信使文献选编》第 2 册，第 214 页。

三 "以倭制清"还是"以清制倭"?

有一点赵绚或许说得没错,那就是日本确实愿意出兵援助朝鲜抗清。不管日本是否真的有出兵的打算,至少向朝鲜表示的是这样。朝鲜地方官从倭馆日本人那里得知,当后金攻占辽东时,关白即责备平调兴(柳川调兴)没有及时报告,导致日本未能出兵相助,后来听说辽东本非朝鲜之地,才未惩治平调兴。[1] 丁卯之役发生后,仁祖五年(1627)二月初八日,仁祖根据备边司的建议,令东莱府使柳大华"将西贼犯边之事言于倭使"。[2] 另外,留在倭馆的对马岛人也说要尽快将情报送回对马岛,以便平调兴可预自周旋,以阻止日本出兵援助朝鲜,免得殃及对马岛。[3] 当然,这话也许是对马岛人故意说给朝鲜人听的,目的是让朝鲜方面保证以后补给他们这次因战乱而未能及时交付给他们的物货。不过,值得注意的是,阻止日本出兵援助朝鲜在此后一个时期也一直成为对马岛要挟朝鲜的借口。

这年(1627)六七月间,对马岛主平义成向朝鲜遣使"奉书贺平胡乱"。[4] 对马岛贺使、正官等向接待他们的东莱府使柳大华说,"俺等之来也,岛主再三申令曰朝鲜讨平奴贼之时,干戈、弓铠、战马、战鞍等物所获必多,愿得此等物件,进呈关白,一以夸朝鲜平贼之事,一以止诸将出援之端云"。[5] 柳大华闻听此言,觉得事体重大,立即向朝廷请示如何回答。朝鲜朝廷也没有因为得到日本明确的兵援意愿而高兴,反而觉得这是对马岛主有意试探和要挟朝鲜。朝鲜不得已送给平义成和平

---

[1] 《仁祖实录》卷十五,仁祖五年三月十一日戊寅。
[2] 《仁祖实录》卷十五,仁祖五年二月初八日乙巳;《仁祖实录》卷十五,仁祖五年三月初十日丁丑。
[3] 《仁祖实录》卷十五,仁祖五年三月十一日戊寅。
[4] 《仁祖实录》卷十五,仁祖五年六月二十七日壬戌;《仁祖实录》卷十六,仁祖五年七月初九日癸酉。
[5] 《仁祖实录》卷十六,仁祖五年七月初九日癸酉。

第十二章 "事大"与交邻：论赵䌹的"以倭制清论"

调兴骆驼两匹和配有鞍具的胡马两匹，而对马岛使者平智明仍索要后金的弓矢和甲胄等物，所以庆尚道监司金时让驰启曰："胡人弓矢、甲胄，关西诸阵中应必有之，量宜觅给，以塞其探试之情，似无所妨，请令庙堂处置。"[1]

到仁祖七年（1629）二月，对马岛主平义成又派遣玄方、平智广等人持书契到朝鲜，他们还以口头传达关白谕命为由，坚决要求上京。朝鲜方面一开始坚决不允，而最终还是同意玄方和平智广带少数随从上京。闰四月二十二日，玄方、平智广等人来到汉城，朝鲜方面一听说玄方等人此行的目的在于"欲助天朝，讨奴贼，欲开贡路"，即大为紧张。二十四日仁祖引见大臣及备局堂上，金鎏认为平辽东、开贡路等事乃莫大之举，而只以口头传达，必是诈术，对马岛主欲以此要挟朝鲜增加赏赐给对马岛的货物。而洪瑞凤则说："日本每以战争为事。今者关白之传三世，前古所罕。曾于嘉靖年间，亦尝贡于中原云。奴贼之构乱，今已十年，而天朝不能讨平，故今欲与我国并力，收复辽东，亦不可谓必无此理。"[2] 不管金鎏和洪瑞凤二人谁的看法更准确，朝鲜都同时感受到了来自后金和日本的压力，并未出现日本由仇敌变为联合对象的变化。所以张晚说："我国无自强之策，而南倭北虏，迭相恐喝。国势日弱，物力日匮，而天心不佑，旱灾又如此，言念至此，中心如焚。"[3]

二十七日兵曹为玄方设迎慰宴。席间，玄方正式传达了关白的谕命。玄方说："关白曾闻山戎来犯朝鲜，在交邻厚义，不可不赴援，且欲剿灭此贼，为效忠天朝之地，复通朝贡之路。"[4] 当天平智广因尚未肃拜而没有参加，五月初八日才由礼曹另行宴请平智广等人，平智广也提到平辽东、开贡路之事。[5]

---

1 《仁祖实录》卷十七，仁祖五年八月十三日丙午。
2 《仁祖实录》卷二十，仁祖七年闰四月二十四日己卯。
3 《仁祖实录》卷二十，仁祖七年闰四月二十四日己卯。
4 《仁祖实录》卷二十，仁祖七年闰四月二十七日壬午。
5 《仁祖实录》卷二十，仁祖七年五月初八日壬辰。

对此，玄方还进一步解释说，这是一个叫王相良的中国杭州人向关白献的计谋，说是如果日本乘机进兵朝鲜，与朝鲜合力，替大明收复辽东，则大明必有嘉奖，日本向大明朝贡之路自然可以重开。于是关白采纳了这一计谋，并欲以傅国师为上官，以大将一人为副官，派到朝鲜来考察情况，为下一步的行动做准备。而对马岛主欲阻止此事，所以派玄方等人来了解朝鲜的态度。闻听此言，朝鲜人立即想起了"壬辰倭乱"前丰臣秀吉的假途入明之说，所以押宴官礼曹判书洪瑞凤等人当场回答说："日本与我国，自前修好，秀吉无故兴兵，肆行贼虐，胁以假道，此实得罪于天下者也。天理孔昭，剿绝其命。先关白荡平凶逆，复与我国交好，已阅三世，不料今者复袭秀吉之余谋，诿称由我境复开贡路，此何故也？"[1]

虽然朝鲜的态度如此，但是处理起来还是比较棘手。正如李曙所指出的那样，日本方面"一则曰赴援邻国，一则曰效忠皇朝，意不必然，而言则有据。我虽以大义斥之，而似当别示谢意"。[2] 最后，朝鲜方面准备了一封书契交玄方带回，在书契中说："丁卯岁狂胡暂扰西鄙，未几悉皆平定。彼旋请成，遂许通好。即今疆域晏然，无狗吠之警，则不至烦贵国之忧也。若曰为皇朝击胡平辽云，则其言似矣，但此蕞尔小丑，皇朝自当讨灭。且自古未闻有涉沧海之险，越人之国，数千里而与人斗者也。皇朝猝闻此言，必致疑骇，非惟弊邦不敢以此上闻，贵国亦不当发于口也。"[3] 委婉表示朝鲜不需要日本出兵来援，也不希望日本派兵经朝鲜去攻打清。

玄方回国之后，也确实与平义成一起向幕府报告说，朝鲜与后金关系和睦，不需要日本派兵援助。[4]《仁祖实录》在记录了此事前后经过之后，在"史臣曰"中评论说，玄方、平智广等人以"通贡之请，设为机

---

[1] 《仁祖实录》卷二十，仁祖七年闰四月二十七日壬午。
[2] 《仁祖实录》卷二十，仁祖七年五月初五日己丑。
[3] 《仁祖实录》卷二十，仁祖七年六月初一日甲寅。
[4] 三宅英利『近世日本과 朝鮮通信使』，趙學允譯，景仁文化社，1994，64 쪽.

变，试吾所为，庙堂之无策，吁可叹也"。¹本来赵䌹被任命为这次玄方、平智广等人的接慰官，因备边司认为他不是合适人选，赵䌹自己也上疏请辞，所以改由郑弘溟担任。²结果，郑弘溟也因接待过程中发生如此纠葛而受到处罚。³

到仁祖十三年（1635），丙子之役前夕，朝日关系一度趋于紧张，更是无联日之势。当时因对马岛副官平调兴与岛主平义成不和，平调兴向德川家光反映说朝鲜待日本甚薄，平义成因贪图通商之利而甘心受辱，建议兴兵讨伐朝鲜，朝鲜于是更加担心日本来侵。⁴这年十一月初六日，司宪府执义沈之源和司谏院司谏闵应亨两台官请对入侍，向仁祖反映"倭情可忧"。第二天，仁祖根据沈之源、闵应亨的请求，引见大臣及备局堂上，询问大臣们的看法，"尹昉、吴允谦皆言倭人姑无来犯之势，李弘冑、申景禛请整饬舟师，以备不虞"。最后，仁祖说："关白厌苦兵革，禁不得放炮。且恐人为乱，尽拘将官妻孥为质云。若此而可能谋人之国乎？予则以为无可忧之端矣。"⁵此后朝鲜之防日心理有所放松，停止修筑南部各处山城。⁶仁祖十四年（1636）派往日本的通信副使金世濂在使行途中亲身体会到对马岛人的"狡黠难待"之后，也觉得所谓日本出兵救援也许只是对马岛人用来恐吓朝鲜的手段。在他看来，"关白必欲动兵，非（对）马岛所能周旋。若无动兵之举，则启祸召戎，又无此理。自前釜馆接待，或不无遗恨，可胜惜哉"。⁷

在通信使任绚、金世濂一行出发前，朝清关系已高度紧张，战争迫在眉睫，朝鲜自然不想再与日本失和。这次朝鲜应对马岛主的请求，

---

1 《仁祖实录》卷二十一，仁祖七年八月初六日戊午。
2 《仁祖实录》卷二十，仁祖七年三月二十四日庚辰。
3 《仁祖实录》卷二十，仁祖七年四月二十一日丙午；《仁祖实录》卷二十，仁祖七年闰四月二十三日戊寅。
4 对马岛主平义成（宗义成）与家老平调兴（柳川调兴）之间的内讧，从1631年一直延续到1635年，史称"柳川一件"。这一事件对当时朝日关系产生很大影响。
5 《仁祖实录》卷三十一，仁祖十三年十一月初七日癸丑。
6 《仁祖实录》卷三十二，仁祖十四年正月初八日甲寅。
7 金世濂：《东溟先生集》卷九《海槎录》（上），丛刊（95），第296b页。

以"贺日本太平"为由派遣通信使,就是为了向日本表明和好之意,给对马岛主以支持。对于朝鲜来说,正如崔鸣吉之所言,"安岛主,乃所以安我边也",否则"岛主被罪,调兴复用,则嫁祸两国,势所必至"。[1] 尽管形势危急,朝鲜并没有向日本请援的打算。任绖在启程之前,虽向仁祖提出"到彼之后,或关伯〔白〕及执政中语及北奴丁卯事及即今情形,则其所答措辞,令庙堂指挥,何如",[2] 但并没有提及向日本请援之事。通信使任绖、金世濂等人尚未回国,朝鲜国内就发生了丙子之役,朝鲜再次担心出现南北受敌的局面。当时通信使任绖等人尚在对马岛待风。在得到清兵攻入朝鲜的消息之后,也没有向日本请援的举动,只是连夜整治行装,"达夜聚会,涕泣而过"。[3] 相反,因担心日本借机要挟,任绖等人还要对日本保密,"严禁一行,使不得惊动,致有传播彼中之患"。[4]

在与清议和之后,也仍担心日本来侵。仁祖十五年(1637)三月初九日通信使任绖等人报告了他们在日本的见闻之后,朝鲜朝廷对日本的警戒心理稍稍有所放松,而京外人心仍疑惧不安。三月二十一日,司谏金世濂请对,劝仁祖不要放松对日本的警惕。他说:"倭情甚可虑。执政有道春者,是调兴之党,而与义成嫌怨已深,调兴虽被谪,日夜伺衅,欲报怨云。"[5]

日本此前既然以"赴援邻国"和"效忠皇朝"为名提议联合出兵替明朝收复辽东,丙子之役后朝鲜自然不希望日本得知朝鲜已经背明事清的事实,不仅送给倭馆的历书仍沿用旧式,甚至整个下四道也借用旧式历书,只有汉城及京畿、两界和黄海道采用清颁布的新式历书。[6] 不过,尽管朝鲜百般防范,对马岛还是得到了信息。仁祖十五年十二月十六

---

1 《仁祖实录》卷三十三,仁祖十四年七月二十三日乙丑。
2 《承政院日记》,仁祖十四年七月十一日癸丑。
3 任绖:《任参判丙子日本日记》,《朝鲜通信使文献选编》第2册,第154页。
4 黄㦿:《黄漫浪东槎录》,《海行总载》(三),朝鲜古书刊行会,1914,第104页。
5 《仁祖实录》卷三十四,仁祖十五年三月二十一日甲申。
6 《仁祖实录》卷三十五,仁祖十五年八月初九日甲辰。

第十二章 "事大"与交邻：论赵䌹的"以倭制清论" · 341 ·

日，对马岛主平义成派平成连持书契来到东莱，并要求上京，为朝鲜方面所劝阻。[1] 对马此举让朝鲜君臣颇感担忧，十二月二十二日，领议政李弘胄安慰仁祖说："近以倭寇为忧，而情形未著，不必为虑。"而仁祖仍说："倭情姑无显著可忧之端，而灾不虚生，大臣深思善虑，以为阴雨之备可也。"[2]

果然，次年（1638）正月，平成连即正式向朝鲜提出七条要求，除了要求修改朝鲜接待日使的礼仪、修筑东莱码头和倭馆等外，在第一条中就责问道："交易物货不如旧，唐路不通而然耶？因北狄之难耶？"[3] 这显然暗示对马岛主在关注朝鲜的对明、对清关系转变。对于对马岛主这样做的原因，译官洪喜男向备边司报告说"别无异情，只以岛主见陷于（平调兴），恐有诬饰不测之端，有此恳请"。[4] 工曹判书具宏和汉城府右尹吕尔征似乎愿意接受洪喜男的解释，所以认为朝鲜即使不能全部接受，也不可不接受一二条。但是，仁祖和领议政李弘胄、兵曹判书李时白则不相信洪喜男的解释，李时白甚至怀疑这是关白的意思。[5] 仁祖感到非常愤慨，以为"七条皆愚弄之意也"。[6] 在仁祖看来，"倭寇非但轻生好战，性本狡黠，知我国屈辱于丑虏，必有凌侮之心"，[7] 所以故意提出这些要求为难朝鲜，以便为出兵朝鲜找借口。所以，仁祖以为"此事甚重，不可不深虑也"。[8] 仁祖不愿答应对马岛主的七条要求，也有不惜一战的决心。他说："既欲侵我，则虽许岛主之请，岂可弭兵乎？当尽

---

1 《仁祖实录》卷三十五，仁祖十五年十二月十六日庚戌。
2 《仁祖实录》卷三十五，仁祖十五年十二月二十二日丙辰。
3 《仁祖实录》卷三十六，仁祖十六年正月二十二日丙戌。七条要求的内容是："一曰，交易物货，不如旧，唐路不通而然耶？因北狄之难耶？二曰，朝鲜使价入日本，则拜于上坛之间，日本送使，则拜于沙中，未知礼样如何？三曰，岁赐米、太，勿书'赐'字。四曰，'封进价'三字，亦不可书。五曰，书翰中，对马称以'贵州'。六曰，使船来泊处，以石筑之，俾免风波。七曰，石筑未易，则改筑馆宇。"
4 《承政院日记》，仁祖十六年正月二十四日戊子。
5 《承政院日记》，仁祖十六年正月二十六日庚寅。
6 《仁祖实录》卷三十六，仁祖十六年正月二十四日戊子。
7 《仁祖实录》卷三十六，仁祖十六年正月二十六日庚寅。
8 《承政院日记》，仁祖十六年正月二十六日庚寅。

在我之道，以待彼之动静而已。"¹

在这种情况下，朝鲜反而希望一旦真的与日本开战，清能出兵援助朝鲜。正月二十四日，当仁祖与大臣们商议是否接受对马岛主的七条要求时，也讨论了一旦日本来侵，清是否会援助朝鲜的问题。兵曹判书李时白认为清未必会来援，所以主张接受七条要求，而仁祖则不以为然，坚信清一定会来救援朝鲜。他反驳说："不然，我国为倭所有，则只隔一带水，清国危矣。后患不可不虑，必尽力救之。壬辰之乱，天朝之来救，岂徒为我国乎？其势然也。"²他甚至提出可以将对马岛主的七条要求抄送给清，只是因领议政李弘胄担心清趁机要求朝鲜帮助建立与日本的贸易关系，汉城府右尹吕尔征也担心清借机屯兵朝鲜南部，才暂时没有这样做。³

不过，虽然仁祖将形势估计得比较严重，朝中大臣大多不认为日本会真的发兵来侵。仁祖十六年（1638）二月初七日，仁祖对前来辞朝的庆尚道监司李景曾说："予独疑之，而满朝皆不疑，必有明见，予亦信之矣。"⁴不过二月初十日刚从盛京回朝复命的左议政崔鸣吉仍以为"南忧孔棘"，朝鲜应有所防备，并认为"请援之意，不如早言于彼（指清——引者注）也"。⁵仁祖这时虽然命令做好应战准备，也同样将希望寄托在清的救援上，所以他对崔鸣吉说："岛夷若犯我，则清国亦危，必来相救，但未知胜负如何也。"⁶后来崔鸣吉也改变了看法，认为日本不会无端潜师来袭，⁷但是民间仍惶惶不安，甚至"都城中有人伪书倭报，传播京外，使人惊惑"。⁸

为了向清解释修筑汉江以南山城的缘由，仁祖十六年三月二十一日

---

1 《仁祖实录》卷三十六，仁祖十六年正月二十四日戊子。
2 《仁祖实录》卷三十六，仁祖十六年正月二十四日戊子。
3 《仁祖实录》卷三十六，仁祖十六年正月二十六日庚寅。
4 《仁祖实录》卷三十六，仁祖十六年二月初七日辛丑。
5 《仁祖实录》卷三十六，仁祖十六年二月初十日甲辰。
6 《仁祖实录》卷三十六，仁祖十六年二月初十日甲辰。
7 《仁祖实录》卷三十六，仁祖十六年三月二十日癸未。
8 《仁祖实录》卷三十六，仁祖十六年三月十五日戊寅。

第十二章 "事大"与交邻：论赵䌹的"以倭制清论"

备边司建议利用柳琳出使清的机会，将朝日关系紧张情况通报给清。仁祖同意了，并且决定单独派遣赍咨官将咨文送到清。朝鲜在咨文中说明了朝日关系演变的梗概，并提到对马岛主的七条要求，觉得这次倭差"气色与前顿异"，朝鲜不能无疑，于是不得已"差遣巡检使，巡督海上防备，又修筑汉江以南城池，以为待变之计"。[1]

到仁祖十六年，日本国内发生"岛原·天草之乱"的消息传到朝鲜，朝鲜方面担心是日本的缓兵之计。所以，备边司提出："日本生变之言，若是真的，则在我固无患矣。但念此乃倭中应讳之事，而如是显言于倭译者，何也？臣等反复思之，恐是出于缓我之计。凡干待变之道，此时尤不容少忽，而诸道阃帅，且闻倭中生变之言，而不存戒心于其间，则未必不正堕计中矣。"[2] 直到这年（1638）三月、四月间，还是举国汹扰，送给清的倭情咨文也是言之凿凿，似乎日本必定来侵。当时赵䌹也担心日本来侵，在这年正月二十日给李命雄的信中说，明朝衰落，而清势日盛，能够与清抗衡的也就只有日本了，所以赵䌹自上年起就担心朝鲜难免虞虢之祸，认为应该与日本诚信相交，以免受日本胁迫。[3] 但是到赵䌹第一次提出"以倭制清论"的这年五月，朝鲜民心已颇安定，皆曰今年则必无南虞。[4] 五月初八日，检讨官崔有海即以"闻近有自中之变，似无朝夕可虞之端"，建议暂且罢放船师军。[5] 不过，尽管如此，正如金霱所担忧的那样，"今年之忧似缓，而其情既异于前，则亦何可保其必无事乎？"[6]

此后，平成连仍逗留倭馆，久不归国，也让朝鲜生疑。平成连直到仁祖十七年（1639）三月仍未离开。所以，三月二十五日朝讲时，仁祖又对大臣们说："平成连留连我境者三年，而其为人伶俐，必探我国之

---

1 《仁祖实录》卷三十六，仁祖十六年三月二十一日甲申。
2 《承政院日记》，仁祖十六年三月二十日癸未。
3 赵䌹『국역 龍洲遺稿·용주간독』권경렬 역, 용주연구회, 2010, 246 쪽.
4 《承政院日记》，仁祖十六年五月十九日辛巳。
5 《承政院日记》，仁祖十六年五月初八日庚午。
6 《承政院日记》，仁祖十六年五月十九日辛巳。

情，通于彼中，其意固难测矣。"[1]有大臣建议遣使日本，探听情况，并将丙子之役前后经过情形如实通报给日本，以观察日本的反应，仁祖又以为这样做只是"损威而已，何益之有？"[2]不过，仁祖这时并不介意将朝清关系实情通报给日本。四月初四日庆尚道监司李命雄辞朝，向仁祖请示，如果对马岛差人到东莱，"问及今日沈阳之事，何以答之？"仁祖说："宜以势弱不敌，姑与之和为答。岂可讳一时之辱，而不以实状相告乎？"[3]同时，也将朝日交涉的情况通报给清。仁祖十七年八月初十日，仁祖根据备边司的建议，决定将日本书契原本交给谢恩使带给清。[4]

其实，在平成连逗留倭馆的三年间，日本并没有对朝鲜采取任何行动。不过，这反而让朝鲜觉得奇怪，难以把握日本的真实意图。仁祖也说："国事至此，而倭人之待我甚恭，亦可疑也。"[5]所以仁祖一方面下令继续备战，另一方面也要求统制使柳琳和庆尚道监司李命雄等人设法秘密侦察日本国内动向。仁祖十八年（1640）闰正月，对马岛主从江户回到对马岛，朝鲜即遣译官洪喜男前往致书慰问，顺便探听日本国内情况。[6]五月十五日，朝鲜又派洪喜男到对马岛贺平义成生子。这次平义成问到朝鲜在丙子之役后为何与清相通，洪喜男就没有再隐瞒朝鲜战败的事实，而是回答说："我国文翰是尚，礼义是遵，不喜用兵革，故虏人乘我不意，铁骑长驱，传于国都，苍黄去邠。多少说话，想必传闻，不欲缕陈。"[7]虽然承认战败，但是洪喜男仍不承认朝鲜世子、王子羁留盛京为人质之事。其实，柳琳派遣的跟随洪喜男到对马岛打探情报的人员已经得知，"深处商倭亦已知世子、大君入质沈阳，至有思欲为报仇者云矣"。[8]

---

1 《承政院日记》，仁祖十七年三月二十五日壬午。
2 《仁祖实录》卷三十八，仁祖十七年三月二十五日壬午。
3 《仁祖实录》卷三十八，仁祖十七年四月初四日辛卯。
4 《仁祖实录》卷三十九，仁祖十七年八月初十日乙未。
5 《仁祖实录》卷三十八，仁祖十七年四月初四日辛卯。
6 《仁祖实录》卷四十，仁祖十八年闰正月二十八日庚戌。
7 《仁祖实录》卷四十，仁祖十八年五月十五日乙未。
8 《仁祖实录》卷四十三，仁祖二十年正月二十四日甲午。

这一次，平义成再次向洪喜男表示，"关白政尚严峻，执政皆俊杰。初闻贵国被兵，莫不扼腕，有乘时出兵之议。吾图之，事遂寝，然而关白常以吾为疑，故即今方遣近臣于此，使之暗察岛中形势，兼探贵国事情。若以贵国之事，一一转报关白，则必致生事矣"。[1] 平义成不仅表明日本仍未彻底放弃出兵援助朝鲜的想法，甚至建议朝鲜将倭馆内的日本人接到釜山城中，多储备兵器，以便一旦战事发生，两国之人可以并肩战斗。[2] 大概为了准确把握丙子之役中朝鲜军队的作战情况，六月平义成又派人向朝鲜索要从清兵那里缴获的铠甲、鞭、棍、环刀、上长刀，又索要骏马及马鞍等，朝鲜皆答应送给，唯独铠甲不愿提供。[3]

平义成一方面以援兵问题相要挟，另一方面要求朝鲜为其子平彦满增加岁遣船一只，不过朝鲜拒绝了。前察访安邦俊担心朝鲜这样做会引起对马岛和日本的不满，于是上疏批评朝廷将注意力集中于西北，而忽视与日本的关系，"岁给之物，每减前数，失其欢心，致有怨焉，则终始邻好，不可保矣"。他担心一旦日本来攻，清未必派大兵来援，因此认为朝鲜不可单纯"借重于清国"。[4] 疏入，留中不报。后来仁祖解释说："安邦俊不知何如人，而视其疏辞，盖其阔于事情者也。言无可采，且烦于视听，故留之不下耳。"[5]

当时赵䌹也同样担心日本来侵。这年九月二十八日，他在给李命雄的信中说，南倭之忧虽有所缓和，今年或明年仍必有大事发生。[6] 这时期他在《辞司谏疏》中再次提出"以倭制清论"，大概也是为了阻止日本来侵。虽然当时朝中也有官员主张满足对马岛主的要求以减少纠纷，稳定民心，但两国关系在当时无论如何也不可能发展到朝鲜可以向日本请援的地步。正因为如此，赵䌹才在《辞司谏疏》中说他也不希望日本

---

1 《仁祖实录》卷四十，仁祖十八年五月十五日乙未。
2 《仁祖实录》卷四十，仁祖十八年五月十五日乙未。
3 《仁祖实录》卷四十，仁祖十八年六月初七日丁巳。
4 安邦俊：《隐峰全书》卷二《言事疏（庚辰五月）》，丛刊（80），第345c—348c页。
5 《仁祖实录》卷四十，仁祖十八年五月十二日壬辰。
6 趙䌹『国译 龍洲遺稿·용주간독』권경렬 역，용주연구회，2010，238쪽．

真的派兵来援。

到仁祖二十年（1642）正月对马岛主自江户遣平成幸到朝鲜，请求朝鲜遣通信使贺关白德川家光生子，并请为新建的东照宫社堂题写匾额和诗文，并铸造大钟送到日本。平成幸在提出这些要求的同时，也仍以援兵问题相要挟。平成幸对东莱府使丁好恕说："去冬唐船始来于长崎等地，传言大明皇帝征天下兵马，尽讨清兵后，许放南兵，故为市贸出来。"[1]对马岛主担心这一消息一旦传到江户，关白必责怪其知情不报，所以这次派他来也兼有探明真伪的任务。丁好恕驰报朝廷，要求备边司明确指示如何回答。[2]接到丁好恕的报告后，朝鲜朝廷也大为震惊，担心背后另有隐情。二月二十三日，仁祖引见备局堂上，领议政李圣求说："倭人巧诈，难以揣得其情。但所请专为日光社堂之事，皆非难从。至于提起清国者，似是恐吓之意也。"[3]李圣求倾向于认为对马岛主只是用假途攻清来要挟朝鲜而已，并非日本真要出兵。

此后，在朝鲜与对马岛的往来之中，对马岛差人又以书契文字问题挑起争端。[4]由于日本处处作梗，所以这时朝鲜朝野上下又"皆以倭情为忧"。[5]朝鲜不得不答应日本的要求。在决定派遣通信使后，右议政沈器远建议将情况通报给清，仁祖并未以为不可，只是认为等通信使启程之后再通报也不迟。[6]赵䌖就是在这种气氛下作为通信副使出使日本的。

在清入关之后，朝鲜更不可能联日抗清，而且这时世子已经回国，朝清关系进一步改善，当初赵䌖担心的世子无法回国和战争再起等情况皆不可能发生了。所以，此后虽然朝鲜在心理和意识形态上仍坚持尊明排清，而在实质性的外交层面上，则更依赖清朝。与赵䌖主张的"以倭制清论"相反，反而采取的是一条"以清制倭"路线。仁祖二十四年

---

1 《仁祖实录》卷四十三，仁祖二十年正月初八日戊寅。
2 《仁祖实录》卷四十三，仁祖二十年正月初八日戊寅。
3 《仁祖实录》卷四十三，仁祖二十年二月二十三日癸亥。
4 《仁祖实录》卷四十三，仁祖二十年三月十五日甲申。
5 《仁祖实录》卷四十三，仁祖二十年六月十一日己酉。
6 《仁祖实录》卷四十四，仁祖二十一年正月二十三日戊午。

（1646），对马岛主又派差倭橘成税和藤智绳到朝鲜，借口两年前漂倭在清朝境内被害事件，向朝鲜表明幕府有意假道朝鲜征讨清，以救援朝鲜和南明。[1] 朝鲜派遣译官李亨男、韩相国为问慰官到对马岛探听虚实，对马岛主也说幕府对朝鲜与鞑靼（清）联合非常愤慨，有派兵的想法，对马岛主正极力劝阻。[2] 此后，对马岛主甚至向朝鲜表示，他为阻止幕府出兵，尽力周旋，物力耗尽，无力支撑，以至有辞职之意。[3] 所以，朝鲜对日本仍不能彻底放心，并希望一旦有事，清朝能派兵来援。仁祖二十二年六月二十二日，对马岛岁遣第一船正官平成伦向朝鲜译官洪喜男问道："清国之得天下，于朝鲜无所利害耶？"洪喜男回答说："清国与我国有同一家，有何所害之事乎？"[4] 相反，朝鲜一直将日本视为潜在威胁。仁祖二十七年（1639）正月二十日，仁祖在熙政堂接待清朝敕使时，对敕使说："倭情日渐可疑，至于今年而尤甚。脱有不测，弊邦将无以抵当，日夜唯望上国之来援耳。"当得到敕使肯定的回答之后，仁祖表示"今闻此言，深用豁然"。[5]

到了18世纪，朝日关系也比较稳定，然而朝鲜仍有人认为不可放松对日本的警惕心理。如李瀷说："自壬辰之后，彼亦惩艾，迄百五十年，边徼无警，然亦安保来者之卒无事乎？"[6] 丁范祖还专门写了一篇《清倭论》，指出朝鲜之大患在于日本而不在于清。他说："南北而与我邻者清倭是已。清陆而倭海，清大而倭小，然而可保清之无患于我，而若倭则知其必有患也。"[7] 李瀷也担心一旦"中国纪纲解纽，岛夷逞欲，劫夺我两湖之漕，我将坐而待亡而已"。[8] 到了19世纪，果然征韩论在

---

1 《边例集要》卷十七，杂条，丙戌（1646）十一月；《仁祖实录》卷四十七，仁祖二十四年十一月初九日辛亥；《仁祖实录》卷四十八，仁祖二十五年三月二十五日。
2 《仁祖实录》卷四十八，仁祖二十五年二月初六日丁丑。
3 《仁祖实录》卷四十八，仁祖二十五年九月初五日壬寅。
4 《仁祖实录》卷四十五，仁祖二十二年六月二十二日戊寅。
5 《仁祖实录》卷五十，仁祖二十七年正月二十日己卯。
6 李瀷著，安鼎福编《星湖僿说类选》上辑卷五上《倭僧玄方》，第386页。
7 丁范祖：《海左先生文集》卷三十七《清倭论》，丛刊（240），第178c—178d页。
8 李瀷著，安鼎福编《星湖僿说类选》上辑卷三下《预备外敌》，第237页。

日本国内再起,也证明了丁范祖等人的远见卓识,也使朝鲜人再次认识到"倭者,我国百世仇也"。[1]而到这时朴征元又按照韩元震、姜奎焕的逻辑,以为"清天下之仇,倭一国之仇,宜和倭而背清",田愚即加以抨击。田愚指出:"余每谓我之与清,力可以绝则绝之,力不及则仍旧贯,未为大害。至于倭贼,是今日大仇,何可一日和?"[2]

小　结

丙子之役后,赵䌹出于对"南汉下城之耻"的愤懑心理,不愿安于对清"事大",建议仁祖效法越王勾践,卧薪尝胆,立志复仇,并认为复仇雪耻不仅要自强,还可与邻国结援。由于朝鲜只有一个可资利用的邻国日本,于是提出了"以倭制清论"。然而,日本不是一个理想的结援对象,不仅有因"壬辰倭乱"结下的仇怨,还有来自日本的现实威胁。虽然赵䌹也承认联日与和清一样皆出于迫不得已,只是两害相权取其轻而已,然而这里的轻重一时难以预料。所以,即使日本主动提出派兵来援,朝鲜不以为喜,反以为忧。事实证明,不仅在当时,在此后的历史中,"以倭制清"不仅是不现实的,也是不必要的。相反,丙子之役以后的朝清关系相对稳定。清在入关以后,放还朝鲜世子和王子,朝清关系进一步改善。在这种情况下,朝鲜仁祖和不少大臣反而寄希望于日本入侵时清能来援,事实上执行的是一条"以清制倭"的路线。

当显宗十年(1669)二月初六日赵䌹去世后,史官对其评价说,赵䌹"文华操行,为世所称,而刚偏〔愎〕自用,论议颇僻"。[3]"以倭制清论"也只是赵䌹的一种偏颇之论而已,在同时代朝鲜士大夫中应者寥

1　朴淇钟:《竹圃集》卷二《甲申封疏》,丛刊(134),韩国古典翻译院,2012,第651d页。
2　田愚:《艮斋先生文集》别编卷一《答某(戊戌)》,丛刊(336),第377b页。
3　《显宗改修实录》卷二十,显宗十年二月初六日己巳。

寡，并不能将其作为符合当时朝鲜所处国际环境的妙策。[1] "以夷制夷"为近代外交常用的手段，而明清时期朝鲜所处国际环境不仅与近代有所不同，且亦与中国上古春秋战国时期有异，很少有能够采取"以夷制夷"策略的空间。对于朝鲜来说，其对外关系的格局表现为维持对中国的"事大"关系和与日本的交邻关系，也被称为"事大－交邻"体制。然而，"事大"与交邻并不是对等的存在，交邻关系也不意味着朝日之间完全平等，实际上在"壬辰倭乱"之后朝鲜仍能感受到来自日本的压力，丙子之役并不能将日本从朝鲜的敌国变为合作伙伴，向日本请兵更无异于引狼入室。试图用交邻关系来节制"事大"关系的想法，也许只是被交邻关系的表象所迷惑而产生的一厢情愿的幻想而已。直至近代，朝鲜一直是利用"事大"关系来节制日本，而不是利用交邻关系来节制中国。

---

[1] 仁祖十八年（1640）九月二十八日赵䌹在给李命雄的信中说，他前年上京时，与李时白议论时事，李时白也同意他的见解，但是这里也许说的只是诚信交邻，李时白是否也赞同向日本请兵，不得而知。

第十三章　使行与新知：近代朝贡制度转变的契机

在朝鲜半岛进入近代的前夜，掌权的兴宣大院君推行斥邪政策。经历了"丙寅洋扰"和"辛未洋扰"之后，更是执行严格的锁国政策，不愿与西洋各国缔约通商，甚至在全国各地竖立"洋夷侵犯，非战则和，主和卖国"的斥和碑。面对西洋各国和日本的缔约通商、传教和和好要求，朝鲜朝野上下几乎只能以战守为大义。但是在高宗十年（1873）高宗亲政以后，朝鲜对外政策迅速发生转变，并在高宗十三年与日本签订《江华岛条约》，从此被纳入近代国际体系，这也被作为朝鲜半岛近代史的开端。

从高宗十年转变对外政策到高宗十三年开港，只有短短的两三年时间。由于此前大院君掌权期间推行极端的锁国政策，朝鲜对外知识储备严重不足，所以在高宗十年以后急切希望了解日本、俄国和其他西洋

第十三章 使行与新知：近代朝贡制度转变的契机

各国的情况。而这时朝鲜了解外部世界的通道几乎只有中国，所以朝贡使行成为重要渠道。这种情况在19世纪70年代前期的燕行录中有较多反映。

从18世纪开始，朝鲜使行人员与中国士大夫的交往日益扩大，而中国士大夫在鸦片战争以后思想也发生了很大转变，出版了《海国图志》等介绍西洋各国知识的新书，这些新书也很快通过燕行使传到朝鲜。但是，由于高宗十年（1873）前朝鲜舆论一味主战，中国文人在与朝鲜使行人员交往中不无顾忌。在朝鲜国内政策转变，到高宗十三年开港这段时间，朝鲜使行人员与中国士大夫的交往情况如何，对朝鲜开港和开港初期应对国际局势发挥了什么作用？本章以燕行录为主要材料，通过考察朝鲜使行人员与张世准、万青藜和李鸿章三人交往的情况，试对这一问题做出简略的回答。

虽然考察的人物有限，但这三人具有代表性，一位是普通官员，一位是经常要接待朝鲜使臣的礼部尚书，一位是后来负责朝鲜事务的洋务大臣。通过对光绪二年（1876）前这三人与朝鲜使行人员交往情况的考察，我们不仅可以了解开港前朝鲜朝野的国际知识储备情况，亦可借以分析宗藩关系应对世界整体局势变化的灵敏程度。它为我们从更深层次理解后来清韩宗藩关系的演变提供一个有益的角度。

一　张世准

张世准，字叔平，号五溪，又号梅史，道光六年（1826）生人，道光二十六年（1846）中举，任内阁中书，后任刑部主事、员外郎。龚方纬《清民两代金石书画史》载张世准"善画墨梅，山水枯劲而淹润。住京久，与山阴周少白齐名。书法亦苍劲"。[1]

周少白即周棠，也与朝鲜使行人员多有交往，"朝鲜人朝京师者，

---

[1] 龚方纬：《清民两代金石书画史》，宗瑞冰整理，凤凰出版社，2014，第54页。

每乞其画归"。[1] 咸丰五年（1855）十二月二十七日，徐庆淳跟随陈慰进香使到了北京，十二月初二日马头韩时良就告诉他："中国士人周少白善书画，我东使臣暨译员多见访。"于是徐庆淳也与韩时良一起到正阳门外柴儿胡同爱莲书屋去拜访周棠。那时周棠已经五十岁了，还是廪生。徐庆淳与之对坐笔谈，发现果然"书法精妙，文义通畅"。但是他对周棠的画评价并不高。周棠拿出的一幅山水画和兰竹对联给徐庆淳看，徐庆淳觉得"乃文士之画，其谓之工则未也"。[2] 这也许只是徐庆淳个人的看法，还是有不少朝鲜人愿意珍藏周棠的画作。朴珪寿即曾从李裕元那里要来一幅周棠的画作。

周棠不仅擅长书画，也会作诗。赵冕镐看到周棠的画作《菊蕉双钩兰》，上面还有题诗曰："剪剪春光入嫩寒，青山遥对古人欢。同为风月烟霞客，欲写相思着笔难。"赵冕镐遂和诗二首：

　　灯光雨响片心寒，若在攀云小住欢。
　　菊瘦兰柔蕉又软，也应不负此人难。

　　秋烟薄纸写荒寒，审正瓛卿笑相欢。[3]
　　那学时人牧丹笔，胭脂捏取矜才难。[4]

李裕元说，周棠还曾为他刻制印章，说明周棠也擅长篆刻。李裕元回国后把印章给权敦仁看，权敦仁也认为周棠乃"近世佳手"，并托李裕元请周棠为他也刻一印，还请朝鲜当时擅长刻印的吴圭一为周棠刻一印，交给燕行人带给周棠，周棠还将自己的印谱送给权敦仁作为回礼。权敦仁大概也喜欢刻印，金正喜在给权敦仁的信中说："书头小印，

---

[1] 龚方纬:《清民两代金石书画史》，第217页。
[2] 徐庆淳:《梦经堂日史》编三《日下剩墨》，林基中编《燕行录全集》（94），第326—327页。
[3] 原注："朴瓛卿从李橘山得少白画，纸薄于烟。"
[4] 赵冕镐:《玉垂先生集》卷十六《题和周少白画诗并小叙》，续刊（125），第491b—491c页。

第十三章 使行与新知：近代朝贡制度转变的契机

似是铁手，技至于耶！东人未曾梦到，虽濮又栩、周棠辈，未必多乎矣。较之月前，又进一境，此何异也！"[1]李裕元一直与周棠有联系，他说："余前后所得周刻数十方，皆名刻也。年前以'御书赐橘山嘉梧室'八字，乞刻于少白，以眼昏不能副。倩丁学教刻之，其法近吴（圭一）、周（棠），余派也。"[2]李裕元得到御笔"橘山嘉梧室"五字在高宗五年（1868）。赵斗淳于当年即有《御书橘山嘉梧室记》。[3]当时李裕元为高宗讲《论语》，高宗于是为其在杨州嘉梧谷的别庄题写了这五个大字，李裕元非常感动，因此改号橘山。[4]李裕元在《嘉梧稿略·自引》中说："五年，御书赐'橘山嘉梧室'五字，仍以名吾编曰《嘉梧稿略》。"[5]高宗十一年四月十二日高宗曾问李裕元："予于年前，有手笔书下者矣，今果尚在否？"李裕元回答说："戊辰年曾蒙御书'橘山嘉梧室'五大字，谨遵古例，已刻石建阁于乡庐矣。"[6]

张世准与朝鲜人的交往，按照《北楂谈草》的说法，始于朴永辅（1808—1888）。[7]朴永辅是同治元年（1862）以冬至兼谢恩副使到北京的。根据李恒亿《燕行日记》，他们到达北京的时间是这年的十二月二十六日，并于次年二月初八日离京。张世准与朴永辅的交往只能在这期间。也许由于李恒亿跟随正使李宜翼而来，对副使朴永辅的行踪并不能完全掌握，所以他的《燕行日记》中并没有关于朴永辅与张世准交往的记载。朴永辅在北京不仅与张世准有交往，与董文焕等人也多有唱和，并编有唱和集。[8]张世准这时期与董文焕也有交往，但是在董文焕

---

1 金正喜：《阮堂先生全集》卷三《与权彝斋》（十七），丛刊（301），第59a—59b页。
2 李裕元：《林下笔记》卷三十四《华东玉糁编·金石经铁笔》，第854页；李裕元：《嘉梧稿略》册十四《玉磬觚賸记》，丛刊（315），第568a页。
3 赵斗淳：《心庵遗稿》卷二十九《御书橘山嘉梧室记（戊辰）》，丛刊（307），第599c—600a页。
4 尹定铉：《梣溪先生遗稿》卷五《御书赐李判府事扁额跋》，丛刊（306），民族文化推进会，2003，第126b页。
5 李裕元：《嘉梧稿略·自引》，丛刊（315），第5a页。
6 《承政院日记》，高宗十一年四月十二日甲申。
7 郑健朝：《北楂谈草》，林基中编《燕行录全集》（78），第328页。
8 赵冕镐：《玉垂先生集》卷十《秋怀八首，和寄天游》，丛刊（125），第300b—300d页。

《砚樵山房日记》中也没有他们一起与朝鲜人交往的记载,可见这时期张世准与朝鲜人的交往刚刚开始,并不频繁。

朴永辅在朝鲜国内以善于作诗而闻名,曾与赵云卿向申纬学作诗,李裕元称"二子学诗,最得其法,为霞门高弟"。[1] 也许因受朴永辅的推崇,所以张世准的诗文和书法皆为朝鲜文人所重。同治十二年(1873)十月二十四日,朝鲜冬至使赴燕时,李建昌将他与郑基雨、洪岐周、李重夏四人的唱和集《韩四客诗选》交给姜玮,让他带到北京请中国文人加以点评,姜玮即找到张世准,[2] 姜玮还将自己的诗稿也给张世准批评。姜玮有《奉谢张叔平世准先生拙稿赐批后,见赠之作,次韵》(其一),诗中说:

> 将诗归与万人看,邂逅新知胜旧欢。
> 已抵百城文史富,且容一榻客毡寒。
> 片犀原有通心乐,寸管宁辞代舌难。
> 肝胆相投倾盖地,笑他车笠誓鸡坛。[3]

姜玮对张世准的书法也有很高评价,《奉谢张叔平世准先生拙稿赐批后,见赠之作,次韵》(其二)诗中还有"双鱼夫子老墨妙无痕,外肆驰骋中有魂"之句。[4] 申櫶是这时期朝鲜有名的儒将,高宗十三年(1876)就是他与日本签订了《江华岛条约》。申櫶不仅擅长作诗,还精于书法,酷爱张世准的书法作品,曾将自己的数十幅书法作品托人带给张世准,张世准也以数十幅作品相赠,所以姜玮在《奉呈张五溪世准

---

1 李裕元:《林下笔记》卷三十三《华东玉糁编·论锦舲、荷裳诗》,第824页。
2 姜玮:《北游日记》,林基中、夫马进编《燕行录全集日本所藏编》(3),东国大学校韩国文学研究所,2001,第175页。
3 姜玮:《古欢堂收草》诗稿卷十二《北游草·奉谢张叔平世准先生拙稿赐批后,见赠之作,次韵》,丛刊(318),第444c页。
4 姜玮:《古欢堂收草》诗稿卷十二《北游草·奉谢张叔平世准先生,拙稿赐批后见赠之作次韵》,丛刊(318),第444b页。

第十三章 使行与新知：近代朝贡制度转变的契机

员外为别》诗中说："法书一纸，神交万里。渺若追仙三岛，也曾寄去也曾来，想了了才怜了了。"[1]

虽然没有太多记载，但是从张世准在朝鲜文人中的知名度来看，在同治元年（1862）到同治十二年间，张世准一直与到北京的朝鲜使行人员之间一直有交往。当时张世准住在琉璃厂附近，而且邻近王士禛故居。朝鲜文人到了北京，多要去琉璃厂游览，而王士禛为海内诗宗，亦为朝鲜文人所推崇，所以察访王士禛故居的朝鲜文人也不少，这样即可顺便拜访张世准。同治十二年（1873）到北京的朝鲜冬至兼谢恩使郑健朝等人即"因访阮亭旧宅遂造其（张世准）第"。[2] 张世准在与郑健朝等人的笔谈中说到，他前后结交的朝鲜名士有十数人。[3]

但是，同这时期两国文人交往的普遍情况不同，张世准与朝鲜文人的交往并不局限于诗文翰墨，也会涉及时局，即如何看待和应对西洋和日本势力的问题，所以朝鲜文人认为张世准"兼长策论"，郑健朝出使中国之前，也耳闻已久，所以到北京后才主动去拜访张世准，与其讨论这方面的问题。而从张世准与郑健朝等人笔谈的内容来看，张世准是有一些自己的想法，也愿意与朝鲜文人分享，但是在此之前其实很少涉及，虽或有所涉及，也不能表达自己的真实想法。他对郑健朝说："弟所得交贵朝名士，亦近十数人，怀此谬算，岂无一吐之愿，而及此者绝少。虽或漫及，大略与中国前日之议一辙而已，或加之，而贡高之色，而无虚受之意。弟之荒言，无从而出。独遇尊兄，胸有定识，所虑者远，倾盖之地，处以肝胆，不施华采，笔笔悃愫，不识贵朝有如兄者几辈与闻时议，何虑此事，此弟所以不揆谬妄，乐告而不倦也。"[4]

其实，中国几乎作为朝鲜了解西洋事情的唯一渠道，19世纪中期到北京的朝鲜使行人员已经开始向中国人打听西洋有关的情报。黄爵滋

1　姜玮：《古欢堂收草》诗稿卷十七《奉呈张五溪世准员外为别》，丛刊（318），第471d页。
2　郑健朝：《北楂谈草》，林基中编《燕行录全集》（78），第328页。
3　郑健朝：《北楂谈草》，林基中编《燕行录全集》（78），第357页。
4　郑健朝：《北楂谈草》，林基中编《燕行录全集》（78），第357页。

在鸦片战争前即与朝鲜人多有交往，后来更因在鸦片战争中主战而为朝鲜人所推崇。道光二十四年（1844），权大肯以冬至兼谢恩副使第一次到北京，通过张炳英（张虎头）得知黄爵滋大名。几年后，道光三十年权大肯以进贺谢恩兼冬至正使第二次到北京，正好黄爵滋也于前一年到了北京，住在宣武门外，所以他就去拜访黄爵滋，两人笔谈了一天。权时亨《石湍燕记》记载说，权大肯回到玉河馆，说了很多有关黄爵滋的事情，觉得有很多收获，权时亨由此产生了好奇心，因此与黄爵滋、钱江、倪印垣等人多有交往。咸丰元年（1851）正月十六日，权时亨与黄爵滋、钱江、倪印垣的笔谈曾讨论到英国人到朝鲜半岛以及朝鲜的武备问题，不过权时亨并没有表现出很强的求知欲，对英国的情况似乎漠不关心。面对钱江问朝鲜武备如何、如何应付英国人的问题，权时亨回答说："敝邦兵备火器诸般名色本自俱全，而自壬辰岛夷猖獗之后大增其制，无物不备，比诸上国何足为哉？英夷则实未知何样人物，而或于沿海处往往有异样船帆，自去自来，其容貌服色或认以英夷，未知真假。且无边大洋，船帆往来，不是异事。彼我并无相涉，亦何光景之有。"[1] 相比于西洋事情，权时亨更关注中国的情况，这时期黄爵滋与朝鲜使行人员的交往也仍以诗文为主。[2]

虽然权有海在为《石湍燕记》作序时，称赞权时亨将他与黄爵滋等人笔谈的内容记载于其燕行录的做法，[3]但是从这时起的《燕行录》中仍很难找到有关朝鲜使行人员与中国士大夫讨论时事的记载。

在太平天国战事发生后，一般中国士大夫不愿轻易结交外国人，但是仍有许多人继续与朝鲜文人交往和书信往来。咸丰五年十月，徐庆淳跟随陈慰进香使来到北京，通过方朔了解到很多清政府镇压太平天国的

---

1 权时亨：《石湍燕记》入，林基中编《燕行录全集》（91），第221—222页。
2 金兴洛所撰李亨秀行状称："华儒黄爵滋、周棠、钱江见公晚年诸咏，嗟叹以为杜陵、桂苑之遗响，因唱和往返，邮筒载远，遗稿中所谓《梦华编》是已。"［金兴洛：《西山先生文集》卷二十一《霁谷李公行状》，丛刊（321），民族文化推进会，2004，第413c—413d页］
3 权有海：《石湍燕记序》，林基中编《燕行录全集》（90），第329—330页。

情况。[1] 此行的书状官申佐模与戴广庆笔谈时，也在打听太平天国的情况。[2] 这前后的朝鲜使臣，都以打探太平天国情况为主要觇国任务，并不重视对西洋情报的搜集。咸丰十年（1860）闰三月朝鲜进贺兼谢恩使启程前，国王给他们的主要任务也是"近日中国贼匪须详细探闻"。[3]

即使在咸丰十年英法联军侵入北京事件发生后，这种情况也没有发生根本性变化。这年的进贺兼谢恩使在北京听说有军队到通州等处"备御洋舶"，[4] 回程见沿路民家店舍都插有写着"团练"二字的小旗，通州城中有很多军队，都是从北京城中调往天津的，听说有八千人，也有人说为五千人，他们得到的情报仅此而已。[5] 朝鲜时宪书赍咨官金景遂九月二十三日刚走到山海关就听说英法联军侵入北京，咸丰皇帝到了热河。二十七日到了三河县，知县告诉他皇城九门只有西直门尚能出入，他就在三河滞留几日。英法联军撤出北京城之后，九月三十日其他城门也开了，十月初一日才进入北京城，十七日离开北京。这年的冬至使在路上遇到金景遂，从他那里得到了比较详细的情况。[6]

虽然英法联军已经撤出北京，城内仍是"洋夷充斥天主馆"，并听说"洋夷之营立铺舍，占取民家，无异勒夺"。[7] 亲眼看到胜保的军队还驻扎在天宁寺，正使申锡愚认为他们是在防御洋夷，所以在《访天宁寺观胜保留阵》诗中说"元戎出阵御洋夷"。眼见中国处于战争之中，他反而感觉"头白书生堪一快"。[8]

申锡愚的《入燕记》中有《日下交游录》，罗列了他在北京结交的

---

1 徐庆淳：《梦经堂日史》编四《紫禁琐述》，林基中编《燕行录全集》（94），第417—434页。
2 申佐模：《燕行杂记》，林基中编《燕行录全集》（75），第514—527页。
3 朴齐寅：《燕行日记》卷一，林基中编《燕行录全集》（76），第13页；《承政院日记》，哲宗十一年闰三月三十日甲子。
4 朴齐寅：《燕行日记》卷二，林基中编《燕行录全集》（76），第218页。
5 朴齐寅：《燕行日记》卷二，林基中编《燕行录全集》（76），第230页。
6 申锡愚：《海藏集》卷十六《入燕记》下《路遇历咨记》，续刊（127），第574d—575d页。
7 申锡愚：《海藏集》卷十五《入燕记》上《与本国庙堂书》，续刊（127），第571c—571d页。
8 申锡愚：《海藏集》卷十五《入燕记》上《韩使吟卷·访天宁寺观胜保留阵》，续刊（127），第557c页。

中国士大夫，但是并没有留下与他们的笔谈内容。从《入燕记》中所载给中国人的信中可知，他交往的人虽多，然交流内容仍限于诗文。根据他给国内的报告，也只是在与中国友人交往过程中，"于毫舌酬酢之际，眉睫几微之间"得到一些抱怨奸佞误事、文武失和、粮饷管理紊乱的内容。[1]

次年，朴珪寿以问安副使到北京，与申锡愚在途中相遇，因有申锡愚写信介绍，朴珪寿结交的中国友人更多，但是也没有讨论洋务。此后在与中国友人的通信中渐渐涉及时务。到同治十一年（1872）以进贺兼谢恩正使第二次到北京时，才有意打探西洋的情况。但是这时朴珪寿感觉北京士风已经发生了很大变化，很难找到愿意跟他讨论时务的人，"老成者皆无甚兴况，且其有志者多如王顾斋之归里家食也。年少新进，皆不过词翰笔墨，而亦无甚超群者。所交虽多，而只是酒食相招邀，诙笑相乐而已"。[2]

朝鲜使行人员与中国文人的交往具有很强的延续性，又会因为几个经常与朝鲜人交往的关键人物离开北京而出现断裂。不过，朴珪寿感受到的变化并不完全是因为董文焕等人离开了北京，也是因为中国士风确实已经发生了很大变化，洋务运动已经兴起，西学已经不再是排斥的对象。正如张世准所说的那样，由于朝鲜在"丙寅洋扰"之后一味主战，对西洋采取绝对排斥态度，到中国的朝鲜人也不愿意接受西学，与中国文人的共同语言也就越来越少了，大家对诗文唱和也渐渐失去了兴趣。所以张世准对郑健朝等人说：

> 贵国之士，自待甚高，好尚清议，沉机远略，或有所遗，弟亦何以能知其然？然而窃计贵国自有夷衅，今近十稔，只有议战之说流入中国，而未曾有赫然新闻动远人之听者，因想所与议者，

---

[1] 申锡愚：《海藏集》卷十五《入燕记》上《与本国庙堂书》，续刊（127），第572a页。
[2] 朴珪寿：《瓛斋集》卷八《与温卿》，丛刊（312），第457a—457b页。

第十三章 使行与新知：近代朝贡制度转变的契机

只有中朝一路，意见不佯，情有所格，枢密之地，莫肯告也。[1]

这次张世准之所以愿意向郑健朝等人详细阐述自己对时局的看法，是因为郑健朝等人因其"兼长策论"而主动来请教。即使这样，张世准仍感慨"拨置自家本分上事，妄谈空算，与我甚干"。[2] 且非全无禁忌，每当"行文肯紧处与得意处，皆自下圈批，而投诸火"。[3] 这样谈了一会儿，张世准又随书随毁，郑健朝《北楂谈草》所记大部分笔谈内容是郑健朝和姜玮回去后靠记忆回想出来的，不一定是张世准的原话。[4] 即使如此，这种谈话内容在这前后的燕行录中很少能见到，因此对了解这时期朝鲜使行人员与中国士大夫交往的转变具有特殊意义。

根据姜玮《北游日记》，郑健朝、姜玮与张世准的交往不下九次，同治十三年（1874）正月初九日郑健朝和姜玮第一次拜访张世准，正月十二日张世准到玉河馆回访，正月十三日郑健朝和姜玮再次拜访张世准，双方笔谈了一整天。次日姜玮又持郑健朝的信去拜访张世准，与张世准笔谈。正月二十八日和二十九日，姜玮又与李伊山一起连续两次拜访张世准，姜玮请张世准评点《韩四客诗选》。[5]《北楂谈草》所附《古客谈草》记载："明日，古客见于双鱼翁曰：'昨日之谈，止于此而已乎？'"[6] 由此推测，《北楂谈草》所记郑健朝、姜玮与张世准的笔谈时间应为同治十三年正月十三日，《古客谈草》即次日姜玮持郑健朝书信往访，与张世准笔谈的内容。

郑健朝、姜玮与张世准见面后，郑健朝问："窃有乘间请教之事。猥荷青睐，有倾盖如故之叹，则不可谓交浅言深者矣。敝邦自三韩以来，有南北之忧，自经万历壬辰，嗣后丙丁之役，可谓二忧俱忘，域

---

[1] 郑健朝：《北楂谈草》，林基中编《燕行录全集》（78），第356页。
[2] 郑健朝：《北楂谈草》，林基中编《燕行录全集》（78），第357页。
[3] 郑健朝：《北楂谈草》，林基中编《燕行录全集》（78），第330—331页。
[4] 郑健朝：《北楂谈草》，林基中编《燕行录全集》（78），第336页。
[5] 姜玮：《北游日记》，《燕行录全集日本编》（3），第192—196页。
[6] 郑健朝：《北楂谈草》，林基中编《燕行录全集》（78），第367页。

内宁谧，罔非皇慈攸暨。至于南邻交好，近三百年，如同一家，自彼寻衅，敝邦之所不虞也。向于丙寅洋扰之后，伏承部咨，使之调察倭情，然而隔海数千里，声气不接，至于今杳漠无梯。即闻客岁倭使入觐，辄以侵伐敝邦之语达于黼座，幸蒙严辞拒折。而此必有酝酿而然，断非容易可发之辞，则其意有未可测。今容西夷在京，又有新闻纸刊布之举，仰惟尊兄必有所见闻所及，幸赐开示，以徼敝邦宗社臣民之福。"[1]

可见，郑健朝和姜玮之所以与张世准讨论时务，是因为急于打听日本的动向。当时朝日关系紧张，高宗亲政后拟改变对日政策，自然高度关注日本的一举一动。郑健朝所说的倭使入觐事，指的是同治十二年（1873）为换约到中国的日本外务大臣副岛种臣于六月初五日觐见同治皇帝一事。当日同时觐见的还有俄、美、法、英、荷各国公使，分为三班，第一班由副岛种臣单独觐见，呈递国书。这种觐见只是一种礼仪，没有资料显示副岛种臣向同治皇帝提起朝鲜问题。不过，副岛种臣此行确实不仅是为了换约，也是为了交涉朝鲜问题和台湾问题。这种交涉主要是在副岛种臣等人与李鸿章、总理衙门之间进行的。副岛种臣一行于三月二十四日抵达天津。四月初四日正式换约之后，当天，副岛种臣与李鸿章有一次长谈，涉及朝鲜问题。五月二十六日柳原前光到总理衙门谈判时，也提到朝鲜问题。因此，张世准回答说："此是总理衙门慎密办理勾当，有非外廷臣人人预闻者，则虽或有耳目所及，无异乎途听途说，徒乱人意，而究无益于事。然天下之事，据理以断，不中不远。兄若无问其事，只问其理，则亦有可言者，未知兄意，以为如何耶？"[2]

张世准不愿正面回答郑健朝的问题，也不愿谈他听到的一些传闻，但是他愿意从道理上论述朝鲜应该如何对待西洋和日本的问题。张世准从当时中国的情况说起，指出中国皇帝之所以没有下令驱逐洋人，是因

---

[1] 郑健朝：《北楂谈草》，林基中编《燕行录全集》（78），第328—329页。
[2] 郑健朝：《北楂谈草》，林基中编《燕行录全集》（78），第329—330页。

为认识到"今天下大势迥异前古",不得不包容外夷,采取"以我之礼义治夷"的政策,强调"是乃天子理天下之理也"。¹ 也就是说,现在天下形势已经变了,无论是中国还是朝鲜,都应该与包括西洋各国在内的其他国家交往,不可能独立存在。因此,他接着指出,朝鲜现在面临俄国和日本两大威胁,亦当量力度势,只能"修我礼义以示不可逾之形",切不可舍长取短,轻易言战。²

这是张世准的基本主张,与当时朝鲜国内一味主战而斥和的舆论正好相反,所以郑健朝和姜玮虽然同意他的观点,但是也提到回国后无法向国人阐述这种主张,因为朝鲜国内舆论是"有战无和,轻发此论,将得罪于国人矣",³ 所以郑健朝还想知道,如果国内反对这种主张,他将如何辩解。但是在张世准看来,无论哪个国家,当面临重大决策时都会有不同意见的争论,不可能只有一种主张。许多人往往在事情没有发生前唱高调,事情过后则说便宜话,所以需要当事人有担当。他拿中国在第二次鸦片战争前后的情况做例子说:"独不见洋人进城时,则天子蒙尘矣,卿相逃矣,百姓散矣,朝内外无人矣,若非天心系属,祸有不测,吾不知说便易话之人,身家尚可问耶? 如今洋人通商后,事事暂如从前,天子向阳而治,卿相得保其禄位,而说便易话之人,又纷纷矣。只可怜当事之人,如内之王,外之督抚大吏,十余年辛苦,暗暗挽回,任人笑之谤之而不敢辞也。此近事之可鉴者,且不在古书也。"⁴ 他又以曾国藩处理天津教案为例,说明:"贤者之虑,出于万全,而不敢逞快于一时,可为千古处难事之法也。"⁵

而且,更为重要的是,在张世准看来,中国如果借此而发动战争,驱逐洋人,不仅力量有所不及,在理义上也处于劣势。郑健朝从华夷之

---

1 郑健朝:《北楂谈草》,林基中编《燕行录全集》(78),第330—331页。
2 郑健朝:《北楂谈草》,林基中编《燕行录全集》(78),第331—332页。
3 郑健朝:《北楂谈草》,林基中编《燕行录全集》(78),第332页。
4 郑健朝:《北楂谈草》,林基中编《燕行录全集》(78),第333页。
5 郑健朝:《北楂谈草》,林基中编《燕行录全集》(78),第334页。

辨出发,而不是从国与国平等交往的原则出发,认为:"中朝之与夷和,势容不敌,岂理屈耶?"对此,张世准解释说:"既与之和,有约条矣。遽出不意,为驱逐之谋,而为敌人所觉,则彼自有辞,岂理直耶?"[1] 由此可见,张世准已经习惯于立足于条约来考虑国家间的关系。

对于张世准以俄国和日本均为朝鲜之大患的看法,郑健朝和姜玮问道:"倭人寻衅,已是敝邦梦不到之事,而至于俄人则尤所谓风马牛不相及也。情形何如?而亦虑为患?"[2] 张世准一方面强调俄国的扩张性;另一方面强调俄国与日本关系密切,有可能联合起来侵略朝鲜。这也正是朝鲜所担心的,所以郑健朝又问起日本使臣觐见同治皇帝时提到侵伐朝鲜情形,张世准说:"所陈之辞,惟军机大臣与总理诸员闻之,然亦不敢泄,所以外廷臣工,不能知其详耳。"[3]

郑健朝又问起副岛种臣在天津与李鸿章会谈的情况。朝鲜得到的情况是副岛种臣在觐见同治皇帝之后回到天津与李鸿章会谈时有侵略朝鲜之语,李鸿章严词痛斥,郑健朝等人仍想了解会谈的具体内容。在郑健朝和姜玮看来,既然已经传到了朝鲜,应该不是很秘密的内容,只是所知不详而已。张世准愿意简单介绍李鸿章的情况,但是对于李鸿章与副岛种臣会谈的内容,则仍以此系军门机务密语相推脱。张世准并非毫无耳闻,但是认为"闾巷所传,大不近理"。而且,即使所传属实,也不能单凭日本使臣的外交辞令来判断日本的动向。[4]

最后,郑健朝只得请张世准"以所闻,酌之以理",发表一下自己的看法,他也认同张世准所说的"天下之事,据理以断,不中不远"的道理。当时朝鲜国内也听说日本要联合西洋国家侵略朝鲜,郑健朝想知道是否会有这样的事情,那些西洋国家是否会与日本联合。张世准说,上年六月与日本使臣一同觐见皇上的西洋五国与日本的关系都很好,都

---

1 郑健朝:《北槎谈草》,林基中编《燕行录全集》(78),第335页。
2 郑健朝:《北槎谈草》,林基中编《燕行录全集》(78),第336页。
3 郑健朝:《北槎谈草》,林基中编《燕行录全集》(78),第337页。
4 郑健朝:《北槎谈草》,林基中编《燕行录全集》(78),第337—339页。

有可能与日本联合侵略朝鲜,但是这种事情非揣度可得。对于朝鲜来说,重要的不是日本会不会来侵,是单独来侵还是联合他国共同来侵,而是朝鲜能早图自强,所以张世准说:"我苟有备,以战以款,其权在我,我苟无备而听于人,则以中国之大尚不堪其苦。所望于贵邦者,幸以中国为鉴,早图有以自强也。"[1] 张世准对这句话也加了圈批,这也是他想格外强调的内容。

但是在郑健朝看来,当时朝鲜朝野上下虽然有所警戒,但是并没有认识到形势的严重性,必须经历大战之后才会改弦易辙,所以郑健朝想知道日本何时会发动侵朝战争。这对张世准来说当然是一个很难回答的问题。虽然当时日本国内"征韩论"高涨,张世准未必知晓。副岛种臣在天津与李鸿章谈及朝鲜问题时,也仍说日本实无侵凌用武之意。张世准认为日本侵略朝鲜"形声已著,尚难揣其虚实"而已。[2] 而且在他看来,日本一旦来侵,则必定会与俄国联合。只是推测俄、英、法等国不会马上与日本联合侵略朝鲜,朝鲜应该还有谋求自强的时间。而且,法国和美国虽然在"丙寅洋扰"和"辛未洋扰"中受挫,如果日本出兵朝鲜,也会联合这两个国家。只是法国正专注于越南,而日本刚吞并琉球,也许这能给朝鲜留出一些谋求自强的时间。[3]

其实朝鲜自"丙寅洋扰"以后,虽然也在整顿军备,但是因不了解外国情况,所以无必胜之信念,因此郑健朝希望张世准"详述彼我长短之形",即介绍一些日本和西洋各国的情况。张世准也强调了解外国情形的重要性,他谈了中国人对西洋认识的变化,强调中国自允许外国公使常驻北京之后,与洋夷相处十余年,彼此相安,说明与历史上少数民族内迁引起战乱情况不同,而且"夷之技巧,类皆前古之所未闻,如火轮舟车之运驶,电机寄信之神捷,铁路土路之便利,火枪火炮之精良,夷不自秘,乐以示人,至为设厂制造,以资贸迁,是则夷之愿欲,不在

---

[1] 郑健朝:《北楂谈草》,林基中编《燕行录全集》(78),第340页。
[2] 郑健朝:《北楂谈草》,林基中编《燕行录全集》(78),第341页。
[3] 郑健朝:《北楂谈草》,林基中编《燕行录全集》(78),第341—342页。

于土地人民，而专以开通异域为念，此又我人之所不料也。各国之人，并集群处，乐闻公议，不主己见，以英夷之桀骜不驯，听断于人，再次让疆，见称诸夷，是知道理之当先，而不专恃其强悍，此弟所谓仍可以我礼义治夷者也"。[1]

张世准所说的天下之大变局大概指的就是这些。所以，处于这样的一个大变局之中，防夷之策亦不能不发生变化，因此他建议朝鲜援唐朝故事，派遣留学生到中国学习，"果能授馆皇城，处之稍久，不但与中朝士友相与维持，自然习闻各国动静，因可揣知西人情形者十之五，事已莫便于此。而不妨时与西人相接，交之以文辞，示之以礼义，则彼虽殊类，不能不生敬爱之心。此心一生，而霄壤可以共处，胡越可以一家，仇怨可以立释，和气可以立应。毒蛇猛兽，可以驯伏，而况人类乎？因是以通两国之好，互释从前之憾，理之宜然者十之七"。[2] 这是《北楂谈草》中所记张世准最引人注目的主张，只可惜朝鲜实际向中国派遣留学生还要等到几年之后，而且不是派到北京，而是派往天津学习军械制造。

然而郑健朝承认朝鲜国内舆论"势若至于战而后已"，而他作为当事重臣则不可不有所筹措，所以他还是更关心从战守的角度来说，有何良策。[3] 对此，张世准不愿多言，只是说："势苟至于战而后已，是非人之所能为也，天也。"[4] 然而"事固有不在天而在人者"，[5] 从人可为的角度来说，朝鲜或可坚壁清野，据险固守，但是此策或可用来对付俄国，而朝鲜的威胁并不止俄国一国而已，"夷苟兴师，必联俄倭，万一倭蹈南境，俄蹴北界，西夷冲其腹心，则蹂躏一国而有余矣"。[6] 一旦发生这样的情况，任何良策皆无济于事，所以张世准强调还是要了解外国，设法

---

[1] 郑健朝：《北楂谈草》，林基中编《燕行录全集》（78），第351—352页。
[2] 郑健朝：《北楂谈草》，林基中编《燕行录全集》（78），第354—355页。
[3] 郑健朝：《北楂谈草》，林基中编《燕行录全集》（78），第357—358页。
[4] 郑健朝：《北楂谈草》，林基中编《燕行录全集》（78），第358页。
[5] 郑健朝：《北楂谈草》，林基中编《燕行录全集》（78），第360页。
[6] 郑健朝：《北楂谈草》，林基中编《燕行录全集》（78），第363页。

第十三章　使行与新知：近代朝贡制度转变的契机

排解纠纷。张世准还提到，当年李舜臣也是通过茅元仪所著《武备志》知道日本人不习水战，所以才能取得胜利，因此强调："今西夷各国情形之书，咸萃京师，就使有远虑者观之，知所择矣。此弟所以乐为吾兄道也，贵在悉彼我之情，决机善用，未必别有奇计异算之可求者也。"[1]

双方谈到这里，郑健朝说："尊兄此论，可谓彼此两尽，无复余蕴。"[2] 但是郑健朝依然强调朝鲜国内舆论一味主战，他也是"舍战而外，断不敢措一辞效一策"，[3] 所以张世准说的这些对朝鲜来说暂时无用，朝鲜只能寄托于中国自强之后有廓清之功，朝鲜也因此得以自保。因此，郑健朝又向张世准请教中国内修之策，实际上是想探讨一下中国是否有能力保邦御敌，而张世准对此更不愿多言，推脱说非他这样十年不调之郎官所能及，宜与枢密机务大臣讨论此事。[4] 双方的谈话到此结束。

郑健朝、姜玮显然仍未尽兴，所以第二天姜玮又带着郑健朝的信去拜访张世准。见到张世准后，姜玮首先就问："昨日之谈，止于此而已乎？"张世准也承认："此只做到半截之文也。"姜玮追问是否还可以继续做下半截文，张世准说："究不合于时，则昨谈已冗。且上半截文，尚可做，下半截文，不可做；上半截事，尚可做，下半截事，尤不可做。"[5] 张世准之所以认为"下半截文不可做"，是因为他担心"言苟泄也，则非徒无益于事，而或至于反败其事"。[6] 姜玮表示他们绝不敢泄露出去，而在张世准看来这是不可能的，因为"非敢然也，然兄欲闻此者，意在裨于国事万一耳，岂肯自秘，坐观成败，以验愚言之中否而止哉？然则不得不以示人，且闻于朝而待举国之有成论，虽欲勿泄，可得也耶？"[7]

事实上亦正如张世准之所料。李建昌提到，姜玮回国之后即将他与

1　郑健朝：《北楂谈草》，林基中编《燕行录全集》（78），第365页。
2　郑健朝：《北楂谈草》，林基中编《燕行录全集》（78），第365页。
3　郑健朝：《北楂谈草》，林基中编《燕行录全集》（78），第365页。
4　郑健朝：《北楂谈草》，林基中编《燕行录全集》（78），第367页。
5　郑健朝：《北楂谈草》，林基中编《燕行录全集》（78），第367—368页。
6　郑健朝：《北楂谈草》，林基中编《燕行录全集》（78），第368页。
7　郑健朝：《北楂谈草·附·古客谈草》，林基中编《燕行录全集》（78），第368—369页。

中国士大夫笔谈内容整理出来给他看，内容"皆旧所禁讳，使人骇怖"，而姜玮"且读且噫且笑，意气流动"，李建昌则默然无语。[1] 不仅李建昌等友人见过，在朝鲜应广有流传。高宗十七年（1880）十月金平默所作《策略小辨》，在怀疑《朝鲜策略》为朝鲜人假托黄遵宪之名所作时，也提到《北楂谈草》。金平默说："姜紫杞《燕楂谈草》，亦恐类此，未必皆张世准之言也。"[2]

显然，张世准对郑健朝反复强调朝鲜国内舆论一味主战，他也无能为力的说辞感到失望，觉得郑健朝与以前所交往的朝鲜名士并非截然不同。确实，张世准的一番宏论对郑健朝也许影响不大。虽然郑健朝与姜玮二人关系密切，且皆留心时务，然而郑健朝为朝中重臣，而姜玮则为在野儒生，所以郑健朝不能不更加谨慎。郑健朝回国后，在向高宗复命时，虽然对于同治皇帝接见日本和西洋五国公使起因的解释与张世准的说法类似，但是更强调有御史上疏反对而意见未被采纳，以致高宗因此产生中国"纪纲比前委靡，示弱于外国甚矣"的认识。[3] 郑健朝更顺着高宗的意思，进一步强调这是中国自第二次鸦片战争之后对外夷采取抚绥策略的结果，并对中国前途表示担忧。当高宗问到中国是否会驱逐洋夷时，郑健朝回答说："中国物情，莫不有此心，而洋夷之留接已久，猝难驱出云，必是事势所拘矣。"[4] 对于张世准的核心观点，郑健朝只字未提。即使到高宗十二年（1875）五月初十日高宗召见时原任大臣、议政府堂上官商议是否接受日本书契问题时，郑健朝对自己的主张也只做了模棱两可的表述："今若严辞责退，则交邻之谊，虑有失和。然揆以事体，遽难捧入，惟愿博询而裁处焉。"[5] 此后在讨论洋扰和海防问题时，他更沉默不语。

---

1 李建昌：《明美堂集》卷十九《姜古欢墓志铭》，丛刊（349），第279b页。
2 金平默：《重庵先生文集》卷三十七《策略小辨》，丛刊（320），民族文化推进会，2003，第71c页。
3 《承政院日记》，高宗十一年三月三十日壬申。
4 《承政院日记》，高宗十一年三月三十日壬申。
5 《承政院日记》，高宗十二年五月初十日丙午。

第十三章　使行与新知：近代朝贡制度转变的契机

而姜玮本来就"三教九流，无不贯穿，而尤致力于四子书，间出入孙吴形势之言，好论天下大事，视世俗不达变者，闷焉若已之疾也"。[1] 他在北京"遍交名士大夫"，"尽探中西近事而归"，[2] 大概也是因其系有备而来。也正因为这次赴燕有很大收获，所以次年他随冬至兼谢恩使书状官李建昌再次赴燕。这次燕行时，姜玮也带有郑健朝给张世准的信函，途中姜玮在给郑健朝的信中提到："菽侯、翯斋两处，俱当在意，信致盛函。"[3] 李建昌不仅是姜玮的诗友，而且也"颇留心明史外夷名目，及近日中国战和之迹"，[4] 他到北京后与张世准也有交往。这次冬至兼谢恩副使沈履泽的《燕行录》记载，他因李建昌的关系而接见了张世准，光绪元年正月二十六日三使同游琉璃厂时，也顺便去拜访了张世准。[5] 但是，李建昌和姜玮这次与张世准的交往似乎并不密切，李建昌的《北游诗草》和姜玮的《北游续草》中皆没有与张世准的唱和诗，更没有《北楂谈草》那样的笔谈内容。李建昌交往较深的是黄钰、张家骧、徐郙等人。[6] 姜玮《古欢堂收草》中收有一篇与黄钰的谈草。因当时清朝礼部转咨朝鲜，日本从台湾撤兵之后可能会出兵朝鲜，姜玮想详细打听情况，并想向黄钰请教鸦片战争以来中国与西洋各国交往中的几个问题。[7] 可惜只能看到姜玮起草的问题，而没有黄钰的回答，是否与黄钰进行过关于这些问题的笔谈亦未可知。

不管怎样，姜玮在此次回国之后，因朝鲜国内局势已经发生很大变化，"则稍摅发其所蕴，遂益有名"，[8] 并作为幕僚辅佐申櫶与日本签订了《江华岛条约》，然而此后姜玮仍郁郁不得志，且穷困益甚。而张世

---

[1] 李重夏：《本传》，载姜玮《古欢堂收草》文稿，丛刊（318），第478c页。
[2] 李重夏：《本传》，姜玮《古欢堂收草》文稿，丛刊（318），第478b页。
[3] 姜玮：《古欢堂收草》文稿卷二《上郑蓉山尚书健朝书》，丛刊（318），第493c页。
[4] 李建昌：《明美堂集》卷十九《姜古欢墓志铭》，丛刊（349），第279b页。
[5] 沈履泽：《燕行录》，《燕行录全集日本所藏编》（3），第238页。
[6] 李建昌：《明美堂集》卷十六《明美堂诗文集叙传》，丛刊（349），第233c—237a页。
[7] 姜玮：《古欢堂收草》文稿卷三《谈草，与黄孝侯钰侍郎（甲戌）》，丛刊（318），第514a—515c页。
[8] 李建昌：《明美堂集》卷十九《姜古欢墓志铭》，丛刊（349），第279b—279c页。

准也弃官离京，游历川黔一带名山大川，光绪七年（1881）才回到沅陵定居。

二 万青藜

万青藜自同治四年（1865）十一月调任礼部尚书后，担任此职十余年，与朝鲜使臣常有接触，也有私下交往。同治五年到北京的朝鲜冬至兼谢恩使李兴敏在结识万青藜后，第二年回国后即在给万青藜的信中提及"丙寅洋扰"。虽然内容与朝鲜国王给清朝礼部的咨文大体相同，万青藜在收到信后还是觉得于私人信件中讨论此事有违体制，于是将李兴敏的信附在朝鲜咨文的后面一同上奏，并随礼部给朝鲜国王的咨文发回朝鲜。朝鲜朝廷也认为陪臣不应私自写信给清朝大臣，对李兴敏加以处罚。[1]

同治十年（1871）正月，美国公使镂斐迪请总理衙门通过朝鲜贡使代寄信函给朝鲜，总理衙门明里拒绝，暗中还是奏准通过礼部代递。礼部虽然于二月初二日将信函交给兵部，由驿站转递朝鲜，但是对总理衙门的做法有保留意见，所以在同意转递的同时上奏称："臣部于朝贡各邦，向皆按例咨行，从无转递书函事情，良以体统所系，不得不恪守旧章。此次美国封函一件，经总理各国事务衙门奏准，由臣部转递朝鲜，自是一时权宜之计，故臣部未敢拘泥。第恐各外国纷纷援照申请，将来必有窒碍难行之处，应请嗣后如有各国书函，臣部仍遵旧例，不为代递，以全体制。"[2]

上述事实，足以说明万青藜作为礼部尚书，固守朝贡体制，思想僵化，但是并不能说明万青藜个人不关心朝鲜的情况。相反，他对朝鲜国内的情况相当关注。当总理衙门奏请通过礼部代递美国致朝鲜书信时，

---

[1] "中研院"近代史研究所编《清季中日韩关系史料》第2卷，"中研院"近代史研究所，1972，第45页。

[2] 《清季中日韩关系史料》第2卷，第165页。

第十三章　使行与新知：近代朝贡制度转变的契机

朝鲜冬至兼谢恩使正在北京，对此事前后经过应该也有所耳闻。所以正使姜㳣回国后，四月十七日入侍时说："今番咨文，自礼部再三阻却，而亦恭亲王力劝出送之。今则天下皆知我国之必不通商，若一许和，则当为天下笑矣。"[1] 万青藜因此在朝鲜博得好名声。而且，他支持朝鲜斥邪卫正运动的立场，对掌权的兴宣大院君的锁国政策也持赞同态度，他不愿意转递信函，也许与他的这种思想背景有关。

值得注意的是，万青藜一直与大院君有联系。同治十三年（1874）二月初二日万青藜在与朝鲜冬至兼谢恩使郑健朝等人的谈话中提到，年前大院君曾送给他一个刻有"斥邪卫正"四字的墨笏。万青藜虽然赞同大院君的"斥邪卫正"立场，只是他作为直接负责掌握宗藩交往的朝中重要官员，不愿轻易评论属邦国策，所以他在与他人交往中从来不公开表示自己的观点，甚至连大院君送给他的墨笏也秘不示人，恐泄露出去，为其他国家所知。[2]

在此期间，万青藜与朝鲜使臣一直有比较密切的交往，而且也包括在对日政策上与大院君意见相左者。同治八年（1869）到北京的朝鲜冬至兼谢恩使也与万青藜有交往，正使李承辅回国后有信带给万青藜。[3] 同治十一年，朴珪寿以进贺兼谢恩正使赴燕，即与万青藜交往密切，万青藜还坚持与其以兄弟相称，所以朴珪寿后来在给万青藜的信中就以"庸叟尚书老弟大人阁下"相称。朴珪寿曾到万青藜的悒村书屋与其私下笔谈。朴珪寿回国后，曾在给万青藜的信中说："向在都下，不过一再私觌，半是商量使事，若夫学术经济，久欲质诸大雅者，却不及倾倒困廪。"[4] 朴珪寿与万青藜所谈不仅包括"学术经济"，也涉及时务。朴珪寿在给万青藜的另一封信中提到："即者部咨到国，亦关系忧虞，不比

---

[1]《承政院日记》，高宗八年四月十七日丙子。
[2] 郑健朝：《北楂谈草》，林基中编《燕行录全集》（78），第322页。
[3] 李承辅：《石山遗稿》卷五《寄尚书万青藜书》，续刊（131），韩国古典翻译院，2012，第438a—438b页。
[4] 朴珪寿：《瓛斋集》卷十《与万庸叟青藜》，丛刊（312），第498c页。

寻常。曾在悯村对话，亦尝虑及于此，何尝少弛于中耶！"¹

同治十二年朝鲜冬至兼谢恩使郑健朝等人到北京后，也希望有与万青藜私下交流的机会。同治十三年正月初七日郑健朝派首译吴庆锡送信给万青藜，请求见面，而万青藜托以有事，说等有空自当主动联系，不需要频繁来问。²但是直到正月底仍然没有消息，郑健朝等人等不及了，又派首译吴庆锡去打听，万青藜才答应于二月初二日与朝鲜三使臣会面。到了这一天，朝鲜三使臣到万青藜家拜访，万青藜也在他的悯村书屋接待了他们。此次谈话的内容也载于《北楂谈草》。

《北楂谈草》中特注明谈话内容是他们回到玉河馆回忆出来的，并非万青藜的原话。因为此次谈话"辞涉番情，随书随毁，防语泄也。归馆后，三使会坐，追记辞意，无以尽诵本文，故不类中朝人笔墨，览者谅之"。³可见万青藜对这次谈话是相当谨慎的，此前一再推辞大概也有这方面的原因，他应该了解朝鲜使臣希望与他私下交流的意图。

在这次谈话中，万青藜十分关心朝鲜的兵备，并提到中国设神机营的好处。郑健朝等人说明朝鲜自"丙寅洋扰"以来也重视兵备，更强调"石坡君侯十载苦心，颛用于诘戎一事，凡系选炼〔练〕之方，靡不用极"，然而朝鲜仍没有信心，"究竟当用与否，何能预图？专仰天朝，以必胜之道，指授方略"。⁴

像张世准一样，万青藜也认为朝鲜之大患在于俄国和日本。他说："贵国似有二患，东之倭，北之俄也。俄人近来骤强，虎视眈眈，侵占邻壤，尤宜预备严防也。"⁵郑健朝等人仍说朝鲜对日本无端寻衅已是万万没想到，对于俄国更是一无所知，所以朝鲜特别想了解俄国和日本的情况。对于这个问题，万青藜首先没有正面回答，只是说："彼以礼

---

1 朴珪寿：《瓛斋集》卷十《与万庾叟青藜》，丛刊（312），第498d页。
2 郑健朝：《北楂谈草》，林基中编《燕行录全集》(78)，第318—319页。
3 郑健朝：《北楂谈草》，林基中编《燕行录全集》(78)，第319页。
4 郑健朝：《北楂谈草》，林基中编《燕行录全集》(78)，第320—321页。
5 郑健朝：《北楂谈草》，林基中编《燕行录全集》(78)，第321页。

来，以礼答之，不以礼来，以礼拒之，慎勿生衅也。"[1]可见，万青藜虽然赞同朝鲜的"斥邪卫正"政策，并建议朝鲜加强兵备，但是又希望朝鲜隐忍，不要轻易与外国发生冲突。

也许郑健朝等人也感受到了万青藜在主张上的自相矛盾，所以不明白万青藜说此话的用意，正要进一步追问，万青藜又在另一张纸上写道："洋夷之至今敬惮贵国者，即由石坡坚守斥邪之功也。"[2]他听说大院君患了眼疾，不能正常处理政务，因此担心外国会乘机强迫朝鲜缔约通商。[3]随后又谈及日本的情况，万青藜也认为日本"便是新造洋国也"，[4]与朝鲜国内斥邪卫正派的"倭洋一体论"认识相近。郑健朝等人也问及西洋各国的情况，万青藜提到法国正与越南交兵，大概也同张世准一样，由此判断西洋各国暂时不会与日本联合侵略朝鲜。[5]

朝鲜之所以不愿意与西洋各国缔约通商，一是担心鸦片会流入朝鲜。郑健朝等人在赴燕途中听说清朝禁烟不甚严格，万青藜也承认禁烟只限于近畿而已，外省则不加过问，而且说："道光间，禁律太严，驯致洋变，此林文忠公则徐不能深长虑之过也。"[6]天主教传播是朝鲜担心的另一问题，所以郑健朝等人又问："中土既广，包藏渊薮，譬如大地之无所不容，然今容异学参错于首善之地，能无渐染之虑也否？"万青藜回答说："中土则读书士大夫无一染迹邪教者，彼染邪之类，不过自起自灭而已。"[7]可见，在对待天主教的态度上，万青藜的态度也相当保守。

最后，万青藜提到他与朝鲜使臣私下接触的顾虑。他说："敝职适忝礼部，故得与贵国使臣交接，若移他部，则不必相接者。朝廷亦有议

---

1 郑健朝：《北楂谈草》，林基中编《燕行录全集》(78)，第322页。
2 郑健朝：《北楂谈草》，林基中编《燕行录全集》(78)，第322页。
3 郑健朝：《北楂谈草》，林基中编《燕行录全集》(78)，第322页。
4 郑健朝：《北楂谈草》，林基中编《燕行录全集》(78)，第324页。
5 郑健朝：《北楂谈草》，林基中编《燕行录全集》(78)，第325页。
6 郑健朝：《北楂谈草》，林基中编《燕行录全集》(78)，第326页。
7 郑健朝：《北楂谈草》，林基中编《燕行录全集》(78)，第326页。

论,所以尤所不敢也。"郑健朝等人说:"中朝之于小邦,恩眸覆焘,阁下之于石坡,义同友于,何可以不在其位而越规耶。"[1]虽然郑健朝等人这样说,但当他们再次约见万青藜时,万青藜还是一直以没空为由婉拒了,朝鲜三使臣直到二月初十日到礼部领下马宴时才再次见到押宴的万青藜,此后也没有与他再次私下见过面。

实际上,在郑健朝等人与万青藜私下笔谈之前,大院君已经称病下野,高宗亲政,闵氏一族掌握了国权。此事对与大院君关系密切的万青藜有何影响,尚不得而知。

同治十三年(1874)六月,因法国人日意格(Prosper Marie, Giquel)预测日本在从台湾退兵后可能联合法国和美国攻伐朝鲜,总理衙门再次奏请通过礼部密咨朝鲜,礼部仍然照做。六月二十九日,担任右议政的朴珪寿通过朝鲜为此派往北京的赍咨官带给万青藜一封信,在信中也提到此事,告诉万青藜朝鲜朝廷正在商议对策,并派赍咨官到北京请示机宜。朴珪寿在信中强调:"东国不娴兵事,况升平恬嬉,其所云缮甲治兵,徒大言耳,都不识伐谋消兵为何等语,只自贾勇夸胜,是岂知彼知己者耶?"[2]朴珪寿希望万青藜能帮助斡旋,由中国援引《中日修好条规》中有关双方所属邦土不得侵犯条款来劝阻日本。他说:"排难解纷,虽中朝亦无如何,固已知之。然曾闻日本约条,有不侵中国属国等语,今彼之来京立馆者有之,则其必有管事人一如洋人之为矣。据其约条而诘责之,劝谕之,不患无辞。朝廷若念及于此,实排难解纷之一道矣,此非老弟礼部堂官之职也? 然为中朝诸大人诵及此语,则不无其道,幸留心周旋,如何如何?"[3]

赍咨官带回了万青藜的回信,"缃缃千百言,情挚意笃"。[4]可惜笔者没有见到原文,不知万青藜具体谈了些什么。而这时朴珪寿已辞去右

---

1 郑健朝:《北楂谈草》,林基中编《燕行录全集》(78),第327页。
2 朴珪寿:《瓛斋集》卷十《与万庸叟青藜》,丛刊(312),第498d—499a页。
3 朴珪寿:《瓛斋集》卷十《与万庸叟青藜》,丛刊(312),第499a页。
4 朴珪寿:《瓛斋集》卷十《与万庸叟青藜》,丛刊(312),第499c页。

议政一职,改任判中枢府事这样的闲职。这年的朝鲜冬至兼谢恩使赴燕时,朴珪寿虽然也托人给万青藜带去书信,但是没有提及朝日交涉等时务。[1] 朝鲜冬至正使李会正、副使沈履泽和书状官李建昌,以及跟随李建昌到北京的姜玮等人也没有与万青藜私下笔谈的记载。李会正等人返回朝鲜之前,朴珪寿又有一封信带给万青藜,仍希望得到万青藜的回音。[2] 而到光绪元年(1875)十一月,朝鲜朝廷终于决定接受日本书契。可见,万青藜在大院君下台之后对私下接触朝鲜人更加谨慎,在朝鲜政策转变的关键时期,没有发挥重要作用。

三　李鸿章

同治十一年(1872)朴珪寿以进贺兼谢恩正使到北京时认识了吴大澂,吴大澂送给他一套《曾文正公文钞》。他后来在给吴大澂的信中说:"归而读之,景仰钦服,恨不得及门于在世之日,以尽天下之观也。文章勋业,学术经济,兼全备具,求之前代,未有盛焉。盖天于圣代,生此伟人,为儒者吐气耳。此书只是文钞,未知全集可有剞劂完本否,一睹为快,而恐未易得也。曾公卒于壬申,而岳降在于何年,其寿几何,幸示之如何?"[3] 由此可知,曾国藩、左宗棠、李鸿章等人虽然当时在中国已经是权倾朝野,誉满天下,像朴珪寿这样关心时事的朝鲜大臣对他们仍然知之甚少。

其实,同治十一年(1872)总理衙门奏请通过礼部代递美国公使镂斐迪给朝鲜的书信后,二月初一日又函知南北洋通商大臣曾国藩和李鸿章,让他们防备日本暗中帮助美国公使镂斐迪前往朝鲜寻衅。[4] 李鸿章作为北洋大臣,从这时起一直关注朝鲜防务,在朝鲜问题上发挥着重要

---

[1] 朴珪寿:《瓛斋集》卷十《与万庸叟青藜》,丛刊(312),第498d—499c页。
[2] 朴珪寿:《瓛斋集》卷十《与万庸叟青藜》,丛刊(312),第500b页。
[3] 朴珪寿:《瓛斋集》卷十《与吴清卿大澂》,丛刊(312),第497b—497c页。
[4] 《清季中日韩关系史料》第2卷,第165页。

作用。

同治十三年正月郑健朝、姜玮在与张世准笔谈中,也提到李鸿章。郑健朝写道:"闻倭使回到天津,见李相,又发侵伐敝邦之语,李相复以言辞痛斥云。"[1]但是郑健朝这时尚不知"李相"的姓名,也不知他官居何职,更不知日本使臣为何要到天津去找李鸿章谈朝鲜问题。张世准解释说:"李相,名鸿章,屡树战功,勋庸茂著,位至台司,而以畿辅多事,屈为直隶总督。曾文正公殁后,代膺此任,朝廷倚为长城,外番亦所信服,不信晋楚之盟,而要季路一言,李相殆或近之,因此弭患,何幸如之!"[2]

同治十三年到北京的朝鲜进贺兼谢恩使对李鸿章也颇为关注,不过所得消息也多闾巷传闻。回国后,当高宗问北京是否有很多西洋人和日本人时,副使李淳翼回答说:"洋人不过几名,倭则比诸洋愈少。而九月,洋人近万名来泊天津,有求爵通婚,及通州、天津收税等难从之请。直隶总督李鸿章有智略,阵于天津以拒之,而洋人若有侵扰,则直当剿灭之意,告于朝廷云。此非文迹之得见,而传闻盖如此矣。"[3]

光绪元年(1875)八月"云扬号事件"发生后,日本派森有礼出使中国,也曾到保定与李鸿章会谈,朝鲜方面也非常关注此次会谈的内容。这一年的朝鲜奏请使李裕元在其《蓟槎日录》中收录了《天津保定府李中堂与倭使森有礼问答记》,但标明为"都京礼部咨文马上飞递",可见是抄录礼部咨文中的内容。[4]

不过后来李鸿章在给总理衙门的信函中提到李裕元曾与继格等人密商和战两策。[5]李裕元其实相当谨慎,在北京时几乎不出门,所以很少与中国士大夫交往,他与继格交往在盛京(沈阳)。李裕元回国后对高

---

[1] 郑健朝:《北楂谈草》,林基中编《燕行录全集》(78),第337页。
[2] 郑健朝:《北楂谈草》,林基中编《燕行录全集》(78),第338页。
[3] 《承政院日记》,高宗十二年十一月二十九日己巳。
[4] 李裕元:《蓟槎日录》,林基中编《燕行录续集》(144),第635页。
[5] 《清季中日韩关系史料》第2卷,第363页。

第十三章 使行与新知：近代朝贡制度转变的契机

宗说，他在盛京（沈阳）见到了铭安、继格和崇实等人。铭安亲自到店舍来拜访，请他到家里做客。到了铭安家里，一同见面的还有兵部侍郎继格、盛京将军崇实。崇实问及朝日纠纷情形，李裕元回答说："我国见洋人如犬羊禽兽，不欲相通，而至于日本，三百年通好之余，忽然变其国俗，换其衣冠，小邦责谕非理，终不听之，方在相持中也。"崇实也同意李裕元的看法，认为日本是朝鲜的一大威胁。他说："近来日本直效西洋，大是可虑。舍朝宗旧制，而乐法西洋，纯以火炮为恃，贵国当有防之。"可是，李裕元在其《蓟槎日录》中只记录他与崇实的对话，几乎没有提到继格。[1] 继格后来曾出使朝鲜，为朝鲜除弊甚多，朝鲜人对他也有很高的评价，光绪六年（1880）到中国的朝鲜冬至使与他也有来往。[2] 但是，从上述李裕元的报告来看，他或许没有与继格等人商议过所谓战和两策，或者有所商议，而不敢向高宗报告。

更值得注意的是李裕元在回程途中经过永平府时，主动向游智开提出愿意结交李鸿章。在游智开询问缘由时，李裕元也表示希望与李鸿章讨论时务，"日本相关事，如我有国事之可议，非此中堂莫可为之"。[3] 后来李裕元在解释此时的意图时也说，因李鸿章"乃中原首阁老也，或有相资之力"。[4]

在李裕元的再三请求下，游智开答应为其转递书信，从此李裕元与李鸿章之间建立了书信往来。而李鸿章也许正因为听说李裕元在与继格等人的交往中表现出了胜于一般朝鲜人的见识和谋略，觉得他"老成宿望，亦颇晓畅时事"，所以才愿意跟他通信，并想以此影响朝鲜的对外政策。[5] 然而，直到光绪二年，朝鲜高宗十三年（1876）三月二十一日朝鲜冬至使南廷顺等人复命时，高宗仍在问"李鸿章何人？何如也？"

1　李裕元：《蓟槎日录》，林基中编《燕行录续集》（144），第585页。
2　《承政院日记》，高宗十八年四月初八日己亥。
3　李裕元：《蓟槎日录》，林基中编《燕行录续集》（144），第574页。
4　《承政院日记》，高宗十八年闰七月初八日戊戌。
5　《清季中日韩关系史料》第2卷，第363页。

的问题,可见高宗仍不了解李鸿章。对于高宗的问题,南廷顺回答说:"方以直隶,出住天津,威望所注,洋倭慑伏,人心赖以镇压云矣。"书状官尹致聘补充说:"槪槪有所载于闻见录矣。"[1]可见了解李鸿章的情况,已成为朝鲜燕行使觇国的主要内容之一。所以高宗对李鸿章的了解越来越多,光绪四年十一月二十八日回还告讣使入侍时,高宗曾问道:"今则恭亲王不预朝政,而李鸿章为主管乎?"书状官洪在瓒说:"然矣。"[2]可见高宗在某种程度上也能掌握清朝政局的变化。

然而,李鸿章对朝鲜国内情况仍几乎一无所知。光绪五年七月初四日,总理衙门奏请通过李鸿章与李裕元的书信往来,将五月间丁日昌所陈各条作为李鸿章个人的意思转给朝鲜,劝朝鲜与西洋各国缔约通商。而直到这时,李鸿章对李裕元的情况并不十分了解,在奏折中称:"查李裕元现虽致仕,据称系国王之叔,久任元辅,尚得主持大政,亦颇晓畅时务,如能因此广谘博议,未雨绸缪,庶于大局有裨。"[3]当时总理衙门虽然认为"泰西各国欲与朝鲜通商,事关大局",但是拘泥于宗藩体制,顾及"惟该国政教禁令亦难强以所不欲,朝廷不便以此意明示朝鲜,而愿念藩封,又不能置之不问",于是不得已而采取此下策。[4]但是不仅李鸿章与李裕元的私交不可靠,而且李鸿章对李裕元的为人以及其在朝鲜政局中的地位和作用也都做了过于乐观的估计。李裕元虽曾任领议政,光绪元年(1875)出使中国前已经辞职,而任领中枢府事的闲职,并自动疏离权力中心,常居乡第,还请辞各种兼职,陈疏乞求退休。[5]

光绪五年九月,李鸿章劝朝鲜和洋御倭的书信飞报李裕元。因李裕元在乡第养病,耽误了一个多月。这年十一月上旬,李裕元为参加初十

---

[1] 《承政院日记》,高宗十三年三月二十一日癸丑。
[2] 《承政院日记》,高宗十五年十一月二十八日癸酉。
[3] 《清季中日韩关系史料》第2卷,第373—374页。
[4] 《清季中日韩关系史料》第2卷,第361页。
[5] 《承政院日记》,高宗十六年十月初十日己卯。

第十三章 使行与新知：近代朝贡制度转变的契机

日的朝会而上京。回到汉阳后，看到李鸿章的书信，遂与诸大臣共同商议，决定正面拒绝李鸿章的建议。[1] 十一月十二日李裕元写了答书，传递给尚在义州的谢恩兼冬至使带到中国，让他们仍通过游智开转给李鸿章。当他们抵达永平府时，因游智开不在，只好将信函带到了北京。十二月二十六日，首译卞元圭听说游智开在北京城外，五鼓时分潜往城外，将信函交给了游智开。[2] 次年正月十七日，卞元圭想去保定当面与李鸿章商议军务，但是被会同四译馆提督阻止了，即使正式向礼部提出请求，也没有得到批准。[3] 后来有朝鲜别咨官到天津，见到了李鸿章，回来告诉李裕元，李鸿章对此事未奏效也有所惋惜。此后李鸿章再致书李裕元，李裕元竟不再回信。[4] 在高宗十八年（1881）"辛巳斥邪"运动中，李裕元还因与李鸿章私自通信而受到攻击，被施以窜配之典。

李鸿章与李裕元书信往来的非正式联系渠道，虽然因总理衙门奏请利用这一渠道劝朝鲜与西洋各国缔约通商而具有了某种合法性，而事实上中国士大夫与朝鲜使行人员之间的交往在这前后变得更加谨慎。高宗十八年闰四月初八日高宗向回朝复命的谢恩兼冬至使问道："日本人之来留我国，华人以为如何？"正使任应准说："为之忧叹矣。"高宗又问："忧之如何？"副使郑冀朝回答说："汉人慎言，故嗫嚅不发，满人直说不讳，目前将来之忧，不胜愤惋矣。"高宗也说："汉人谨慎，容或然矣。"[5] 虽然自18世纪以来中国文人与朝鲜使行人员的交往日益扩大，并出现了李鸿章试图利用与李裕元的书信来往影响朝鲜国策的情况，两国人的交往不仅没有带来宗藩体制的根本变化，甚至也没有能够在近代朝鲜外交政策转变中发挥重要作用。

不过，朝鲜方面虽然最初拒绝了李鸿章通过给李裕元的信函提出

---

1 《承政院日记》，高宗十八年闰七月初八日戊戌。
2 南一祐：《燕记·玉河随笔》，林基中编《燕行录续集》（146），第340页。
3 南一祐：《燕记·玉河随笔》，林基中编《燕行录续集》（146），第421、429页。
4 《承政院日记》，高宗十八年闰七月初八日戊戌。
5 《承政院日记》，高宗十八年闰四月初八日己亥。

的开国建议,但是对李鸿章处处维护朝鲜还是心存感激的。高宗十七年(1880)四月初二日谢恩兼冬至使复命时,高宗即说:"李鸿章为我国事随处曲念,诚非偶然矣。"正使韩敬源也说:"其用心甚感服矣。"[1]

然而朝鲜人对李鸿章的认识也有差异。李建昌就对李鸿章劝朝鲜与西洋各国缔约通商有相当负面的评价,表现出极度的不信任。他说:"李鸿章贻书于我,啖以通和之利,时人皆谓鸿章,中国名臣,其言可信。建昌独曰:鸿章,大侩也。侩惟时势之从而已,我无以自恃而恃鸿章,则后必为所卖。"[2] 李建昌的态度之所以如此,大概与燕行给他留下的负面印象有关。李建昌在其所撰《姜古欢墓志铭》中说:"明岁余又赴燕,君又从。既至,余所见闻,或与君同异,然固不以君为无征也。及归,事遽悉改,纵衡驰骛之士,公道天下事,莫可防制。余自忖愚不足预,遂悉谢遣胸中所往来,以日趋愦愦。"[3] 可见,李建昌与姜玮在中国的见闻不同,并导致他们回国后对朝鲜对外政策转变的反应也有所不同。李建昌充分感受到中国之衰弱,并为朝鲜的前途担忧。他在《明美堂诗文集叙传》中说:"初朝廷斥倭洋主战守,然实不得其要领,建昌以为忧。尝曰:'中国者,外国之枢也,如入中国而善觇之,则可以知外国之情。'既入中国,则叹曰:'吾犹不知中国之至于此也。中国如此,吾邦必随之而已。'"[4] 高宗十四年(1877)四月初四日朝鲜谢恩兼冬至使复命时,正使沈承泽对中国的评价也很低。他对高宗描述说:"大抵主少国疑,人心涣散,朝廷未有主张,民业只趋末利,已具于书状官闻见事件。而以臣所见,亦多慨叹之事矣。"[5] 高宗十六年十一月初七日谢恩兼冬至使三使臣辞陛时,高宗也提到:"向见皇历赍咨官手本,则琉球国王为倭所执,而至有请救于李鸿章与礼部之举,而终不能救,大

---

[1] 南一祐:《燕记·回辕走草》,林基中编《燕行录续集》(146),第183—184页。
[2] 李建昌:《明美堂集》卷十六《明美堂诗文集叙传》,丛刊(349),第234c页。
[3] 李建昌:《明美堂集》卷十九《姜古欢墓志铭》,丛刊(349),第279b页。
[4] 李建昌:《明美堂集》卷十六《明美堂诗文集叙传》,丛刊(349),第234c页。
[5] 李容学:《燕蓟纪略》,林基中编《燕行录全集》(98),第99页。

第十三章　使行与新知：近代朝贡制度转变的契机 • 379 •

国之柔弱，亦可知矣。"[1] 高宗因此要求三使臣详探其实情以报，可见高宗这时对中国能否保护朝鲜也存有高度怀疑。

小　结

自18世纪后期以来，朝鲜使行人员与中国士大夫的交往逐渐扩大，从诗文唱和到学术探讨，并进而谈及时务，最终到近代从朴珪寿、郑健朝、李裕元等人身上可以看出有从"人臣无外交"到"人臣做外交"的转变。但是两国之人在交往过程中始终有所顾虑，由此在19世纪六七十年代，因中国已与各国缔约通商，并允许外国公使常驻北京，而朝鲜仍固守锁国政策，国内舆论也一味主张斥邪、战守，中国士大夫不愿意与朝鲜使行人员多谈洋务，朝鲜使行人员中虽或有人愿意了解外国事情，但是拘于国内舆论，亦不能发挥很大影响。两国人的交往始终不能突破传统宗藩体制的制约。而这时期长期担任礼部尚书的万青藜本身就比较保守，赞同大院君的锁国政策，甚至在总理衙门奏请暗中转递美国公使致朝鲜书信时，从维护传统宗藩体制出发，提出下不为例，最终导致朝鲜在没有充分知识储备的情况下与日本签订《江华岛条约》。中国作为此前朝鲜了解外部世界的几乎唯一渠道，并没有主动为朝鲜提供实质性的帮助。朝鲜对外部世界的无知，中国对朝日交涉的冷漠，导致朝鲜对《江华岛条约》有些条款的认识不足，还将清朝宗藩关系从此置于被动地位。

此后，又同样在没有充分沟通和制度准备的情况下，在通过李鸿章与李裕元的通信劝朝鲜与西洋各国缔约通商失败后，再以《朝鲜策略》推动此事，然而此举也加剧了朝鲜国内文明开化和斥邪卫正两大势力的分裂。而日本逐渐成为朝鲜了解外部世界的主要渠道，派遣绅士游览团到日本考察，文明开化派因此与日本结下不可切割的关系，而仅派留学

---

[1]《承政院日记》，高宗十六年十一月初七日丙子。

生到天津学习机械制造。清政府的对朝政策明显跟不上朝鲜半岛内外形势的变化,反而把自己越来越置于进退维谷的困境之中。而清政府又无主动打破宗藩体制的决心,只能穷于应付,最后坐视清朝与朝鲜的宗藩关系被日、俄、美等国肢解,宗藩体制也随之彻底崩溃。

后 记

> 我将适万里，万里燕山苍。
> 风霜飒凄其，道路何修长。
> 男儿生天地，弧矢事远游。
> 安能守丘壑，郁郁老一陬。
> 王事有裨益，宴安非所欲。
> 拔剑一笑行，出门车载辖。
> 迟迟去故乡，行行观国光。
> 上副明时需，下慰相思肠。[1]

　　这是朝鲜前期著名的文臣、学者徐居正在出使前留别洪应、李坡、许士顾、沈几仲等人的一首诗。明

---

[1] 徐居正：《四佳集》诗集卷三《将赴燕，留别应之、平仲、士顾、尧叟、几仲诸丈》，丛刊（10），民族文化推进会，1988，第267c页。

景泰三年，朝鲜文宗二年（1452），徐居正本以谢恩使从事官出使明朝，但途中因遭母丧而返回。到明天顺四年，朝鲜世祖六年（1460）夏，终以谢恩副使赴京。在这次使行途中，徐居正以作诗纪行为日课，留下了《北征录》。

徐居正在北京还遇到了安南使者，与安南副使梁鹄也有诗词唱和之举。徐居正在《次安南使梁鹄诗韵》中说："万国梯航日，同时近耿光。弟兄均四海，谈笑即吾乡。已喜新知乐，那堪别恨长。他年南北思，云水正茫茫。"[1] 梁鹄也有《次朝鲜国徐宰相诗韵》，曰："万里皇华使，来观上国光。衣冠同一制，萍水各他乡。东海波涛阔，南天日月长。何时重再会，极目永相望。"[2]

明成化十二年，朝鲜成宗七年（1476）春，明户部郎中祁顺和行人司左司副张瑾到朝鲜颁册立皇太子诏，徐居正为远接使兼馆伴。祁顺等人离开朝鲜时，徐居正又送至鸭绿江边。徐居正与祁顺、张瑾等人"相与凡四浃旬，山川风物，倡酬殆遍"，祁顺称赞徐居正为"东韩之豪杰"。[3] 祁顺在归国途中，还在义州义顺馆为徐居正的《北征录》作序。徐居正的经历，在很少有机会见到外国人、到外国游历的传统时代，自然被传为佳话。当年姜希孟得到《北征录》稿，"焚香圭复者累日，至忘寝食，不能释手"，以为"是编虽小，备全众妙"，"随其指画，自汉都暨燕京数千里跋涉之劳，雄藩上都人物之美，礼乐之盛，括尽无余"。[4] 如此"佳山胜水三千里，短什长歌数百篇"，[5] 亦足令今人神往。

明清时期朝鲜使行人员留下大量朝天录、燕行录，具有很高的史料价值。韩国林基中先生整理出版了《燕行录全集》100卷和《燕行录续集》50卷，大大促进了这一领域的研究。本书的内容，就是本人十

1　徐居正：《四佳集》诗集卷七《次安南使梁鹄诗韵》，丛刊（10），第315b—315c页。
2　梁鹄：《次朝鲜国徐宰相诗韵》，载徐居正《四佳集》诗集卷七，丛刊（10），第326a页。
3　祁顺：《北征录序》，载徐居正《四佳集》诗集卷七，丛刊（10），第324d页。
4　姜希孟：《读北征录》，载徐居正《四佳集》诗集卷七，《丛刊》（10），第325b—325c页。
5　姜希孟：《读北征录》，载徐居正《四佳集》诗集卷七，《丛刊》（10），第325c页。

后　记

余年来以燕行录为主要史料，并结合《朝鲜王朝实录》《承政院日记》，以及个人文集等史料，探讨与使行有关问题的阶段性成果。其中相当部分已作为论文在学术研讨会或学术刊物上发表，有些是在北京大学历史学系"'海上丝绸之路与郑和下西洋'及其沿线地区的历史和文化研究"项目资助下刚完成的。

本书各章内容虽然是断续完成的，但大体上围绕着一个总的问题，即从参与使行的人员的角度，考察明清时期朝贡—册封体制下，使行往来的多重面向和意义，进而思考宗藩关系的性质和日常。

本书第一章就是从这一问题出发，希望探讨朝鲜士大夫对使行的态度与体验。清代，朝鲜使臣大多时候通过陆路到中国。与海路相比，陆路更为安全，但是旅途劳苦并不能免，然而这又是朝鲜士大夫难得的出境观光机会，况且他们平生读中国之书，自然不免有到中国一游的梦想。所以，对于奉使赴京，他们也充满了期待和好奇。沿途吟诗作赋，诗词唱和，也正是在这种心理背景下进行的。本章中有关使行中疾病与死亡的内容，曾在学术讨论会上发表，在修改过程中，又参考了漆永祥教授发表的论文《朝鲜燕行使团中的疾病伤亡与救治抚恤研究》。[1] 通过描述使行过程中的苦与乐，来展示使行对于使行人员的多重意义。

如果说第一章主要是从参与朝贡使行的朝鲜上层人士的角度来观察使行的，那么第二章有关朝鲜使行中的下隶辈的论述，则是从下层群体的角度去理解使行对他们的意义。该章写作灵感来自笔者阅读燕行录时，看到使行中的下隶辈一方面异常辛苦，另一方面又往往因旅途无聊而故意欺凌中国人，并以他们的使臣是皇帝的客人来恫吓中国老百姓。一旦中国人与朝鲜使行人员发生冲突，中国官府照例只会惩罚中国人，所以朝鲜使行对于沿途百姓来说，也具有多重象。成文以后，曾以《清代朝鲜朝贡使行中的下隶辈》为题，于2020年11月在"故宫学学术研讨会"上发表过。会后经过修改，正式发表于《北大朝鲜半岛研

---

[1] 漆永祥：《朝鲜燕行使团中的疾病伤亡与救治抚恤研究》，《中国文化》2021年第1期。

究》2022年第1辑。

以上两章，皆从使行人员的角度，来分析使行对于不同人的不同意义。笔者觉得妓乐与使行人员的情感密切相关，因此希望对这方面做进一步的探讨。最初想用一篇论文的分量来加以考察，后来觉得琴歌与妓戏的情况有很大不同，而且需要交代的内容又比较多，遂分为两章来写。这两章内容在成文以后，曾在中国朝鲜史研究会年会上发表，也从同行那里得到不少建议和鼓励。后来，有关妓戏的部分，以《燕行与妓戏：朝鲜后期使行途中的妓戏表演与使行的戏剧化》为题，发表在《北大史学》2023年第2辑"海上丝绸之路与跨国史专号"上。经过修改后，作为本书第三章和第四章。由于本人对音乐、舞蹈专业内容了解有限，对朝鲜半岛的音乐舞蹈史也接触不多，缺点错误在所难免，希望将来还有修订的机会。

第五章的内容与其他各章不同，不是以朝鲜使行为主体来写的，而是主要讲朝鲜接待明朝敕使过程中发生的事情。明使与朝鲜文人的诗词唱和，因《皇华集》的存在，早已引起学术界极大的研究兴趣。不过本章内容不是为了研究《皇华集》，而是以狎鸥亭为中心，考察明使在朝鲜境内的活动，从而展示《皇华集》产生的场所性，以及围绕狎鸥亭这一场所而留下的历史记忆。

第六章到第八章的内容皆与朝鲜使行人员在使行途中或在北京留馆期间的游览活动有关，而且大体上都写于同一时期，是早期阅读《燕行录》时引起我研究兴趣的部分内容。有关夷齐庙的一篇，以《夷齐论与朝鲜后期政治》为题，发表于《韩国研究论丛》2013年第1辑。有关沈阳野坂亭和朝鲜馆的一篇，以《燕行使与沈阳朝鲜馆的历史记忆》为题，发表于《徐州工程学院学报》（社会科学版）2014年第6期。有关西山园林的一篇，以《〈燕行录〉中的西山园林——"胡运百年"的双重象征》为题，发表于《韩国研究论丛》2014年第2辑。从这三章的内容中，读者大概也可以体会到使行对朝鲜士大夫现实认识、历史记忆和精神世界的影响。

后　记

　　第九章和第十章考察的是朝鲜朝贡使行与货物流通的关系，不过考察的是两种比较特殊的货物：一是书画作品，二是清朝制钱。有关文徵明的书画作品流通到朝鲜，以及文徵明对朝鲜半岛书法艺术的影响，是2020年为参加苏州图书馆举办的"风雅总持——纪念文徵明诞辰五百五十周年文献展"而准备的演讲稿，经过修改后，以《文徵明与朝鲜》为题，发表于曹俊主编《风雅总持——纪念文徵明诞辰五百五十周年文献展》。[1] 这次收入本书时，又做了增修。读者通过朝鲜文人对文徵明书画艺术的态度变化，也可以领略两国文人风气的相互感应。

　　明清时期，朝贡贸易对朝鲜每年派遣大规模使行团的可持续性具有重要意义，而朝贡贸易与朝鲜国内经济的关系如何，也是值得思考的问题。在相关研究中，大多关注白银的流通问题，对铜钱则关注较少。所以第十章从朝鲜货币史出发，考察朝鲜铸钱过程中所面临的困难，说明通用清钱的背景，以及不久之后又废除清钱的原因。成文之后，最早在南开大学为纪念郑天挺先生诞辰120周年举办的第五届明清史国际学术讨论会上发表过，受田卫平先生的赏识，以《朝鲜的清钱通用与革罢——宗藩体制下市场的整体性及其局限》为题，正式发表于《南国学术》2020年第1期。后来，该文又先后收入李伯重、董经胜主编《海上丝绸之路——全球史视野下的考察》，[2] 以及常建华主编《第五届明清史国际学术讨论会论文集》。[3]

　　第十一章到第十三章主要是从政治制度层面来研究朝贡册封体制下的使行往来的，除了第十一章部分内容涉及敕使外，大部分内容是有关朝鲜朝贡使行的。之所以要研究使行与"辛壬士祸"的关系，是因为"辛壬士祸"的有关记载常提到与使行有关的内容，比较有价值的是朝

---

[1] 曹俊主编《风雅总持——纪念文徵明诞辰五百五十周年文献展》，古吴轩出版社，2021，第171—182页。
[2] 李伯重、董经胜主编《海上丝绸之路——全球史视野下的考察》，社会科学文献出版社，2021，第172—189页。
[3] 常建华主编《第五届明清史国际学术讨论会论文集》，天津人民出版社，2023，第627—639页。

鲜使行在北京使用的赂银问题，所以 2022 年 11 月笔者以《燕行与辛壬士祸——赂银问题》为题，在北京大学中国语言文学系主办的"'使行录'与东亚学术文化交流研讨会"上做了发表。与赂银相对应的是，清朝敕使到朝鲜后朝鲜给敕使及其随行通官等人的密赠，所以笔者对当时的密赠情况也稍做考察，讨论的重点也从辛壬士祸进一步扩展到宗藩关系的性质和意义。收入本书时，又做了修改和补充。

之所以要讨论赵𬘡的"以倭制清论"，是因为笔者在 2018—2019 年参加韩国东北亚历史财团组织的"韩中历史论坛"过程中，受到韩国明知大学韩明基教授所发表的论文的启发。韩明基在韩国学界中比较早地关注到赵𬘡的"以倭制清论"，这一名称亦为韩明基所提出。赵𬘡在 1638 年和 1640 年先后两次提出的这一主张，之所以在今天受到韩国学者的重视，大概与韩国的国际地位和东北亚国际局势变化有关，是在为光海君翻案的潮流下出现的。本章试图从赵𬘡的"以倭制清论"出发，考察"事大"关系和交邻关系对朝鲜的不同意义。成文之后，曾以《交邻的虚像——赵𬘡的"以倭制清论"再检讨》为题，参加了 2022 年 5 月北京大学"海外韩国学重点大学计划"项目组主办的"东亚国际关系及其近代转型：使节往来、通信技术与文化交流"学术研讨会。同年 6 月，又在韩国东国大学东洋海洋文明与宗教文化研究所、北京大学东北亚研究所和浙江大学韩国研究所共同举办的中韩建交 30 周年纪念国际学术会议上发表过。会后，根据各位专家学者的意见和建议，又做了修改。

我们知道，在朝鲜半岛的近代史中，斥邪卫正派和文明开化派相互对立这条主线一直贯穿始终，而文明开化派主要通过日本获得新知识，因此后来几乎成为亲日派的代名词。其实，在朝鲜开港前，中国才是朝鲜获得新知识的主要来源，甚至可以说是唯一来源，《海国图志》等新学图书也很早就传到朝鲜半岛。但是，中国在这方面的作用并没有持续扩大，促使朝鲜早日做出政策调整。更为关键的是从高宗亲政到朝鲜开港的这两三年，中国虽然也在这方面做出过一些努力，但是做得还很不